About Pearson

Pearson is the world's learning company, with presence across 70 countries worldwide. Our unique insights and world-class expertise comes from a long history of working closely with renowned teachers, authors and thought leaders, as a result of which, we have emerged as the preferred choice for millions of teachers and learners across the world.

We believe learning opens up opportunities, creates fulfilling careers and hence better lives. We hence collaborate with the best of minds to deliver you class-leading products, spread across the Higher Education and K12 spectrum.

Superior learning experience and improved outcomes are at the heart of everything we do. This product is the result of one such effort.

Your feedback plays a critical role in the evolution of our products and you can contact us - reachus@pearson.com. *We look forward to it.*

सामान्य अध्ययन परीक्षा-1

विगत वर्षों की अभ्यास पुस्तिका

लेखक

● डॉ. शीलवंत सिंह ● सारिका

● डॉ. एस. एस. पाण्डेय ● वी.के. सिंह

● डॉ. ए. पी. सिंह ● रमेश पाण्डेय

Pearson

सीनियर एडिटर —ऐक्विज़िशन्स: **शेरेल साइमन**
सीनियर एडिटर—प्रोडक्शन: **विपिन कुमार**
एडिटोरियल असिस्टेन्ट —डेवलपमेन्ट: **रक्षा शर्मा**

ISBN 978-93-868-7390-3 (बॉक्स)

प्रथम मुद्रण

प्रकाशक: पियर्सन इंडिया एजुकेशन सर्विसेज प्राइवेट लिमिटेड, सीआईएन: U72200TN2005PTC0571228
पूर्व में ट्यूटर विस्टा ग्लोबल प्राइवेट लिमिटेड, दक्षिण एशिया में पियर्सन एजुकेशन के लाइसेंसी

मुख्य कार्यालय: 15वीं मंजिल, टॉवर-बी, वर्ल्ड ट्रेड टॉवर, प्लॉट नं. 1, ब्लॉक-सी, सेक्टर-16, नोएडा-201 301, उत्तर प्रदेश, भारत
पंजीकृत कार्यालय: चौथी मंजिल, सॉफ्टवेयर ब्लॉक, इल्नेट सॉफ्टवेयर सिटी, टी.एस.-140, ब्लॉक 2 एवं 9,
राजीव गांधी सालाय, तारामनी, चेन्नई-600 113, तमिलनाडु, भारत
फैक्स: 080-30461003, फोन: 080-30461060
www.in.pearson.com, E-mail: companysecretary.india@pearson.com

टाइपसेटर: सक्षम प्रिन्टोग्राफिक्स, दिल्ली
मुद्रक : थॉम्सन प्रेस (इंडिया) लिमिटेड़

विषय-सूची

विगत वर्षों के पूछे गये प्रश्नों का विश्लेषण

सामान्य ज्ञान एवं समसामयिकी

क्र सं.	विषयवस्तु	2013	2014	2015	2016	2017	विगत वर्षों के प्रश्नों के आधार पर परीक्षोपयोगी अध्ययन स्रोत
1.	पुरस्कार, सम्मान, उपाधि, अंलकरण	4	4	1	2	1	पुरस्कार के क्षेत्रवार वर्गीकरण, देने वाली संस्था, प्रारंभ वर्ष, प्रथम और हाल ही में विजेता
2.	खेल	4	4	3	1	1	सभी प्रमुख खेल के आयोजन, प्रतियोगिता, पुरस्कार और उभरते खिलाड़ी, प्रस्तावित खेल
3.	राज्य समसामयिक परिदृश्य	3	2	–	–	1	राज्य के सामाजिक आर्थिक राजनीतिक घटनाक्रम
4.	योजना, कार्यक्रम और नीतियां	–	1	2	3	4	योजना का उद्देश्य, प्रारंभ वर्ष, उसके अभिलक्षण तथा विशेषताएं
5.	मेला, महोत्सव, आयोजन	–	1	–	–	2	आयोजन स्थल, प्रयोजन, आयोजनकर्ता, उसकी सामाजिक मान्यता
6.	राजनीतिक घटनाक्रम	3	3	3	4	1	राजनीतिक परिदृश्य
7.	आर्थिक घटनाक्रम	–	3	2	1	2	सामाजिक आधारभूत ढांचा की योजनाएं, कृषि, उद्योग, खनिज, व्यापार, वाणिज्य की स्थिति
8.	सामाजिक सांस्कृतिक घटनाक्रम	1	–	–	–	1	विशिष्टता
9.	देश में, राज्य में, जिले में प्रथम/ नवीन कार्य	1	1	–	–	1	प्रथम बार घटित घटनाएं
10.	चर्चित पुस्तकें	1	1	1	1	1	चर्चा का कारण, विषयवस्तु, लेखक
11.	घटना, दुर्घटना और परिघटना	1	–	1	1	–	स्थान, घटना का महत्व तथा कारण
12.	चर्चित व्यक्ति	5	6	2	3	2	राष्ट्रीय, अंतर्राष्ट्रीय विविध क्षेत्र के व्यक्ति
13.	रक्षा-प्रतिरक्षा	–	1	1	1	1	सौदे, युद्ध अभ्यास, प्रशिक्षण, प्रयोग, कीर्तिमान, उपलब्धि
14.	विज्ञान एवं प्रौद्योगिकी	4	5	1	1	1	प्रयोग, परीक्षण, प्रक्षेपण और अनुप्रयोग, विशिष्टता
15.	कला, साहित्य, संस्कृति	–	1	1	–	1	सामाजिक मान्यता और विशिष्टता
16.	अधिनियम, विधेयक, नीति, अध्यादेश, विज्ञप्ति	4	1	2	1	–	इनके अभिलक्षण
17.	अंतर्राष्ट्रीय घटनाक्रम	2	1	2	2	1	घटना की भारत से / राज्य से संबद्धता
18.	राष्ट्रीय, अंतर्राष्ट्रीय सम्मेलन	–	1	1	2	2	आयोजन का उद्देश्य, स्थल, स्थान, प्रथम आयोजन, अंतिम आयोजन
19.	आयोग, समिति	–	1	1	–	–	उद्देश्य, पूर्व गठित समितियां, रिपोर्ट और सिफारिशें
20.	सूचकांक एवं मापन	1	1	2	2	–	जारी करने वाले संस्थान, भारत की स्थिति, पूर्व की स्थिति और विशिष्टता
	कुल पूछे गए प्रश्न	34	38	26	25	23	

नोट—उपर्युक्त सारणी का अध्ययन करने पर निम्नलिखित बातें स्पष्ट हो जाती हैं-

1. समसामयिकी के खंड में विभिन्न प्रकार के नवीन खंडों का समावेश हुआ है।
2. समसामयिकी से पूछे जाने वाले प्रश्नों की संख्या लगातार बढ़ी है।
3. समसामयिकी के राष्ट्रीय परिदृश्य के साथ-साथ अब वैश्विक स्तर पर विभिन्न खण्डों की विषयवस्तु का तुलनात्मक अध्ययन करना आवश्यक हो गया है।

समसामायिक के खंड में सबसे अधिक प्रश्नों की संख्या बिज़नेस समसामयिकी में बढ़ी है। जिसमें विभिन्न कंपनियों के लोगो, मोटो, सी.ई.ओ., ब्रांड एंबेस्डर और उसके उत्पाद से संबंधित प्रश्न पूछे जाते हैं।

राष्ट्रीय एवं अंतर्राष्ट्रीय स्तर पर उदीयमान चर्चित व्यक्तित्व से संबंधित प्रश्न पूछे जाते हैं। प्रमुख पुरस्कार, द्विपक्षीय संबंधों, चर्चित पुस्तकों, चर्चित संस्थाओं, रक्षा-प्रतिरक्षा, अंतरिक्ष, सूचना संचार प्रौद्योगिकी, इलेक्ट्रॉनिक्स एवं कम्प्यूटर, पर्यावरण पारिस्थितिकी से संबंधित हाल ही के वर्षों की ऐसी घटनाएं जो कि भारत को वैश्विक स्तर पर प्रतिस्थापित करने में महत्व रखती हैं। साथ ही साथ प्रमुख आयोग, समितियां, योजना, परियोजना, महोत्सव और मेला, चर्चित स्थान इत्यादि से प्रश्न होते हैं जिसमें उनकी स्थिति और चर्चा के कारण के साथ उसके ऐतिहासिक, सामाजिक, आर्थिक और राजनैतिक महत्व के भी प्रश्न होते हैं।

भारतीय राजव्यवस्था एवं अभिशासन

भारतीय संविधान, राजव्यवस्था एवं राजनीति

क्र सं.	विषयवस्तु	2013	2014	2015	2016	2017	विगत वर्षों के प्रश्नों के आधार पर परीक्षोपयोगी अध्ययन स्रोत
1.	भारत का संवैधानिक विकास	–	3	2	–	1	प्रमुख अधिनियम और उसके अभिलक्षण
2.	नागरिकता, मूल अधिकार, मूल कर्त्तव्य, राज्य के नीति निदेशक तत्व	1	1	2	–	4	प्रमुख प्रावधान उनकी विशेषताएं और वाद
3.	संघ एवं राज्य की कार्यपालिका, आपात संबंध	2	2	2	3	4	प्रमुख परिचय प्रावधान और प्रक्रिया
4.	विधान मंडल मंत्रिपरिषद्	3	4	1	–	4	गठन की प्रक्रिया और शक्तियां तथा अधिकार
5.	केंद्र—राज्य संबंध, प्रशासन, जम्मू कश्मीर राज्य	2	–	2	–	2	कार्य का विभाजन, वर्गीकरण, शक्तियां और अधिकार
6.	वर्ग विशेष उपबन्ध, अनुसूचित जनजाति क्षेत्र	2	1	0	–	1	विशेष वर्गों के लिए किए गए प्रावधान
7.	न्याय व्यवस्था (केंद्र एवं राज्य)	2	3	2	–	2	न्यायिक प्रक्रिया शक्तियां, वर्गीकरण अवधारणा
8.	निर्वाचन आयोग, राजभाषा	–	2	1	–	2	गठन की प्रक्रिया और शक्तियां तथा अधिकार
9.	पंचायती राजव्यवस्था व संविधान संशोधन अनुसूची	4	3	2	2	2	गठन की प्रक्रिया और शक्तियां तथा अधिकार प्रावधान
	कुल पूछे गए प्रश्न	16	19	14	5	23	

- संविधान सभा की ऐतिहासिक पृष्ठभूमि, भारतीय संविधान के स्रोत, राज्यों के निर्माण, नागरिकता के प्रावधान, मूल अधिकार और निदेशक तत्वों से संबंधित तथ्यात्मक और सूचनात्मक प्रश्न पूछे जाते हैं। कार्यपालिका, न्यायपालिका और विधायिका से संबंधित अवधारणात्मक प्रश्न और सूचना प्रश्न के साथ-साथ हाल ही के वर्षों में संघ विधायिका द्वारा बनाए गए प्रमुख अधिनियम और अध्यादेश तथा न्यायपालिका द्वारा दिए गए प्रमुख ऐतिहासिक फैसलों पर भी प्रश्न पूछे जाते हैं। संविधान के भाग, अनुच्छेद और अनुसूचियों, नियम और विनिमय से संबंधित सूक्ष्मतम विश्लेषण पर आधारित प्रश्न होते हैं। प्रमुख वैधानिक एवं संवैधानिक आयोग, समितियों, से प्रश्न पूछे जाते हैं जिसमें उसके गठन की प्रक्रिया एवं उसकी वार्षिक रिपोर्ट अथवा अंतिम रिपोर्ट से प्रश्न पूछे जाते हैं। केंद्र राज्य के संबंध प्रशासनिक वित्तीय बंटवारे से भी अधिकांश प्रश्न पूछे जाते हैं। भारतीय राजव्यवस्था एवं अभिशासन से संबंधित हाल के वर्षों की प्रमुख घटनाएं और उपलब्धियों से संबंधित प्रश्न होते हैं। प्रमुख संविधान संशोधन, अध्यादेश और सार्वजनिक लोक महत्व के अधिनयम के सभी प्रमुख प्रावधानों से प्रश्न पूछे जाते हैं।
- संविधान के अध्ययन के लिए आवश्यक है कि अभ्यर्थी एन. सी. ई. आर. टी की पुरानी पुस्तकें—हम अपना शासन कैसे चलाते हैं, सरकार के अंग, हमारी चुनौतियां और हमारी समस्याएं, भारतीय शासन एवं राजनीति लोकतंत्र की चुनौतियां और समस्या, भारतीय संविधान सिद्धांत और व्यवहार की पुस्तकों को क्रमशः तीन से चार बार पढ़ें।
- सुभाष कश्यप की, संविधान एक परिचय के बाद एम. बी. पाइली और डी. डी. बसु की पुस्तकों का अध्ययन करें।
- परीक्षा उपयोगी तथ्यों को छांटकर विगत वर्षों में पूछे गए प्रश्नों के आधार पर पूरक अध्ययन सामग्री तैयार करें।

भारतीय अर्थव्यवस्था

भारतीय अर्थव्यवस्था का विकास

क्र सं.	विषयवस्तु	2013	2014	2015	2016	2017	विगत वर्षों के प्रश्नों के आधार पर परीक्षोपयोगी अध्ययन स्रोत
1.	गरीबी एवं बेरोज़गारी	1	4	1	2	1	गरीबी से संबंधित अंतर्राष्ट्रीय रिपोर्ट, अवधारणा एवं सबंधित अर्थशास्त्री देश में कुल न्यूतनम एवं सर्वाधिक गरीबी जनसंख्या प्रतिशत वाले राज्यों का क्रम निर्धनता के आँकड़े, जारी करने वाली शीर्ष संस्था, निर्धनता आंकलन पैमाना एवं संबंधित आँकड़े, भारत में बेरोज़गारी
2.	परियोजनायें, योजनाऐं, कार्यक्रम	2	3	1	3	2	संबंधित मंत्रालय, वर्ग विशेष, उद्देश्य, प्रारंभ वर्श, वित्त पोषण, विशेषता, वैश्विक संगठन द्वारा योजना में योगदान
3.	सूचकांक	–	2	1	3	1	जारीकर्ता संस्था का नाम, क्षेत्र से संबंध, भारत का स्थान
4.	अंतर्राष्ट्रीय संगठन	–	1	1	2	1	अध्यक्ष, स्थापना वर्ष, कुल एवं नवीनतम सदस्य, संगठन के अंग
5.	राष्ट्रीय आय	1	1	1	–	1	प्रमुख अवधारणायें, आधार वर्ष, प्रमुख वित्तीय वर्षों की जीडीपी वृद्धि दर के आँकड़े, क्षेत्रवार एवं उपक्षेत्रवार वृद्धि दर के आँकड़ें, सर्वाधिक और न्यूनतम बचत दर एवं सर्वाधिक वचत करने वाले क्षेत्र, हिन्दू वृद्धि दर, प्रतिव्यक्ति आय: सर्वाधिक एवं न्यूनतम आय वाले राज्य
6.	पंचवर्षीय योजना, राष्ट्रीय विकास परिषद्, वित्त आयोग, योजना आयोग कार्य, अन्य आयोग, समिति	1	2	1	1	1	पंचवर्षीय योजनाओं की समय अवधि, शासनकाल, लक्ष्य, केंद्र बिंदु, वर्तमान पंचवर्षीय योजनाओं में क्षेत्रवार निवेश संबंधी आँकड़ें, सर्वाधिक निवेश वाली मद, आयोग के कार्य एवं अध्यक्ष का नाम, नियोजन के उद्देश्य
7.	अंतराष्ट्रीय रिपोर्ट, राष्ट्रीय रिपोर्ट	–	2	1	2	1	रिपोर्ट की विषयवस्तु जारीकर्ता एवं भारत का स्थान
8.	कृषि क्षेत्र	–	1	1	2	1	उत्पादन में शीर्ष राज्य एवं राज्यों की विशेष संज्ञा, खाद्यान्न उत्पादन के आँकड़ें, प्रमुख क्रांति, कृषि ऋण के आँकड़े, एवं संबंधित संस्था
9.	कर	1	–	1	1	1	केन्द्र, एवं राज्य द्वारा आरोपित कर केंद्र एवं राज्यों के मध्य बटने वाले कर, सर्वाधिक राजस्व प्राप्त करने वाले कर, कर की प्रचलित दरें, कर का संबंध
10.	राष्ट्रीय कोष, एजेंसी	1	3	–	–	1	सृजनकर्ता, कोष का संबंध, गठन के उद्देश्य
11.	मुद्रा एवं बैंकिग, स्टॉक एक्सचेन्ज, बीमा	1	–	3	2	2	बैंकिंग शब्दावली, आरबीआई के कार्य, मुख्यालय, गवर्न, बैंक द्वारा प्रारंभ योजनायें, बैकों का राष्ट्रीयकरण, देश-विदेश में खुलने वाली नयी शाखायें, निजी बैंक, मौद्रिक नीति एवं उसकी दरें, पूंजी बाज़ार के उपकरण, प्रमुख शेयर बाज़ारों के सूचकांक
12.	विदेशी व्यापार, विदेशी मुद्रा भण्डार और उसके संकेतक	2	–	–	–	2	शीर्ष आयात एवं निर्यात की पदें, व्यापारिक साझेदार, आयात-निर्यात की स्थिति एवं विश्व में रैकिंग और योगदान, प्रमुख अधिनियम पारित एवं लागू होने की विधि, सेंज की संकल्पना और सेंज के नाम, भुगतान संतुलन में चालू खाते और पूंजीगत खाते की शीर्ष पदें, अवमूल्य
13.	धारणीय विकास, मिश्रित अर्थव्यवस्था	–	–	–	–	–	अवधारणायें

क्र सं.	विषयवस्तु	2013	2014	2015	2016	2017	विगत वर्षों के प्रश्नों के आधार पर परीक्षोपयोगी अध्ययन स्रोत
14.	मुद्रास्फीति	–	–	1	1	–	मापन से प्रयुक्त सूचकांक, सूचकांको का आधार वर्ष, मुद्रास्फीति की दर, नियंत्रण के उपाय
15.	उद्योग	–	–	1	2	2	प्रमुख उद्योगों में भारत की रैंकिंग, उद्योग की समस्याएं, उद्योगों में प्रयुक्त कच्चामाल, नवरत्न, महारत्न एवं मिनिरत्न कंपनियों की संख्या, नाम, दर्जा प्राप्त करने के मापदंड, प्रमुख समितियां, अधिनियम, औद्योगिक नीतियां: प्रारंभ वर्ष, आईएसओ मानक
16.	बजट	–	–	1	1	–	बजट में सर्वाधिक व्यय वाली मदे, घाटे का प्रतिशत एवं अवधारणा, राजस्व व्यय की प्रमुख मदे, विनिवेश का प्रारंभ और लक्ष्य, राजकोषीय नीति: उद्देश्य एवं उसके शामिल क्षेत्र, सब्सिडी: सर्वाधिक सब्सिडी वाले क्षेत्र, उत्तर प्रदेश बजट के महत्वपूर्ण तथ्य
	कुल पूछे गए प्रश्न	10	17	9	13	17	

- जनसंख्या 2001 का तुलनात्मक और विश्लेषणात्मक विश्लेषण, पंचवर्षीय योजनाओं की अवधि, अवधारणा, सिद्धांत, प्राथमिकता और उपलब्धियां, राष्ट्रीय आय से संबंधित आधारभूत अवधारणाएं, निर्धनता, बेरोज़गारी, गरीबी इत्यादि के परिदृश्य, मुद्रा मुल्य एवं मुद्रा स्फीति की अवधारणा, कृषि उद्योग से संबंधित विभिन्न प्रकार के उत्पाद और भंडारण में राज्यवार, देशवार, भारत की वैश्विक स्थिति क्रम से, मुद्रा एंव बैकिंग से संबंधित तथ्यात्मक ज्ञान और समसामयकि संदर्भ, विदेशी व्यापार और विदेशी मुद्रा के वर्तमान परिदृश्य, विदेशी सहायता, ऋण, उदारीकरण, वैश्वीकरण की अवधारणा सहित वर्तमान परिदृश्य, सामाजिक और आर्थिक क्षेत्र के लिए चलायी जा रही प्रमुख योजनाएं, कार्यक्रम का संक्षिप्त परिचय, वृद्धों, विकलांगों, बालक और बालिकाओं के लिए राष्ट्रीय, अंतर्राष्ट्रीय एवं राज्य सरकारों द्वारा चलायी जा रही प्रमुख योजनाएं एवं कार्यक्रम।

भारत एवं विश्व भूगोल तथा पर्यावरण एवं पारिस्थितिकी

विश्व का भूगोल

क्र सं.	विषयवस्तु	2013	2014	2015	2016	2017	विगत वर्षों के प्रश्नों के आधार पर परीक्षोपयोगी अध्ययन स्रोत
1.	ब्रह्माण्ड एवं सौरमण्डल	1	–	0	0	–	नक्षत्र, गृह, GMT, रेखाएं
2.	स्थल मंडल	1	–	1	0	1	मरूस्थल, घास के मैदान, प्लेट, पर्वत
3.	जल मंडल	1	–	2	1	1	बांध, वर्षा, धाराएं, महासागर, नदी
4.	वायु मंडल	–	2	2	0	–	पवन, वायुदाब, प्रदूषण, परतें, गैसें, चक्रवात
5.	पर्यावरण संरक्षण	1	–	3	0	–	वन, मृदा
6.	आर्थिक भूगोल	2	1	1	1	–	व्यापार, कृषि, खनिज, मूंगफली, तेल, इस्पात, दुग्ध, कोयला उद्योग, तेल, पेट्रोलियम
7.	मानव भूगोल	–	–	1	0	–	जनजाति
8.	नगरीकरण	–	–	1	0	–	क्षेत्रफल
9.	क्षेत्रीय भूगोल	–	3	0	0	–	एशिया, घास के मैदान, अमेरिका, झीलें, शहर, अवस्थिति, अफ्रीका, पूर्वी शहर समूह, यूरोप
10.	अन्य	1	–	–	–	–	अवस्थिति, लवणता, उपनाम,ज्वालामुखी, राजधानी
	कुल पूछे गए प्रश्न	**7**	**6**	**10**	**2**	**2**	

- विश्व भूगोल से विभिन्न देश की सीमाओं, प्रमुख बंदरगाह, नदियों एवं जल संधि, भूकम्प तथा ज्वालामुखी, चट्टानें एवं प्रमुख अंतर्राष्ट्रीय मार्गों से प्रश्न पूछे जाते हैं। वैश्विक स्तर पर कृषि, उद्योग, खनिज संसाधन, फल और सब्जियों के शीर्ष चार उत्पादक राष्ट्रों का क्रम, भंडारण और उत्पादन की स्थिति से प्रश्न होते हैं। वायुमंडल और जलमंडल, स्थल मंडल की संरचना के साथ हाल ही के वर्षों के प्रमुख वायुमंडलीय एवं जलमंडलीय परिघटनाओं से प्रश्न होते हैं। विश्व की जनसंख्या, जाति, कला एवं संस्कृति का सूक्ष्मतम और तुलनात्मक विश्लेषण से प्रश्न पूछे जाते हैं। मृदा, वन एवं पर्यावरण की संरचना, वितरण, पर्यावरणीय परिघटनाएं, समस्या और उसका निदान, हाल के वर्षों के प्रयास से अनिवार्य रूप से प्रश्न होते हैं।
- पृथ्वी, ब्रह्माण्ड, अक्षांश, देशांतर, समय, गति, महाद्वीपीय परिचय एवं महासागरीय परिचय से प्राय: तथ्यात्मक प्रश्न पूछे जाते हैं। इस खंडों से उसी जगह प्रश्न बनते हैं जो विगत 3-4 वर्षों में चर्चा में रहे हों।

विश्व का भूगोल क्षेत्रावार अध्ययन सूची

- ब्रह्माण्ड एवं सौरमंडल—ग्रह-स्थिति, विशेषताएं
- अक्षांश-देशांतर—स्थानीय समय, तिथि रेखा, प्रमुख रेखाएं व काल्पनिक स्थिति
- स्थलमंडल—पर्वत-स्थिति, प्रभाव, घास के मैदान-स्थिति, उपनाम, प्रकृति, ज्वालामुखी
- जलमंडल—महासागर, प्रमुख धराएं-स्थिति, प्रकृति, प्रभाव, प्रमुख नदियां, वर्षा वितरण, बांध
- वायुमंडल—संघटन-प्रमुख गैसें, अनुपात, वायुदाब, पेटियां, वायुमंडलीय परतें, प्रमुख पवनें, चक्रवात
- वन मिट्टी—वन-स्थिति, प्रकृति, विशेषता। मिट्टी-प्रकार, स्थिति।
- आर्थिक भूगोल—कृषि-प्रमुख उत्पादक क्षेत्र, प्रकार (उपनाम), खनिज-प्रमुख क्षेत्र (लौह इस्पात, कोयला, पेट्रोलियम), व्यापार/उद्योग-प्रमुख देश, नगर
- मानव भूगोल—प्रमुख जनजाति-क्षेत्र
- क्षेत्रीय भूगोल—एशिया, यूरोप, अफ्रीका, पूर्वी द्वीप समूह
- विविध—प्रमुख स्थान, उपनाम (नगर), राजधानी, नदियों के किनारे स्थित नगर

भारत का भूगोल

क्र सं.	विषयवस्तु	2013	2014	2015	2016	2017	विगत वर्षों के प्रश्नों के आधार पर परीक्षोपयोगी अध्ययन स्रोत
1.	भौतिक संरचना	2	–	1	0	1	स्थानीय समय, दर्रें, चोटी, पर्वत श्रेणी, मैदान
2.	अपवाह तंत्र	2	2	1	0	1	अपवाह तंत्र, नदी उदगम, झील, बांध, परियोजना, प्रपात, नलकूप, डेल्टा
3.	जलवायु	–	–	1	0	–	वर्षा, मानसून
4.	वन, मिट्टी, सिंचाई परियोजना	1	2	1	0	–	अभ्यारण्य, उद्यान, आर्द्र भूमि, वन, वन्य जीव, जैव मण्डल, मिट्टी, प्रवाल
5.	कृषि	–	1	2	0	–	गन्ना, मसालें, जूट, चाय, सोयाबीन, कपास
6.	उद्योग व्यापार	–	–	2	0	–	अवस्थिति, चीनी
7.	खनिज, शक्ति संसाधन	1	–	2	0	–	खनिज, ऊर्जा, गैस, मैगनीज, कोयला, पेट्रोलियम, अभ्रक, परमाणु विद्युत
8.	परिवहन	2	1	1	0	–	रेल राजमार्ग, बंदरगाह, जलमार्ग
9.	मानव भूगोल	–	1	1	0	1	जनजाति, रहन सहन, नृत्य, नगरीकरण, जनसंख्या
10.	अन्य	1	–	1	0	1	स्थान, अवस्थिति, प्रदूषण, उपनाम, संस्थान
	कुल पूछे गए प्रश्न	**9**	**7**	**13**	**0**	**4**	

- भारत से संबंधित विभिन्न तथ्य उसकी सीमा क्षेत्र, राष्ट्रीय अंतर्राष्ट्रीय सीमाएँ, राज्यों का समग्र परिचय, भारत की नदियाँ एवं नदी जल विवाद, नहरें, सिंचाई, विद्युत से संबंधित बहुउद्देश्यीय परियोजनाएं और संबंधित बांध और उसके नाम, उसका क्षेत्र, भारतीय जलवायु का वर्गीकरण, प्रभाव, भारतीय स्थलाकृति बनावट, सामाजिक-आर्थिक परिचय के साथ-साथ भारत की कृषि, खनिज, उद्योग एवं सामाजिक क्षेत्र से संबंधित शीर्ष चार वरीयता अनुक्रम, राज्यों की स्थिति और उसके आंकड़े से संबंधित प्रश्न होते हैं। ऊर्जा, सिंचाई, परियोजनाएं, व्यापार, आवागमन, पर्यटन के साथ-साथ भारतीय जनसंख्या, जाति और जनजाति, प्रजातियों से संबंधित, गहन और सूक्ष्म विश्लेषण आधारित प्रश्न होते हैं। साथ ही साथ भारत की कला संस्कृति और उनका वर्गीकरण, परिवहन और विभिन्न वर्गों के लिए चलायी जाने वाली सामाजिक-आर्थिक योजनाओं से संबंधित अनिवार्य रूप से प्रश्न होते हैं।

भारत का भूगोल क्षेत्रवार अध्ययन सूची

- भारत की अवस्थिति
- भौतिक संरचना—पर्वत श्रेणी, चोटी, दर्रे (अवस्थिति)
- अपवाह तंत्र—नदी-स्थिति, उद्गम, प्रवाह तंत्र, प्रकृति, किनारे स्थित नगर, परियोजनाएं, बांध, प्रपात। झील-स्थिति, प्रकार, उद्गमित नदियां
- जलवायु—मानसून, वर्षा
- वन—प्रकार, स्थिति, उपयोगी वृक्ष
- मिट्टी—प्रकार, स्थिति, उगने वाली फसलें
- पर्यावरण—अभ्यारण्य-स्थिति, प्रसिद्धि का कारण, उद्यान, वन्यजीव, जैवमण्डल
- कृषि—अग्रणी राज्य, क्षेत्र
- उद्योग/व्यापार—अवस्थिति, क्षेत्र
- खनिज/शक्ति संसाधन—प्रमुख क्षेत्र (कोयला, लोहा, गैस, परमाणु, पेट्रोलियम), अग्रणी राज्य, उपयोग, परियोजनाएं
- परिवहन-राजमार्ग—कहां से कहां तक, राज्य, प्रमुख शहर। जलमार्ग-प्रमुख राज्य, बंदरगाह
- मानव भूगोल—जनजाति-क्षेत्र, रहन-सहन, विशेषताएं, विविध। जनसंख्या, नगरीकरण
- विविध—प्रमुख स्थिति, उपनाम, प्रमुख संस्थान

सामान्य विज्ञान तथा प्रौद्योगिकी

क्र. सं.	विषयवस्तु	2013	2014	2015	2016	2017	विगत वर्षों के प्रश्नों के आधार पर परीक्षोपयोगी अध्ययन स्रोत
1.	भौतिक विज्ञान	1	3	1	–	–	ध्वनि, प्रकाश, ऊर्जा, मापन, विद्युत, चुम्बक, ऊष्मा एवं ताप
2.	रसायन विज्ञान	2	1	1	–	1	कार्बनिक, अकार्बनिक तथा जैविक रसायन कीट प्रमुख अनुप्रयोग व प्रयोग
3.	वनस्पति विज्ञान	1	–	1	1	–	प्रमुख वनस्पति और उनकी विशेषताएँ
4.	मानव चिकित्सा विज्ञान (जन्तु विज्ञान)	6	7	1	1	1	शरीर क्रिया विज्ञान चिकित्सा स्वास्थ्य खनिज विटामिन उसके स्त्रोत और अभिलक्षण विशेषताएं
5.	कृषि, पशुपालन एवं डेयरी	–	–	–	–	–	कृषि की नई तकनीकियां नये स्रोत और पशुपालन की नई श्रेणियाँ
6.	विज्ञान प्रौद्योगिकी	1	1	9	11	5	अंतरिक्ष, रक्षा-प्रतिरक्षा, सूचना, संचार इलेक्ट्रॉनिक एवं कम्प्यूटर जैव प्रौद्योगिकी आधुनिक विज्ञान एवं प्रौद्योगिकी 21वीं सदी के प्रमुख अविष्कार और प्रौद्योगिकियां
	कुल पूछे गए प्रश्न	10	12	13	13	7	

- मात्रक, यांत्रिकी के सिद्धांतों, थर्मोस्टेट के अनुप्रयोग, तरंग गति, ध्वनि के व्यवहारिक अनुप्रयोग, विद्युत चुम्बक और विकिरण के प्रभाव, प्रकाश के प्रकीर्णन, परावर्तन, अपवर्तन, दृष्टि दोष, पूर्ण आंतरिक परावर्तन के सिद्धांत और अनुप्रयोग, चुम्बकत्व और गति चालकता के प्रयोग, ऊर्जा उत्पादन को नवीन तकनीक, हाल ही के वर्षों में परमाणु अनुसंधान एवं विकास से सम्बन्धित प्रश्न ही प्राय: पूछे जाते हैं। जिसमें दैनिक जीवन में घटित होने वाली परम्परागत घटनाओं के साथ वर्तमान घटनाक्रम की संभावनाओं पर आधारित प्रश्न होते हैं।
- परमाणु संरचना की क्रमिक खोज, कार्बनिक और अकार्बनिक रसायन के दैनिक जीवन में प्रयोग, मानव निर्मित पदार्थ, धातु और उनके यौगिकों का उपयोग, बहुलक के उपयोग, मिश्र धातुएं और उनके घटक तथा उनका उपयोग, PH मान से सम्बन्धित हाल ही के वर्षों में परमाणु अनुसंधान एवं विकास से सम्बन्धित प्रश्न ही प्राय: पूछे जाते हैं। जिसमें दैनिक जीवन में घटित होने वाली परम्परागत घटनाओं के साथ वर्तमान घटनाक्रम की संभावनाओं पर आधारित प्रश्न होते हैं।
- चिकित्सा, स्वास्थ्य, पोषण और नवीन बीमारियों से सम्बन्धित प्रश्नों के साथ मानव शरीर से सम्बन्धित विभिन्न प्रकार के अनुसंधान एवं विकास, जंतु एवं प्राणी जगत का वर्गीकरण तथा उनकी क्रियाविधि, कार्बोहाइड्रेट, प्रोटीन, वसा तथा आर्थिक दृष्टि से महत्वपूर्ण पादप इत्यादि से सम्बन्धित प्रश्न पूछे जाते हैं। 80 प्रतिशत प्रश्नों की प्रकृति हाल के वर्षों में जीव, जंतु, वनस्पति से सम्बन्धित विभिन्न प्रकार के घटनाक्रम पर आधारित होती है जो कि उसके दैनिक जीवन को प्रतिदिन प्रभावित करती हैं।
- उपग्रह, कक्षा, प्रक्षेपण यान, राष्ट्रीय एवं अंतर्राष्ट्रीय स्तर के वर्तमान अंतरिक्ष कार्यक्रम एवं भविष्य की योजनाओं, प्रक्षेपास्त्र और उनका विकास तथा भविष्य की योजनाओं, सूचना संचार प्रौद्योगिकी के नवीन चमत्कार, अंतरिक्ष, रक्षा, जैव प्रौद्योगिकी, सूचना संचार, परमाणु अनुसंधान, कृषि अनुसंधान के केन्द्र व उनकी अवस्थिति, आधुनिक विज्ञान प्रौद्योगिकी के नवीन आविष्कार एवं अनुसंधान से सम्बन्धित प्रश्न पूछे जाते हैं। विज्ञान एवं प्रौद्योगिकी के पूछे जाने वाले प्रश्न परम्परागत ज्ञान और वर्तमान ज्ञान के साथ भविष्य की योजनाओं पर आधारित ज्ञान की एक शृंखलानुमा प्रश्नों का जाल होता है।

भारतीय इतिहास, कला एवं संस्कृति

प्राचीन इतिहास

विषयवस्तु	2012	2013	2014	2015	2016	2017	विगत वर्षों के प्रश्नों के आधार पर परीक्षोपयोगी अध्ययन स्रोत
प्रागैतिहासिक काल	1	–	–	–	–	–	प्रमुख विशेषताएं तथा अभिलक्षण
सैन्धव सभ्यता	1	–	–	–	–	–	सामाजिक आर्थिक एंव राजनीतिक विशेषताएं
वैदिक सभ्यता	1	1	–	–	–	–	प्रमुख ग्रंथ उपनिषद और इनके अभिलक्षण
सूत्रकाल, महाकाव्य काल एवं संगम काल	–	–	–	–	1	–	धर्म एवं सम्प्रदाय की विशेषताएं एवं लक्षण
बौद्ध, जैन, भागवत एवं शैव धर्म	–	–	–	1	1	1	संस्थापक और सिद्धांत अभिलक्षण, अधिवेशन
मौर्य एवं मौर्योत्तर काल	1	1	2	–	1	–	राजनैतिक आर्थिक नीतियां और विशेषताएं
गुप्तकाल एवं गुप्तोत्तर काल तथा वर्द्धन वंश	2	–	–	–	1	–	कला संस्कृति एवं धार्मिक राजनैतिक स्थिति
800 ई से 1200 ई तक की राजनैतिक सामाजिक स्थिति	–	–	–	–	–	–	सामाजिक आर्थिक एवं राजनैतिक स्थिति
कुल पूछे गए प्रश्न	**6**	**2**	**2**	**1**	**4**	**1**	

- धार्मिक आंदोलन के संस्थापक, अधिवेशन और पुस्तकें, प्राचीन भारतीय इतिहास के संस्थापक के कालानुक्रम और उनकी सामाजिक, आर्थिक एवं राजनैतिक गतिविधियों से संबंधित तथ्यात्मक प्रश्न पूछे गए हैं। उन्हीं की कालावधि में विभिन्न प्रकार की घटनाओं से भी प्रश्न पूछे जाते हैं। औसत प्रश्नः 1–2
- प्राचीन इतिहास के अध्ययन के लिए आवश्यक है कि अभ्यार्थी प्राचीन भारतीय इतिहास, पुरानी एन. सी. आर. टी. कक्षा 6 की तथा प्राचीन एन. सी. आर. टी. कक्षा 11 की रोमिला थापर और रामशरण शर्मा की पुस्तकें क्रमशः 3 से 4 बार अध्ययन करें।
- प्राचीन इतिहास में सर्वाधिक प्रश्न सैंधव सभ्यता, बौद्ध जैन भागवत एवं शैव धर्म, मौर्य एंव मौर्योत्तर काल गुप्त एंव गुप्तोत्तर काल तथा 8वीं ईसवीं से 12वीं ईसवीं तक की राजनीतिक सामाजिक स्थिति पर प्रश्न पूछे जाते हैं।
- प्राचीन इतिहास में पूछे जाने वाले प्रश्न पूर्णतः तथ्यात्मक, सूचनात्मक और तुलनात्मक होते हैं।
- प्राचीन इतिहास के अध्ययन के लिए एन. सी. ई. आर. टी. के बाद आवश्यक है कि अभ्यार्थी विषयवस्तु के अनुसार विगत वर्षों के प्रश्नों को देखकर ही नोट्स तैयार करें।

मध्यकालीन इतिहास

क्र. सं.	विषयवस्तु	2013	2014	2015	2016	2017	विगत वर्षों के प्रश्नों के आधार पर परीक्षोपयोगी अध्ययन स्रोत
1.	दिल्ली सल्तनत	2	1	–	1	–	सामाजिक, आर्थिक, राजनैतिक और कला एंव संस्कृति की स्थिति
2.	बहमनी एवं विजयनगर साम्राज्य	–	–	–	1	1	सामाजिक, आर्थिक, राजनैतिक और कला एंव संस्कृति की स्थिति
3.	भक्ति आंदोलन	1	2	–	1	1	सामाजिक, आर्थिक, राजनैतिक एंव कला एंव संस्कृति की स्थिति
4.	मुगल साम्राज्य	4	3	1	1	–	सामाजिक, आर्थिक, राजनैतिक एंव कला एंव संस्कृति की स्थिति
5.	मराठा वंश	–	–	–	–	–	सामाजिक, आर्थिक, राजनैतिक और कला एंव संस्कृति की स्थिति
	कुल पूछे गए प्रश्न	**7**	**6**	**1**	**4**	**2**	

- दक्कन और दक्षिण भारत के संस्थापकों और उनके स्थापत्य कला से संबंधित प्रश्न पूछे गए हैं। दिल्ली सल्तनत, मुगलकाल के संस्थापकों के कालानुक्रम और उनकी कला संस्कृति, धार्मिक पुस्तकों, स्थापत्य कला के साथ प्रमुख आर्थिक एवं सामाजिक कार्यक्रम से संबंधित प्रश्न पूछे जाते हैं। भक्ति और सूफी आंदोलन के प्रवर्तक, बहमनी और विजयनगर साम्राज्य के संस्थापकों का क्रम और उनकी गतिविधियों से संबंधित प्रश्न पूछे जाते हैं।
- मध्यकालीन इतिहास के लिए पुरानी एन. सी. ई. आर. टी पुस्तक कक्षा 7 एवं कक्षा 11 मध्यकालीन भारत रामशरण शर्मा की पुस्तक कम से कम तीन से चार बार अध्ययन करें।
- एन. सी. ई. आर. टी अध्ययन के उपरान्त द्वितीय चरण में एस. के. पाण्डेय मध्यकालीन इतिहास और पियर्सन की इसी पुस्तक में वर्णित मध्यकालीन इतिहास का खण्ड पढ़े।
- अंतिम चरण में मध्यकालीन इतिहास के विषयवस्तु के अनुसार सामाजिक, आर्थिक एवं राजनैतिक विषय वस्तु को ध्यान में रखते हुए ही बिन्दु आधारित नोट्स तैयार करें।

आधुनिक भारत एवं स्वतंत्रता आन्दोलन

क्र. सं.	विषयवस्तु	2013	2014	2015	2016	2017	विगत वर्षों के प्रश्नों के आधार पर परीक्षोपयोगी अध्ययन स्रोत
1.	मुगल साम्राज्य का विघटन एवं यूरोपीय वाणिज्य का प्रारंभ	–	–	–	–	–	मुगल साम्राज्य के विघटन के कारण और उनकी नीतियां, यूरोपीयों के भारत में प्रवेश का क्रम और उनकी सामाजिक आर्थिक तथा राजनैतिक गतिविधियां
2.	1857 का विद्रोह एवं 19वीं शताब्दी का जनान्दोलन	2	–	–	–	–	विद्रोह के कारण विद्रोह की प्रकृति स्वरूप अभिलक्षण और विद्रोह से सम्बन्धित प्रमुख भारतीय एवं विदेशी नेता।
3.	सामाजिक, सांस्कृतिक-जागृति, निम्न जाति, मजदूर संघ एवं किसान आंदोलन	2	–	2	1	3	संस्थाओं के संस्थापक स्थापना वर्ष उद्देश्य और विशेषताएं
4.	प्रमुख संस्थाएं, सन्धियां, आयोग, अधिनियम	3	–	–	–	2	सामाजिक, आर्थिक और राजनैतिक संस्थाएं, और प्रमुख आयोग वर्ष क्षेत्र प्रमुख अधिनियम और उसके अभिलक्षण
5.	स्वतंत्रता संग्राम एवं राष्ट्रीय आंदोलन	5	22	2	3	1	स्वतंत्रता आंदोलन का प्रारम्भ वर्ष उसकी घटनाएं और उसके परिणाम तथा उसके प्रभाव
	कुल पूछे गए प्रश्न	12	22	4	4	6	

- प्रमुख गवर्नर जनरल के सकारात्मक और नकारात्मक कार्य, सभी प्रमुख अधिनयम के अभिलक्षण, कृषि, भू-राजस्व, शिक्षा, सेना, न्याय प्रणाली से संबंधित अंग्रेजों की नीतियां। प्रमुख धार्मिक, सामाजिक आंदोलन (हिंदू, मुस्लिम, पारसी, सिक्ख और यहूदी), सभी प्रमुख विद्रोह (मुख्य नेता, विद्रोह का कारण और घटनाएं), यूरोपियों के आगमन का क्रम।
- स्वतंत्रता आंदोलन और उसके नेतृत्वकर्ता, आंदोलन की घटनाएं, उसके प्रभाव, पत्र, पत्रिकाएं, समाचार पत्र, प्रसिद्ध नारे इत्यादि। प्रमुख सम्मेलन, संधियां, समझौते, प्रस्ताव, योजना, फार्मूला, आधुनिक भारत के प्रमुख नेता, आयोग, समितियां और शिष्टमंडल, प्रमुख युद्ध और आधुनिक भारत की संधियां और उसके परिणाम।
- आधुनिक भारत के अध्ययन के लिए कक्षा 8 की पुरानी एन. सी. ई. आर. टी. तथा कक्षा 12 की पुरानी एन. सी. ई. आर. टी. पुस्तकों का तीन से चार बार अध्ययन करें।
- द्वितीय चरण में स्वतंत्रता आन्दोलन विपिन चन्द्रा की पुस्तक का अध्ययन बारी बारी करें।
- पियर्सन की इसी पुस्तक के अध्ययन के उपरान्त विगत वर्षों के पूछे गए प्रश्नों के आधार पर नोट्स तैयार करें।

भारतीय कला एवं संस्कृति एवं विरासत

	2013	2014	2015	2016	2017
• सिंधु घाटी सभ्यता कला एवं स्थापत्य	–	1	1	–	–
• वैदिक काल	1	–	–	–	–
• वेदिकोत्तर काल	–	–	–	–	–
• मौर्य साम्राज्य	–	1	–	1	–
• उत्तर मौर्य काल	–	1	1	–	–
• खारवेल, सातवाहन संगमकालीन तमिल राज्य	–	–	–	–	–
• गुप्त वंश, वाकाटक वंश एवं वर्द्धन वंश	–	1	1	–	–
• गुप्तकालीन क्षेत्रीय राज्य पल्लव, चोल, चालुक्य (बादामी एवं कतयाण) राष्ट्रकूट, पाल, प्रतिहार	1	1	1	1	1
• प्रा. मध्यकालीन भारत (750–1200)	1	1	1	1	–
• 13वीं शताब्दी +14वीं शताब्दी	1	1	–	–	–
• 15वीं और 16वीं शताब्दी	–	1	–	–	1
• मुगल	1	–	–	–	–
• आधुनिक कला एवं संस्कृति तथा व्यक्ति	1	1	1	–	–
कुल	**6**	**9**	**6**	**3**	**2**

सिविल सेवा परीक्षाः रणनीति एवं कार्ययोजना

सिविल सेवा प्रारम्भिक परीक्षा नये कार्यक्रम के अनुसार प्राय: जून और मुख्य परीक्षा अक्टूबर-नवम्बर तथा साक्षात्कार अप्रैल-मई में आयोजित होते है। परीक्षा का अंतिम परिणाम मई अथवा जून के प्रथम सप्ताह तक आ जाता है। सिविल सेवा परीक्षा तीन चरणों में विभाजित है प्रारम्भिक एवं मुख्य परीक्षा तथा साक्षात्कार। अत: विद्यार्थियों को तैयारी के लिए निम्नलिखित मूलभूत बातें आवश्यक है-

- अध्ययन हेतु आधारभूत पुस्तकों को कई बार पढ़ा जाना चाहिए। साथ ही साथ आवश्यक तथ्यों और आंकड़ों को फ्लो चार्ट, पाई डाइग्राम और सारिणी के माध्यम से इस प्रकार तैयार करना चाहिए ताकि कम समय में अधिक से अधिक जानकारी प्राप्त की जा सकें।
- तैयारी हेतु प्रारम्भिक परीक्षा के बाद मुख्य परीक्षा में उन्हीं विषयों का चयन अपेक्षित होता है जिसकी पाठ्य सामग्री, मार्ग दर्शन और सामान्य अध्ययन में उसकी भूमिका तथा महत्व के साथ साथ हाल के वर्षों की प्रवृत्तियों को भी ध्यान में रखें।
- परीक्षा के दौरान बार-बार परीक्षा समय तैयारी अथवा उसकी रणनीति के सम्बन्ध में विषय-विशेषज्ञों अथवा अपने से वरिष्ठ प्रतियोगी से सलाह लेना परीक्षा में पुनरावृत्ति और असमंजस की स्थिति बनी रहती है।

सामान्य अध्ययन के विभिन्न खण्डों का विषयवार रणनीति निम्न प्रकार बनाये-

1. भारतीय इतिहास और भारतीय राष्ट्रीय आंदोलन

संघ लोक सेवा आयोग ने नए पाठ्यक्रम में भारतीय इतिहास वाले खंड का नाम बदलकर भारतीय इतिहास और भारतीय राष्ट्रीय आंदोलन कर दिया है। इससे यह अर्थ निकाला जा सकता है कि अब इस खंड से पूछे जाने वाले सवालों में भारतीय राष्ट्रीय आंदोलन के प्रश्नों की बहुलता हो सकती है। हालांकि यह कोई बड़ा बदलाव नहीं है क्योंकि पहले भी भारतीय इतिहास से पूछे जाने वाले अधिकांश सवाल भारतीय स्वतंत्रता आंदोलन वाले खंड से ही पूछे जाते थे। इसलिए अभ्यर्थियों के लिए जरूरी है कि वे सामान्य अध्ययन के भारतीय इतिहास वाले खंड की तैयारी करते समय भारतीय राष्ट्रीय आंदोलन पर विशेष जोर डालें। अमूमन छात्रों में यह प्रवृत्ति देखने को मिलती है कि वे प्रारंभिक परीक्षा को तथ्यों के ज्ञान की परीक्षा मानते हैं। इस क्रम में वे हज़ारों तथ्यों को रट डालते हैं। परन्तु तथ्यों को रटने का महत्व तभी है जब टॉपिक को समग्रता एवं क्रमबद्धता के साथ पढ़ा जाए।

समग्र रणनीति

विगत वर्षो के प्रश्नों को देखने से लगता है कि इस विषय को समग्रतापूर्वक पढ़े बिना, प्रश्नों का सही उत्तर देना मुश्किल है। अब प्रश्न उठता है- समग्र अध्ययन कैसे किया जाये?

समग्र अध्ययन के लिए सबसे पहले विषय को उप-भागों में बांटा जाये जैसे: 1857 का विद्रोह, सामाजिक-धर्मिक सुधर आंदोलन, कांग्रेस का उदय, अंग्रेजों की शिक्षा नीति, महात्मा गांधी का अभ्युदय और उनके आंदोलन। इसके बाद प्रत्येक उप-भागों को कई खंडों में विभक्त करें। उदाहरण के लिए 1857 के विद्रोह (उप-भाग) को तैयार करना है तो इसके खण्ड होंगे- विद्रोह के क्या कारण रहे, इसके बाद ब्रिटिश नीतियों में क्या परिवर्तन आए, इसकी असफलता के क्या कारण थे, भारतीय स्वतंत्रता संग्राम में इसका क्या महत्व है, विद्रोह की प्रकृति क्या थी यानी क्या यह सैनिक विद्रोह था या इसे प्रथम स्वतंत्रता संग्राम कहा जा सकता है। इस प्रकार प्रत्येक उपभागों के विभिन्न खंडों का अध्ययन कर अभ्यर्थी इस विषय के सभी प्रश्नों को आसानी से हल कर सकता है। इसके अतिरिक्त अभ्यर्थियों को महत्वपूर्ण तिथियों और घटनाओं को क्रमानुसार लिखकर अपने नोट्स तैयार करने चाहिए और समय-समय पर नोट्स को दोहराते रहना चाहिए। अब प्रश्न उठता है कि क्या सैकड़ों तिथियों और घटनाओं को रटना संभव है? इस संदर्भ में अभ्यर्थी को यह समझना आवश्यक है कि इतिहास विषय की प्रत्येक तिथि किसी बड़ी ऐतिहासिक घटना से जुड़ी होती है और यदि वह घटना याद रहती है तो तिथि भी स्वत: याद रहती है। उदाहरण के लिए यह सवाल पूछा जाये कि रेग्यूलेटिंग एक्ट किस सन् में पारित हुआ? ऐसे तथ्यात्मक प्रश्नों की तैयारी के लिए यदि आप भारत के संवैधनिक इतिहास का समग्रता से अध्ययन करे तो न केवल तथ्यात्मक अपितु अवधारणात्मक प्रश्नों का हल करने मे सक्षम होंगे।

महत्वपूर्ण तथ्य व उसका विश्लेषण

प्रारंभिक परीक्षा में भारतीय इतिहास वाले खंड की तैयारी करते समय अभ्यर्थियों को तीन बातें विशेष तौर पर समझ लेनी चाहिए। ये तीन बातें हैं- प्रमाणिक पुस्तकों का अध्ययन, विषय को टॉपिक्स में बांट कर तैयार करने की प्रवृति और सभी टॉपिक्स का समग्र अध्ययन। जब बात प्रमाणिक पुस्तकों

की आती है तो इस संदर्भ में एनसीईआरटी की पुस्तकें, झा एवं श्रीमाली, दत्त एवं मजूमदार और बीएल ग्रोवर विशेष रूप से सहायक सिद्ध हो सकती हैं। प्रामाणिक पुस्तकों के चयन के बाद बारी आती है किसी टॉपिक के समग्र अध्ययन की। बिना समग्र अध्ययन के आपको सिविल सेवा प्रारंभिक परीक्षा में पूछे जा रहे प्रश्नों को हल करने में दिक्कत का सामना करना पड़ सकता है।

भारत का इतिहास तीन खंडों में विभाजित है–प्राचीन, मध्यकालीन और आधुनिक। प्राचीन और मध्यकालीन भारत की तैयारी के लिए एनसीईआरटी की पुस्तकों का अध्ययन काफी मददगार साबित हो सकता है। आधुनिक भारत के लिए एनसीईआरटी की पुस्तक के साथ बी.एल. ग्रोवर की आधुनिक भारत, विपिन चंद्र एवं सुमित सरकार की स्वतंत्रता संग्राम आदि की पुस्तकें पढ़ी जा सकती हैं। आधुनिक भारत की तैयारी करते समय महत्वपूर्ण व्यक्तियों के बारे में जानना महत्वपूर्ण है, लेकिन इसके साथ–साथ स्वतंत्रता संग्राम के राजनीतिक, प्रशासनिक, सामाजिक और आर्थिक पहलुओं को जानना भी जरूरी है। पिछले कुछ वर्षों की प्रारंभिक परीक्षा के सामान्य अध्ययन के पेपर का विश्लेषण करने पर ज्ञात होता है कि अब प्रारंभिक और मुख्य परीक्षा के बीच का अंतर कम होता जा रहा है। इसलिए वे विद्यार्थी जो अभी तक प्रारंभिक परीक्षा की तैयारी के नाम पर तथ्यों को रटते थे, नुकसान उठा सकते हैं। अभ्यर्थियों का प्रमुख ध्यान मुख्य परीक्षा पर ही होना चाहिए और प्रारंभिक परीक्षा को मुख्य परीक्षा की तैयारी का साधन मानना चाहिए। इसके अलावा इतिहास के कई खंड ऐसे हैं जिनकी तैयारी के लिए चार्ट प्रणाली उपयुक्त हो सकती है। विभिन्न वायसराय पर सवाल पूछे जाते रहे हैं, इसलिए इसका सबसे बेहतर तरीका यह है कि एक चार्ट बनाया जाए और विभिन्न वायसराय को और उनके कार्यकाल में हुई घटनाओं को कालक्रमानुसार उसमें अंकित कर लिया जाए। इस चार्ट को समय–समय पर दुहरा लेने से परीक्षा में इससे संबंधित प्रश्नों के गलत होने की संभावना कम हो जाएगी।

भारतीय इतिहास का तुलनात्मक अध्ययन करें। 1857 की क्रांति के तथ्यात्मक एवं अवधारणात्मक दोनों दृष्टिकोण से अध्ययन करे। संवैधनिक विकास को विभिन्न चरणों के अतर्गत किए गए क्रमिक परिवर्तन भली प्रकार समझें। गांधीजी के महत्वपूर्ण आंदोलनों को क्रमिक रूप से विशेष अध्ययन करें। ब्रिटिश कालीन भारतीय अर्थव्यवस्था के अवधारणात्मक पक्ष को समग्रता से तैयार करें। सामाजिक आर्थिक सुधर आंदोलन का वर्गीकरण कर विभिन्न विचाराधराओं के साथ समाहित करते हुए अध्ययन करें। विभिन्न समयावधि में प्रकाशित पत्र, पत्रिकाएं एवं समाचार पत्र तथा प्रेस, शिक्षा, न्याय, प्रशासन के ऐतिहासिक विकास पर आधारित तथ्यात्मक एवं अवधरणत्मक ऐतिहासिक संकल्पनाओं का अध्ययन अवश्य करे।

2. भारत और विश्व भौतिक व मानव भूगोल

वर्तमान समय की बदले परीक्षा प्रणाली के अनुरूप इस खंड की उपयोगिता बढ़ी है हालांकि इस विषय में प्रश्न भारत के भूगोल की तुलना में विश्व भूगोल से अधिक पूछे जा रहे है। भूगोल से उस क्षेत्र में प्रश्न पूछे जा रहे है तो किन्हीं करणों से समसामयिक चर्चा के विषय भी है। वर्तमान समय में भारत के भूगोल से औसत: 4 से 5 प्रश्न व विश्व के भूगोल से 5 से 6 प्रश्न पूछे जा रहे है। वर्ष 2011 के परिवर्तित पाठ्यक्रम के अनुसार भूगोल के प्रश्न पर्यावरण परिस्थितिकी से जोडकर ज्यादा पूछे जा रहे है।

संघ लोक सेवा आयोग आमतौर पर वर्तमान आवश्यकताओं के अनुरूप परीक्षार्थियों से योग्यता की अपेक्षा करता है। इसी के अनुरूप पाठ्यक्रम व प्रश्न पूछने की प्रवृतियों में भी परिवर्तन हो रहा है। इस संदर्भ में भूगोल विषय चयनित परीक्षार्थियों की आवश्यकताओं या भविष्य में उनके समक्ष आने वाली नवीन चुनौतियों के अनुरूप उनकी योग्यता के परीक्षण के लिहाज से महत्वपूर्ण विषय है। वैश्वीकरण के युग में राष्ट्रीय व वैश्विक स्तर पर पर्यावरण व पारिस्थितिकी के अति महत्वपूर्ण होने के कारण भूगोल का महत्व सापेक्षत: और अधिक बढ़ा है।

प्रमुख सुझाव

एनसीईआरटी की पुरानी पुस्तकें कक्षा 6 से लेकर 12 तक तथा नवीन पुस्तक 'लोग और अर्थव्यवस्था' का अध्ययन करें। भारत एवं विश्व भूगोल से संबंधित विभिन्न भौगोलिक समसामयिक विषयों जैसे आपदा, तूफान, चक्रवात, बाँध, नदी जल परियोजनाएं, भूकंप, मिट्टी, नवीन कृषि पद्धति, उद्योग, परिवहन की योजनाएं और कार्यक्रम का अध्ययन न सिर्फ भारत के परिप्रेक्ष्य में बल्कि वैश्विक परिदृश्य को ध्यान में रखते हुए भारत के साथ तुलनात्मक अध्ययन आधारित प्रश्न पूछे जाते हैं जिनमें विभिन्न आर्थिक सामाजिक संगठनों को भी भूगोल के साथ जोड़कर प्रश्न पूछे गए है इसके अध्ययन के दौरान मानचित्र शैली के आधार पर भौगोलिक विषयों का अध्ययन करना अधिक लाभप्रद होगा। पिक्टोग्राफिकल फार्मेट एवं सारणीबद्ध अध्ययन से भौगोलिक स्मरण शक्ति में भी वृद्धि होती है।

3. भारतीय संविधान, राजव्यवस्था तथा राजनीति

सामान्य अध्ययन के लिहाज से इस बेहद महत्वपूर्ण खंड के साथ सबसे अच्छी बात यह है कि इसके तहत आने वाले विषयों के लिए अध्ययन सामग्री की कोई कमी नहीं है। लेकिन इस संबंध में अभ्यर्थियों, खासतौर पर हिंदी माध्यम के अभ्यर्थियों को भाषा को लेकर दिक्कत आ सकती है। मूलत: संविधान अंग्रेजी भाषा में है और इसका हिंदी अनुवाद कठिन भाषा में है। भारतीय राजव्यवस्था वाले खंड की तैयारी के लिए हिंदी माध्यम के विद्यार्थियों के लिए कुछ पुस्तकें मददगार साबित हो सकती हैं। इन पुस्तकों में सुभाष कश्यप की दोनों पुस्तकें, बी.के. शर्मा की पुस्तकें और डी.डी. बसु की पुस्तक शामिल हैं। नए अभ्यर्थियों को इस खंड की तैयारी के लिए सबसे पहले कक्षा 6 से 12 की एनसीईआरटी की पुस्तकों को पढ़ना चाहिए। इससे संवैधनिक अवधारणाओं को समझने में आसानी हो जाती है। व्यापक अध्ययन के लिए समाचार पत्रों और इंडिया ईयर बुक के राजनीति से जुड़े खंड का अध्ययन करना चाहिए। साथ ही प्रेस इन्फार्मेशन ब्यूरो की वेबसाइट की भी मदद लेनी चाहिए।

भारतीय राजव्यवस्था और अभिशासन के अंतर्गत बहुत से टॉपिक शामिल हैं। इनमें प्रमुख हैं–पंचायती राज, लोक नीतियां, अधिकार और कर्तव्यों से जुड़े मुद्दे, विधायिका, कार्यपालिका, न्यायपालिका आदि। ये टॉपिक अपने आप में काफी व्यापक है। अभ्यर्थियों को यह समझना चाहिए कि भारतीय राजव्यवस्था का आशय केवल भारत के संविधान से नहीं है। इसके अंतर्गत भारतीय शासन, विभिन्न सरकारी नीतियों का क्रियान्वयन और लोकतंत्र का संचालन संबंधी टॉपिकों का गंभीर विश्लेषण शामिल है। भारतीय शासन के पिरामिड में ऊपर केंद्र सरकार और सबसे नीचे स्थानीय

स्वशासन (पंचायतें/नगर निकाय) की भूमिका होती है। इन दो स्तरों के मध्य आने वाली समस्त सरकारी या प्रशासनिक मशीनरी के संचालन का वृहत् अध्ययन इस खंड की विषय वस्तु है।

अध्ययन रणनीति

इस तरह समस्त पाठ्यक्रम का अध्याय वार विभाजन कर लेने के उपरांत पुनः प्रत्येक अध्याय को भी छोटे-छोटे उपखंडों में विभाजित कर लेना चाहिए। मान लीजिए कि आपको संविधान की प्रस्तावना तैयार करनी है। इसके लिए सबसे पहले प्रस्तावना के विभिन्न पहलुओं को एक कागज पर लिख लेना चाहिए। जैसे- प्रस्तावना क्या है, प्रस्तावना का संविधान के निवर्चन में महत्व, प्रस्तावना का महत्व, क्या प्रस्तावना में संशोधन संभव है इत्यादि। अब यहां प्रश्न उठता है कि प्रारंभिक परीक्षा की तैयारी के लिए इतने गहन नोट्स बनाने की क्या आवश्यकता है। प्रारंभिक परीक्षा में पूछे जाने वाले प्रश्नों के विश्लेषण से पता चलता है कि इन प्रश्नों की तैयारी केवल तथ्यों रटने से नहीं की जा सकती। अतः प्रस्तावना की तैयारी के दौरान अपने नोट्स के दो भाग कर लेने चाहिए। पहले भाग में केवल तथ्यों को जगह देनी चाहिए, जबकि दूसरे खंड में महत्वपूर्ण अवधारणाओं को। इस रणनीति से सबसे बड़ा फायदा यह होगा कि एक ही समय में आपकी प्रारंभिक और मुख्य दोनों ही परीक्षाओं की तैयारी संभव हो जाएगी। ऐसी तैयारी करने पर प्रारंभिक परीक्षा में पूछे जाने वाला कोई भी प्रश्न आपके लिए दिक्कत खड़ी नहीं करेगा। यही रणनीति सामान्य अध्ययन के प्रत्येक खंड में लागू की जानी चाहिए।

हाल के प्रवृत्तियां

हालिया वर्षों में इस खंड में समसामयिक राजनीतिक और संवैधनिक विषयों पर भी सवाल पूछे जाने लगे हैं। इसकी तैयारी के लिए अभ्यर्थियों को वर्तमान घटनाक्रम पर लगातार नजर रखनी चाहिए। भारतीय संविधान के अंतर्गत मूल अधिकारों और राज्य के नीति निदेशक तत्वों के संबंध, मूल कर्त्तव्य, राष्ट्रपति, संसद, राज्य की विधायिका, आपात उपबंध, उच्चतम न्यायालय, उच्च न्यायालय, केंद्र-राज्य संबंध, अनुसूचित जाति और जनजाति संबंधी प्रावधन और संसदीय समितियों के विषय में विशेष अध्ययन किया जाना चाहिए। इसके अलावा पिछले एक वर्ष के दौरान पारित हुए महत्वपूर्ण विधेयकों का भी सूक्ष्म अध्ययन किया जाना चाहिए। इस खंड का दायरा काफी विस्तृत है इसलिए परंपरागत क्षेत्रों के अलावा समकालीन मुद्दों का अध्ययन किए बिना परीक्षा में बेहतर करने की उम्मीद करना बेमानी है। जब आप संविधान के परंपरागत क्षेत्रों जैसे मौलिक अधिकारों या मौलिक कर्त्तव्यों आदि का अध्ययन करते हैं, तो शिक्षा का अधिकार और जीवन का अधिकार जैसे मुद्दों पर विशेष ध्यान देना चाहिए। अब अगर आप नीति निर्देशक तत्वों के संबंध में पढ़ रहे हैं, तो आदिवासियों और कमजोर तबकों से जुड़े मसलों पर विशेष ध्यान देने की जरूरत है। इसी तरह संसद से जुड़े विषयों के अध्ययन में विभिन्न समितियों की प्रणाली पर विशेष ध्यान दें। इसके अतिरिक्त कुछ टॉपिक्स ऐसे हैं जिन्हे नोट्स बनाकर लगातार दोहराने की आवश्यकता है। ऐसे टॉपिक में महत्वपूर्ण संशोधनों, अनुसूचियों और अनुच्छेदों को शामिल करें।

महत्वपूर्ण सुझाव

- आर्थिक सामाजिक एवं राजनीतिक के नीतिगत मुददों का समग्रता से अध्ययन करें।
- कार्यपालिका, न्यायपालिका और विधायिका के अवधारणात्मक पक्षों का अध्ययन करें।
- महत्वपूर्ण संशोधन, विधेयक, अधिनियम का समग्रावलोकन करें।
- भारतीय राजव्यवस्था के पूरक अनिवार्य खंडों का अध्ययन करें।
- महिला सशक्तीकरण, बाल अधिकार, न्यायाधिकरण, प्राधिकरण, आयोग, समिति एवं सगठनों पर आधारित समसामयिक संदर्भ को ध्यान में रखते हुए इनका अध्ययन करें।
- अनुच्छेदों, अनुसूचियों को आपस में फ्लो चार्ट बनाकर इंटरलिंक करने की कोशिश करे।

4. आर्थिक एवं सामाजिक विकास

आर्थिक व सामाजिक विकास वाले खंड को लेकर हिंदी माध्यम के कुछ अभ्यार्थी भयभीत रहते हैं। इसके पीछे प्रमुख कारण अर्थव्यवस्था से जुड़ी आधारभूत जानकारियों का अभाव और हिंदी माध्यम में उपयुक्त सामग्री का उपलब्ध न होना है। परंतु एनसीईआरटी की किताबें ढंग से पढ़ने पर आधारभूत जानकारी से जुड़ी समस्या काफी हद तक हल हो जाती है और रही बात हिंदी में अध्ययन सामग्री के न मिलने की, तो यह समस्या अब काफी हद् तक हल हो चुकी है क्योंकि अब कुछ आर्थिक समाचार पत्र हिंदी में उपलब्ध हैं और प्रतियोगी परीक्षाओं से जुड़ी पत्रिकाओं में इनको अच्छा स्थान दिया जा रहा है। इस खंड को ठीक से समझने के लिए सबसे पहले हमें हाल के वर्षों में कुल प्रश्नों पर गौर करना चाहिए, जो निम्न मसलों से जुड़े थे। मसलन, भारत सरकार सार्वजनिक क्षेत्र के उद्यमों (CPSEs) में लगी अपनी इक्विटी का विनिवेश क्यों कर रही है? लीड बैंक योजना का मुख्य उद्देश्य क्या है? किन परिस्थितियों में पूंजीगत लाभ हो सकता है? कौन सी मूल्य आधारित कर (वैट) की विशेषता नहीं है?

इन प्रश्नों से आप अंदाजा लगा सकते हैं कि ये गूढ़ अर्थशास्त्र से जुड़े सवाल नहीं हैं। बल्कि अर्थव्यवस्था की समसामयिकी घटनाओं पर आधारित है। इन विषयों पर जानाकरी समाचार पत्रों और पत्रिकाओं में अच्छे से मिल जाती हैं।

परन्तु सामयिकी पर आधारित ऐसे विषयों पर सिर्फ खबरें पढ़ लेने से काम नहीं चलता। संबंधित आर्थिक शब्दावली की मूलभूत जानकारी का होना भी बेहद जरूरी है। जैसे: जब आप वैट से जुड़ी कोई खबर पढ़ें तो उसी वक्त वैट से जुड़े सभी पहलुओं को अच्छे से समझ लें।

पहले के पाठ्यक्रम में भारतीय अर्थव्यवस्था से जुड़े प्रश्न पूछे जाते थे लेकिन अब इसमें आर्थिक एवं सामाजिक विकास को जोड़ दिया गया है। इसके अंतर्गत समावेशीय विकास, जनांकिकी, गरीबी, स्वास्थ्य, शिक्षा, साक्षरता आदि को शामिल किया गया है। अब इस खंड में सामाजिक पक्षों को जोड़कर सवाल पूछे जा रहे हैं। पुराने और नए पाठ्यक्रम की तुलना करने पर पता चलता है कि पहले अर्थव्यवस्था से जुड़े कई गूढ़ सवाल भी पूछ लिए जाते थे लेकिन अब सामाजिक व आर्थिक विकास का खंड जुड़ने

से ऐसे सवालों की संभावना काफी कम हो गयी है। यानी पहले किताबी ज्ञान रखने वाले और अर्थशास्त्र के विद्यार्थियों को काफी फायदा मिल जाता था लेकिन अब ऐसा नहीं है। अब आधारभूत जानकारी रखने वाले और समसामयिक घटनाओं के प्रति जागरूक अभ्यर्थी के लिए यह खंड बेहद अंकदायी साबित हो सकता है।

हाल की प्रवृतियां

- अर्थव्यवस्था से जुड़ी कोई शब्दावली और उसकी चार व्याख्याएं दी जा सकती है आपको उनमे से सही विकल्प या विकल्पों का चुनाव करना होगा जैसे: मुद्रास्फीति, हवाला बाजार, फिस्कल क्लिफ आदि।
- आर्थिक समस्याओं के सही हल का चुनाव करने से सम्बन्धित प्रश्न पूछे जाते है और आपको सबसे उपयुक्त विकल्प या विकल्पों का चुनाव करना होगा जैसे: GDP में कमी के प्रमुख कारण, बढ़ते राजकोषीय घाटे के कारण, रूपये के मूल्य में गिरावट के लिए जिम्मेदार तत्व आदि।
- आर्थिक गतिविधियों से सम्बन्धित समितियों या नीतियो के महत्वपूर्ण बिन्दुओं पर आधारित प्रश्न पूछे जाते है आपको उनमे सही बिन्दुओं का चुनाव करने या फिर असत्य कथनों का चुनाव करने के लिए कहा जायेगा जैसे: केलकर समिति की सिफारिशें, जनसंख्या नीति या दूरसंचार नीति के महत्वपूर्ण बिन्दु आदि।
- अर्थव्यवस्था से जुड़ी प्रमुख सरकारी योजनाओं या अधिनियमों का जिक्र करके उनमे से सही विकल्प की पहचान करने को कहा जा सकता है।
- पारंपरिक भारतीय अर्थव्यवस्था से संबंधित प्रश्न, जो विशेष रूप से कृषि, उद्योग, मुद्रा और बैंकिग, विदेशी व्यापार, राष्ट्रीय एवं अंतर्राष्ट्रीय संस्थाओं से संबंधित होते है परीक्षा की दृष्टि से बेहद अहम होते हैं।
- जनगणना पर आधारित प्रश्न सदैव पूछे जाते हैं।
- जहां तक अंतर्राष्ट्रीय अर्थव्यवस्था से संबंधित प्रश्नों की प्रकृति का प्रश्न है, तो ये विश्व व्यापार संगठन, अंतर्राष्ट्रीय मुद्रा कोष, विश्व बैंक, आसियान, यूरोपीय संघ, एशियाई विकास रिपोर्ट, मानव विकास रिपोर्ट, अंकटाड निवेश रिपोर्ट, विश्व व्यापार संगठन की विभिन्न रिपोर्ट आदि के साथ-साथ अन्य महत्वपूर्ण अंतर्राष्ट्रीय रिपोर्टों, अंतर्राष्ट्रीय आर्थिक आंकड़ों, अंतर्राष्ट्रीय आर्थिक घटनाक्रम आदि से संबंधित होते हैं। इस संदर्भ में कृषिगत उत्पादों के साथ-साथ खनिज उत्पादक देशों से संबंधित सूचनाएं भी महत्वपूर्ण हैं। विभिन्न अंतर्राष्ट्रीय संस्थाओं और क्षेत्रीय संगठनों की सदस्यता से संबंधित प्रश्न लगातार पूछे जा रहे हैं।

परीक्षा की तैयारी के लिए क्या करें?

- जब अर्थव्यवस्था वाले खण्ड की तैयारी करे तो पंक्तियों को गहराई से समझें और एनालिटिक्ल अप्रोच रखें।
- भारतीय अर्थव्यवस्था की तैयारी में आंकड़ों की तैयारी की बजाय मूल संकल्पनाओं पर ज्यादा ध्यान दें। व्यावहारिक आर्थिक पक्षों को समग्रता से अध्ययन करें। प्रति व्यक्ति आय, मुद्रास्फीति, घाटे के प्रकार और बैंकिंग व्यवस्था पर ज्यादा जोर दें। भारत की आर्थिक नीतियों में हो रहे बदलाव पर पैनी नजर रखें। भारतीय अर्थव्यवस्था को अंतर्राष्ट्रीय संबंधों से जोड़कर अध्ययन करें। आर्थिक सर्वेक्षण और बजट से संबंधित अद्यतन आंकडों के लिए सिर्फ इसी पर भरोसा करें। महिला सशक्तिकरण, मूल अधिकार, कानूनी अधिकार, समावेशी विकास, लघु कुटीर उद्योग, अल्पसंख्यक समाज कल्याण और ऋण योजनाओं को भी क्रमबद्धता के साथ ऐतिहासिक पृष्ठभूमि को ध्यान में रखते हुए अध्ययन करें। दिन प्रतिदिन राष्ट्रीय और अंतर्राष्ट्रीय घटनाक्रम के व्यावहारिक पक्षों को बारीकी से समझें।
- मॉक टेस्ट से अभ्यास करे साथ ही स्वयं प्रश्न बनाने का प्रयास करे।
- भारतीय अर्थव्यवस्था के समसामयिक संदर्भों पर नजर रखे जैसे- सरकार द्वारा चलायी जा रही नवीनतम योजनाएं एवं कार्यक्रम, वृद्धि दर, विभिन्न समिति और आयोग की रिपोर्ट और आर्थिक समीक्षा से संबंधित पहलु आदि।

क्या न करें?

- तथ्य को रटने की कोशिश न करे जैसे CRR, SLR या Bank Rate कितने प्रतिशत है। बल्कि इनकी अवधारणाओं को समझने का प्रयास करें।
- इस खण्ड को पारंपरिक पुस्तकों से न पढ़ें क्योंकि इस खंड में नित्य-नये Concept जुड़ते रहते हैं। Economic Times समाचार पत्र पढ़ना बेहद उपयोगी होगा।

5. पर्यावरण और पारिस्थितिकी

वैश्वीकरण के युग में तीव्र विकास की आवश्यकता के साथ-साथ इसकी खामियो को दूर करने पर विश्वव्यापी बहस पिछले कई वर्षो से जारी है। इसलिए जलवायु परिवर्तन, जैव विविधता और पर्यावरणीय पारिस्थितिकी का अध्ययन बहुत महत्वपूर्ण हो गया है। एक सिविल सेवक के लिए इन विषयों का जानना बेहद जरूरी है। इसी बात को ध्यान में रखकर यूपीएससी ने 2017 से प्रारंभिक परीक्षा में इस खंड में कुल 15 सवाल पूछे गए।

इस खंड के लिए यूपीएससी ने स्पष्ट लिखा है कि इसकी तैयारी के लिए विषय की विशेषज्ञता की जरूरत नहीं है। मतलब साफ है कि स्नातक या स्नातकोत्तर स्तर की पुस्तकों को आधार बनाकर तैयारी करने से सफलता नहीं मिलने वाली है। प्रश्नों की प्रकृति को समझने के लिए हमे दोनों वर्षों के कुछ प्रश्नों पर नजर डालने की जरूरत है। जैसे 2011 में एटिलोपों 'ऑरिक्स' और 'चीरू' के बीच क्या अंतर है? वैश्विक तापन, आवास का विखंडन, विदेशी जाति का संक्रमण, शाकाहार को प्रोत्साहन देने से कौन-से भौगोलिक क्षेत्र में जैव विविधता के लिए संकट हो सकते हैं? काली गर्दन वाला सारस (कृष्णग्रीव सारस), चीता, उड़न गिलहरी (कंदली), हिम तेंदुआ में से कौन-से भारत में प्राकृतिक रूप में पाए जाते हैं? जैसे प्रश्न पूछे गए।

इसी तरह 2013, 2014 में राष्ट्रीय जैव विविधता प्राधिकरण, राष्ट्रीय हरित न्यायाधिकरण अधिनियम-2010, राष्ट्रीय जल मिशन, जीवभार गैसीकरण का भारत में ऊर्जा संकट के धरणीय हल में उपयोग, ओजोन-ह्रासक पदार्थों के रूप में क्लोरोफ्लोरोकार्बन, महासागरों का अम्लीकरण, गिद्धों की कम होती संख्या से जुड़े प्रश्न पूछे गए।

समग्र रणनीति

पहले यह जानना जरूरी है कि पारिस्थितिकी व पर्यावरण वाले खंड से कौन से प्रश्न पूछे जा सकते हैं और कहां से पूछे जा सकते हैं? साथ ही यह भी जानना बेहद जरूरी है कि इनकी तैयारी कैसे की जाए? यह खंड विज्ञान, पर्यावरण, भूगोल, सरकारी योजनाओं, राष्ट्रीय और अंतर्राष्ट्रीय घटनाओं से जुड़ा हुआ है इसलिए इसकी तैयारी के लिए विशेष रणनीति की जरूरत है।

मिसाल के तौर पर आप इंटरगवर्नमेंटल पैनल ऑन क्लाइमेट चेंज (आईपीसीसी) के बारे में पढ़ रहे हैं तो इसके सभी पहलुओं का क्रमवार अध्ययन करें। जैसे आईपीसीसी क्या है? इसके सदस्य देशों की संख्या कितनी है? इसका मुख्यालय कहां है? आईपीसीसी की संरचना कैसी है? यह संस्था अपनी रिपोर्ट कैसे तैयार करती है? इसकी समीक्षा रिपोर्ट कब-कब आयी है? इसकी समीक्षा रिपोर्ट का क्या महत्व है?

खबरों के आधार पर तैयारी करते समय विभिन्न पहलुओं का अध्ययन करें। जैसे सर्वोच्च न्यायालय ने बाघ पर्यटन पर प्रतिबंध लगाया है, तो इसके बारे में अध्ययन करते समय सभी आधारभूत जानकारियां जुटा लें। मसलन 'प्रोजेक्ट टाइगर' क्या है? कोर जोन एवं बफर जोन क्या है? एनटीसीए क्या है? बाघों को खतरा क्यों है? इसको लेकर कौन-कौन से अंतर्राष्ट्रीय प्रयास किए जा रहे हैं?

तैयारी करते समय हमें यह देखना चाहिए कि

- यह मुद्दा आम आदमी से कितना जुड़ा है।
- आम आदमी के विकास से इसके क्या संबंध हैं।
- गरीबों के जीवन विशेषकर उनके स्वास्थ्य, पोषण, साफ-सफाई और आखिरकार उनके जीवन-स्तर से इस मुद्दे का कितना प्रत्यक्ष या परोक्ष संबंध है।
- हमारी सरकार की नीतिगत सोच या उसकी दिशा से यह मुद्दा कितना संबंध रखता है।
- यह विश्व की ज्वलंत समस्याओं में है कि नहीं।
- संबंधित मुद्दे पर संयुक्त राष्ट्र, विश्व बैंक, अंतर्राष्ट्रीय मुद्रा कोष और विश्व व्यापार संगठन की क्या सोच है?
- इसी तरह कोई भी मुद्दा अनुसूचित जातियों, अनुसूचित जनजातियों, पिछड़ा वर्ग, महिला व बाल विकास, अल्पसंख्यकों, बुजुर्गों व विकलांगों आदि पर क्या प्रभाव डाल सकता हैं?

6. सामान्य विज्ञान

सामान्य विज्ञान के खंड को प्रारंभिक परीक्षा का सबसे महत्वपूर्ण खंड माना जाता है। प्रारंभिक परीक्षा में पिछले कुछ वर्षों से इस खंड से पूछे जाने वाले प्रश्नों की संख्या में इज़ाफा हुआ है। पहले इस खंड से लगभग 15 से 20 प्रश्न पूछे जाते थे, वहीं अब इससे 30 से 35 प्रश्न पूछ लिए जाते हैं। प्रारंभिक परीक्षा में इस खंड से पूछे जाने वाले सवालों के विश्लेषण से पता चलता है कि इस खंड से परंपरागत प्रश्नों की बजाय व्यावहारिक पक्ष पर अधिक जोर दिया जा रहा है। इसके अलावा विज्ञान और प्रौद्योगिकी क्षेत्र में हुए हालिया अनुसंधनों और खोजों पर विशेष दृष्टि रखनी चाहिए। इसका अर्थ यह नहीं है कि परंपरागत विज्ञान को बिल्कुल अनछुआ कर दिया जाए। अगर विद्यार्थी विज्ञान की परंपरागत अवधारणाओं से वाकिफ होगा तो उसके लिए विज्ञान और प्रौद्योगिकी के क्षेत्र में हो रहे नव-प्रवर्तनों को समझने में मुश्किल नहीं आएगी।

सामान्य विज्ञान में भौतिक विज्ञान, रसायन विज्ञान और जीव विज्ञान शामिल होते हैं। इन तीनों में से सर्वाधिक प्रश्न अमूमन जीव विज्ञान से पूछे जाते हैं। जीव विज्ञान के प्रश्नों के माध्यम से अभ्यर्थियों की मानव सहित अन्य प्राणियों के बारे में मूलभूत जानकारी की परख की जाती है। भौतिक और रसायन विज्ञान से सामान्यत: ऐसे प्रश्न पूछे जाते हैं, जिनका संबध आमतौर पर हमारे रोजमर्रा के जीवन से होता है। भौतिक विज्ञान में सामान्य भौतिकी की मूलभूत संकल्पनाएं, ध्वनि का व्यावहारिक पहलू, ऊष्मा व प्रकाश से संबंधित दैनिक अनुप्रयोग और ऐसी प्रौद्योगिकीय संकल्पनाएं जो भौतिक विज्ञान के क्षेत्र में आती हैं, जैसे लेजर, एमआईआर, अतिचालकता, क्रायोजेनेक्सि आदि महत्वपूर्ण क्षेत्र हैं। रसायन विज्ञान के खास क्षेत्रों में परमाणु की संरचना से संबंधित मूलभूत संकल्पनाएं, नाभिकीय ऊर्जा के तकनीकी और व्यावहारिक पक्ष, रेडियोएक्टिवता के अनुप्रयोग, रोजमर्रा के जीवन में उपयोग में लाए जाने वाले अम्लीय, क्षारीय और लवणीय पदार्थ और उनके यौगिक खासतौर पर पेट्रोलियम, व्यावहारिक रसायन विज्ञान जैसे-औषधि रसायन, बहुलक, रंजक आदि शामिल है। जीव विज्ञान में विभिन्न जीवों की शारीरिक संरचना से जुड़ी संकल्पनाएं, कोशिका विज्ञान, आनुवांशिकी का तकनीकी और व्यावहारिक पक्ष, मानव शरीर की संरचना, रोग और उपचार के तरीके और पर्यावरण और विकासवाद की मूलभूत अवधारणाएं शामिल हैं।

विज्ञान को इस तरह खंडों में विभाजित करने के बाद यह आवश्यक है कि प्रत्येक खंड की तथ्यात्मक और संकल्पनात्मक जानकारियों को व्यवस्थित ढंग से नोट्स बनाकर तैयार किया जाए। इसके लिए विगत वर्षों के प्रश्नपत्रों में पूछे गए प्रश्नों को आधार बनाया जा सकता है। हालांकि आमतौर पर सिविल सेवा प्रारंभिक परीक्षा में प्रश्न दोहराए नहीं जाते, लेकिन इससे पूछे जा सकने वाले प्रश्नों के पैटर्न की जानकारी मिल जाती है। अभ्यर्थी को पिछले एक वर्ष के दौरान आधारभूत विज्ञान और प्रौद्योगिकीय घटनाक्रमों के क्षेत्र में होने वाले शोधों को संकलित रूप में अपने नोट्स में जगह देनी चाहिए। अभ्यर्थियों को यह ध्यान रखना चाहिए कि उन्हें न सिर्फ इन शोधों की जानकारी होनी चाहिए बल्कि इन शोधों से जुड़ी हुई आधारभूत संकल्पनाओं की भी समझ होनी चाहिए। मान लीजिए किसी नई औषधि की खोज हुई, तो विद्यार्थी को उस औषधि के नाम के साथ-साथ उससे जुड़े रोग, शारीरिक अंग तंत्र और उनके आपसी संबंधों का भी ज्ञान होना चाहिए।

सामान्य विज्ञान से पूछे जाने वाले प्रश्नों में से हालांकि अधिकतर प्रश्न जीव विज्ञान के ही होते हैं। इसलिए अभ्यर्थियों को सबसे अधिक ध्यान इस पर देना चाहिए। इसके अलावा विज्ञान के अन्य पहलुओं जैसे भौतिकी, रसायन विज्ञान, वनस्पति विज्ञान, जैव प्रौद्योगिकी, पारिस्थितिकी और पर्यावरण, खगोलिकी इत्यादि पर भी फोकस करना चाहिए। लेकिन वर्तमान में पर्यावरण और पारिस्थितिकी, कृषि प्रौद्योगिकी, जैव प्रौद्योगिकी और चिकित्सा विज्ञान से सर्वाधिक प्रश्न पूछे जा रहे हैं। ये सभी विषय विज्ञान के व्यावहारिक पहलू से संबंधित है। भौतिक और रसायन विज्ञान के संदर्भ में संबंधित संकल्पनाओं पर अधिक ध्यान केंद्रित करना चाहिए। भौतिक विज्ञान में सामान्य भौतिकी, ऊष्मा, प्रकाश, विद्युत धरा एवं रसायन विज्ञान में परमाणु संरचना, आवर्त सारणी, रासायनिक बंधन, विभिन्न तत्वों के सामान्य गुण और कार्बन रसायन के विविध पक्षों का अध्ययन अपेक्षित है।

अध्ययन के स्रोत

सामान्य विज्ञान की मौलिक जानकारी से लेकर समसामयिक व उसकी उपयोगिता की जानकारी अत्यंत आवश्यक है। विज्ञान की मौलिक जानकारी के लिए 8वीं, 9वीं व 10वी की एनसीईआरटी पुस्तकों का गहन अध्ययन करना चाहिए। इन पुस्तकों में विभिन्न बॉक्स में दी गयी जानकारियां परीक्षा के लिहाज से बेहद उपयोगी है। मौलिक जानकारी के लिए आईसीएसई बोर्ड की 9वीं और 10वीं की विज्ञान की पुस्तकें पिछले वर्षों में सिविल सेवा के अभ्यर्थियों के लिए बहुत उपयोगी साबित हुई हैं। साथ ही द हिंदू समाचार पत्र और विज्ञान प्रगति व योजना जैसी पत्रिकाएं नियमित रूप से पढ़नी चाहिए। इसके अलावा प्रारंभिक परीक्षा की तैयारी के लिए इंडिया ईयर बुक बहुत अच्छा स्रोत है। विभिन्न खंडों के संदर्भ में समसामयिक जानकारी प्रतियोगी परीक्षाओं से संबंधित पत्रिका से प्राप्त की जा सकती है। इस मामले में अमर उजाला सफलता का ज्ञान-विज्ञान कॉलम बेहद उपयोगी है।

महत्वपूर्ण सुझाव

- कला और वाणिज्य क्षेत्र के विद्यार्थी, जिनका विज्ञान का अध्ययन छूट चुका है, एक नियत समय निर्धारित कर रोजाना एनसीईआरटी और आईसीएसई की पुस्तकों का कई बार अध्ययन करें।
- दूसरी बार पुस्तक पढ़ते समय प्रमुख बिंदुओं को चिन्हित कर लें और तीसरी बार उन प्रमुख बिंदुओ का संक्षिप्त विवरण तैयार कर लें। साथ ही उनकी उपयोगिताओं को लिखते हुए समसामयिकी से जोड़कर एक विस्तृत नोट्स तैयार कर लें। फिर 15 दिन के अंतराल पर अपने उन नोट्स से अध्ययन करते रहें। ध्यान रखें, इस तैयारी में खास अंतराल पर दोहराना, गहन अध्ययन की तुलना में ज्यादा आवश्यक है।
- ऐसे उम्मीदवार जिनकी पृष्ठभूमि जीव विज्ञान, रसायन शास्त्र, भौतिकी, गणित, बायोटेक्नोलॉजी, चिकित्सा विज्ञान, इंजीनियरिंग आदि की है। उनके लिए भी एनसीईआरटी की पुस्तकें पढ़ना अनिवार्य है। ऐसे विद्यार्थी पहले प्रयास में ही प्रमुख बिंदुओं को विश्लेषणात्मक समसामयिकी से जोड़कर नोट्स तैयार कर सकते हैं। इसके अलावा रोजाना के अध्ययन के आधार पर बहुविकल्पीय प्रश्नों को हल करें और हर सप्ताह लेखन का अभ्यास करें।

7. विज्ञान एवं प्रौद्योगिकी

विज्ञान एवं प्रौद्योगिकी मुख्य रूप मुख्य से सिविल सेवा परीक्षा का हिस्सा है लेकिन विगत वर्षों के प्रारंभिक प्रश्नपत्रों का अध्ययन करे तो इस क्षेत्र से 5 से लेकर 12 प्रश्न पूछे जाते हैं। लेकिन प्रश्न समसामयिक प्रकृति के होते हैं तथा इसके लिए उत्सुकता के साथ आस पास घट रही तमाम घटनाओं को समझने की प्रवृत्ति का विकास करना आवश्यक है। विज्ञान प्रौद्योगिकी के अंतर्गत अंतरिक्ष, रक्षा, सूचना संचार, ऊर्जा एवं परमाणु ऊर्जा, जैव प्रौद्योगिकी से सम्बन्धित प्रश्न पूछे जाते हैं तथा हाल के वर्षो में आधुनिक विज्ञान एवं प्रौद्योगिकी के अंतर्गत लेजर, प्लाज्मा, रोबोटिक्स एवं नैनो टेक्नोलोजी पर प्रश्न पूछे जा रहे है। ओल्ड एनसीईआरटी की सामान्य विज्ञान की पुस्तकें तथा मैग्रा हिल प्रकाशन समूह की विज्ञान एवं प्रौद्योगिकी पर लिखी गयी पुस्तक बेहद लाभकारी होगी।

8. समसामयिकी

सामान्य अध्ययन प्रारंभिक परीक्षा, मुख्य परीक्षा और साक्षात्कार में समसामयिकी ही मात्रा एक ऐसा खंड है जिसमे परीक्षा की उपयोगिता के क्रम से जैसे-जैसे तैयारी के सन्निकट पहुंचते हैं वैसे-वैसे इसकी उपयोगिता प्रारंभिक, मुख्य परीक्षा और इंटरव्यू में बढ़ती चली जाती है।

प्रारंभिकी की तैयारी में आज समसामयिकी ने सबसे महत्वपूर्ण स्थान प्राप्त कर लिया है क्योंकि इससे प्रश्नों की संख्या में उत्तरोत्तर वृद्धि होती गयी है।

समसामयिकी का क्षेत्र अत्यंत व्यापक है। इसमें राष्ट्रीय, अंतर्राष्ट्रीय और द्विपक्षीय घटनाएं, खेल-कूद एवं अन्य क्षेत्रों से संबंधित चर्चित व्यक्तियों के साथ-साथ विभिन्न पुरस्कार व सम्मान शामिल है। संयुक्त राष्ट्र संघ और इसकी विभिन्न एजेंसियों के साथ-साथ कार्पोरेट जगत की महत्वपूर्ण हस्तियां भी प्रश्नों में अब स्थान पाने लगे हैं। इस खंड में प्रतिवर्ष औसत 20 से 30 प्रश्न पूछे जाते रहे है लेकिन विगत 4-5 वर्षों के प्रश्नपत्रों को देखे तो इसकी उपयोगिता में कमी आयी है। दरअसल समसामयिकी का अध्ययन एक अलग विषय के साथ-साथ भारतीय संविधान एवं राजव्यवस्था, भूगोल, इतिहास, विज्ञान एवं प्रौद्योगिकी तथा आर्थिक क्षेत्रों में भी समसामयिकी आधारित प्रश्नों की संख्या में व्यापक स्तर पर बदलाव किया है। योजना, कुरूक्षेत्र, विभिन्न मंत्रालयों की रिपोर्ट, विभिन्न आयोग समिति, संस्थाओं की रिपोर्टों के साथ-साथ स्वयं सेवी संगठनों द्वारा किए जा रहे सामाजिक आर्थिक एवं राजनीतिक विषयों को भी ध्यान में रखना आवश्यक है।

समग्ररणनीति

समसामयिकी के अध्ययन के लिए दो स्त्रोत आवश्यक है—परम्परागत और वार्षिक घटना पर आधारित। अत: पराम्परागत स्त्रोतों के लिए भारत 2017 और हिन्दु समाचार पत्र प्रकाशित विज्ञान एवं प्रौद्योगिकी, कला एवं संस्कृति, भारतीय अर्थव्यवस्था की वार्षिक रिपोर्ट के साथ-साथ मनोरमा ईयर बुक की वार्षिकी का अध्ययन आवश्यक है। दूसरा स्त्रोंत समाचार पत्रों की सम्पादकीय के साथ-साथ भारत के प्रमुख मंत्रालयों की वार्षिक समीक्षा रिपोर्ट और पीआईबी सहित विभिन्न विभागों की वार्षिक समीक्षा रिपोर्ट जोकि दिसम्बर माह में मंत्रालयों की वेबसाइट पर डाल दी जाती है उसका अध्ययन नितान्त आवश्यक है।

समसामयिकी के लिए लोक सभा, राज्य सभा के समसामयिक विषयों पर आधारित परिचर्चा वाले कार्यक्रम को देखना आवश्यक है। जैसे- चर्चा में, सरोकार, आजकल इत्यादि। साथ ही साथ कोई भी एक मासिक पत्रिका और ईपीडब्ल्यू फ्रन्ट लाईन वर्ल्ड फोकस इत्यादि पत्रिकाएं बेहद उपयोगी होगी।

हाल के वर्षों में सरकारी नीतियों, कार्यक्रमों, योजनाओं और परियोजनाओं से पूछे जाने वाले प्रश्न संख्या बढ़ी है। अत: नीतियों के अध्ययन के लिए आवश्यक है कि इससे पहले सम्बन्धित विषय पर बनायी गयी पूर्व की नीति क्या थी और हाल के कार्यक्रमों के अभिलक्षण, योजनाओं और परियोजनाओं के विशेषताओं के साथ-साथ इनकी विसंगतियों और योजना की सफलता, उपलब्धियों इत्यादि के संदर्भ में बारिकी से प्रश्न पूछे जाते है। अत: इनका अध्ययन करते समय इनके समग्र पहलुओं पर ध्यान देना उपयोगी होगा।

संघ एवं राज्यों की लोक सेवा आयोग की प्रारम्भिक परीक्षा हेतु

सामान्य अध्ययन

यह पुस्तक सिविल सेवा परीक्षा को ध्यान में रखते हुए क्रमबद्धता के साथ साथ यथोचित तथ्यों और आंकड़ों को सम्बन्धित विषय वस्तु के साथ इस प्रकार संकलित की गयी है ताकि पाठ्य सामग्री को रोचक और प्रभावशाली बनाया जा सकें। पुस्तक के विभिन्न खण्डों के प्रत्येक अध्याय के अंत में त्वरित अभ्यास हेतु अभ्यास सार संग्रह और पारिभाषिक शब्दावली के साथ साथ विषयवार अभ्यास प्रश्न और मॉडल अभ्यास प्रश्न दिये गये है तथा प्रत्येक खण्ड के प्रारम्भ में सम्बन्धित विषय की विगत वर्षों के प्रश्नों की प्रवृत्ति वर्गीकरण और विश्लेषण के साथ समग्र रणनीति के बारे में विस्तार पूर्वक परिचर्चा की गयी है।

पुस्तक का प्रमुख अभिलक्षण

- सामान्य अध्ययन के सभी खण्डों के पाठ्य सामग्री से पहले प्रवृत्ति विश्लेषण एवं अध्ययन रणनीति।
- सामान्य अध्ययन के सभी खण्डों के अन्त में पारिभाषिक शब्दावली और विषयवार अभ्यास प्रश्न।
- प्रत्येक अध्याय के अन्त में त्वरित अभ्यास हेतु अध्याय सार-संचिका।
- वर्तमान परीक्षा के अनुरूप विषयवार व्याख्यात्मक आदर्श हल प्रश्न पत्र दिये गये हैं।
- सामान्य अध्ययन के पूरक खण्ड: कला एवं संस्कृति, पर्यावरण पारिस्थितिकी, विज्ञान एवं प्रौद्योगिकी, जनसंख्या एवं नगरीकरण दिया गया है।
- भारत सरकार की हाल के वर्षों की नीतियों, कार्यक्रमों एवं योजनाओं का सारिणीगत अध्ययन।

विशेष आकर्षण

- सिविल सेवा के विगत तीन वर्षों के पूछे गये प्रश्नों का विषयवार व्याख्यात्मक हल।
- संघ एवं राज्य लोक सेवा आयोग को ध्यान में रखते हुए पॉच मॉडल अभ्यास प्रश्न।

सिविल सेवा के तैयारी हेतु अण्डर ग्रेजुएट के लिए बेहद उपयोगी

- पुस्तक के लेखन में परम्परागत ज्ञान के साथ अद्यतन ज्ञान का बेहतर समावेश और समसामयिकी परिदृश्य के साथ लेखन कार्य।
- अति-आवश्यक परीक्षा उपयोगी तथ्यों एवं आंकड़ों की पिक्टोग्राफिक प्रस्तुति।
- परीक्षा की आवश्यकता के अनुरूप दीर्घ, लघु और अत्ययंत कम समय में पुस्तक का पुनरावलोकन सम्भव।
- सुव्यवस्थित व सरल भाषा शैली का प्रयोग किया गया है।

सामान्य अध्ययन (प्रथम प्रश्न-पत्र)

क्रमांक	सामान्य अध्ययन विषय वस्तु	पूछे गये प्रश्नों की संख्या	क्षेत्र
1.	संविधान एवं राज्यव्यवस्था	22	लोक सभा, मताधिकार, निर्वाचन आयोग की संरचना, न्यायिक पुनरीक्षण, राष्ट्रपति शासन के प्रभाव, शोषण के विरूद्ध अधिकार, मंत्रिमण्डल, संघ राज्य क्षेत्र, मूल कर्त्तव्य, प्रस्तावना के प्रभाव, लोकतंत्र व संसदीय शासन प्रणाली के अभिलक्षण, अधिकार व कर्त्तव्य तथा विशेषाधिकार, संविधान का निर्माण, भारतीय संसद की विशेषताएं व संसदीय कार्यप्रणाली, 42वाँ संविधान संशोधन व राज्य के नीति निदेशक तत्व।
2.	भारतीय इतिहास	(12)	
	I. प्राचीन इतिहास	02	जैन धर्म, प्राचीनकाल के स्थल, ऋगवैदिक परम्पराएं और प्रथाएं।
	II. मध्यकालीन इतिहास	02	काकतीय राज्य, सूर्य मंदिर के अभिलक्षण।
	III. आधुनिक इतिहास	05	द्वैधशासन, स्वतंत्रता आन्दोलन की प्रमुख घटनाएं, बटलर कमेटी, आधुनिक भारत के सामाजिक, राजनैतिक संगठन, रैयतबाड़ी बन्दोबस्ती प्रणाली।
	IV. कला एवं संस्कृति	03	प्राचीन एवं मध्यकालीन समुदाय की विभिन्न परम्पराएं एवं उत्सव, मणिपुरी संस्कृति
3.	भारतीय अर्थव्यवस्था	17	राष्ट्रीय निवेश, ग्लोबल इंफ्रास्ट्रेक्चर फैसिलिटी, 1991 की आर्थिक उदारीकरण की प्रवृत्तियाँ, एन.पी.सी.आई., डब्ल्यू.टी.ओ., क्यू.सी.आई., यू.पी.आई., जी.एस.टी., जी.डी.पी. इत्यादि के संरचनात्मक ढाँचे के साथ इसकी विशेषताएं, राष्ट्रीय कृषि बाजार, लघु बैंक, मौद्रिक नीति समिति, फैक्ट्री एक्ट, व्यापार विवाद अधिनियम-1929, डिजिटल एकल बाजार, बेनामी सम्पत्ति लेन-देन, कार्बनडाई ऑक्साईड, उत्सर्जन एवं व्यापार।
4.	भारत एवं विश्व का भूगोल	06	भूमध्य सागरीय सीमा, भारत की भौतिक संरचना, ग्रेटनिकोबार, तीस्ता नदी, भौगोलिक स्थल एवं स्थिति।
5.	सामान्य विज्ञान एवं प्रौद्योगिकी	(6)	–
	I. भौतिक विज्ञान	–	–
	II. रसायन विज्ञान	01	विभिन्न पदार्थ और उनमें मिलावट
	III. जीव विज्ञान	–	जीका व डेंगू वाइरस
	IV. विज्ञान एवं प्रौद्योगिकी	05	एल.ई.डी./ओ.एल.ई.डी., सोमैटिक सेल न्यूक्लियर ट्रान्सफर टेक्नोलॉजी, ई.एल.आई.एस.ए., टी.आर.आई.पी.एस., जीनोमसिक्वेंसिग।
6.	समसामयिकी	22	उन्नत भारत अभियान, राष्ट्रीय कौशल योग्यता फ्रेमवर्क, प्राकृतिक आवास, दबाव युक्त परिसम्पत्तियाँ, चाबहार बन्दरगाह, इण्डियन ओशन डाईपोल, बी.टी.आई.ए., हिन्द महासागर सिम्पोजियम, साईबर सुरक्षा, मृदा स्वास्थ्य कार्ड, विद्यांजलि परियोजना, बी.आई.एस. व एगमार्ग, परमाणु सुरक्षा सम्मेलन, एन.पी.एस., घरेलू अंश आवश्यकता, एशिया पैसिफिक सम्मेलन, एम.-टी.एस.आर., आई.पी.ई.एस. क्या है, राष्ट्रीय पोषण मिशन, ग्लोबल जैण्डर गैप इंडेक्स, स्मार्ट इण्डिया हैकनॉथ-2017, पूर्व अधिगमन की मान्यता स्कीम, इवेंटहोराइजन, सिंगुलैरिटी इत्यादि।
7.	पर्यावरण एवं पारिस्थितिकी	15	जलवायु परिवर्तन सन्धि, जैव ऑक्सीजन माँग, यू.एन. पर्यावास, पर्यावरण-प्रदूषण, जैवविविधता, प्राकृतिक आवास, जल संरक्षण, वन्य जीव अधिनियम-1972, पूर्वीय, पश्चिमी घाटी की विशेषताएं, यू.एन.ई.पी., शैवाल आधारित जैव ईंधन।
8.	अन्य	01	समाज में समानता होने का निहतार्थ क्या है।
	कुल योग	100	सामान्य अध्ययन के कुल 8 विषयों से प्रश्न उठायें।

प्रश्नों के प्रवृत्त विश्लेषण

- प्रश्न पर पूर्णतः अवधारणात्मक समझ पर आधारित है, जिसमें विषय की समग्रता में जानकारी द्वारा हल किया जा सकता है। पूछे गये प्रश्न में 20% प्रश्न तथ्य आधारित हैं जबकि 30% प्रश्न सूचनात्मक ज्ञान पर आधारित हैं और 35% प्रश्न समसामयिकी प्रकृति के हैं, जबकि 15% प्रश्न गहन अध्ययन पर आधारित हैं।
- भारतीय इतिहास में प्राचीन से 03, मध्यकालीन इतिहास-02 एवं आधुनिक इतिहास से-05 तथा कला एवं संस्कृति से-02 प्रश्न पूछे गये हैं। इतिहास के प्रश्नों में मात्र 02 प्रश्न सूचनात्मक हैं, शेष प्रश्न तुलनात्मक अध्ययन और इतिहास के तथ्यों की क्रमवार विवरणात्मक प्रकृति के हैं।
- सामान्य विज्ञान ने भौतिकीय विज्ञान से कोई प्रश्न नहीं पूछा गया है, जबकि रसायन विज्ञान व जीव विज्ञान से 1-1 प्रश्न पूछे गये हैं और विज्ञान एवं प्रौद्योगिकी से 05 प्रश्न पूछे गये हैं, जो कि समसामयिक प्रकृति के हैं।
- सम-सामयिक से पूछे जाने वाले प्रश्न ज्यादातर सरकारी योजनाओं, कार्यक्रमों और नीतियों के साथ-साथ अन्तर्राष्ट्रीय घटनाओं, सन्धि, समझौते के विषयवस्तु पर आधारित हैं। पूछे गये प्रश्नों की कुल संख्या-23 है।
- भूगोल से मात्र-06 प्रश्न पूछे गये हैं। सभी प्रश्न परम्परागत प्रकृति के सूचनात्मक एवं तथ्यात्मक प्रश्न हैं।
- पर्यावरण एवं पारिस्थितिकी, जैवविविधता तथा जलवायु परिवर्तन से कुल 14 प्रश्न पूछे गये हैं, जो कि पूर्णतः समसामयिक प्रकृति के हैं।
- भारतीय अर्थव्यवस्था से 17 प्रश्न पूछे गये हैं, जो कि पूर्णतः सूचनात्मक एवं तथ्यात्मक, सूचनात्मक प्रश्न दिये गये है, परन्तु कुछ प्रश्नों में अवधारणात्मक ज्ञान के साथ समसामयिक प्रकृति पर ध्यान अधिक दिया गया है। पूछे गये प्रश्न गहन अध्ययन पर आधारित हैं और लगभग सभी प्रश्न कूट पर आधरित हैं।
- अन्य विषयों से 01 प्रश्न पूछा गया है, जोकि समाज में समानता के सिद्धान्त पर आधारित है।

विगत वर्षों के
पूछे गये प्रश्न
(विषयवार एवं व्याख्यात्मक)

सिविल सेवा प्रारंभिक परीक्षा
2017-2013
खण्ड-1

सिविल सेवा प्रारंभिक परीक्षा-2017
सामान्य अध्ययन (प्रथम प्रश्न-पत्र)

भारतीय राजव्यवस्था

1. लोक सभा के निर्वाचन के लिए नामांकन-पत्र-
(a) भारत में निवास करने वाले किसी भी व्यक्ति द्वारा दाखिल किया जा सकता है।
(b) जिस निर्वाचन क्षेत्र में निर्वाचन लड़ा जाना है, वहाँ के किसी निवासी द्वारा दाखिल किया जा सकता है।
(c) भारत के किसी नागरिक द्वारा, जिसका नाम किसी निर्वाचन क्षेत्र की मतदाता-सूची में है, दाखिल किया जा सकता है।
(d) भारत के किसी भी नागरिक द्वारा दाखिल किया जा सकता है।

2. भारतीय इतिहास के सन्दर्भ में, 'द्वैध शासन (डायआर्की)' सिद्धान्त किसे निर्दिष्ट करता है?
(a) केन्द्रीय विधानमण्डल का दो सदनों में विभाजन।
(b) दो सरकारों, अर्थात् केन्द्रीय और राज्य सरकारों का शुरू किया जाना।
(c) दो शासक-समुच्चय, एक लन्दन में और दूसरा दिल्ली में होना।
(d) प्रान्तों को प्रत्यायोजित विषयों का दो प्रवर्गों में विभाजन।

3. निम्नलिखित कथनों पर विचार कीजिए-
1. लोक सभा अथवा राज्य की विधान सभा के निर्वाचन में, जीतने वाले उम्मीदवार को निर्वाचित घोषित किए जाने के लिए, किए गए मतदान का कम-से-कम 50 प्रतिशत पाना अनिवार्य है।
2. भारत के संविधान में अधिकथित उपबंधों के अनुसार, लोक सभा में अध्यक्ष का पद बहुमत वाले दल को जाता है तथा उपाध्यक्ष का पद विपक्ष को जाता है।

उपर्युक्त कथनों में से कौन-सा/से सही है/हैं?
(a) केवल 1 (b) केवल 2
(c) 1 और 2 दोनों (d) न तो 1, न ही 2

4. भारत में मताधिकार और निर्वाचित होने का अधिकार-
(a) मूल अधिकार है
(b) नैसर्गिक अधिकार है
(c) संवैधानिक अधिकार है
(d) विधिक अधिकार है

5. निम्नलिखित कथनों पर विचार कीजिए-
1. भारत का निर्वाचन आयोग पाँच-सदस्यीय निकाय है।
2. संघ का गृह मंत्रालय, आम चुनाव और उप-चुनावों दोनों के लिए चुनाव कार्यक्रम तय करता है।
3. निर्वाचल आयोग मान्यता-प्राप्त राजनीतिक दलों के विभाजन/विलय से संबंधित विवाद निपटाता है।

उपर्युक्त कथनों में से कौन-सा/से सही है/हैं?
(a) केवल 1 और 2 (b) केवल 2
(c) केवल 2 और 3 (d) केवल 3

6. भारत में, न्यायिक पुनरीक्षण का अर्थ है-
(a) विधियों और कार्यपालिक आदेशों की सांविधानिकता के विषय में प्रख्यापन करने का न्यायपालिका का अधिकार।
(b) विधानमण्डलों द्वारा निर्मित विविधयों के प्रज्ञान को प्रश्नगत करने का न्यायपालिका का अधिकार।
(c) न्यायपालिका का, सभी विधायी अधिनियमनों के, राष्ट्रपति द्वारा उन पर सहमति प्रदान किए जाने के पूर्व, पुनरीक्षण का अधिकार।
(d) न्यायपालिका का, समान या भिन्न वादों में पूर्व में दिए गए स्वयं के निर्णयों के पुनरीक्षण का अधिकार।

7. किसी राज्य में राष्ट्रपति शासन की उद्घोषणा के निम्नलिखित में से कौन-से परिणामों का होना आवश्यक नहीं है?
1. राज्य विधान सभा का विघटन
2. राज्य के मंत्रिपरिषद का हटाया जाना
3. स्थानीय निकायों का विघटन

नीचे दिए गए कूट का प्रयोग कर सही उत्तर चुनिए-
(a) केवल 1 और 2 (b) केवल 1 और 3
(c) केवल 2 और 3 (d) 1, 2 और 3

8. भारत के संविधान में शोषण के विरूद्ध अधिकार द्वारा निम्नलिखित में से कौन-से परिकल्पित हैं?
1. मानव देह व्यापार और बंधुआ मजदूरी (बेगारी) का निषेध।
2. अस्पृश्यता का उन्मूलन।
3. अल्पसंख्यकों के हितों की सुरक्षा।
4. कारखानों और खदानों में बच्चों के नियोजन का निषेध।

नीचे दिए गए कूट का प्रयोग कर सही उत्तर चुनिए-
(a) केवल 1, 2 और 4 (b) केवल 2, 3 और 4
(c) केवल 1 और 4 (d) 1, 2, 3 और 4

9. निम्नलिखित कथनों में से उस एक को चुनिए, जो मंत्रिमण्डल स्वरूप की सरकार के अन्तर्निहित सिद्धान्त को अभिव्यक्त करता है-
(a) ऐसी सरकार के विरूद्ध आलोचना को कम-से-कम करने की व्यवस्था, जिसके उत्तरदायित्व जटिल हैं तथा उन्हें सभी के संतोष के लिए निष्पादित करना कठिन है।
(b) ऐसी सरकार के कामकाज में तेजी लाने की क्रियाविधि, जिसके उत्तरदायित्व दिन प्रतिदिन बढ़ते जा रहे हैं।

(c) सरकार के जनता के प्रति सामूहिक उत्तरदायित्व को सुनिश्चित करने के लिए संसदीय लोकतंत्र की एक क्रियाविधि।
(d) उस शासनाध्यक्ष के हाथों को मजबूत करने का एक साधन जिसका जनता पर नियंत्रण ह्रासोन्मुख दशा में है।

10. निम्नलिखित में से कौन-सी एक भारतीय संघराज्य पद्धति की विशेषता नहीं है?
(a) भारत में स्वतंत्र न्यायपालिका है।
(b) केन्द्र और राज्यों के बीच शक्तियों का स्पष्ट विभाजन किया गया है।
(c) संघबद्ध होने वाली इकाइयों को राज्य सभा में असमान प्रतिनिधित्व दिया गया है।
(d) यह संघबद्ध होने वाली इकाइयों के बीच एक सहमति का परिणाम है।

11. निम्नलिखित कथनों में से कौन-सा/से भारतीय नागरिक के मूल कर्त्तव्यों के विषय में सही है/हैं?
1. इन कर्त्तव्यों को प्रवर्तित करने के लिए एक विधायी प्रक्रिया दी गयी है।
2. वे विधिक कर्त्तव्यों के साथ परस्पर संबंधित है।

उपर्युक्त कथनों में से कौन-सा/से सही है/हैं?
(a) केवल 1 (b) केवल 2
(c) 1 और 2 दोनों (d) ना तो 1, न ही 2

12. निम्नलिखित उद्देश्यों में से कौन-सा एक भारत के संविधन की उद्देशिका में सन्निविष्ट नहीं है?
(a) विचार की स्वतंत्रता
(b) आर्थिक स्वतंत्रता
(c) अभिव्यक्ति की स्वतंत्रता
(d) विश्वास की स्वतंत्रता

13. लोकतंत्र का उत्कृष्ट गुण यह है कि वह क्रियाशील बनाता है-
(a) साधारण पुरूषों और महिलाओं की बुद्धि और चरित्र को।
(b) कार्यपालक नेतृत्व को सशक्त बनाने वाली पद्धतियों को।
(c) गतिशीलता और दूरदर्शिता से युक्त एक बेहतर व्यक्ति को।
(d) समर्पित दलीय कार्यकर्ताओं के एक समूह को।

14. संसदीय स्वरूप के शासन का प्रमुख लाभ यह है कि
(a) कार्यपालिका और विधानमण्डल दोनों स्वतंत्र रूप से कार्य करते हैं।
(b) यह नीति की निरन्तरता प्रदान करता है और यह अधिक दख है।
(c) कार्यपालिका, विधानमण्डल के प्रति उत्तरदायी बना रहता है।
(d) सरकार के अध्यक्ष को निर्वाचन के बिना नहीं बदला जा सकता।

15. भारत के संदर्भ में, निम्नलिखित में से कौन-सा अधिकारों और कर्त्तव्यों के बीच सही संबंध है?
(a) अधिकार कर्त्तव्यों के साथ यह-संबंधित हैं।
(b) अधिकार व्यक्तिगत हैं अत: समाज और कर्त्तव्यों के स्वतंत्र हैं।
(c) नागरिक के व्यक्तित्व के विकास के लिए अधिकार, न कि कर्त्तव्य, महत्वपूर्ण हैं।
(d) राज्य के स्थायित्व के लिए कर्त्तव्य, न कि अधिकार, महत्वपूर्ण हैं।

16. भारत के संविधान के निर्माताओं का मत निम्नलिखित में से किसमें प्रतिबिंबित होता है?
(a) उद्देशिका
(b) मूल अधिकार
(c) राज्य की नीति के निदेशक तत्व
(d) मूल कर्त्तव्य

17. भारत की संसद किसके/किनके द्वारा मंत्रिपरिषद के कृत्यों के ऊपर नियंत्रण रखती है?
1. स्थगन प्रस्ताव
2. प्रश्न काल
3. अनुपूरक प्रश्न

नीचे दिये गए कूट का प्रयोग कर सही उत्तर चुनिए-
(a) केवल 1
(b) केवल 2 और 3
(c) केवल 1 और 3
(d) 1, 2 और 3

18. भारत की संसद् के सन्दर्भ में, निम्नलिखित कथनों पर विचार कीजिए-
1. गैर-सरकारी विधेयक ऐसा विधेयक है, जो संसद के ऐसे सदस्य द्वारा प्रस्तुत किया जाता है, जो निर्वाचित नहीं है, किन्तु भारत के राष्ट्रपति द्वारा नामनिर्दिष्ट है।
2. हाल ही में, भारत की संसद के इतिहास में पहली बार एक गैर-सरकारी विधेयक पारित किया गया है।

उपर्युक्त कथनों में से कौन-सा/से सही है/हैं?
(a) केवल 1 (b) केवल 2
(c) 1 और 2 दोनों (d) न तो 1, न ही 2

19. संविधान के 42वें संशोधन द्वारा, निम्नलिखित में से कौन-सा सिद्धान्त राज्य की नीति के निदेशक तत्वों में जोड़ा गया था?
(a) पुरूष और स्त्री दोनों के लिए समान कार्य का समान वेतन
(b) उद्योगों के प्रबन्धन में कामगारों की सहभागिता
(c) काम, शिक्षा और सार्वजनिक सहायता पाने का अधिकार
(d) श्रमिकों के लिए निर्वाह-योग्य वेतन एवं काम की मानवीय दशाएं सुरक्षित करना।

20. निम्नलिखित कथनों में से कौन-सा एक सही है?

(a) अधिकार नागरिकों के विरूद्ध राज्य के दावे है।
(b) अधिकार वे विशेषाधिकार है जो किसी राज्य के संविधान में समाविष्ट है।
(c) अधिकार राज्य के विरूद्ध नागरिकों के दावे हैं।
(d) अधिकार अधिकांश लोगों के विरूद्ध कुछ नागरिकों के विशेषाधिकार है।

21. स्थानीय स्वशासन की सर्वोत्तम व्याख्या यह की जा सकती है कि यह एक प्रयोग है-

(a) संघवाद का
(b) लोकतांत्रिक विकेन्द्रीकरण का
(c) प्रशासकीय प्रत्यायोजन का
(d) प्रत्यक्ष लोकतंत्र का

22. निम्नलिखित कथनों पर विचार कीजिए-

भारत के संविधान के सन्दर्भ में, राज्य की नीति के निदेशक तत्व

1. विधायिका के कृत्यों पर निर्बन्धन करते हैं।
2. कार्यपालिका के कृत्यों पर निर्बन्धन करते हैं।

उपर्युक्त कथनों में से कौन-सा/से सही है/हैं ?

(a) केवल 1
(b) केवल 2
(c) 1 और 2 दोनों
(d) न तो 1, न ही 2

भारतीय इतिहास

प्राचीन इतिहास

23. भारत के धार्मिक इतिहास के सन्दर्भ में, निम्नलिखित कथनों पर विचार कीजिए-

1. सौत्रान्तिक और सम्मितीय जैन मत के सम्प्रदाय थे।
2. सर्वास्तिवादियों की मान्यता थी कि दृग्विषय (फिनोमिना) के अवयव पूर्णत: क्षणिक नहीं हैं, अपितु अव्यक्त रूप में सदैव विद्यमान रहते हैं।

उपर्युक्त कथनों में से कौन-सा/से सही है/हैं?

(a) केवल 1 (b) केवल 2
(c) 1 और 2 दोनों (d) न तो 1 और न ही 2

मध्यकालीन इतिहास

24. निम्नलिखित युग्मों पर विचार कीजिए-

परम्पराएँ	समुदाय
(1) चलिहा साहिब उत्सव	1. सिंधियों का
(2) नन्दा राज जात यात्रा	2. गोंडों का
(3) बारी-वारकरी	3. संथालों का

ऊपर दिए गए युग्मों में से कौन-सा/से सही सुमेलित है/हैं?

(a) केवल 1
(b) केवल 2 और 3
(c) केवल 1 और 3
(d) उपर्युक्त में से कोई नहीं

25. निम्नलिखित में से कौन-सा एक काकतीय राज्य में अतिमहत्त्वपूर्ण समुद्र-पत्तन था?

(a) काकिनाडा
(b) मोटुपल्ली
(c) मछलीपटनम (मसुलीपटनम)
(d) नेल्लुरू

आधुनिक भारत एवं स्वतंत्रता आन्दोलन

26. भारतीय स्वतंत्रता संघर्ष के संबंध में, निम्नलिखित घटनाओं पर विचार कीजिए-

1. रॉयल इंडियन नेवी में गदर
2. भारत छोड़ो आन्दोलन का प्रारंभ
3. द्वितीय गोल मेज सम्मेलन

उपर्युक्त घटनाओं का सही कालानुक्रम क्या है?

(a) 1 2 3
(b) 2 1 3
(c) 3 2 1
(d) 3 1 2

27. 1927 की बटलर कमेटी का उद्देश्य था-

(a) केन्द्रीय एवं प्रांतीय सरकारों की अधिकारिता निश्चित करना।
(b) भारत के सेक्रेटरी ऑफ स्टेट की शक्तियाँ निश्चित करना।
(c) राष्ट्रवादी प्रेस पर सेंसर-व्यवस्था अधिरोपित करना।
(d) भारत सरकार एवं देशी रियासतों के बीच सम्बन्ध सुधारना।

28. निम्नलिखित में से कौन, ब्रिटिश शासन के दौरान भारत में रैयतवाड़ी बंदोबस्त के प्रारम्भ किये जाने से संबद्ध था/थे ?

1. लॉर्ड कॉर्नवॉलिस
2. अलेक्जैंडर रीड
3. थॉमस मुनरो

नीचे दिये गए कूट का प्रयोग कर सही उत्तर चुनिए-

(a) केवल 1 (b) केवल 1 और 3
(c) केवल 2 और 3 (d) 1, 2 और 3

29. निम्नलिखित कथनों पर विचार कीजिए-

1. फैक्टरी ऐक्ट, 1881 औद्योगिक कामगारों की मजदूरी नियत करने के लिए और कामगारों को मजदूर संघ बनाने देने की दृष्टि से पारित किया गया था।
2. एन.एम. लोखंडे ब्रिटिश भारत में मजदूर आन्दोलन संगठित करने में अग्रगामी थे।

उपर्युक्त कथनों में से कौन-सा/से सही है/हैं ?

(a) केवल 1 (b) केवल 2
(c) 1 और 2 दोनों (d) न तो 1, न ही 2

30. निम्नलिखित युग्मों पर विचार कीजिए-

1. राधकांत देब—ब्रिटिश इंडियन एसोसिएशन के प्रथम अध्यक्ष
2. गजुलु लक्ष्मीनरसु चेट्टी—मद्रास महाजन सभा के संस्थापक
3. सुरेन्द्रनाथ बनर्जी—इंडिया एसोसिएशन के संस्थापक

नीचे दिये गये कूट का प्रयोग कर सही उत्तर चुनिए-

(a) केवल 1 और 3
(b) केवल 2
(c) केवल 2 और 3
(d) 1, 2 और 3

भारतीय कला एवं संस्कृति

31. बोधिसत्व पद्मपाणि का चित्र सर्वाधिक प्रसिद्ध और प्राय: चित्रित चित्रकारी है, जो-

(a) अजंता में है (b) बदामी में है
(c) बाघ में है (d) एलोरा में है

32. निम्नलिखित में से कौन-सा/से सूर्य मंदिरों के लिए विख्यात है/हैं ?

1. अरसवल्ली 2. अमरकंटक
3. ओंकारेश्वर

नीचे दिए गए कूट का प्रयोग कर सही उत्तर चुनिए-

(a) केवल 1
(b) केवल 2 और 3
(c) केवल 1 और 3
(d) 1, 2 और 3

33. मणिपुरी संकीर्तन के सन्दर्भ में, निम्नलिखित कथनों पर विचार कीजिए-

1. यह गीत और नृत्य का प्रदर्शन है।
2. केवल करताल (सिम्बॅल) ही वह एकमात्र वाद्ययंत्र है जो इस प्रदर्शन में प्रयुक्त होता है।
3. यह भगवान कृष्ण के जीवन और लीलाओं को वर्णित करने के लिए प्रदर्शित किया जाता है।

नीचे दिये गए कूट का प्रयोग कर सही उत्तर चुनिए-

(a) 1, 2 और 3
(b) केवल 1 और 3
(c) केवल 2 और 3
(d) केवल 1

भारतीय अर्थव्यवस्था

34. 'राष्ट्रीय निवेश और अवसंरचना निधि' के सन्दर्भ में, निम्नलिखित कथनों में से कौन-सा/से सही है/हैं ?

1. यह नीति (NITI) आयोग का एक अंग है।
2. वर्तमान में इसकी कॉर्पस रू 4,00,000 करोड़ है।

नीचे दिए गए कूट का प्रयोग कर सही उत्तर चुनिए-

(a) केवल 1 (b) केवल 2
(c) 1 और 2 दोनों (d) न तो 1 न ही 2

35. सार्वभौम अवसंरचना सुविधा (ग्लोबल इंफ्रास्ट्रक्चर फैसिलिटी)

(a) एशिया में अवसंरचना के उन्नयन के लिए ASEAN का उपक्रमण है, जो एशियाई विकास बैंक द्वारा दिए गए साख (क्रेडिट) से वित्तपोषित है।

(b) गैर-सरकारी क्षेत्रक और संस्थागत निवेशकों की पूँजी का संग्रहण कर सकने के लिए विश्व बैंक का सहयोग है, जो जटिल अवसंरचना सरकारी-गैर-सरकारी भागीदारियों (PPPs) की तैयारी और संरचना-निर्माण को सुकर बनाता है।

(c) OECD के साथ कार्य करने वाले विश्व के प्रमुख बैंकों का सहयोग है, जो उन अवसंरचना परियोजनाओं को विस्तारित करने पर केन्द्रित है जिनमें गैर-सरकारी विनिवेश संग्रहीत करने की क्षमता है।

(d) UNCTAD द्वारा वित्तपोषित उपक्रमण है, जो विश्व में अवसंरचना के विकास को वित्तपोषित करने और सुकर बनाने का प्रयास करता है।

36. निम्नलिखित कथनों पर विचार कीजिए-

राष्ट्रव्यापी 'मृदा स्वास्थ्य कार्ड स्कीम (सॉइल हेल्थ कार्ड स्कीम)' का उद्देश्य है।

1. सिंचित कृषियोग्य क्षेत्र का विस्तार करना।
2. मृदा गुणवत्ता के आधार पर किसानों को दिए जाने वाले ऋण की मात्रा के आकलन में बैंकों को समर्थन बनाना।
3. कृषि भूमि में उर्वरकों के अति-उपयोग को रोकना।

उपर्युक्त कथनों में से कौन-सा/से सही है/हैं?

(a) केवल 1 और 2 (b) केवल 3
(c) केवल 2 और 3 (d) 1, 2 और 3

37. निम्नलिखित में से कौन-सा/से भारत में 1991 में आर्थिक नीतियों के उदारीकरण के बाद घटित हुआ/हुए है/हैं?

1. GDP में कृषि का अंश बृहत् रूप से बढ़ गया।
2. विश्व व्यापार में भारत के निर्यात का अंश बढ़ गया।
3. FDI का अंतर्वाह (इनफ्लो) बढ़ गया।
4. भारत का विदेशी विनिमय भण्डार बृहत् रूप से बढ़ गया।

नीचे दिए गए कूट का प्रयोग कर सही उत्तर चुनिए-

(a) केवल 1 और 4 (b) केवल 2, 3 और 4
(c) केवल 2 और 3 (d) 1, 2, 3 और 4

38. निम्नलिखित कथनों पर विचार कीजिए-

1. भारतीय राष्ट्रीय भुगतान निगम (नेशनल पेमेंट्स कॉर्पोरेशन ऑफ, इंडिया/NPCI) देश में वित्तीय समावेशन के संवर्धन में सहायता करता है।
2. NPCI ने एक कार्ड भुगतान स्कीम RuPay प्रारंभ की है।

उपर्युक्त कथनों में से कौन-सा/से सही है/हैं?

(a) केवल 1 (b) केवल 2
(c) 1 और 2 दोनों (d) न तो 1, न ही 2

39. 'वस्तु एवं सेवा कर (गुड्स ऐंड सर्विसेज टैक्स/GST)' के क्रियान्वित किए जाने का/के सर्वाधिक संभावित लाभ क्या है/हैं?

1. यह भारत में बहु-प्राधिकरणों द्वारा वसूल किए जा रहे बहुल करों का स्थान लेगा और इस प्रकार एकल बाजार स्थापित करेगा।
2. यह भारत के 'चालू खाता घाटे' को प्रबलता से कम कर उसके विदेशी मुद्रा भण्डार को बढ़ाने हेतु उसे सक्षम बनाएगा।
3. यह भारत की अर्थव्यवस्था की संवृद्धि और आकार को बृहद् रूप से बढ़ाएगा और उसे निकट भविष्य में चीन से आगे निकल जाने योग्य बनाएगा।

नीचे दिए गए कूट का प्रयोग कर सही उत्तर चुनिए-

(a) केवल 1 (b) केवल 2 और 3
(c) केवल 1 और 3 (d) 1, 2 और 3

40. 'व्यापक-आधारयुक्त व्यापार और निवेश करार (बॉंड-बेस्ड ट्रेड ऐंड इन्वेस्टमेंट ऐग्रीमेंट/BTIA)' कभी-कभी समाचारों में भारत और निम्नलिखित में से किस एक के बीच बातचीत के सन्दर्भ में दिखाई पड़ता है?

(a) यूरोपीय संघ
(b) खाड़ी सहयोग परिषद
(c) आर्थिक सहयोग और विकास संगठन
(d) शंघाई सहयोग संगठन

41. निम्नलिखित कथनों पर विचार कीजिए-

1. भारत ने WTO के व्यापार सुकर बनाने के करार (TFA) का अनुसमर्थन किया है।
2. TFA, WTO के बाली मंत्रिस्तरीय पैकेज 2013 का एक भाग है।
3. TFA जनवरी, 2016 में प्रवृत्त हुआ।

उपर्युक्त कथनों में से कौन-सा/से सही है/हैं?

(a) केवल 1 और 2
(b) केवल 1 और 3
(c) केवल 2 और 3
(d) 1, 2 और 3

42. निम्नलिखित कथनों पर विचार कीजिए-

1. पिछले दशक में भारत के जीडीपी के प्रतिशत के रूप में कर राजस्व में सतत वृद्धि हुई है।
2. पिछले दशक में भारत के जीडीपी के प्रतिशत के रूप में राजकोषीय घाटे में सतत वृद्धि हुई है।

उपर्युक्त कथनों में से कौन-सा/से सही है/हैं?

(a) केवल 1 (b) केवल 2
(c) 1 और 2 दोनों (d) न तो 1, न ही 2

43. निम्नलिखित में से कौन राष्ट्रीय पेंशन प्रणाली में (NPS) सम्मिलित हो सकता है?

(a) केवल निवासी भारतीय नागरिक
(b) केवल 21 से 55 तक की आयु के व्यक्ति
(c) राज्य सरकारों के सभी कर्मचारी, जो संबंधित राज्य सरकारों द्वारा अधिसूचना किये जाने की तारीख के पश्चात सेवा में आये हैं।
(d) सशस्त्र बलों समेत केन्द्र सरकार के सभी कर्मचारी, जो 1 अप्रैल, 2004 को या उसके बाद सेवाओं में आये हैं।

44. 'एकीकृत भुगतान अंतरापृष्ठ (यूनिफाइड पेमेंट्स इन्टरफेस/UPI)' को कार्यान्वित करने से निम्नलिखित में से किसके होने की सर्वाधिक संभाव्यता है?

(a) ऑनलाइन भुगतानों के लिए मोबाइल वालेट आवश्यक नहीं होंगे।

(b) लगभग दो दशकों में पूरी तरह भौतिक मुद्रा का स्थान डिजिटल मुद्रा ले लेगी।

(c) FDI अंतर्वाह में भारी वृद्धि होगी।

(d) निर्धन व्यक्तियों को उपदानों (सब्सिडीज) का प्रत्यक्ष अंतरण (डाइरेक्ट ट्रांसफर) बहुत प्रभावकारी हो जाएगा।

45. वाणिज्य में प्राणिजात और वनस्पति-जात के व्यापार-संबंधी विश्लेषण (ट्रेड रिलेटेड ऐनालिसिस ऑफ फौना ऐंड फ्लोरा इन कॉमर्स/TRAFFIC) के संदर्भ में निम्नलिखित कथनों पर विचार कीजिए-

1. TRAFFIC संयुक्त राष्ट्र पर्यावरण कार्यक्रम (UNEP) के अंतर्गत एक ब्यूरों है।
2. TRAFFIC का मिशन यह सुनिश्चित करना है कि वन्य पादपों और जन्तुओं के व्यापार में प्रकृति के संरक्षण को खतरा न हो।

उपर्युक्त कथनों में से कौन-सा/से सही है/हैं?

(a) केवल 1

(b) केवल 2

(c) 1 और 2 दोनों

(d) न तो 1, न ही 2

46. निम्नलिखित में से कौन, विश्व के देशों के लिए सार्वभौम लैंगिक अन्तराल सूचकांक (ग्लोबल जेंडर गैप इंडेक्स) का श्रेणीकरण प्रदान करता है?

(a) विश्व आर्थिक मंच

(b) UN मानव अधिकार परिषद्

(c) UN वूमन

(d) विश्व स्वास्थ्य संगठन

47. मौद्रिक नीति समिति (मोनेटरी पॉलिसी कमिटी/MPC) के संबंध में निम्नलिखित कथनों में से कौन-सा/से सही है/हैं?

1. यह आरबीआई की मानक (बेंचमार्क) ब्याज दरों का निर्धारण करती है।
2. यह एक 12 सदस्यीय निकाय है जिसमें आरबीआई के गवर्नर शामिल है तथा प्रत्येक वर्ष इसका पुनर्गठन किया जाता है।
3. यह केन्द्रिय वित्त मंत्री की अध्यक्षता में कार्य करती है।

नीचे दिये गए कूट का प्रयोग कर सही उत्तर चुनिए-

(a) केवल 1

(b) केवल 1 और 2

(c) केवल 3

(d) केवल 2 और 3

48. 1929 का व्यापार विवाद अधिनियम (ट्रेड डिस्प्यूट्स ऐक्ट) निम्नलिखित में से किसका उपबंध करता है?

(a) उद्योगों के प्रबंधन में कामगारों की भागीदारी

(b) औद्योगिक झगड़ों के दमन के लिए प्रबन्धन के पास मनमानी करने की शक्ति

(c) व्यापार विवाद की स्थिति में ब्रिटिश न्यायालय द्वारा हस्तक्षेप

(d) अधिकरणों (ट्रिब्यूनल्स) की प्रणाली तथा हड़तालों पर रोक।

49. 'बेनामी संपत्ति लेन-देन का निषेध अधिनियम, 1988 (PBPT अधिनियम)' के सन्दर्भ में, निम्नलिखित कथनों पर विचार कीजिए-

1. किसी संपत्ति का लेन-देन बेनामी लेन-देन नहीं समझा जाएगा यदि संपत्ति का मालिक उस लेन-देन के बारे में अवगत नहीं है।
2. बेनामी पाई गई संपत्तियाँ सरकार द्वारा जब्त किए जाने के लिए दायी होंगी।
3. यह अधिनियम जाँच के लिए तीन प्राधिकारियों का उपबंध करता है किन्तु यह किसी अपीलीय क्रियाविधि का उपबंध नहीं करता।

उपर्युक्त कथनों में से कौन-सा/से सही है/हैं?

(a) केवल 1

(b) केलव 2

(c) केवल 1 और 3

(d) केवल 2 और 3

50. भारत में लघु वित्त बैंकों (SFBs) को स्थापित करने का क्या प्रयोजन है?

1. लघु व्यवसाय इकाईयों को ऋण की पूर्ति करना।
2. लघु और सीमांत कृषकों को ऋण की पूर्ति करना।
3. युवा उद्यमियों को विशेषतः ग्रामीण क्षेत्रों में व्यापार स्थापित करने के लिए प्रोत्साहित करना।

नीचे दिए गए कूट का प्रयोग कर सही उत्तर चुनिए-

(a) केवल 1 और 2

(b) केवल 2 और 3

(c) केवल 1 और 3

(d) 1, 2 और 3

भारत एवं विश्व का भूगोल

51. भूमध्यसागर, निम्नलिखित में से किन देशों की सीमा है?

1. जॉर्डन
2. इराक
3. लेबनान
4. सीरिया

नीचे दिए गए कूट का प्रयोग कर सही उत्तर चुनिए-

(a) केवल 1, 2 और 3 (b) केवल 2 और 3
(c) केवल 3 और 4 (d) केवल 1, 3 और 4

52. निम्नलिखित कथनों पर विचार कीजिए-

1. भारत में, हिमालय केवल पाँच राज्यों में फैला हुआ है।
2. पश्चिमी घाट केवल पाँच राज्यों में फैले हुए हैं।
3. पुलिकट झील केवल दो राज्यों में फैली हुई है।

उपर्युक्त कथनों में से कौन-सा/से सही है/हैं?

(a) केवल 1 और 2
(b) केवल 3
(c) केवल 2 और 3
(d) केवल 1 और 3

53. तीस्ता नदी के सन्दर्भ में, निम्नलिखित कथनों पर विचार कीजिए-

1. तीस्ता नदी का उद्‌गम वही है जो ब्रह्मपुत्र का है लेकिन यह सिक्किम से होकर बहती है।
2. रंगित नदी की उत्पत्ति सिक्किम में होती है और यह तीस्ता नदी की एक सहायक नदी है।
3. तीस्ता नदी, भारत एवं बांग्लादेश की सीमा पर बंगाल की खाड़ी में जा मिलती है।

उपर्युक्त कथनों में से कौन-सा/से सही है/हैं?

(a) केवल 1 और 3
(b) केवल 2
(c) केवल 2 और 3
(d) 1, 2 और 3

54. निम्नलिखित में से कौन-सा भौगोलिक रूप से ग्रेट-निकोबार के सबसे निकट है?

(a) सुमात्रा (b) बोर्नियो
(a) जावा (d) श्रीलंका

55. यदि आप कोहिमा से कोट्टयम की यात्रा सड़क मार्ग से करते हैं, तो आपको मूल स्थान और गंतव्य स्थान को मिलाकर भारत के अन्दर कम-से-कम कितने राज्यों में से होकर गुजरना होगा?

(a) 6 (b) 7
(c) 8 (d) 9

56. भारत में एक ऐसा स्थान है, जहाँ यदि आप समुद्र किनारे खड़े होकर समुद्र का अवलोकन करें, तो आप पाएँगे कि दिन में दो बार समुद्री जल तटीय रेखा से कुछ किलोमीटर पीछे की ओर चला जाता है और फिर तट पर वापस आता है, और जब जल पीछे हटा होता है, तब आप वास्तव में समुद्र तल पर चल सकते हैं। यह अनूठी घटना कहाँ देखी जाती है ?

(a) भावनगर में (b) भीमुनिपटनम में
(c) चांदीपुर में (d) नागपट्टिनम में

पर्यावरण एवं पारिस्थितिकी तथा जैव विविधता

57. 'भूमंडलीय जलवायु परिवर्तन सन्धि (ग्लोबल क्लाइमेट चेंज एलाएन्स) के संदर्भ में, निम्नलिखित कथनों में से कौन-सा/से सही है/हैं?

1. यह यूरोपीय संघ की पहल है।
2. यह लक्ष्याधीन विकासशील देशों को उनकी विकास नीतियों और बजटों में जलवायु परिवर्तन के एकीकरण हेतु तकनीकी एवं वित्तीय सहायता प्रदान करता है।
3. इसका समन्वय विश्व संसाधन संस्थान (WRI) और धारणीय विकास हेतु विश्व व्यापार परिषद् (WBCSD) द्वारा किया जाता है।

नीचे दिए गए कूट का प्रयोग कर सही उत्तर चुनिए-

(a) केवल 1 और 2 (b) केवल 3
(c) केवल 2 और 3 (d) 1, 2 और 3

58. जैव ऑक्सीजन माँग (BOD) किसके लिए एक मानक मापदंड है?

(a) रक्त में ऑक्सीजन स्तर मापने के लिए
(b) वन पारिस्थितिक तंत्रों में ऑक्सीजन स्तरों के अभिकलन के लिए
(c) जलीय पारिस्थितिक तंत्रों में प्रदूषण के आमापन के लिए
(d) उच्च तुंगता क्षेत्रों में ऑक्सीजन स्तरों के आकलन के लिए

59. बेहतर नगरीय भविष्य की दिशा में कार्यरत संयुक्त राष्ट्र कार्यक्रम में संयुक्त राष्ट्र पर्यावास (UN-Habitat) की भूमिका के सन्दर्भ में, निम्नलिखित कथनों में से कौन-सा/से सत्य है/हैं?

1. संयुक्त राष्ट्र महासभा के द्वारा संयुक्त राष्ट्र पर्यावास को आज्ञापित किया गया है कि वह सामाजिक एवं पर्यावरणीय दृष्टि से धरणीय ऐसे कस्बों और शहरों को संवर्धित करे जो सभी को पर्याप्त आश्रय प्रदान करते हों।
2. इसके साझीदार सिर्फ़ सरकारें या स्थानीय नगर प्राधिकरण ही हैं।
3. संयुक्त राष्ट्र पर्यावास, सुरक्षित पेय जल व आधरभूत स्वच्छता तक पहुँच बढ़ाने और गरीबी कम करने के लिए संयुक्त राष्ट्र व्यवस्था के समग्र उद्देश्य में योगदान करता है।

नीचे दिए गए कूट का प्रयोग कर सही उत्तर चुनिए-

(a) 1, 2 और 3 (b) केवल 1 और 3
(c) केवल 2 और 3 (d) केवल 1

60. निम्नलिखित कथनों पर विचार कीजिए-

1. अल्पजीवी जलवायु प्रदूषकों को न्यूनीकृत करने हेतु जलवायु एवं स्वच्छ वायु गठबंधन (CCAC), G-20 समूह के देशों की एक अनोखी पहल है।
2. CCAC मेथैन, काला कार्बन एवं हाइड्रोफ्लुओरोकार्बनों पर केन्द्रित करता है।

उपर्युक्त कथनों में से कौन-सा/से सही है/हैं?

(a) केवल 1 (b) केवल 2
(c) 1 और 2 दोनों (d) न तो 1, न ही 2

61. भारतीय मानसून का पूर्वानुमान करते समय कभी-कभी समाचारों में उल्लिखित 'इंडियन ओशन डाइपोल (IOD)' के सन्दर्भ में, निम्नलिखित कथनों में से कौन-सा/से सही है/हैं ?

1. IOD परिघटना, उष्णकटिबंधीय पश्चिमी हिंद महासागर एवं उष्णकटिबंधीय पूर्वी प्रशांत महासागर के बीच सागर-पृष्ठ तापमान के अंतर से विशेषित होती है।
2. IOD परिघटना मानसून पर एल-नीनों के असर को प्रभावित कर सकती है।

नीचे दिए गए कूट का प्रयोग कर सही उत्तर चुनिए-

(a) केवल 1 (b) केवल 2
(c) 1 और 2 दोनों (d) न तो 1, न ही 2

62. यदि आप घड़ियाल को उनके प्राकृतिक आवास में देखना चाहते हैं, तो निम्नलिखित में से किस स्थान पर जाना सबसे सही है?

(a) भितरकणिका मैन्ग्रोव
(b) चम्बल नदी
(c) पुलिकट झील
(d) दीपर बील

63. निम्नलिखित पद्धतियों में से कौन-सी कृषि में जल संरक्षण में सहायता कर सकती है/हैं?

1. भूमि की कम या शुन्य जुताई
2. खेत में सिंचाई के पूर्व जिप्सम का प्रयोग
3. फसल अवशेष को खेत में ही रहने देना

नीचे दिए गए कूट का प्रयोग कर सही उत्तर चुनिए-

(a) केवल 1 और 2
(b) केवल 3
(c) केवल 1 और 3
(d) 1, 2 और 3

64. भारत में, यदि कछुए की एक जाति को वन्यजीव (संरक्षण) अधिनियम, 1972 की अनुसूची-I के अन्तर्गत संरक्षित घोषित किया गया हो, तो इसका निहितार्थ क्या है?

(a) इसे संरक्षण का वही स्तर प्राप्त है जैसा कि बाघ को।
(b) इसका अब वन्य क्षेत्रों में अस्तित्व समाप्त हो गया है, कुछ प्राणी बंदी संरक्षण के अन्तर्गत हैं, और अब इसके विलोपन को रोकना असंभव है।
(c) यह भारत के एक विशेष क्षेत्र में स्थानिक है।
(d) इस सन्दर्भ में उपर्युक्त (b) और (c) दोनों सही हैं।

65. निम्नलिखित कथनों पर विचार कीजिए-

1. मोटर वाहनों के टायरों और टयूबों के लिए भारतीय मानक ब्यूरो (BIS) का मानक चिन्ह अनिवार्य है।
2. AGMARK खाद्य एवं कृषि संगठन (FAO) द्वारा जारी एक गुणता प्रमाणन चिन्ह है।

उपर्युक्त कथनों में से कौन-सा/से सही है/हैं?

(a) केवल 1 (b) केवल 2
(c) 1 और 2 दोनों (d) ना तो 1, न ही 2

66. वन्यजीव (सुरक्षा) अधिनियम, 1972 के अनुसार, किसी व्यक्ति द्वारा विधि द्वारा किये गये कतिपय उपबंधों के अधीन होने के सिवाय, निम्नलिखित में से कौन-सा/से प्राणी का शिकार नहीं किया जा सकता?

1. घड़ियाल
2. भारतीय जंगली गधा
3. जंगली भैंस

नीचे दिये गये कूट का प्रयोग कर सही उत्तर चुनिए-

(a) केवल 1 और 3
(b) केवल 2
(c) केवल 2 और 3
(d) 1, 2 और 3

67. पारिस्थितिक दृष्टिकोण से, पूर्वी घाटों और पश्चिमी घाटों के बीच एक अच्छा संपर्क होने के रूप में निम्नलिखित में से किसका महत्व अधिक है?

(a) सत्यामंगलम बाघ आरक्षित क्षेत्र (सत्यमंगलम टाइगर रिजर्व)
(b) नल्लामला वन
(c) नागरहोले राष्ट्रीय उद्यान
(d) शेषाचलम जीवमण्डल आरक्षित क्षेत्र (शेषाचलम बायोस्फीयर रिजर्व)

68. प्रदूषण की समस्याओं का समाधन करने के सन्दर्भ में, जैवोपचारण (बायोरेमीडिएशन) तकनीक के कौन-सा/से लाभ है/हैं ?

1. यह प्रकृति में घटित होने वाली जैवनिम्नीकरण प्रक्रिया का ही संवर्धन कर प्रदूषण को स्वच्छ करने की तकनीक है।
2. कैडमियम और लेड जैसी भारी धतुओं से युक्त किसी भी संदूषक को सूक्ष्मजीवों के प्रयोग से जैवोपचारण द्वारा सहज ही और पूरी तरह उपचारित किया जा सकता है।
3. जैवोपचारण के लिए विशेषत: अभिकल्पित सूक्ष्मजीवों को सृजित करने के लिए आनुवंशिक इंजीनियरी (जेनेटिक इंजीनियरिंग) का उपयोग किया जा सकता है।

नीचे दिए गए कूट का प्रयोग कर सही उत्तर चुनिए-

(a) केवल 1
(b) केवल 2 और 3
(c) केवल 1 और 3
(d) 1, 2 और 3

69. कुछ कारणोंवश, यदि तितलियों की जाति (स्पीशीज़) की संख्या में बड़ी गिरावट होती है, तो इसका/इसके संभावित परिणाम क्या हो सकता/सकते है/हैं ?

1. कुछ पौधें के परागण पर प्रतिकूल प्रभाव पड़ सकता है।
2. कुछ कृष्य पौधों में कवकीय संक्रमण प्रचण्ड रूप से बढ़ सकता है।
3. इसके कारण बर्रों, मकड़ियों और पक्षियों की कुछ प्रजातियों की समष्टि में गिरावट हो सकती है।

नीचे दिए गए कूट का प्रयोग कर सही उत्तर चुनिए-

(a) केवल 1
(b) केवल 2 और 3
(c) केवल 1 और 3
(d) 1, 2 और 3

सामान्य विज्ञान एवं प्रौद्योगिकी

70. शैवाल आधारित जैव-ईंधनों का उत्पादन संभव है लेकिन इस उद्योग के संवर्धन में विकासशील देशों की क्या संभावित सीमा/सीमाएं है/हैं ?

1. शैवाल आधारित जैव-ईंधनों का उत्पादन केवल समुद्रों में ही संभव है, महाद्वीपों पर नहीं।
2. शैवाल आधारित जैव-ईंधन उत्पादन को स्थापित करने और इंजीनियरी करने हेतु निर्माण पूरा होने तक उच्च स्तरीय विशेषज्ञता/प्रौद्योगिकी की जरूरत होती है।
3. आर्थिक रूप से व्यवहार्य उत्पादन के लिए बड़े पैमाने पर सुविधओं की स्थापना की आवश्यकता होती है, जिससे पारिस्थितिक एवं सामाजिक सरोकार उत्पन्न हो सकते हैं।

नीचे दिये गये कूट का प्रयोग कर सही उत्तर चुनिए-

(a) केवल 1 और 2 (b) केवल 2 और 3
(c) केवल 3 (d) 1, 2 और 3

71. कार्बन डाईऑक्साइड के मानवोद्भवी उत्सर्जनों के कारण आसन्न भूमण्डलीय तापन के न्यूनीकरण के संदर्भ में, कार्बन प्रच्छाइन हेतु निम्नलिखित में से कौन-सा/से संभावित स्थान हो सकता/सकते है/हैं ?

1. परित्यक्त एवं गैर-लाभकारी कोयला संस्तर
2. नि:शेष तेल एवं गैस भण्डार
3. भूमिगत गंभीर लवणीय शैलसमूह

नीचे दिए गए कूट का प्रयोग कर सही उत्तर चुनिए-

(a) केवल 1 और 2 (b) केवल 3
(c) केवल 1 और 3 (d) 1, 2 और 3

रसायन विज्ञान

72. निम्नलिखित युग्मों पर विचार कीजिए-

सामान्य: प्रयुक्त/ उपभुक्त पदार्थ		उनमें पाए जाने वाले संभावित अवांछिनीय अथवा विवादास्पद रसायन
1. लिस्टिक	—	सीसा
2. शीतल पेय	—	ब्रोमीनित वनस्पति तेल
3. चाइनीज फास्ट फूड	—	मोनोसोडियम ग्लूटामेट

ऊपर दिए गए युग्मों में से कौन-सा/से सही सुमेलित है/हैं ?

(a) केवल 1 (b) केवल 2 और 3
(c) केवल 1 और 3 (d) 1, 2 और 3

विज्ञान एवं प्रौद्योगिकी

73. कार्बनिक प्रकाश उत्सर्जी डायोड (ऑर्गैनिक लाइट एमिटिंग डायोड/OLED) का उपयोग बहुत से साधनों में अंकीय प्रदर्श (डिजिटल डिस्प्ले) सर्जित करने के लिए किया जाता है। द्रव क्रिस्टल प्रदर्शों की तुलना में OLED प्रदर्श किस प्रकार लाभकारी हैं?

1. OLED प्रदर्श नम्य प्लास्टिक अवस्तरों पर संविरचित किए जा सकते हैं।
2. OLED के प्रयोग से, वस्त्र में अंत:स्थापित उपरिवेल्लनीय प्रदर्श (रोल्ड-अप डिस्प्ले) बनाए जा सकते हैं।
3. OLED के प्रयोग से, पारदर्शी प्रदर्शन संभव हैं।

नीचे दिए गए कूट का प्रयोग कर सही उत्तर चुनिए-

(a) केवल 1 और 3 (b) केवल 2
(c) 1, 2 और 3 (d) उपर्युक्त में से कोई नहीं

74. कायिक कोशिका न्यूक्लीय अंतरण प्रौद्योगिकी (सोमैटिक सेल न्यूक्लियर ट्रान्सफर टेक्नोलॉजी) का अनुप्रयोग क्या है?

(a) जैव-डिम्भनाशी का उत्पादन
(b) जैव-निम्नीकरणीय प्लास्टिक का निर्माण
(c) जंतुओं की जननीय क्लोनिंग
(d) रोग मुक्त जीवों का उत्पादन

75. 'विकसित लेजर व्यतिकरणमापी अंतरिक्ष ऐन्टेना (इवॉल्वड लेजर इन्टरफेरोमीटर स्पेस ऐन्टेना/eLISA)' परियोजना का क्या प्रयोजन है?

(a) न्यूट्रिनों का संसूचन करना।
(b) गुरूत्वीय तरंगों का संसूचन करना।
(c) प्रक्षेपणास्त्र रक्षा प्रणाली की प्रभावकारिता का संसूचन करना।
(d) हमारी संचार प्रणालियों पर सौर प्रज्वाल (सोलर फ्लेयर) के प्रभाव का अध्ययन करना।

76. कभी-कभी समाचारों में 'इवेंट होराइजन', 'सिंगुलैरिटी', 'स्ट्रिंग थ्योरी' और 'स्टैण्डर्ड मॉडल' जैसे शब्द, किस सन्दर्भ में आते हैं?

(a) ब्रह्माण्ड का प्रेक्षण और बोध
(b) सूर्य और चन्द्र ग्रहणों का अध्ययन
(c) पृथ्वी की कक्षा में उपग्रहों का स्थापन
(d) पृथ्वी पर जीवित जीवों की उत्पत्ति और क्रमविकास

77. निम्नलिखित कथनों पर विचार कीजिए-

1. उष्णकटिबंधीय प्रदेशों में, जीका वाइरस रोग उसी मच्छर द्वारा संचालित होता है जिससे डेंगू संचरित होता है।
2. जीका वाइरस रोग का लैंगिक संचरण होना संभव है।

उपर्युक्त कथनों में से कौन-सा/से सही है/हैं?

(a) केवल 1 (b) केवल 2
(c) 1 और 2 दोनों (d) ना तो 1, न ही 2

78. भारत में कृषि के संदर्भ में, प्राय: समाचारों में आने वाले 'जीनोम अनुक्रमण (जीनोम सीक्वेंसिंग)' की तकनीक का आसन्न भविष्य में किस प्रकार उपयोग किया जा सकता है।

1. विभिन्न फसली पौधों में रोग प्रतिरोध और सूखा सहिष्णुता के लिए आनुवंशिक सूचकों का अभिज्ञान करने के लिए जीनोम अनुक्रमण का उपयोग किया जा सकता है।
2. यह तकनीक, फसली पौधों की नई किस्मों को विकसित करने में लगने वाले आवश्यक समय को घटाने में मदद करती है।
3. इसका प्रयोग, फसलों में पोषी-रोगाणु सम्बन्धों को समझने के लिए किया जा सकता है।

नीचे दिए गए कूट का प्रयोग कर सही उत्तर चुनिए-

(a) केवल 1 (b) केवल 2 और 3
(c) केवल 1 और 3 (d) 1, 2 और 3

समसामयिकी

79. 'राष्ट्रीय कौशल योग्यता फ्रेमवर्क (NSQF)' के सन्दर्भ में, निम्नलिखित कथनों में से कौन-सा/से सही है/हैं?

1. NSQF के अधीन, शिक्षार्थी सक्षमता का प्रमाणपत्र केवल औपचारिक शिक्षा के माध्यम से ही प्राप्त कर सकता है।
2. NSQF के क्रियान्वयन का एक प्रत्याशित परिणाम व्यावसायिक और सामान्य शिक्षा के मध्य संचरण है।

नीचे दिए गए कूट का प्रयोग कर सही उत्तर चुनिए-

(a) केवल 1 (b) केवल 2
(c) 1 और 2 दोनों (d) न तो 1, न ही 2

80. 'नेशनल करियर सर्विस' के सन्दर्भ में निम्नलिखित कथनों पर विचार कीजिए-

1. नेशनल करियर सर्विस, कार्मिक और प्रशिक्षण विभाग, भारत सरकार, का एक उपक्रमण है।
2. नेशनल करियर सर्विस को देश के अशिक्षित युवाओं के लिए रोजगार के अवसर के संवर्धन के लिए मिशन के रूप में प्रारंभ किया गया है।

उपर्युक्त कथनों में से कौन-सा/से सही है/हैं?

(a) केवल 1 (b) केवल 2
(c) 1 और 2 दोनों (d) न तो 1, न ही 2

81. निम्नलिखित कथनों में से कौन-सा हाल ही में समाचारों में आए 'दबावयुक्त परिसम्पत्तियों के धारणीय संरचन पद्धति (स्कीम फॉर सस्टेनेबल स्ट्रक्चरिंग ऑफ स्ट्रेस्ड एसेट्स/S4A)' का सर्वोत्कृष्ट वर्णन करता है?

(a) यह सरकार द्वारा निरूपित विकासपरक योजनाओं की पारिस्थितिकीय कीमतों पर विचार करने की पद्धति है।

(b) यह वास्तविक कठिनाइयों का सामना कर रही बड़ी कॉर्पोरेट इकाईयों की वित्तीय संरचना के पुनर्संरचन के लिए भारतीय रिजर्व बैंक की स्कीम है।

(c) यह केन्द्रीय सार्वजनिक क्षेत्रा उपक्रमों के बारे में सरकार की विनिवेश योजना है।

(d) यह सरकार द्वारा हाल ही में क्रियान्वित 'इंसॉल्वेंसी ऐंड बैंकरप्ट्सी कोड' का एक महत्वपूर्ण उपबंध है।

82. हिन्द महासागर नौसैनिक परिसंवाद (सिम्पोजियम) (IONS) के संबंध में निम्नलिखित पर विचार कीजिए-

1. प्रारंभी (इनॉगुरल) IONS भारत में 2015 में भारतीय नौसेना की अध्यक्षता में हुआ था।
2. IONS एक स्वैच्छिक पहल है, जो हिंद महासागर क्षेत्र के समुद्रतटवर्ती देशों (स्टेट्स) की नौसेनाओं के बीच समुद्री सहयोग को बढ़ाना चाहता है।

उपर्युक्त कथनों में से कौन-सा/से सही है/हैं?

(a) केवल 1 (b) केवल 2
(c) 1 और 2 दोनों (d) न तो 1, न ही 2

83. 'M-STrIPES' शब्द कभी-कभी समाचारों में किस सन्दर्भ में देखा जाता है?

(a) वन्य प्राणिजात का बद्ध प्रजनन
(b) बाघ अभयारण्यों का रख-रखाव
(c) स्वदेशी उपग्रह दिक्चालन प्रणाली
(d) राष्ट्रीय राजमार्गों की सुरक्षा

84. भारत द्वारा चाबहार बंदरगाह विकसित करने का क्या महत्व है?

(a) अफ्रीकी देशों से भारत के व्यापार में अपार वृद्धि होगी।
(b) तेल-उत्पादक अरब देशों से भारत के संबंध सुदृढ़ होंगे।
(c) अफगानिस्तान और मध्य एशिया में पहुंच के लिए भारत को पाकिस्तान पर निर्भर नहीं होना पड़ेगा।
(d) पाकिस्तान, इराक और भारत के बीच गैस पाइपलाइन का संस्थापन सुकर बनाएगा और उसकी सुरक्षा करेगा।

85. भारत में, साइबर सुरक्षा घटनाओं पर रिपोर्ट करना निम्नलिखित में से किसके/किनके लिए विधित: अधिदेशात्मक है/हैं ?

1. सेवा प्रदाता (सर्विस प्रोवाइडर)
2. डेटा सेंटर
3. कॉर्पोरेट निकाय (बॉडी कॉर्पोरेट)

नीचे दिए गए कूट का प्रयोग कर सही उत्तर चुनिए-

(a) केवल 1 (b) केवल 1 और 2
(c) केवल 3 (d) 1, 2 और 3

86. 'विद्यांजलि योजना' का क्या प्रयोजन है?

1. प्रसिद्ध विदेशी शिक्षण संस्थाओं को भारत में अपने कैम्पस खोलने में सहायता करना।
2. निजी क्षेत्र और समुदाय की सहायता लेकर सरकारी विद्यालयों में दी जाने वाली शिक्षा की गुणवत्ता बढाना।
3. प्राथमिक और माध्यमिक विद्यालयों की आधारिक संरचना सुविधाओं के संवर्धन के लिए निजी व्यक्तियों और संगठनों से ऐच्छिक वित्तीय योगदान को प्रोत्साहित करना।

नीचे दिए गए कूट का प्रयोग कर सही उत्तर चुनिए-

(a) केवल 2 (b) केवल 3
(c) केवल 1 और 2 (d) केवल 2 और 3

87. 'उन्नत भारत अभियान' कार्यक्रम का ध्येय क्या है?

(a) स्वैच्छिक संगठनों और सरकारी शिक्षा तंत्र तथा स्थानीय समुदायों के बीच सहयोग का प्रोन्नयन कर 100% साक्षरता प्राप्त करना।
(b) उच्च शिक्षा संस्थाओं को स्थानीय समुदायों से जोड़ना जिससे समुचित प्रौद्योगिकी के माध्यम से विकास की चुनौतियों का सामना किया जा सके।
(c) भारत को वैज्ञानिक और प्रौद्योगिक शक्ति बनाने के लिए भारत की वैज्ञानिक अनुसंधान संस्थाओं को सशक्त करना।
(d) ग्रामीण और नगरीय निर्धन व्यक्तियों के स्वास्थ्य देखभाल और शिक्षा के लिए विशेष निधियों का विनिधान कर मानव पूँजी विकसित करना और उनके लिए कौशल विकास कार्यक्रम तथा व्यावसायिक प्रशिक्षण आयोजित करना।

88. हाल ही में, कुछ शेरों को गुजरात के उनके प्राकृतिक आवास से निम्नलिखित में से किस एक स्थल पर स्थानांतरित किए जाने का प्रस्ताव था?

(a) कॉर्बेट राष्ट्रीय उद्यान
(b) कुनो पालपुर वन्यजीव अभयारण्य
(c) मुदुमलाई वन्यजीव अभयारण्य
(d) सरिस्का राष्ट्रीय उद्यान

89. कभी-कभी समाचारों में दिखाई पड़ने वाले घरेलू अंश आवश्यकता (डोमेस्टिक कन्टेंट रिक्वायरमेण्ट) पद का संबंध किससे है?

(a) हमारे देश में सौर शक्ति उत्पादन का विकास करने से
(b) हमारे देश में विदेशी टी.वी. चैनलों को अनुज्ञप्ति प्रदान करने से
(c) हमारे देश के खाद्य उत्पादों को अन्य देशों को निर्यात करने से
(d) विदेशी शिक्षा संस्थाओं को हमारे देश में अपने परिसर स्थापित करने की अनुमति देने से

90. निम्नलिखित कथनों पर विचार कीजिए-

1. परमाणु सुरक्षा शिखर-सम्मेलन, संयुक्त राष्ट्र के तत्वावधान में आवधिक रूप से किये जाते हैं।
2. विखंडनीय सामग्रियों पर अंतर्राष्ट्रीय पैनल अन्तर्राष्ट्रीय परमाणु ऊर्जा अभिकरण का एक अंग है।

उपर्युक्त कथनों में से कौन-सा/से सही है/हैं?

(a) केवल 1 (b) केवल 2
(c) 1 और 3 दोनों (d) ना तो 1, न ही 2

91. 'राष्ट्रीय कृषि बाजार (नेशनल एग्रीकल्चर मार्केट) स्कीम को क्रियान्वित करने का/के क्या लाभ है/हैं?

1. यह कृषि वस्तुओं के लिए सर्व-भारतीय इलेक्ट्रानिक व्यापार पोर्टल है।
2. यह कृषकों के लिए राष्ट्रव्यापी बाजार सुलभ कराता है जिसमें उनके उत्पाद की गुणता के अनुरूप कीमत मिलती है।

उपर्युक्त कथनों में से कौन-सा/से सही है/हैं?

(a) केवल 1 (b) केवल 2
(c) 1 और 2 दोनों (d) ना तो 1, न ही 2

92. राष्ट्रीय बौद्धिक सम्पदा अधिकार नीति (नेशनल इंटेलेक्चुअल प्रॉपर्टी राइट्स पॉलिसी) के संदर्भ में, निम्नलिखित कथनों पर विचार कीजिए-

1. यह दोहा विकास एजेंडा और TRIPS समझौते के प्रति भारत की प्रतिबद्धता को दोहराता है।
2. औद्योगिक नीति और संवर्धन विभाग भारत में बौद्धिक सम्पदा अधिकारों के विनियमय के लिए केन्द्रक अभिकरण (नोडल एजेन्सी) है।

उपर्युक्त कथनों में से कौन-सा/से सही है/हैं?

(a) केवल 1 (b) केवल 2
(c) 1 और 2 दोनों (d) ना तो 1, न ही 2

93. भारतीय गुणता परिषद (QCI) के संदर्भ में, निम्नलिखित कथनों पर विचार कीजिए-

1. QCI का गठन, भारत सरकार तथा भारतीय उद्योग द्वारा संयुक्त रूप से किया गया था।
2. QCI के अध्यक्ष की नियुक्ति, उद्योग द्वारा सरकार को की गयी संस्तुतियों पर, प्रधानमंत्री द्वारा की जाती है।

उपर्युक्त कथनों में से कौन-सा/से सही है/हैं?

(a) केवल 1
(b) केवल 2
(c) 1 और 2 दोनों
(d) ना तो 1, न ही 2

94. 'आवास और शहरी विकास पर एशिया पैसिफिक मंत्रिस्तरीय सम्मेलन (APMCHUD) ' के सन्दर्भ में निम्नलिखित कथनों पर विचार कीजिए-

1. प्रथम APMCHUD भारत में 2006 में संपन्न हुआ, जिसका विषय 'उभरते शहरी रूप-नीति प्रतिक्रियाएँ और शासन संरचना' था।
2. भारत सभी वार्षिक मंत्रिस्तरीय सम्मेलनों की मेजबानी, ADB APEC और ASEAN की सहभागिता से करता है।

उपर्युक्त कथनों में से कौन-सा/से सही है/हैं?

(a) केवल 1 (b) केवल 2
(c) 1 और 2 दोनों (d) न तो 1, न ही 2

95. ऋग्वेद-कालीन आर्यों और सिन्धु घाटी के लोगों की संस्कृति के बीच अंतर के संबंध में, निम्नलिखित कथनों में से कौन-सा/से सही है/हैं?

1. ऋग्वेद-कालीन आर्य कवच और शिरस्त्राण (हेलमेट) का उपयोग करते थे, जबकि सिन्धु घाटी सभ्यता के लोगों में इनके उपयोग का कोई साक्ष्य नहीं मिलता।
2. ऋग्वेद-कालीन आर्यों को स्वर्ण, चाँदी और ताम्र का ज्ञान था जबकि सिन्धु घाटी के लोगों को केवल ताम्र और लोह का ज्ञान था।
3. ऋग्वेद-कालीन आर्यों ने घोड़े को पालतू बना लिया था जबकि इस बात का कोई साक्ष्य नहीं है कि सिन्धु घाटी के लोग इस पशु को जानते थे।

नीचे दिए गए कूट का प्रयोग कर सही उत्तर चुनिए-

(a) केवल 1 (b) केवल 2 और 3
(c) केवल 1 और 3 (d) 1, 2 और 3

96. पूर्व अधिगम की मान्यता स्कीम (रिकग्निशन ऑफ प्रायर लर्निंग स्कीम) का कभी-कभी समाचारों में किस सन्दर्भ में उल्लेख किया जाता है?

(a) निर्माण कार्य में लगे कर्मकारों के पारंपरिक मार्गों से अर्जित कौशल का प्रमाणन
(b) दूरस्थ अधिगम कार्यक्रमों के लिए विश्वविद्यालयों में व्यक्तियों का पंजीकृत करना
(c) सार्वजनिक क्षेत्र के कुछ उपक्रमों में ग्रामीण और नगरीय निर्धन लोगों के लिए कुछ कुशल कार्य आरक्षित करना
(d) राष्ट्रीय कौशल विकास कार्यक्रम के अधीन प्रशिक्षणार्थियों द्वारा अर्जित कौशल का प्रमाणन

97. समाज में समानता के होने का एक निहितार्थ यह है कि उसमें

(a) विशेषाधिकारों का अभाव है
(b) अवरोधों का आभाव है
(c) प्रतिस्पर्धा का अभाव है
(d) विचारधारा का अभाव है

98. स्मार्ट इंडिया हैकथॅन 2017 के संदर्भ में, निम्नलिखित में से कौन-सा/से कथन सही है/हैं?

1. यह हमारे देश के प्रत्येक शहर को एक दशक में स्मार्ट सिटी के रूप में विकसित करने के लिए केन्द्र द्वारा प्रायोजित एक स्कीम है।
2. यह हमारे देश की अनेक समस्याओं का समाधान करने के लिए इर्न डिजिटल प्रौद्योगिकी नवप्रवर्तनों के अभिज्ञान की एक पहल है।
3. यह एक कार्यक्रम है जिसका लक्ष्य एक दशक में हमारे देश में सभी वित्तीय लेन-देनों को पूरी तरह से डिजिटल करना है।

नीचे दिये गए कूट का प्रयोग कर सही उत्तर चुनिए-

(a) केवल 1 और 3 (b) केवल 2
(c) केवल 3 (d) केवल 2 और 3

99. समाचारों में आने वाला 'डिजिटल एकल बाजार कार्यनीति (डिजिटल सिंगल मार्केट स्ट्रेटेजी)' पद किसे निर्दिष्ट करता है ?

(a) ASEAN को (b) BRICS को
(c) EU को (d) G-20 को

100. निम्नलिखित में से कौन-से 'राष्ट्रीय पोषण मिशन (नेशनल न्यूट्रिशन मिशन)' के उद्देश्य हैं?

1. गर्भवती महिलाओं तथा स्तनपान कराने वाली माताओं में कुपोषण से संबंधी जागरूकता उत्पन्न करना।
2. छोटे बच्चों, किशोरियों तथा महिलाओं में रक्तल्पता की घटना को कम करना।
3. बाजरा, मोटा अनाज तथा अपरिष्कृत चावल के उपभोग को बढ़ाना।
4. मुर्गी के अंडों के उपभोग को बढ़ाना।

नीचे दिए गए कूट का प्रयोग कर सही उत्तर चुनिए-

(a) केवल 1 और 2
(b) केवल 1, 2 और 3
(c) केवल 1, 2 और 4
(d) केवल 3 और 4

उत्तरमाला

1. (c)	**2.** (d)	**3.** (d)	**4.** (d)	**5.** (d)	**6.** (a)	**7.** (b)	**8.** (c)	**9.** (c)	**10.** (d)
11. (d)	**12.** (b)	**13.** (a)	**14.** (c)	**15.** (a)	**16.** (a)	**17.** (d)	**18.** (d)	**19.** (b)	**20.** (c)
21. (b)	**22.** (d)	**23.** (b)	**24.** (a)	**25.** (b)	**26.** (c)	**27.** (d)	**28.** (c)	**29.** (d)	**30.** (b)
31. (a)	**32.** (a)	**33.** (d)	**34.** (b)	**35.** (b)	**36.** (b)	**37.** (d)	**38.** (c)	**39.** (a)	**40.** (a)
41. (a)	**42.** (d)	**43.** (c)	**44.** (a)	**45.** (b)	**46.** (a)	**47.** (a)	**48.** (d)	**49.** (b)	**50.** (c)
51. (b)	**52.** (a)	**53.** (b)	**54.** (a)	**55.** (b)	**56.** (a)	**57.** (c)	**58.** (c)	**59.** (b)	**60.** (b)
61. (b)	**62.** (d)	**63.** (b)	**64.** (a)	**65.** (a)	**66.** (b)	**67.** (a)	**68.** (c)	**69.** (c)	**70.** (d)
71. (b)	**72.** (d)	**73.** (c)	**74.** (c)	**75.** (d)	**76.** (a)	**77.** (c)	**78.** (d)	**79.** (b)	**80.** (b)
81. (b)	**82.** (b)	**83.** (b)	**84.** (c)	**85.** (d)	**86.** (a)	**87.** (d)	**88.** (b)	**89.** (a)	**90.** (d)
91. (c)	**92.** (c)	**93.** (c)	**94.** (d)	**95.** (c)	**96.** (a)	**97.** (a)	**98.** (b)	**99.** (c)	**100.** (a)

व्याख्यात्मक हल

1. (b) लोकसभा में अधिकतम सदस्य संख्या 552 है जबकि वर्तमान में 543 सीटों पर मतदान कराये जाते हैं। भारत का कोई भी नागरिक जिसकी आयु 25 वर्ष या उससे अधिक है और जिसका नाम निर्वाचन क्षेत्र की मतदाता सूची में है। लोक सभा के निर्वाचन के लिए नामांकन पत्र दाखिल कर सकता है।

2. (d) भारत शासन अधिनियम 1919 के द्वारा भारतीय इतिहास में द्वैध शासन की स्थापना की। इसके द्वारा केन्द्रीय और प्रान्तीय विषयों की सूची की पहचान कर के उन्हें पृथक कर राज्यों पर केन्द्रीय नियंत्रण कम किया गया। इसने प्रान्तीय विषयों को पुन: दो भागों में विभक्त किया- हस्तान्तरित और आरक्षित।

हस्तान्तरित विषयों पर गवर्नर का शासन होता था। इस कार्य में यह विधान परिषद के प्रति उत्तरदायी मन्त्रियों की सहायता लेता था। आरक्षित विषयों पर गवर्नर कार्यपालिका परिषद् की सहायता से शासन करता था, जो विधन परिषद के प्रति उत्तरदायी नहीं थी।

3. (d) पहला कथन गलत है, क्योंकि लोक सभा अथवा राज्य विधान सभा के निर्वाचन में जीतने वाले उम्मीदवार सर्वाधिक वोट प्राप्त करने वाला होता है। यानि फर्स्ट पास्ट G पोस्ट पद्धति के आधार पर अलग चुनाव क्षेत्रों में बाँट दिया जाता है।

दूसरा कथन गलत है-सामान्यत: परम्परा के तौर पर लोक सभा का उपाध्यक्ष विपक्ष का नेता होता है।

4. (d) मताधिकार अथवा निर्वाचित होने का अधिकार संवैधानिक है अथवा विधिक यह प्रश्न काफी समय से विवादास्पद था क्योंकि अनुच्छेद-326 में वयस्क मताधिकार की बात भी गयी है। इसीलिए आगे इसको संवैधानिक मान लेते हैं। परन्तु माननीय सर्वोच्च न्यायालय ने स्पष्ट किया कि मताधिकार का अधिकार अधिनियम बनाकर दिया गया है। जनप्रतिनिधित्व अधिनियम, 1951 की धारा 79 (d) में निर्वाचक अधिकार (Electoral Rights) को परिभाषित किया गया है, जिसमें किसी व्यक्ति के किसी चुनाव में एक उम्मीदवार होने या उम्मीवार होने से नाम वापस लेने तथा 'चुनाव में मतदान करने' या 'मतदान करने से विरत रहने' के अधिकार को शामिल किया गया है। जयोति बसु एवं अन्य बनाम देबी घोषाल एवं अन्य वाद में सर्वाच्च न्यायालय ने निर्वाचित होने के अधिकार को विधिक अधिकार को विधिक अधिकार के रूप में घोषित किया है। इसी प्रकार जनप्रतिनिधित्व अधिनियम, 1951 की धारा 62 में मताधिकार का वर्णन किया गया है। सर्वोच्च न्यायालय द्वारा भी मताधिकार को विधि वैधानिक अधिकार घोषित किया गया है। अत: स्प्ष्ट है कि भारत में मताधिकार और निर्वाचित होने का अधिकार एक विधिक/वैधानिक अधिकार है।

5. (d) भारत का निर्वाचन आयोग प्रारम्भ से ही बहुसदस्यीय निकाय नहीं था। अपनी स्थापना के समय यह एकल सदस्य आयोग के रूप में वर्ष 1950 से 15 अक्टूबर 1989 तक अस्तित्व में रहा, जिसमें केवल एक मुख्य निर्वाचन आयुक्त होता था। 16 अक्टूबर 1989 से 1 जनवरी, 1990 तक तक यह त्रिसदस्यीय निकाय के रूप में बना रहा। 2 जनवरी, 1990 से 30 सितम्बर, 1993 तक यह पुन: एकल सदस्य आयोग के रूप में बना रहा। 1 अक्टूबर, 1993 से पुन: तीन सदस्यीय आयोग के रूप में कार्यरत हुआ और वर्तमान में चुनाव आयोग में एक अध्यक्ष और दो सदस्य है। अत: कथन 1 गलत है। आम चुनाव और उप-चुनावों में चुनाव कार्यक्रम को तय करना चुनाव आयेग का कार्य है। भारत के संविधान में देश में होने वाले सारे चुनावों से जुड़े कार्यक्रमों को तय करने की जिम्मेदारी चुनाव आयेग को सौंपी गयी है। अत: कथन 2 असत्य है।

6. (a) न्यायिक पुनरावलोकन अथवा न्यायिक पुनरीक्षण उस प्रक्रिया को कहते हैं, जिसके अन्तर्गत कार्यकारिणी के कार्यों (तथा कभी-कभी विद्यायिका के कार्यों) की न्यायपालिका द्वारा पुनरीक्षा का प्रावधन हो। दूसरे शब्दों में, न्यायिक पुनरावलोकन से तात्पर्य न्यायालय की उस शक्ति से है, जिस शक्ति के बल पर वह विधयिका द्वारा बनाए कानूनों, कार्यपालिका द्वारा जारी किए गए आदेशों तथा प्रशासन द्वारा किए गए कार्यों की जाँच करती है कि वह मूल ढाँचे के अनुरूप है या नहीं। अत: विकल्प (a) सही उत्तर है।

7. (b) अनुच्छेद-356 में राष्ट्रपति शासन का प्रावधन किया गया है। राष्ट्रपति शासन की घोषणा होते ही उस राज्य की कार्यपालिका शक्ति राष्ट्रपति के हाथों में आ जाती है। अर्थात् मंत्रिपरिषद तुरन्त भंग हो जाती है, परन्तु माननीय उच्चतम न्यायालय के निर्देशानुसार विधान सभा को तभी भंग किया जा सकता है, जब राष्ट्रपति शासन को संसद से पारित करवा लिया जाय। अर्थात् विधान मण्डल का भंग होना अनिवार्य नहीं। जहाँ तक स्थानीय निकायों का प्रश्न है इस पर राष्ट्रपति शासन का कोई प्रभाव नहीं पड़ता है।

8. (c) अनुच्छेद-23 एवं 24 शोषण के विरूद्ध अधिकार से सम्बन्धित है। अनुच्छेद-23 में मानव देह व्यापार तथा बधुआ मजदूरी का विरोध किया गया है, जबकि अनुच्छेद-24 में कारखानों एवं खदानों में कार्यों के नियोजन का विरोध किया गया है। अस्पृश्यता का उन्मूलन अनुच्छेद-17 में है, जो कि समानता का अधिकार है न कि शोषण के विरूद्ध है।

9. (c) संसदीय शासन प्रणाली को मंत्रिमंडलीय शासन या उत्तरदायी शासन प्रणाली के नाम से भी संबोधित किया जाता है। इसमें सरकार, लोक सभा के प्रति उत्तरदायी होती है। लोक सभा सदस्यों का निर्वाचन जनता द्वारा प्रत्यक्ष क रूप में किया जाता है। अत: सरकार के जनता के प्रति सामूहिक उत्तरदायित्व को सुनिश्ति करना ही मंत्रिमंडलहीय स्वरूप की सरकार या संसदीय सरकार के अंतनिर्हित सिद्धांत हैं।

10. (d) आदर्श संघात्मक की स्थिति में संघ की रचना राज्यों का आपस के सहमति का परिणाम होता है। जैसे यूएसए का संघ, परन्तु भारत में राज्य का निर्माण भारत संघ ने किया है। अत: यह राज्यों की सहमति का परिणाम नहीं है।

11. (d) अनुच्छेद-51A में दिये गये मूल कर्त्तव्य बाध्यकारी नहीं है, परन्तु विधिक कर्त्तव्य जिसे जो सौंपी गयी है उसके लिए बाध्यकारी होती है। मूल कर्त्तव्य बाध्यकारी न होने के कारण इनको प्रवर्तित कराने के लिए न तो कोई प्रक्रिया दी गयी है और न ही विधिक कर्त्तव्यों की तरह बाध्यकारी होते हैं।

12. (d) भारतीय संविधान की उद्देशिका में सामाजिक, आर्थिक और राजनैतिक न्याय, विचार, अभिव्यक्ति, विश्वास, धर्म और उपासना की स्वतंत्राता, प्रतिष्ठा और अवसर की समानता का वर्णन तो है, परन्तु, परन्तु आर्थिक स्वतंत्रता का इसमें उल्लेख नहीं है। भारतीय संविधान के उद्देश्य एवं आदर्श का वर्णन किया गया है। 42वें संविधान संशोधन 1976 द्वारा इसमें समाजवादी, पन्थनिरपेक्ष और अखण्डता शब्द जोड़े गए थे।

13. (a) लोकतंत्र प्रत्येक व्यक्ति को बराबर मानता है। इसलिए साधारण से साधारण पुरूषों तथा महिलाओं को भी विकास की पर्याप्त अवसर प्रदान किया जाना है। लोकतंत्र में सामान्य नागरिकों की समुदान में पर्यात भागीदारी की अपेक्षा होती है। एक अच्छे नागरिक की सक्रिय भागीदारी स्वस्थ समाज के निर्माण के लिए महत्वपूर्ण है।

14. (c) संसदीय शासन प्रणाली में कार्यापालिका विधायिका के प्रति उत्तरदायी होती है। जबकि अध्यक्षीय शासन प्रणाली में कार्यपालिका सीधे जनता के प्रति उत्तरदायी होती है।

15. (a) अधिकार बिना कर्त्तव्य के नहीं हो सकते हैं। क्योंकि एक व्यक्ति के अधिकार की रक्षा तभी की जा सकती है, जब अन्य लोग अपने कर्त्तव्यों करते हो अत: अधिकार एवं कर्त्तव्य आपस में जुड़े होते हैं।

16. (a) प्रस्तावना का तात्पर्य है लेखनी के निचोड़ से होता है। पंडित जवाहर लाल नेहरू ने प्रस्तावना को संविधान का आत्मा कहा था। यदि प्रस्तावना की व्याख्या कर दी जाये तो सम्पूर्ण संविधान सामने आ जाता है।

17. (d) अनुच्छेद-75(3) के मंत्रिपरिषद लोक सभा के प्रति उत्तरदायी होती है। इसी के तहत संसद मंत्रिपरिषद पर नियंत्रण रखती है। इन तरीको में स्थगन प्रस्ताव है, जिसके तहत संसद के सभी कार्यों को रोक कर किसी विशेष समस्या पर बहस करायी जाती है। प्रश्नकाल 12-01 बजे तक होता है, जिसमें मंत्रिपरिषद से प्रश्न पूछा जाता है।

18. (d) संसद में विधेयक को प्रस्तुत करने की दो प्रक्रिया होती हैं, जिसमें एक सरकारी तथा दूसरा गैर-सरकारी विधेयक होता है। सरकारी विधेयक को संसद में मंत्री द्वारा पेश किया जाता है, लेकिन गैर-सरकारी विधेयक को संसद में मंत्री के अलावा किसी भी सदस्य द्वारा पेश किया जाता है।

सरकारी एवं गैर-सरकारी विधेयक में निम्नलिखित अन्तर है—

सरकारी विधेयक	गैर-सरकारी विधेयक
इसे संसद में मंत्री द्वारा पेश किया जाता है।	इसे संसद में मंत्री के अलावा अन्य सदस्य के द्वारा पेश किया जा सकता है।
यह सत्तारूढ़ दल की नीतियों की ओर अंगित करता है।	यह सार्वजनिक विषयों पर विपक्ष दलों के मन्तव्य को प्रदर्शित करता है।
यह विधेयक यदि अस्वीकृत होता है तो सरकार को त्याग-पत्र देना पड़ता है।	इसके अस्वीकृत होने पर सरकार पर सरकार पर कोई प्रभाव नहीं पड़ता है।
सरकारी विधेयक को संसद में पेश होने के लिए सात दिनों पूर्व का नोटिस होना चाहिए इसे सम्बन्धित विभाग द्वारा विधि विभाग के परामर्श से तैयार किया जाता है।	गैर-सरकारी विधेयक को संसद में पेश करने के लिए एक महीने का नोटिस होना चाहिए। इसका निर्माण सम्बन्धित सदस्य की जिम्मेदारी होती है।

स्वतंत्रता से लेकर वर्तमान समय तक केवल 14 गैर-सरकारी विधेयक पास किए जा चुके हैं। हाल में ट्रांसजेण्डर व्यक्ति अधिकार बिल 2014, राज्यसभा से पास किया गया है। राज्यसभा से पास होने वाला यह पहला विधेयक है।

19. (a) 42वें संविधान संशोधन 1976 द्वारा उद्योगों के प्रबन्धन में कर्मकारों की भागीदारी को जोड़ा गया है, भारतीय संविधान के अनुच्छेद 43 (क) अर्थात उद्यागों के प्रबंधन में सहभागिता 42 वें संविधान संशोधन, 1976 द्वारा जोड़ा गया। अनुच्छेद 43 (क) के अनुसार, राज्य किसी उद्योग में लगे हुए उपक्रमों (Undertaking), स्थापनों

(Establishments) या अन्य संगठनों के प्रबंध में कर्मकारों का भाग लेना सुनिश्चित करने के लिए उपयुक्त विधान द्वारा या किसी अन्य रीति से कदम उठाएगा।

20. (c) अधिकार राज्य के विरूद्ध नागरिकों के दावे है। अर्थात् राज्य भी नागरिकों के अधिकारों की अवहेलना करते हुए न तो विधि बना सकती है और न ही शासन कर सकती है।

21 (b) स्थानीय स्वशासन लोकतांत्रिक विकेन्द्रीकरण पर आधारित है, जिससे प्रत्येक व्यक्ति में शासन में भागीदार होने का अहसास कराया जा सके। इसीलिए स्थानीय स्वशासन में कई स्तरों पर शासन की स्थापना की गयी है।

22. (d) अनुच्छेद-37 के अनुसासर राज्य के नीति-निदेशक तत्वों के आधार पर न्यायालय में वाद नहीं लाया जा सकता है। अर्थात् विधायिका तथा कार्यपालिका डी.पी.एस.पी. में दिये गये निर्देशों को मानने के लिए बाध्य नहीं है।

प्राचीन इतिहास

23. (b) 1. **सौत्रान्तिक**—बौद्ध धर्म के हीनयान सम्प्रदाय का यह मत है, जिसका आधर सुत्तपिटक है।

2. **सर्वास्तिवादी (महासांघिक)**—द्वितीय बौद्ध संगीति में बौद्ध संघ का विभाजन स्थिविर व स्थविर (महासांघिक) में हुआ।

सर्वास्तिवादी की मान्यता दी थी कि दृश्य जगत के सारभूत अंश पूर्णतः क्षमिक नहीं है, अपितु यथावत रूप में सदैव विद्यमान रहते हैं।

अतः केवल (b) कथन सही है।

मध्यकालीन इतिहास

24. (a) चलिहा साहिब उत्सव में सिन्धियों द्वारा अपने भगवान झूलेलाल की प्रार्थना की जाती है। नन्दा राज जात यात्रा उत्तराखण्ड में गढ़वाल एवं कुमाऊँ मण्डल में तीन सप्ताह तक मनाई जाती है। बारी-वारकरी एक धार्मिक यात्रा है, जो महाराष्ट्र में मनाई जाती है।

25. (b) काकतीय वंश के संस्थापक बीटा राजा ने नलगोण्डा में एक छोटे राज्य की स्थापना की, जिसकी राजधानी वारंगल थी। वर्तमान में आंध्रप्रदेश में काकतीय राज्य का मोटुपल्ली एक अति महत्वपूर्ण समुद्र-पत्तन था। इस राज्य के शासक गणपति ने अपनी राजधनी वारंगल में स्थानान्तरित की। मोटपुल्फी शिलालेख से यह ज्ञात होता है कि इस पत्तन से कपूर, गुलाब का पानी, हाथी दांत, मोती मूँगा, रेशम, काली मिर्च आदि वस्तुओं का आयात -निर्यात किया जाता था।

आधुनिक भारत एवं स्वतंत्रता आन्दोलन

26. (c) भारतीय स्वतंत्रता संघर्ष की घटनाओं का सही कालानुक्रम—

1. 18 फरवरी, 1946 को मम्बई में एच.एम.आई.एस. तलवार के 1100 नाविकों ने नस्ली भेदभाव अखाद्य भोजन के प्रांतवाद में हड़ताल कर दी। उनकी मांग थी कि नाविक बी.सी. दत्त को जहाज की दीवार पर भारत छोड़ो लिखने के आरोप में गिरफ्तार किया गया था, रिहा किया जाये।
2. 8 अगस्त, 1942 भारत छोड़ों आंदोलन प्रारम्भ।
3. द्वितीय गोलमेज सम्मेलन (7 सितम्बर-1931 से 1 दिसम्बर, 1931 तक) यह सम्मेलन सेंट जेम्स पैलेस लंदन में हुआ। गांधी जी एस.एस. राजपूताना जहाज से 12 सितम्बर, को लंदन पहुंचे। 1 दिसम्बर को बिना किसी निर्णय के समाप्त।

27. (d) भारतीय राज्य समिति के द्वारा 16 दिसम्बर, 1927 को हाईकोर्ट बटलर की अध्यक्षता में बटलर समिति का गठन किया गया। इसका गठन भारत सरकार एवं देशी रियासतों के बीच के सम्बन्धी की जांच एवं स्पष्टीकरण तथा सुधार के लिए किया गया था। समिति ने 16 राज्यों का दौरा किया और वर्ष 1929 में अपनी निम्न रिपोर्ट प्रस्तुत की—

- परमसत्ता और राज्यों के बीच के सम्बन्ध केवल समझौता मात्र नहीं है, बल्कि जीवित एवं बुद्धिशील सम्बन्ध है।
- ब्रिटिश परमसत्ता रियासतों की रक्षा करती है।
- राज्य का स्थानान्तरण स्वयं उनके समझौते के बिना भारतीय विधायिका के प्रति उत्तरदायी ब्रिटिश भारत की नई सरकार को नहीं करना चाहिए।

28. (c) 1792 में रैयतवाड़ी व्यवस्था वारामहल जिले में पहली बार अलेक्जेंडर रीड द्वारा लागू की गयी। 1820 यह व्यवस्था मद्रास में भी लागू कर दी गयी। इसे सुचारू रूप से चलाने के लिए मुनरो को मद्रास का गवर्नर नियुक्त किया गया।

29. (b) 1. एन. एम. लोखंडे ने 1890 ई. में बॉम्बे मिल है एसोसिएशन की स्थापना की, जिसे भारत में गठित प्रथम मजदूर आंदोलन कहा जाता है। पहला व्यवस्थित श्रमिक संघ मद्रास श्रमिक संघ था, जिसकी स्थापना 1918 में वी.पी. वाडिया ने की थी।

1881 का प्रथम फैक्ट्री अधिनियम में

1. 7 वर्ष से कम आयु के बालकों के काम करने पर प्रतिबंध।
2. 7 वर्ष से 12 वर्ष तक की आयु के बालकों को प्रतिदिन 10 घंटे से अधिक कार्य करने पर प्रतिबंध लगाया गया।
3. 12 वर्ष से कम आयु के बालकों को खतरनाक यंत्रों के साथ कम करने पर प्रतिबंध।

ध्यातव्य हो कि

इस अधिनियम में कामगारों की मज़दूरी नियत करने का कोई प्रावधान नहीं था।

30. (b) 1. राधाकांत देव ने 28 अक्टूबर, 1951 को ब्रिटिश इंडिया ऐसोसिएशन की स्थापना की। राधाकांत देव ही इस एसोसिएशन के प्रथम अध्यक्ष थे। इसमें जमींदारों के अलावा व्यपारी एवं बुद्धिजीवी लोग भी शामिल किये गये। इसी संगठन ने नील विद्रोह की जांच के लिए आयोग गठित करने की मांग की दी।

2. 16 मई 1884 को स्थापित मद्रास महाजन सभा के संस्थापक थे—1. वीर राघवाचार्य, 2. सुब्रमण्यम अययर, 3. आनंद चारलू। मद्रास महाजन सभा के अध्यक्ष—वीर राघवाचार्य।

3. इंडियन एसोसिएशन—जुलाई 1876 सुरेन्द्र नाथ बनर्जी

भारतीय कला एवं संस्कृति

31. (a) अजंता के गुफा क्रमांक 1 से प्राप्त पद्मपाणि अवलोकिटे श्वर का चित्र अपनी सुन्दरा एवं स्वाभाविकता के लिए सम्पूर्ण संसार में प्रसिद्ध है।

32. (a) सूर्य मन्दिर के लिए प्रसिद्ध अरसवल्ली आन्ध्र प्रदेश के श्रीकाकुलम जिले में स्थित है। अमरकंटक छत्तीसगढ़ में मैकाल पर्वत पर स्थित है। यहाँ पर नर्मदा देवी का मन्दिर स्थित है। ओंकारेश्वर में शिव मन्दिर स्थित है, जो 12 ज्योर्तिलिंग में से एक है।

33. (b) मणिपुरी संकीर्तन के सन्दर्भ में महत्वपूर्ण तथ्य निम्नलिखित हैं—

- मणिपुर के मैदानी क्षेत्र में वैष्णव धर्म को मानने वाले लोगों ने इस धर्मिक-सांस्कृतिक परम्परा को अपनाया है।
- यह संकीर्तन भगवान कृष्ण के जीवन और लीलाओं को वर्णित करने के लिए मन्दिरों में नृत्य के रूप में प्रदर्शित किया जाता है।

इसमें गायन शैली को अपनाया गया है। यदि वाद्य यंत्रों की ओर देखें तो करताल के साथ-साथ ड्रम का भी प्रयोग किया जाता है।

34. (d) राष्ट्रीय निवेश और अवसंरचना निधि की स्थापना भारत सरकार द्वारा देश में बुनियादी ढ़ांचा (वित्तपोषण) बढ़ाने के लिए की गयी है। यह नीति आयोग का अंग नहीं है। निवेश और अवसंरचना निधि का राष्ट्रीय कोष रू. 40000 करोड़ (लगभग $ 6 मिलियन) है।

35. (b) विश्व बैंक में उभरती हुई अर्थव्यवस्थाओं और विकासशील देशों की बुनियादी सुविधाओं की आवश्यक्ता को पूरा करने के लिए सार्वभौम अवसंरचना सुविधा (ग्लोबल इन्फ्रास्ट्रक्चर) फैसिलिटी को लांच किया है। सार्वभौम अवसंरचना सुविधा स्थायी विकास, मुख्यत: जलवायु अनुकूल बुनियादी ढांचे के निवेश और परियोजनाओं के लिए धन देगा, जो व्यापार को बढ़ावा देगा।

36. (b) 19 फरवरी, 2015 प्रधानमंत्री नरेन्द्र मोदी सूरतगढ़ राजस्थान से प्रारम्भ की गयी मृदा स्वास्थ्य कार्ड योजना की थीम है: स्वस्थ्य धरा खेत हरा। इस योजना का उद्देश्य मिट्टी की गुणवत्ता की जांच कर जमीन को जरूरत से ज्यादा उर्वरक के प्रयोग से बचाना है। इस योजना का लक्ष्य आगामी 3 वर्षों के दौरान देश के 145 मिलियन किसानों को मृदा स्वास्थ्य कार्ड प्रदान करना और हर 3 वर्ष बाद उनका नवीनीकरण करना है।

37. (b) वर्ष 1991 में जीडीपी में कृषि का योगदान 32% था, जोकि उदारीकरण की प्रक्रिया के पश्चात अभी हाल के समय में घटकर 18% रह गया, अत: पहला कथन गलत है।

मुक्त अर्थव्यवस्था और उदारीकरण से वैश्विक व्यापार में भारत के निर्यात के अंश में वृद्धि हुई है अत: दूसर कथन सत्य है।

मुक्त अर्थव्यवस्था ने एफडीआई के अन्तर्प्रवाह को बढ़ाया है। देश में उदारीकृत नीतियों ने एफडीआई को आकर्षित किया है। अत: तीसरा कथन सत्य है।

भारत के विदेशी विनिमय भण्डार में बढ़ोत्तरी हुई है। जहाँ वर्ष 1991 में विदेशी विनिमय भण्डार $ 3 अरब था वहीं वर्तमान आँकड़ों के अनुसार यह भण्डार $ 350 अरब तक पहुंच गया है।

38. (c) देश की पहली प्रणाली रूपे (RuPay) का अनावरण राष्ट्रपति मुखर्जी द्वारा 8 मई 2017 को किया गया। नेशनल पेमेण्ट कापोरेशन ऑफ इंडिया (NPCI) द्वारा विकसित इस कार्ड के माध्यम से नकदी हस्तांतरण पर निर्भरता कम होगी।

39. (a) यह टैक्स (GST) केन्द्र व राज्यों द्वारा लगाये गये 20 से अधिक अप्रत्यक्ष करों के एवज में लगाया जा रहा है। यह एक ऐसी नई व्यवस्था है जिसमें कराधान बहुत सरल हो जायेगा, करो की दरे भी कम हो जाती है, कराधान के दायरे में ज्यादा से ज्यादा लोग आ जाते है, करो से प्राप्त होने वाला राजस्व बढ़ जाता है और सबसे अहम बात पूरे देश से एक बाजार एक कर की संकल्पना को पूरा करता है। यही इसका ध्येय वाक्य भी है।

40. (a) Broad-Based Trade & Investement Agrement एक मुक्त व्यापार समझौता है, जो यूरोपियन यूनियन व भारत के बीच होना प्रस्तावित है।

41. (a) भारत ने डब्ल्यूटीओ के व्यापार को सुकर बनाने के करार (ट्रेड फेसिलिटेशन एग्रीमेण्ट, टीएफए) का अनुसमर्थन किया गया है। अत: पहला कथन सत्य है।

2013 के के डब्ल्यूटीओ बाली मन्त्रिस्तरीय सम्मेलन सम्मेलन के अन्तर्गत टीएफए पर चर्चा की गयी थी, अत: दूसरा कथन भी सत्य है। टीएफए 22 फरवरी, 2017 में प्रवृत्त किया गया जहाँ डब्ल्यूटीओ के दो तिहाई सदस्यों ने इसे अपना अनुसमर्थन प्रदान किया। अत: तीसरा कथन असत्य है।

42. (d) कर राजस्व का आंकड़ा जीडीपी के प्रतिशत रूप में पिछले कुछ वर्ष में निम्न रहा—

(2007-11.89 प्रतिशत, 2008-10.75 प्रतिशत, 2009-9. 64 प्रतिशत, 2010-10.19 प्रतिशत, 2011-8.98 प्रतिशत, 2012-10.79)। हाल ही के बजट (2016-17) में कुल कर राजस्व जीडीपी का 11.3 प्रतिशत रहा, अत: इन आंकड़ों से यह स्पष्ट होता है कि पिछले दशक में भारत के जीडीपी के प्रतिशत के रूप में कर राजस्व में सतत वृद्धि नहीं हुई। अत: पहला कथन गलता है।

पिछले दशक में भारत के जीडीपी के प्रतिशत के रूप में राजकोषीय घाटे में कमी आई है। जहां वर्ष 2008-09 में यह घाटा 6 प्रतिशत या वहीं वर्ष 2013-14 में यह घटकर 4.5 प्रतिशत हो गया। हाल के बजट में राजकोषीय घाटे का प्रतिशत 3.2 प्रतिशत रहा है। अत: विकल्प दूसरा भी गलत है।

43. (c) राष्ट्रीय पेंशन प्रणाली (एनपीएल) भारत सरकार के द्वारा आरम्भ की गई पेंशन योजना है। इसका शुभारम्भ 1 जनवरी, 2004 को हुआ था आरम्भ में एनपीएस सरकार में भर्ती होने वाले नए व्यक्तियों (सशस्त्र सेना बलों के अलावा) के लिए आरम्भ की गई थी। 1 मई, 2005 से यह स्वैच्छिक आधार पर असंगठित क्षेत्र के कामगारों सहित देश के सभी नागरिकों को प्रदान की जा रही है। राष्ट्रीय पेंशन प्रणाली में वे सभी व्यक्ति शामिल हो सकते है, जो राज्य सरकारों के कर्मचारी हैं तथा जो सम्बन्धित राज्य सरकारों के कर्मचारी है तथा जो सम्बन्धित राज्य सरकारों द्वारा अधिसूचना किए जाने की तारीख के पश्चात सेवा में आए हैं।

44. (a) राष्ट्रीय भुगतान निगम के द्वारा प्रारम्भ किए गए एकीकृत भुगतान इण्टरफेस को कार्यान्वित करने के लिए ऑनलाइन भुगतानों के लिए मोबाइल वॉलेट आवश्यक नहीं है। इसके माध्यम से लोग अपने स्मार्ट फोन से अन्य बैंक खातों में कभी भी और तुरन्त धन स्थानान्तरित कर सकते हैं। इस प्रक्रिया में प्राप्तकर्ता के बैंक खाते का नम्बर या आईएफएससी कोड जानने की भी आवश्यकता नहीं है।

45. (b) वाणिज्य में प्राणिजात और वनस्पति-जात के व्यापार सम्बन्धी विश्लेषण (ट्रेड रिलेटिड ऐनालिसिस ऑफ फौना एण्ड फ्लोरा इन कॉमर्स) संयुक्त राष्ट्र पर्यावरण का कार्य नहीं है, बल्कि इसका नियंत्रण एवं संचालन ट्रॉफिक समिति के माध्यम से किया जाता है, जिसमें आईयूसीएन एवं डब्ल्यूडब्ल्यूएफ के सदस्य सम्मिलित होते हैं। इस गैर-सरकारी संस्थान का कार्य यह सुनिचित करना है कि वन्य पादपों और जन्तुओं के व्यापार से प्रकृति के संरक्षण को खतरा न हो।

46. (a) सार्वभौमिक लैंगिक अन्तराल सूचकांक का प्रदर्शन 'विश्व आर्थिक मंच' द्वारा किया जाता है। वर्ष 2006 में सार्वभौमिक लैंगिक अन्तराल सूचकांक सर्वप्रथम प्रकाशित किया गया। इसमें कुल देशों की संख्या 144 है, जिसमें वर्ष 2016 में भारत का स्थान 87वाँ था। प्रथम स्थान पर आइसलैण्ड है। यह रिपोर्ट प्रदर्शित करती है लैंगिक विभेदताओं की अवधरणाओं का यह सूचकांक महिलाओं की समानता हेतु प्रत्येक राष्ट्र स्तर पर किए जा रहे प्रयासों को सन्दर्भित करता है।

47. (a) भारतीय रिजर्व बैंक पर बढ़ते कार्यों के बोझ को समाप्त करने वर्ष 2017 में मौद्रिक नीति समिति का गठन किया गया है, जोकि केवल आरबीआई की मानक ब्याज दरों का निर्धारण करती है। यह एक 6 सदस्यीय निकाय है, जिसमें 8 सदस्य भारतीय रिजर्व बैंक ऑफ इण्डिया (गवर्नर, उप-गवर्नर एवं ऑफिसर) एवं 3 सदस्य सरकार की ओर से नियुक्त किए जाएंगें। इस समिति की अध्यक्षता आरबीआई गवर्नर को 'वीटो पॉवर' नहीं दी जाएगी। केवल सभी सदस्यों को वोट का अधिकार प्राप्त होगा।

48. (d) वर्ष 1929 का व्यापार विवाद अधिनियम (टेड्र डिस्प्यूट्स ऐक्ट) एक ब्रिटिश कालीन कानून है, जोकि ब्रिटिश संसद द्वारा अधिनियमित किया गया था। इसके अन्तर्गत अधिकरणों की प्रणाली तथा हड़तालों पर प्रतिबन्ध लगाया गया था। हालांकि इस कानून के तहत संघ को पंजीकृत करने की स्वतंत्रता थी, लेकिन इसकी पहुंच केवल कर्मचारियों को सन्तुष्ट करने तक थी।

49. (d) बेनामी सम्पत्ति लेन-देन का निषेध अधिनियम, 1988 के प्रावधानों को वर्ष 2016 में नए प्रावधनों के साथ संशोधित किया गया। संशोधित बिल में बेनामी सम्पत्तियों को जब्त करने और सील करने का अधिकार है। बेनामी सम्पत्ति से तात्पर्य ऐसी सम्पत्ति से है, जिसकी कीमत किसी और ने चुकाई हो किन्तु नाम किसी दूसरे व्यक्ति का हो। जिसके नाम पर ऐसी सम्पत्ति खरीदी गई हो, उसे 'बेनामदार' कहा जाता है। यदि अधिकरण के निर्णय से सहमति नहीं होती है तो इस मुद्दे पर सर्वोच्च न्यायालय या उच्च न्यायालय को निर्णय देने का अधिकार है।

50. (d) भारतीय रिजर्व बैंक के द्वारा जारी किए गए लाइसेन्स के माध्यम से लघु वित्त बैंकों की स्थापना होती है। भारत में लघु वित्त बैंकों को स्थापित करने का प्रयोजन निम्नलिखित है—

- वित्तीय समावेशन को बढ़ावा देना।
- बचत माध्यमों का प्रावधन करना।

- लघु व्यवसाय इकाइयों को ऋण की पूर्ति करना।
- लघु और सीमान्त कृषकों को ऋण की पूर्ति करना।

51. (c) भूमध्यसागर या रूम सागर ये घिरे हुए सागरों में सबसे महत्वपूर्ण एवं सबसे बड़ा है। यह दक्षिण में अफ्रीका, उत्तर में यूरोप एवं पूर्व में एशिया महाद्वीपों से घिरा हुआ है। यह सगार जिब्राल्टर जलमरूमध्य द्वारा अटलांटिक महासागर से, बासफोरस जलमरूमध्य द्वारा काला सागर से तथा स्वेज नहर द्वारा लाल सागर से जुड़ा है। भूमध्यसागर के साथ सीमा बनाने वाले देश है—अल्बीनिया, अल्ज़ीरिया, बोस्निया और हर्जेगाविना, क्रोएशिया, साइप्रस, मिस्त्र, फ्रांस, ग्रीक, इस्त्राइल, इटली, लेबनान, लीबिया, माल्टा, मोरक्को, मानाको, मोंटेनेग्रों, स्लीवेनिया, स्पेन, सीरिया, टयूनीशिया और तुर्की। अत: विकल्प (c) सही उत्तर है।

52. (c) भारत के पूर्वी तट पर पुलिकट झील आंध्र प्रदेश के नल्लौर जिले के बर्मिघम कैनाल के पास स्थित है। यह आंध्र प्रदेश और तमिलनाडु के मध्य है।

पश्चिमी घाट, ताप्ती नदी के दक्षिण में 1600 किमी. लम्बे केरल तक फैला है, यह गुजरात, महाराष्ट्र, गोवा, कर्नाटक, केरल और तमिलनाडु राज्य में फैला है।

53. (b) तीस्ता नदी ब्रह्मपुत्र की सहायक नदी है। यह सिक्किम व पश्चिम बंगाल (भारत) और बांग्लादेश से होकर बहती है। इस नदी का उद्गम पश्चिम सिक्किम के चुंथंग के पास है। यह नदी दक्षिण की ओर दार्जिलिंग, हिमालय से होकर बहती हुई पश्चिम बंगाल के मैदानों को जाती है। इसके बाद बांग्लादेश के रंगपुर क्षेत्र को पार करके कुल 400 किमी के जलमार्ग को बाद चिलमारी के नीचे ब्रह्मपुत्र नदी से मिलती है। रंगित नदी की उत्पत्ति सिक्किम में होती है और यह तीस्ता नदी की एक सहायक नदी है।

54. (a) ग्रेट निकोबार द्वीप और सुमात्रा के बाण्डा ऐक के बीच की दूरी 200 किमी है, जबकि दिये गये अन्य स्थानों की दूरी ग्रेट निकोबार द्वीप से अधिक है। अत: भौगोलिक रूप से ग्रेट निकोबार के निकट सुमात्रा है अत: विकल्प (a) सही उत्तर है।

55. (b) कोहिमा, नागालैण्ड तथा कोट्टयम, केरल में स्थित हैं। अगर हम सड़क मार्ग से इन दोनों स्थानों के बीच की दूरी को तय करना चाहते हैं तो हमें भारत के 7 राज्यों से होकर गुजरना होगा। इसे हम निम्न प्रकार से समझ सकते हैं—

नागालैण्ड (कोहिमा)—असम—पश्चिम बंगाल— ओडिशा—आन्ध्र प्रदेश—तमिलनाडु—केरल (कोट्टयम)

56. (c) भारत में ओडिशा का चाँदीपुर एक ऐसा स्थान है, जिसके समुद्र तट पर पानी 5-6 किमी पीछे की ओर चला जाता है और फिर तट पर वापस आता है। जब जल पीछे हटा होता है, तब आप वास्तव में समुद्र तल पर चल सकते हैं, यह एक अनूठी घटना है।

57. (a) वैश्विक जलवायु परिवर्तन गठबंधन यूरोपिचन संघ द्वारा की गई एक पहल है, जिसका उद्देश्य वैश्विक स्तर पर यूरोपियन संघ और निम्न विकासशील देशों, जो कि सबसे ज्यादा ग्रसित एवं असक्षम है, उन्हें साथ-साथ लाना है। GCCA ने तो कोई कोष एवं सरकारी तंत्र स्थापित करने की बात करता है, अपितु यह यूरोपीय आयोग द्वारा स्थापित चैनलों के माध्यम से वैश्विक स्तर पर राजनैतिक वार्ता एवं आदमी समझौते के माध्यम में कार्य करने के लिए प्रेरित करता है।

GCCA अपने साथी देशों के लिए प्रौद्योगिकी एवं वित्त सहयोग की बात करता है ताकि वे अपनी विकासशील नीतियों एवं बजट में जल ताम परिवर्तन या विशेष ध्यान न रखे। तो ऐसी नीतियाँ लागू, जिसको कार्बन उत्सर्जन में कमी आए। ये अपने नीतियों, प्रौद्योगिकों, विचारों के आदान-प्रदान की बात भी करता है।

58. (c) ऑक्सीजन की वह मात्रा जिसमें जैविक तत्व की एक निश्चित मात्रा को गलाया जाये उसे जैविक ऑक्सीजन मांग (BOD) कहा जाता है। यह जलीय पारिस्थितिक तंत्रों में प्रदूषण को कम करने की एक किफायती तकनीक है।

59. (b) कनाडा के वैंकुवर में वर्ष 1976 में सम्पन्न हुई ह्यूमन सेटलमैण्ट्स एण्ड सस्टेनेबल अर्बन डेवलपमेण्ट कॉन्फ्रेन्स में स्वीकृत प्रस्तावों के आधार पर वर्ष 1978 में संयुक्त राष्ट्र पर्यावास का गठन किया गया। इसका मुख्यालय केन्या के नैरोबी में स्थित है। इसका मुख्य दायित्व मानवीय बस्तियों तथा सतत शहरी विकास के लिए कार्य करना है। संयुक्त राष्ट्र पर्यावास बेहतर आवास की सुविधाओं के साथ बेहतर जीवन स्तर के लिए सुरक्षित पेय जल एवं आधरभूत स्वच्छता तक पहुँच बढ़ाने और गरीबी कम करने के लिए योगदान करती है।

60. (b) अल्पजीवी जलवायु प्रदूषकों को न्यूनीकृत करने हेतु जलवायु एवं स्वच्छ वायु गठबंधन (सीसीएसी), संयुक्त राष्ट्र पर्यावरण कार्यक्रय (यूएनईपी), की पहल है। सीसीएसी के द्वारा मीथेन और हाइड्रोफ्लु ओरोकार्बन को कम करना हैं इसके लिए अतिरिक्त खाद्य कोड श्रृंखला तथा प्रशीतक सेवा क्षेत्रा से एचएफसी को कम करना है।

61. (b) इंडियन ओशन डाइपोल (आईओडी) को भारतीय नीनो के नाम से जाना जाता है। यह समुद्र की सतह के तापमान का अनियमित दोलन होता है। इसमें हिन्द महासागर के पश्चिमी भाग पूर्वी भाग की तुलना में ज्यादा गर्म हो जाते है। आईओडी भारतीय उपमहाद्वीप पर मानसून को प्रभावित करता है।

62. (b) भारत में घड़ियाल के प्राकृतिक आवास चम्बल नदी में है। इसके अतिरिक्त इनका आवास गिरवा नदी तथा सोन नदी में भी है। भारत के अलावा नेपाल में राप्ती या नारायणी न्दी में घड़ियाल

प्राकृतिक रूप से पाये जाते है। इनके संरक्षण के लिए राजस्थान में चम्बल वन्यजीव अभ्यारण्य घड़ियाल संरक्षित क्षेत्र बनाया गया है।

63. (b) कृषि में जल संरक्षण में भूमि की कम या शून्य जुताई सहायक होती है। कम या शून्य जुताई से भूमि का ऊपरी आवरण बना रहता है तथा उसके नीचे आर्द्रता भी बना है। जल का वाष्पीकरण कम होता है। इसी प्रकार फसल अवशेष को खेत में ही रहने देने से यह भूमि को ढक कर रखता है तथा मृदा की नमी के वाष्पीकरण को रोकता है। खेत में सिंचाई के पूर्व जिप्सम के प्रयोग से नमी का कम वाष्पीकरण होता है तथा फसलों के लिए जल आवश्यक समय तक उपलब्ध होता है।

64. (a) बाघ को वन्यजीव संरक्षण अधिनियम 1972 की अनुसूची-1 के अन्तर्गत संरक्षित घोषित किया गया है, अतः यदि कछुए की एक जाति को वन्यजीव संरक्षण अधिनियम 1972 की अनुसूची-1 के अन्तर्गत घोषित किया गया है तो इसका निहितार्थ यह है कि इसे संरक्षण का वही स्तर प्राप्त है जैसा कि बाघ का है। अतः विकल्प (a) सही उत्तर है।

65. (a) मोटर वाहनों के टायरों एवं ट्यूबों के लिए भारतीय मानक ब्यूरो (बीआईएस) का मानक चिन्ह अनिवार्य होता है। एगमार्क एक प्रमाण चिन्ह है, जो भारत में कृषि/खाद्य उत्पादों पर लगाया जाता है। जिन उत्पादों पर एगमार्क लगा हो, उसके बारे में आशा की जाती है कि वे उत्पाद कुछ निर्धरित मानकों पर खरे उतरते हैं। ये मानक भारत सरकार के 'विपणन तथा निरीक्षण निदेशालय' द्वारा अनुमोदित होते हैं। एगमार्क का उपयोग कृषि उत्पाद अधिनियम वर्ष 1937 द्वारा लागू होता है, जो वर्ष 1986 में संशोधित किया गया था।

66. (d) वन्य जीव सुरक्षा अधिनियम 1972 इस उद्देश्य से पारित किया गया था कि वन्य जीवों के अवैध शिकार तथा उनके हड्डी-माँस और खाल के व्यापार पर रोक लगाई जा सके। वर्ष 2003 में इसका संशोधन किया गया और इसका नाम भारतीय वन्यजीव संरक्षण (संशोधित) अधिनियम 2002 रखा गया। इसमें कुल 6 अनुसूचियाँ हैं, जो अलग-अलग तरह से वन्यजीव को सुरक्षा प्रदान करती है।

इस अधिनियम के अनुसार किसी व्यक्ति, विधि द्वारा किए गए कतिपय उपबन्धों के अधीन होने के सिवाय घड़ियाल, भारतीय गधा एवं जंगली भैंस का शिकार नहीं किया जा सकता। भारतीय जंगली गधा, जो कच्छ के रण (गुजरात) में पाया जाता है, को आईयूसीएन की संकटग्रस्त जन्तुओं की सूची में वर्ष 2016 में शामिल किया गया था।

67. (a) सत्यामंगलम टाइगर रिजर्व एक बाघ अभ्यारण्य क्षेत्र है, जोकि जून, 2017 में घोषित किया गया था। इसकी अवस्थिति पश्चिमी घाट के अन्तर्गत तमिलनाडु में इंगित की जाती है। सत्यामंगलम वन क्षेत्रा में बाघों की संख्या 25 बताई गई है। यह नीलगिरि बायोस्फेयर रिजर्व का एक भाग है, जोकि पश्चिमी और पूर्वी घाट का संरक्षित क्षेत्र है। यह चार अन्य क्षेत्रों जैसे-बिलीगीरंगी स्वामी मन्दिर वन्यजीव अभ्यारण्य, सिगूर पठार, मुदुमलाई राष्ट्रीय उद्यान और बाँदीपुर राष्ट्रीय उद्यान अभ्यारण्य के मध्य एक सम्पर्क क्षेत्र भी है।

68. (c) प्रदूषण की समस्याओं का समाधान करने के सन्दर्भ में जैवोपचारण (बायोरेमीडिएशन) एक ऐसी प्रक्रिया है, जिसमें सूक्ष्मजीवों, जैसे-जीवाणुओं या उनके एन्जाइमों का उपयोग करके किसी संदूषित हो चुके पर्यावरण को पुनः उसकी मूल स्थिति में लाने का प्रयास किया जाता है।

जैवोपचारण का उपयोग, कुछ संदूषकों जैसे कि क्लोरीनयुक्त कीटनाशक, जिनका क्षरण जीवाणुओं द्वारा होता है, या फिर सामान्य रूप से तेल फैलाव की स्थिति में किया जाता है। जहाँ कच्चे तेल के अपघटन की प्रक्रिया को तेज करना शामिल है, यह आनुवंशिक इन्जीनियरी के द्वारा सम्पन्न किया जाता है। इसके महत्वपूर्ण घटक है सूक्ष्मजीवों की संख्या, ऑक्सीजन, जल, पोषक तत्व, तापमान आदि।

69. (c) यदि तितलियों की जाति संख्या में बड़ी गिरावट आती है, तो इसका/इसके सम्भावित परिणाम होते हैं।

- पौधों के परागण पर प्रतिकूल प्रभाव पड़ सकता है, क्योंकि तितलियों को पौधों के पुष्पों पर मण्डराने और उनका रस चूसने के कारण पौधों के प्रसार में वृद्धि होती है।
- यदि तितलियों की बड़ी संख्या में अधिक गिरावट आती है तभी बरों, मकड़ियों और पक्षियों की संख्या में गिरावट हो सकती है। फलतः खाद्य श्रृंखला पर भी प्रतिकूल प्रभाव दिखाई पड़ता है।

70. (b) शैवाल आधारित जैव-ईंधन की महत्ता में दिन-प्रतिदिन वृद्धि हो रही है। शैवाल जैव-ईंधन का उत्पादन थल एवं जल दोनों पर सम्भव है, परन्तु इसकी कुछ सीमाएँ भी हैं, जैसे-शैवाल-आधारित उत्पादन को स्थापित करने और इन्जीनियरी करने हेतु निर्माण पूरा होने तक उच्च स्तरीय विशेषज्ञता की आवश्यकता होती है। व्यापक रूप से यह एक महँगी तथा खर्चीली प्रक्रिया है।

71. (d) कार्बन डाईऑक्साइड के मानवोद्भवी उत्सर्जनों के कारण आसन्न भूमण्डलीय तापन के न्यूनीकरण को बनाने के लिए कार्बन प्राछादन की अवधरणा पर जोर दिया जा रहा है। कार्बन डाईऑक्साइड को संग्रह करने हेतु महत्वपूर्ण स्थान निम्न हो सकते हैं—

- परित्यक्त एवं गैर-लाभकारी कोयला संस्तर अर्थात् वह भण्डार जहाँ से कोयला समाप्त हो चुका है।

- नि:शेष तेल एवं गैस भण्डार
- भूमिगत गम्भीर लवणीय शैल समूह

  यह वैश्विक तापन को समाप्त करने का एक कारगर उपाय सिद्ध हो सकता है।

रसायन विज्ञान

72. (d) कई लिपस्टिक पदार्थ में खतरनाक स्तर तक सीसे की मात्रा पायी गयी है, जिसका सोने की अंगूठी से पता लगाया गया है। शीतल पेय में स्वास्थ्य को हानि पहुंचाने वाले ब्रोमीनित वनस्पति तेल की मात्रा पायी गयी है जो वनस्पति के ट्राईग्लिसरीन का परिवर्तित रूप है। यह ब्रोमीन के अणु के साथ जटिल मिश्रण है। चाइनीज फास्ट फूड में अवांछनीय पदार्थ मोनो सोडियम ग्लूटामेट पाया जाता है। यह कई प्रकार से स्वास्थ्य को हानि पहुंचाना है।

विज्ञान एवं प्रौद्योगिकी

73. (c) कार्बनिक प्रकाश उत्सर्जी डायोड (ऑर्गैनिक लाइट एमिटिंग डायोड/ OLED) का उपयोग बहुत से साधनों में अंकीय प्रदर्श (डिजिटल डिस्प्ले) जैसे—टेलीविजनस्क्रिब, कम्प्यूटर मॉनिटर, मोबाइल फोन आदि के निर्माण करने के लिए किया जाता है। यह द्रव क्रिस्टल तथा डिस्प्ले की तुलना में लचीला प्लास्टिक अवस्तरों पर संविरचित किया जा सकता है। इसके अलावा वस्त्र में अंत: स्थापित सेल्ड-अप डिस्प्ले तथा पारदर्शी डिस्प्ले बनाना सम्भव है।

74. (c) आनुवंशिकी और वृद्धि जीव विज्ञान के अन्तर्गत कायिक कोशिका न्यूक्लीय अंतराल प्रौद्योगिकी (सोमैटिक सेल न्यूक्लियर ट्रान्सफर टेक्नोलॉजी) का उपयोग प्रयोगशाला में अण्ड कोशिका और कायिका कोशिका के माध्यम से सूक्ष्म भ्रूण का निर्माण करना होता है।

इस प्रौद्योगिकी में नाभिक रहित अण्ड को दाता की कायिक कोशिका में अधिरोपित कर दिया जाता है। एससीएनटी (सोमैटिक सेल न्यूक्लियर ट्रान्सफर टेक्नोलॉजी) का प्रभावकारी उपयोग प्रजनन क्लोनिंग में किया जाता है। डॉली एक सफलतम क्लोन्ड भेड़ थी जिसको वर्ष 1966 में इस तकनीक (एससीएनटी) के अन्तर्गत तैयार किया गया था।

75. (b) विकसित लेजर व्यतिकरणमापी अंतरिक्ष ऐन्टेना (इवॉल्वड लेजर इन्टरफेरोमीटर स्पेस ऐन्टेना/eLISA)' यूरोपियन अंतरक्षि एजेन्सी द्वारा संचालित एक योजना है जिसका उद्देश्य गुरूत्वीय तरंगों का सही मापन करना है। इन गुरूत्वीय तरंगों का स्रोत खगोलीय माध्यम है, एलीसा पहला अंतरिक्ष आधारित गुरूत्वीय तरंग मापन यन्त्र है। इसका उद्देश्य इण्टरफेरोमीटर लेजर के माध्यम से गुरूत्वीय तरंगों को मापना है।

76. (a) 'इवेण्ट होराइजन', 'सिंगुलैरिटी,' स्ट्रिंग थ्योरी' और 'स्टैण्डर्ड मॉडल' जैसे शब्द ब्रह्माण्ड का प्रेक्षण और बोध से सम्बन्धित है। इवेण्ट होराइजन 'ब्लैक होल' से जुड़ी हुई घटना को प्रतिबिम्बित करता है। सिंगुलैरिटी अनन्त द्रव्यमान घनत्व का एक बिन्दु या क्षेत्र है। स्ट्रिंग थ्योरी ब्रह्माण्ड के अध्ययन और व्याख्या की एक क्रान्तिकारी विधि है। यह हमारे ब्रह्माण्ड के छह पहलुओं की व्याख्या करती है। स्टैण्डर्ड मॉडल ब्रह्माण्ड की मूलभूत शक्तियों के निहित प्राथमिक कणों के वर्गीकरण की व्याख्या करता है।

77. (c) उष्णकटिबन्धीय प्रदेशों में, जीका वायरस रोग एडीज इजिप्टी नामक मच्छर से संचरित होता है। एडीज इजिप्टी वही मच्छर है, जो येलो फीवर, डेंगू और चिकनगुनिया फैलाता है। साथ ही जीका वायरस रोग का लैंगिक संचरण होना सम्भव है। जीका वायरस वर्ष 1940 में सबसे पहले युगाण्डा में पाया गया था। बाद में यह महामारी की तरह अफ्रीका के कई हिस्सों में फैल गया। जोड़ों में दर्द, आँखों का लाल होना, सिर-दर्द तथा बुखार इसके लक्षण हैं।

78. (d) जीनोम अनुक्रमण वह वैज्ञानिक परियोजना है, जिसका लक्ष्य किसी प्राणी के सम्पूर्ण जीनोम अनुक्रम का पता करना है। जीन हमारे जीवन की कुँजी है। इसका उपयोग विभिन्न फसलों, पौधों के रोग प्रतिरोध और सूखा सहिष्णुता के लिए आनुवंशिक सूचकों का अभिज्ञान करने के लिए किया जा सकता है, साथ ही यह तकनीक फसली पौधों की नई किस्मों को विकसित करने में मदद करती है। इसका प्रयोग, फसलों में पोधी-रोगाणु सम्बन्धों को समझने के लिए किया जा सकता है।

79. (b) राष्ट्रीय कौशल योग्यता फ्रेमवर्क एक योग्यता आधारित फ्रेमवर्क है, जो ज्ञान, कौशल और योग्यता के स्तरों के अनुसार सभी योग्यताएं निर्धारित करता है। इसके तहत शिक्षार्थी औपचारिक, गैर-औपचारिक या अनौपचारिक शिक्षा के माध्यम से किसी भी स्तर पर आवश्यक योग्यता के लिए प्रमाणीकरण प्राप्त करता है। राष्ट्रीय कौशल योग्यता फ्रेमवर्क को राष्ट्रीय कौशल विकास एजेन्सी द्वारा शुरू किया गया है तथा इसे राष्ट्रीय कौशल योग्यता समिति के माध्यम से लागू किया जा रहा है। इसके क्रियान्वयन का मुख्य परिणाम व्यावसायिक और सामान्य शिक्षा के मध्य प्रसार है।

80. (b) तिथि—20 जुलाई, 2015 प्रधानमंत्री मोदी द्वारा।

प्रारम्भ—Ministry of Labour & Employment (Goverment of India)

उद्देश्य—प्रधानमंत्री मोदी द्वारा नौकरी ढूंढने वालों और नौकरी देने वालो को एक प्लेटफार्म पर लाने के लिए नेशनल करियर सर्विस पोर्टल की शुरूआत की।

प्रमुख कार्य—इस करियर काउंसिंल पोर्टल की खासियत यह है कि यहाँ सरकारी के साथ-साथ प्राइवेट नौकरियों की तलाश

भी की जा सकेगी। यह सेट्रालाइज्ड पोर्टल इंटरकनेक्टेड करियर सेंटर्स के वेब से जुड़ा रहेगा। जहाँ संभावित उम्मीदवार सरकार से सर्टिफाइड काउंसलरो और मनोवैज्ञानिकों से मुफ्त सलाह लेने के लिए आ सकते हैं।

लाभान्वित होने वाले लोग—रोजगार की तलाश कर रहे बेरोजगार उम्मीदवार, करियर सलाह की तलाश करने वाले विद्यार्थी वोकेशनल/आक्युपेशनल गइडेंस की तलाश करने वाले कैंडिडेट्स, अशिक्षित तथा समाज के सुविधाहीन वर्ग के लोग प्लेसमेंट और मार्गदर्शन की तलाश कर रहे वेतनभोगी कर्मचारी, विकलांग, एक्स-सर्विसमेन, वेटरंस/सीनियर सिटिजन आदि और सही उम्मीदवार की लताश का रहे एप्लांयर।

81. (b) 13 जून, 2016 को RBI ने Scheme for Sustainable Structuring of Stressed Assets (S4A) की शुरूआत की। जिसका मुख्य उद्देश्य बड़ी कार्पोर इकाइयों जो वित्तीय संकट से गुजर रही है और वे गैंक जिनके गैर निष्पादित परिसम्पत्तियों की अधिकता के चलते संकट में है उनकी स्थितियों में सुधार करना।

82. (b) Indian Ocean of Naval Symposium (IONS) की शुरूआत फरवरी 2008 में हिन्द महासागर को स्पर्श करने वाले तटवर्ती देशों की सुरक्षा व नौसेना के आपसी सहयोग के उद्देश्य से प्रारम्भ किया गया। इसमें 35 देश जो मुख्य रूप से चार उप क्षेत्र—1. उत्तरी एशियन, 2. पश्चिमी एशियन, 2. पूर्वी अफ्रीकन, 4. दक्षिण पूर्वी एशियन तथा आस्ट्रेलिया में वर्गीकृत है। IONS का 5वाँ संस्करण वर्ष 2016 में बांग्लादेश की नौसेना द्वारा ढाका में आयोजित किया गया। आगामी IONS का आयोजन आस्ट्रेलिया (2016-18) में किया जायेगा।

उप क्षेत्र	शामिल देश
1. उत्तरी एशियन	बांग्लादेश, मालद्वीप, पाकिस्तान, सेशल्स और श्रीलंका।
2. पश्चिमी एशियन	बहरीन, इरान, इराक, कुवैत, ओमान, कतर, सउदी अरब, यूएई और यमन।
3. पूर्वी अफ्रीकन	कामरास, जिबूती, मिस्र, इरीट्रिया, फ्रांस, केन्या, मेडागास्कर, मॉरीशस, मोजाम्बिक, सोमालिया, द.अफ्रीका, सुडान व तंजानिया।
4. दक्षिण पूर्वी एशियन तथा आस्ट्रेलिया	आस्ट्रेलिया, इंडोनेशिया, मलेशिया, म्यामार, सिंगापुर, थाईलैण्ड और ईस्ट तिमोर।

83. (b) M-STrIPES का विस्तारित रूप है Monitoring System for Trigers Intensive Protection & Ecological Status है यह बाघों की सुरक्षा के लिए विकसित किया गया एक साफ्टवेयर मानेटरिंग सिस्टम है जिसे भारत सरकार द्वारा वर्ष 2016 में लांच किया गया।

84. (c) मई 2015 में ईरान की यात्रा में गये भारतीय प्रधानमंत्री मोदी ने चाबहार बंदरगाह के विकास हेतु द्विपक्षीय समझौते पर हस्ताक्षर किये। यह बंदरगाह ईरान के लिए रणनीति की दृष्टि से बहुत महत्वपूर्ण हैं। इसके माध्यम से भारत के लिए समुद्री सड़क मार्ग से अफगानिस्तान पहुंचने का मार्ग प्रशस्त हो गया और इस स्थान तक पहुंचने के लिए पाकिस्तान के रास्ते पर भारत की निर्भरता की आवश्यकता नहीं होगी।

85. (d) कम्प्यूटर इमरजेन्सी रेस्पॉन्स टीम (सीईआरटी) में यह नियम बनाया है कि साइबर सुरक्षा से जुड़ी घटनाओं की जानकारी प्रत्येक व्यक्ति, कम्पनी और संगठनों द्वारा अधिदेशात्मक रूप से सीईआरटी के समक्ष उपलब्ध करवाई जाए। अत: साइबर सुरक्षा से जुड़े मामलों को कानूनी रूप से उपलब्ध करवाला प्रत्येक व्यक्ति, संस्था, सेवा प्रदाता, कॉर्पोरेट निकाय के लिए अनिवार्य है, अत: कथन तीन सत्य है।

86. (a) मौलिक रूप से मानव संसाधन विकास मंत्रालय द्वारा प्रारम्भ विद्यांजली योजना 'एक विद्यालय स्वयं-सेवी कार्यक्रम है।' इस योजना का उद्देश्य सरकारी विद्यालयों में निजी क्षेत्रों एवं समाज की मदद से शिक्षा की गुणवत्ता को सुधारना है। चाहे आप एक सेवानिवृत्त सरकारी कर्मचारी हो, एनआरआई हो, सेना से सम्बन्धित व्यक्ति है अथवा चाहे आप गृहणी हो, यह कार्यक्रम आपकी किसी भी सरकारी विद्यालय में अपना मनचाहा विषय पढ़ाने की अनुमति देता है।

योजना की मुख्य बातें

- इस योजना में हिस्सा लेने के लिए योग्यता का कठोर मापदंड नहीं है। जैसा कि—नियमित सरकारी शिक्षकों की नियुक्ति के लिए होता है।
- चूंकि इस योजना के अंतर्गत लोग अपनी इच्छा से स्वयं सेवक के रूप में कार्य करते है, परन्तु इससे नियमित शिक्षकों की भर्ती पर कोई असर नहीं पड़ेगा, सरकार द्वारा यह पहले ही स्पष्ट किया जा चुका है कि कक्षा के पाठ्यक्रम को पूरा करने की जिम्मेदारी नियमित शिक्षकों की होगी, इस कार्य के लिए इस योजना द्वारा जुड़े स्वयंसेवी शिक्षक जिम्मेदार नहीं होंगे। इस योजना में जुड़े स्वयं सेवी शिक्षक नियमित शिक्षकों के साथ ही काम करते हैं। परन्तु वे नियमित शिक्षकों का प्रतिस्थापन्न नहीं है।
- इस योजना के अंतर्गत कार्यरत स्वयंसेवी शिक्षक मनचाहे विद्यालय में अपनी रूचि का विषय पढ़ा सकते हैं और अपनी सुविधा के अनुसार इन्हें विद्यालय और विषय चुनने की स्वतंत्रता होती है।

- विद्यांजली योजना में शामिल होने हेतु बहुत कठोर नियम या अतिरिक्त योग्यता की आवश्यकता नहीं है सरकार द्वारा बस यह देखा जायेगा कि वह स्वयं सेवी अपने विषय में पारंगत हो। इस हेतु निम्न योग्यता देखी जाती है—

श्रेणी	न्यूनतम योग्यता
गृहिणी	उच्च शिक्षा (हाई स्कूल)
भारतीय प्रवासी लोग	कक्षा–12
सेवा–निवृत्त/पेशेवर व्यक्ति	स्नातक
एनआरआई	ओसीआई कार्ड

ध्यातव्य हो कि

यह योजना सेवा भाव को ध्यान में रखते हुए बनायी गयी है, जिसके लिए स्वयंसेवकों को किसी भी प्रकार से आर्थिक रूप से कोई भुगतान नही किया जायेगा।

87. (d) उन्नत भारत अभियान, मानव संसाधन विकास मंत्रालय द्वारा की गयी एक ऐसी पहल है, जिसमें Indian Institute of Technology (IIT) और National Institute of Technology (NITs) के सहयोग से देश के ग्रामीण क्षेत्रों की समस्याओं का निवारण करते हुए उनकी स्थिति को बेहतर बनाना है और चहुमुखी विकास की दिशा में कदम बढ़ाना।

ध्यातव्य हो कि

इस योजना के संचालन का दायित्व IIT Delhi को सौंपा गया है।

88. (b) भारतीय वन्यजीव संस्थान ने यह तय किया है कि मध्य प्रदेश में अवस्थित कुनो पालपुर वन्यजीव अभ्यारण्य एशियाई शेरों के निवास योग्य एक उपयुक्त स्थल है। इसी सन्दर्भ में गुजरात के गिर वन्यजीव अभ्यारण्य से कुछ शेरो को कुनो पालपुर वन्यजीव अभ्यारण्य में स्थानान्तरित किया गया है।

89. (a) समाचार पत्रों में दिखाई पड़ने वाले घरेलू अंश (डोमेस्टिक कन्टेंट रिक्वायरमेण्ट) पद का सम्बन्ध हमारे देश में सौर शक्ति उत्पादन को विकास करने से है। यह भारत सरकार के लिए चलाए जा रहे जवाहरलाल नेहरू राष्ट्रीय सौर मिशन (जेएनएनएसएम) का हिस्सा है। विश्व व्यापार संगठन के अपीलीय निकाय ने भारत के जेएनएनएसएम में घरेलू सामग्री की आवशकता (डीसीआर) को अवैध घोषित किया है। वर्ष 2015 में डब्ल्यूटीओ के विवाद पैनल ने यह भी फैसला किया कि सौर ऊर्जा के लिए भारत की सब्सिडी को दूर करना होगा या व्यापार मंजूरी का सामना करना होगा।

90. (d) परमाणु सुरक्षा शिखर सम्मेलन एक वैश्विक शिखर सम्मेलन है, जिसका उद्देश्य दुनिया को परमाणु आतंकवाद से बचाना है। इसकी स्थापना वर्ष 2009 में चेक गणराज्य के पैराग्वे में हुई थी। इसका पहला शिखर सम्मेलन वाशिंगटन डीसी (अमेरिका) में वर्ष 2010 में, द्वितीय सम्मेलन सियोल (दक्षिण कोरिया) में वर्ष 2012 में, तीसरा सम्मेलन 'द हेग' (नीदरलैंड्स) में वर्ष 2014 में, तथा चौथा सम्मेलन वाशिंगटन डीसी (अमेरिका) में वर्ष 2016 में आयोजित हुआ। यह संयुक्त राष्ट्र के तत्वाधान में होने वाला आवधिक सम्मेलन नहीं है। विखण्डनीय सामग्रियों पर अन्तर्राष्ट्रीय पैनल अन्तर्राष्ट्रीय परमाणु ऊर्जा अभिकरण का अंग नहीं है।

91. (c) भारत सरकार के द्वारा 'राष्ट्रीय कृषि बाजार (नेशनल एग्रीकल्चर मार्केट)' स्कीम की शुरूआत अप्रैल, 2016 में की गई। इस स्कीम से निम्नलिखित लाभ होंगे—

- यह कृषि वस्तुओं के लिए एक सर्व–भारतीय इलेक्ट्रॉनिक व्यापार पोर्टल है।
- इसके जरिए किसान एक इलेक्ट्रॉनिक प्लेटफार्म के माध्यम से अपने उत्पाद बेच एवं खरीद सकेंगे।
- यह कृषकों के लिए राष्ट्रव्यापी बाजार सुलभ कराता है, जिसमें उनके उत्पाद की गुणवत्ता के अनुरूप कीमत मिलती है।

92. (c) 12 मई, 2016 को केन्द्रीय मन्त्रिमण्डल द्वारा 'राष्ट्रीय बौद्धिक अधिकार नीति' को स्वीकृति प्रदान की गई। यह एक दृष्टिपत्र है, जिसके द्वारा समस्त बौद्धिक सम्पदाओं के मध्य सहयोग सम्भव बनाया जाएगा तथा सम्बन्धित नियम भी बनाए जाएंगे। यह दोहा विकास एजेण्डा और ट्रिप्स समझौते के प्रति भारत की प्रतिबद्धता को दोहराता है। औद्योगिक नीति और संवर्द्धन विभाग भारत में बौद्धिक सम्पदा अधिकारों के विनियमन के लिए केन्द्रक अभिकरण (नोडल एजेन्सी) है।

93. (c) भारतीय गुणता परिषद, भारतीय उद्योग के साथ साझेदारी में संगठन स्थापित करने की दिशा में भारत सरकार का एक अग्रणी प्रयोग है। इस सम्बन्ध में वर्ष 1996 में तन्कालीन उद्योग विभाग द्वारा केन्द्रीय मन्त्रिमण्डल से सिफारिश की गई, जिसमें सरकार तथा भारत उद्योग द्वारा संयुक्त रूप से एक संगठन की स्थापना की आवश्यकता पर जोर दिया गया, जो सरकार के हस्तक्षेप से दूर तथा स्वायत्त हो। भारतीय गुणता परिषद के अध्यक्ष की नियुक्ति, उद्योग तथा सरकार को की गई संस्तुतियों पर प्रधानमंत्री द्वारा की जाती है।

94. (d) आवास और शहरी विकास पर एशिया पैसिफिक के पहले मंत्रिस्तरीय सम्मेलन का आयोजन 13-16 दिसम्बर, 2006 के मध्य नई दिल्ली में सम्पन्न हुआ था। प्रथम सम्मेलन का विषय 'ए विजन फॉर सस्टेनेबल ऑर्गेनाइजेशन इन द एशिया पेसिफिक बॉय 2020' था।

95. (c) ऋग्वैदिकालीन आर्यों और सिन्धु घाटी के लोगों की संस्कृति के बीच अन्तर को यदि देखा जाए तो ऋग्वेदकालीन आर्य कवच और शिरस्त्राण (हेलमेट) का उपयोग करते थे जबकि सिन्धु घाटी सभ्यता के लोगों में इनके उपयोग का कोई साक्ष्य नहीं मिलता है। इसके पीछे इतिहासकारों के द्वारा यह तर्क दिया जाता है कि आर्यों का सर्वप्रमुख कार्य युद्ध करना ही था। हालाँकि हड़प्पा सभ्यता के लोगों शान्तिप्रिय थे, परन्तु तीर, धनुष, भाला इत्यादि अस्त्र भी हड़प्पा सभ्यता में दृष्टिगत हुए हैं। सिन्धु घाटी के लोग घोड़े के विषय में अवगत थे।

सुरकोव्डा (गुजरात) में घोड़े की अस्थियों के साक्ष्य प्राप्त हुए हैं और ऋग्वेदकालीन आर्यों में घोड़े को प्रिय पशु माना गया था, जिसकी सहायता से वे युद्धों में विजय प्राप्त करते थे। कुछ सूक्तों में 'दधिक्रा' नाम एक देवी अश्व की प्रशंसा की गई थी। ऋग्वेदकालीन आर्यो को स्वर्ण और चाँदी का नहीं, लेकिन ताँबे का ज्ञान था और सिन्धु घाटी के लोगों को केवल ताम्र का ज्ञान था लोहे का नहीं।

96. (a) 'पूर्व अधिगम की मान्यता स्कीम' निर्माण कार्य में लगे कर्मकारों के पारम्परिक मार्गों से अर्जित कौशल के प्रमाणन से सम्बन्धित है। यह योजना पाँच राज्यों (हरियाणा, तेलंगाना, ओडिशा, छत्तीसगढ़ और दिल्ली) के निर्माण स्थलों पर संचालित की जा रही है। यह परियोजना किसी ऐसे देश के लिए प्रासंगिक हो सकती है जहाँ कुल कार्यबल का 2 प्रतिशत भाग ही कुशल रूप में प्रमाणित होता है। यह परियोजना प्रधानमंत्री कौशल विकास योजना के तहत संचालित हो रही है।

97. (a) समाज में समानता का तात्पर्य विशेषाधिकार के अभाव से है, जहाँ हमारे देश विशेषाधिकार के रूप में आरक्षण विद्यमान है तो यह कोई निश्चित विशेषाधिकार नहीं है, अपितु अस्थायी है। यह पूरे समाज को समान करने के लिए रखा गया है।

98. (b) स्मार्ट इण्डियन हैकथॉन अप्रैल, 2017 में 26 शहरों में 36 घण्टों तक संचालित किया गया जिसमें हैकथॉन का उद्देश्य स्टार्टअप को बढ़ावा देना है। इसके अन्तर्गत सरकार के 29 विभागों ने 598 समस्याओं को पहचाना है। अत: यह हमारे देश की अनेक समस्याओं का समाधान करने के लिए नई डिजिटल प्रौद्योगिकी, नवप्रवर्तनों के अभिान की एक पहल है। अत: केवल कथन 2 सत्य है।

99. (c) 'डिजिटल एकल बाजार कार्यनीति' का उद्देश्य व्यापार और लोगों को डिजिटल अवसर प्रदान करना है, जिससे यूरोप एक सशक्त आर्थिक शक्ति के रूप में उभर सके। डिजिटल एकल बाजार, 'डिजिटल एजेण्डा यूरोप 2020' यूरोपियन यूनियन की आर्थिक कार्यनीति है। अत: यह कार्यनीति यूरोप को आर्थिक रूप से डिजिटल यूरोप बनाने की एक पहल है।

100. (a) राष्ट्रीय पोषण मिशन के अन्तर्गत निम्नलिखित निर्धारित उद्देश्यों की पूर्ति की जाती है—

- गर्भवती महिलाओं तथा स्तनपान करने वाली माताओं में कुपोषण से सम्बन्धी जागरूकता उत्पन्न करना।
- छोटे बच्चों, किशोरियों तथा महिलाओं में रक्ताल्पता की घटना को कम करना।
- प्रसव दौरान पोषण समस्या को कम करना एवं कुपोषित बच्चों (3 वर्ष से कम आयु) के पोषण स्तर को बनाए रखना।

सिविल सेवा प्रारंभिक परीक्षा-2016

सामान्य अध्ययन (प्रथम प्रश्न-पत्र)

संविधान एवं राज्य व्यवस्था

1. 'ग्राम न्यायालय अधिनियम' के संदर्भ में निम्नलिखित कथनों में से कौन-सा/से सही है/हैं ?

1. इस अधिनियम के अनुसार ग्राम न्यायालय केवल सिविल मामलों की सुनवाई कर सकता है, अपराधिक मामलों की नहीं।
2. यह अधिनियम स्थानीय सामाजिक सक्रियतावादियों को मध्यस्थ/सुलहकर्ता के रूप में स्वीकार करता है।

नीचे दिए गए कूट का प्रयोग कर सही उत्तर चुनिए-

(a) केवल 1 (b) केवल 2
(c) 1 और 2 दोनों (d) न तो 1 न ही 2

2. राष्ट्रहित में भारत की संसद राज्य सूची के किसी भी विषय पर विधिक शक्ति प्राप्त कर लेती है यदि इसके लिए एक संकल्प-

(a) लोकसभा द्वारा अपनी सम्पूर्ण सदस्यता के साधारण बहुमत से पारित कर लिया जाए
(b) लोकसभा द्वारा अपनी सम्पूर्ण सदस्य संख्या के कम-से-कम दो-तिहाई बहुमत से पारित कर लिया जाए
(c) राज्य सभा द्वारा अपनी सम्पूर्ण सदस्यता के साधारण बहुमत से पारित कर लिया जाए
(d) राज्य सभा द्वारा अपने उपस्थित एवं मत देने वाले सदस्यों की कम-से-कम दो-तिहाई बहुमत से पारित कर लिया जाए।

3. निम्नलिखित कथनों पर विचार कीजिए-

1. किसी भी व्यक्ति के लिए पंचायत का सदस्य बनने के लिए न्यूनतम निर्धारित आयु 25 वर्ष है।
2. पंचायत के समयपूर्व भंग होने के पश्चात् पुनर्गठित पंचायत केवल अवशिष्ट समय के लिए ही जारी रहती है।

उपर्युक्त कथनों में से कौन-सा/से सही है/हैं ?

(a) केवल 1 (b) केवल 2
(c) 1 और 2 दोनों (d) न तो 1 न ही 2

4. निम्नलिखित कथनों में से कौन-सा/से सही है/हैं ?

1. लोक सभा में लम्बित कोई विधेयक उसके सत्रावसान पर व्यपगत (लैप्स) हो जाता है।
2. राज्य सभा में लम्बित कोई विधेयक, जिसे लोकसभा ने पारित नहीं किया है, लोकसभा के विघटन पर व्यपगत नहीं होगा।

नीचे दिये गये कूट का प्रयोग कर सही उत्तर चुनिए-

(a) केवल 1 (b) केवल 2
(c) 1 और 2 दोनों (d) न तो 1, न ही 2

5. निम्नलिखित कथनों पर विचार कीजिए-

1. किसी राज्य में मुख्य सचिव को उस राज्य के राज्यपाल द्वारा नियुक्त किया जाता है।
2. राज्य में मुख्य सचिव का नियत कार्यकाल होता है।

उपर्युक्त कथनों में से कौन-सा/से सही है/हैं ?

(a) केवल 1 (b) केवल 2
(c) 1 और 2 दोनों (d) न तो 1, न ही 2

भारतीय इतिहास

(प्राचीन इतिहास)

6. सम्राट अशोक के राजादेशों का सबसे पहले विकूटन (डिकोडिंग) किसने किया था ?

(a) जॉर्ज बुहर (b) जेम्स प्रिंसेप
(c) मैक्स मुलर (d) विलियम जोन्स

7. भारत में धार्मिक इतिहास के संदर्भ में निम्नलिखित कथनों पर विचार कीजिए-

1. बोधिसत्व, बौद्धमत के हीनयान सम्प्रदाय की केंद्रीय संकल्पना है।
2. बोधिसत्व अपने प्रबोध के मार्ग पर बढ़ता हुआ करूणामय है।
3. बोधिसत्व समस्त सचेतन प्राणियों को उनके प्रबोध के मार्ग पर चलने में सहायता करने के लिए स्वयं की निर्वाण प्राप्ति विलम्बित करता है।

उपर्युक्त कथनों में से कौन-सा/से सही है/हैं ?

(a) केवल 1
(b) केवल 2 और 3
(c) केवल 2
(d) 1, 2 और 3

8. भारत के इतिहास के संदर्भ में निम्नलिखित युग्मों पर विचार कीजिए-

शब्द		विवरण
1. एरिपत्ति	—	भूमि, जिससे मिलने वाला राजस्व अलग से ग्राम जलाशय के रख-रखाव के लिए निर्धारित कर दिया जाता था
2. तनियूर	—	एक अकेले ब्राह्मण अथवा एक ब्राह्मण-समूह को दान में दिए गए ग्राम
3. घटिका	—	प्राय: मंदिरों के साथ संबद्ध विद्यालय

नीचे दिए गए कूट का प्रयोग कर सही उत्तर चुनिए-

(a) 1 और 2 (b) केवल 3
(c) 2 और 3 (d) 1 और 3

9. विजयनगर के शासक कृष्णदेव की कराधान व्यवस्था से सम्बंधित निम्नलिखित कथनों पर विचार कीजिए-

1. भूमि की गुणवत्ता के आधार पर भू-राजस्व की दर नियत होती थी।
2. कारखानों के निजी स्वामी एक औद्योगिक कर देते थे।

नीचे दिये गये कूट का प्रयोग कर सही उत्तर चुनिए-

(a) केवल 1
(b) केवल 2
(c) 1 और 2 दोनों
(d) न तो 1, न ही 2

(मध्यकालीन इतिहास)

10. भारतीय इतिहास के मध्यकाल में बंजारे सामान्यत: कौन थे?

(a) कृषक (b) योद्धा
(c) बुनकर (d) व्यापारी

11. मध्यकालीन भारत के आर्थिक विकास के संदर्भ में शब्द 'अरघट्टा' किसे निरूपित करता है?

(a) बँधुआ मजदूर
(b) सैन्य अधिकारियों को दिए गए भूमि अनुदान
(c) भूमि की सिंचाई के लिए प्रयुक्त जलचक्र (वाट-व्हील)
(d) कृषि भूमि में बदली गई बंजर भूमि

12. भारत के सांस्कृतिक इतिहास के संदर्भ में इतिवृत्तो, राजवंशीय इतिहासों तथा वीरगाथाओं को कंठस्य करना निम्नलिखित में से किसका व्यवसाय था?

(a) श्रमण (b) परिव्राजक
(c) अग्रहारिक (d) मागध

13. प्राचीन भारत की निम्नलिखित पुस्तकों में से किस एक में शुंग राजवंश के संस्थापक के पुत्र की प्रेम कहानी है?

(a) *स्वप्नवासवदत्ता* (b) *मालविकाग्निमित्र्*
(c) *मेघदूत* (d) *रत्नावली*

(आधुनिक इतिहास तथा भारतीय राष्ट्रीय आन्दोलन)

14. 'स्वदेशी' और 'बहिष्कार' पहली बार किस घटना के दौरान संघर्ष की विधि के रूप में अपनाए गए थे?

(a) बंगाल विभाजन के विरुद्ध आंदोलन
(b) होम रूल आंदोलन
(c) असहयोग आंदोलन
(d) साइमन कमीशन की भारत यात्रा

15. मॉन्टेग्यू-चेम्सफर्ड प्रस्ताव किसके सम्बन्धित थे?

(a) सामाजिक सुधार
(b) शैक्षिक सुधार
(c) पुलिस प्रशासन में सुधार
(d) सांविधानिक सुधार

16. वर्ष 1907 में सूरत में भारतीय राष्ट्रीय कांग्रेस के विभाजन का मुख्य कारण क्या था?

(a) लॉर्ड मिन्टो द्वारा भारतीय राजनीति में साम्प्रदायिकता का प्रवेश करना
(b) अंग्रेजी सरकार के साथ नरमपंथियों की वार्ता करने की क्षमता के बारे में चरमपंथियों में विश्वास का अभाव
(c) मुस्लिम लीग की स्थापना
(d) भारतीय राष्ट्रीय कांग्रेस का अध्यक्ष निर्वाचित हो सकने में अरविंद घोष की असमर्थता

17. सर स्टैफोर्ड क्रिप्स की योजना में यह परिकल्पना थी कि द्वितीय विश्व युद्ध के बाद-

(a) भारत को पूर्ण स्वतंत्रता प्रदान की जानी चाहिए
(b) स्वतंत्रता प्रदान करने के पहले भारत को दो भागों में विभाजित कर देना चाहिए
(c) भारत को इस शर्त के साथ गणतंत्र् बना देना चाहिए कि वह राष्ट्रमंडल में शामिल होगा
(d) भारत को डोमिनियन स्टेटस दे देना चाहिए।

18. सत्य शोधक समाज ने संगठित किया-

(a) बिहार में आदिवासियों के उन्नयन का एक आंदोलन
(b) गुजरात में मंदिर-प्रवेश का एक आंदोलन
(c) महाराष्ट्र में एक जाति-विरोधी आंदोलन
(d) पंजाब में एक किसान आंदोलन

(भारतीय कला एवं संस्कृति)

19. निम्नलिखित युग्मों पर विचार कीजिए-

शब्द		विवरण
1. बोधगया	—	बुंदेलखंड
2. खजुराहो	—	बुंदेलखंड

3. शिरडी — विदर्भ
4. नासिक — मालवा
5. तिरूपति — रायलसीमा

नीचे दिए गए कूट का प्रयोग कर सही उत्तर चुनिए-

(a) केवल 1, 2 और 4 (b) केवल 2, 3 और 5
(c) केवल 2 और 5 (d) 1, 3, 4 और 5

20. मध्यकालीन भारत के सांस्कृतिक इतिहास के संदर्भ में निम्नलिखित कथनों पर विचार कीजिए-

1. तमिल क्षेत्र के सिद्ध (सित्तर) एकेश्वरवादी थे तथा मूर्तिपूजा की निंदा करते थे।
2. कन्नड़ क्षेत्र के लिंगायत पुनर्जन्म के सिद्धांत पर प्रश्न चिन्ह लगाते थे तथा जाति अधिक्रम को अस्वीकार करते थे।

उपर्युक्त कथनों में से कौन-सा/से सही है/हैं ?

(a) केवल 1 (b) केवल 2
(c) 1 और 2 दोनों (d) न तो 1, न ही 2

21. अंजता और महाबलीपुरम के रूप में ज्ञात दो ऐतिहासिक स्थानों में कौन-सी बात/बातें समान है/हैं ?

1. दोनों एक ही समयकाल में निर्मित हुए थे।
2. दोनों का एक ही धार्मिक सम्प्रदाय से संबंध है।
3. दोनों में शिलाकृत स्मारक हैं।

नीचे दिए गए कूट का प्रयोग कर सही उत्तर चुनिए-

(a) केवल 1 और 2
(b) केवल 3
(c) केवल 1 और 3
(d) उपर्युक्त कथनों में से कोई भी सही नहीं है

भारत एवं विश्व का भूगोल

22. निम्नलिखित में से कौन-सी ब्रह्मपुत्र की सहायक नदी है/नदियाँ हैं ?

1. दिबांग
2. कमेंग
3. लोहित

नीचे दिए गए कूट का प्रयोग कर सही उत्तर चुनिए-

(a) केवल 1
(b) केवल 2 और 3
(c) केवल 1 और 3
(d) 1, 2 और 3

23. भारत के निम्नलिखित क्षेत्रों में से किसमें/किनमें शैल गैस के संसाधन पाए जाते हैं ?

1. कैम्बे बेसिन 2. कावेरी बेसिन
3. कृष्णा-गोदावरी बेसिन

नीचे दिए गए कूट का प्रयोग कर सही उत्तर चुनिए-

(a) केवल 1 और 2
(b) केवल 3
(c) केवल 2 और 3
(d) 1, 2 और 3

सामान्य जीव विज्ञान

24. भारत में पाई जाने वाली नस्ल, 'खाराई ऊँट' के बारे में अनूठा क्या हैं ?

1. यह समुद्र-जल में तीन किलोमीटर तक तैरने में सक्षम है।
2. यह मैन्ग्रोव (Mangroves) की चराई पर जीता है।
3. यह जंगली होता है और पालतू नहीं बनाया जा सकता है

नीचे दिए गए कूट का प्रयोग कर सही उत्तर चुनिए-

(a) केवल 1 और 2
(b) केवल 3
(c) केवल 1 और 3
(d) 1, 2 और 3

25. निम्नलिखित में से कौन-सा/से सही है/हैं ?

1. जीवाणुओं को
2. कवकों को
3. पादपों को

नीचे दिए गए कूट का प्रयोग कर सही उत्तर चुनिए-

(a) केवल 1 और 2
(b) केवल 3
(c) केवल 1 और 2
(d) 1, 2 और 3

विज्ञान एवं प्रौद्योगिकी

26. जैव सूचना-विज्ञान (बायोइंर्इमेंटिक्स) में घटनाक्रमों/गतिविधि के संदर्भ में समाचारों में कभी-कभी दिखने वाला पद 'ट्रांसक्रिप्टोम' किसे निर्दिष्ट करता है?

(a) जीनोम संपादन (जीनोम एडिटिंग) में प्रयुक्त एंजाइमों की एक श्रेणी
(b) किसी जीव द्वारा अभिव्यक्त mRNA अणुओं की पूर्ण श्रृंखला
(c) जीन अभिव्यक्ति की क्रियाविधि का वर्णन
(d) कोशिकाओं में होने वाले आनुवांशिक उत्परिवर्तनों की एक क्रियाविधि

27. कभी-कभी समाचारों में दिखने वाला 'प्रोजेक्ट लून (Project Loon)' किस से सम्बन्धित है?

(a) अपशिष्ट-प्रबंधन प्रौद्योगिकी से
(b) बेतार-संचार प्रौद्योगिकी से
(c) सौर ऊर्जा उत्पादन प्रौद्योगिकी से
(d) जल-संरक्षण प्रौद्योगिकी से

28. INS अस्त्रधारिणी का, जिसका हाल ही में समाचारों में उल्लेख हुआ था, निम्नलिखित में से कौन-सा सर्वोत्तम वर्णन हैं?

(a) उभयचर युद्धपोत
(b) नाभिकीय शक्ति-चालित पनडुब्बी
(c) टॉरपीडो प्रमोचन और पुर्नप्राप्ति (Recovery) जलयान
(d) नाभिकीय शक्ति-चालित विमान-वाहक

29. 'ग्रीज्ड लाइट्निंग-10 (GL-10)' जिसका हाल ही में समाचारों में उल्लेख हुआ, क्या हैं?

(a) NASA द्वारा परीक्षित विद्युत् विमान
(b) जापान द्वारा डिजाइन किया गया सौर शक्ति से चलने वाला दो सीटों वाला विमान
(c) चीन द्वारा लांच की गई अंतरिक्ष वेधशाला
(d) ISRO द्वारा डिजाइन किया गया पुनरोपयोगी रॉकेट

30. निम्नलिखित में से किसमें आप ऊर्जा दक्षता ब्यूरो (Bureau of Energy Efficiency) का स्टार लेबल पाते है?

1. छत के (सीलिंग) पंखे
2. विद्युत गीजर
3. नलिकारूप प्रतिदीप्ति (टयूबुलर लूओरेसेंट) लैंप

नीचे दिए गए कूट का प्रयोग कर सही उत्तर चुनिए-

(a) केवल 1 और 2
(b) केवल 3
(c) केवल 2 और 3
(d) 1, 2 और 3

31. भारत 'अंतर्राष्ट्रीय ताप-नाभिकीय प्रायोगिक रिएक्टर (International Thermonuclear Experimental Reactor)' का एक महत्त्वपूर्ण सदस्य है। यदि यह प्रयोग सफल हो जाता है, तो भारत को तात्कालिक लाभ क्या है?

(a) यह विद्युत उत्पादन के लिए यूरेनियम की जगह थोरियम प्रयुक्त कर सकता है।
(b) यह उपग्रह मार्गनिर्देशन (सैटेलाइट नैविगेशन) में एक वैश्विक भूमिकाप्राप्त कर सकता है।
(c) यह विद्युत उत्पादन में अपने विखंडन (फेशन) रिएक्टरों की दक्षता में तेजी से सुधार ला सकता है।
(d) यह विद्युत उत्पादन के लिए संलयन (यूजन) रिएक्टरों का निर्माण कर सकता है।

32. निम्नलिखित में से कौन-सा/से द्रप्स (ड्रिप) सिंचाई पद्धति के प्रयोग का/के लाभ है/हैं?

1. खर-पतवार की कमी
2. मृदा लवणता में कमी
3. मृदा अपरदन में कमी

नीचे दिए गए कूट का प्रयोग कर सही उत्तर चुनिए-

(a) केवल 1 और 2
(b) केवल 3
(c) केवल 1 और 3
(d) उपर्युक्त में से कोई भी ड्रिप सिंचाई पद्धति का लाभ नहीं है।

33. भारत द्वारा प्रमोचित खगोलीय वेधशाला, 'ऐस्ट्रोसैट' (Astrosat) के संदर्भ में निम्नलिखित कथनों में से कौन-सा/सही है/हैं?

1. यू.एस.ए और रूस के अलावा केवल भारत एकमात्र ऐसा देश है जिसने अंतरिक्ष में उसी प्रकार की वेधशाला प्रमोचित की है।
2. ऐस्ट्रोसैट 2000 किलोग्राम का एक उपग्रह है, जो पृथ्वी की सतह से ऊपर 1650 किलोमीटर पर एक कक्षा मे स्थापित है।

नीचे दिए गए कूट का प्रयोग कर सही उत्तर चुनिए-

(a) केवल 1
(b) केवल 2
(c) 1 और 2 दोनों
(d) न तो 1 न ही 2

34. निम्नलिखित कथनों पर विचार कीजिए-

ISRO द्वारा प्रमोचित मंगलयान

1. को मार्स ऑर्बिटर मिशन भी कहा जाता है
2. ने भारत को यू.एस.ए के बाद मंगल के चारों और अंतरिक्ष यान को चक्रमण कराने वाला दूसरा देश बना दिया है।
3. ने भारत को एकमात्र ऐसा देश बना दिया है, जिसने अपने अतंरिक्ष यान को मंगल के चारों ओर चक्रमण कराने में पहली बार में सफलता प्राप्त कर ली।

उपर्युक्त कथनों में से कौन-सा/से सही है/हैं ?

(a) केवल 1 (b) केवल 2 और 3
(c) केवल 1 और 3 (d) 1, 2 और 3

35. हाल ही में समाचारों में आने वाले 'LiFi' के संदर्भ में निम्नलिखित कथनों में से कौन-सा/से सही है/हैं ?

1. यह उच्च गति डेटा संचरण के लिए प्रकाश को माध्यम के रूप में प्रयुक्त करता है।
2. यह एक बेतार प्रौद्योगिकी है और 'WiFi' से कई गुना तीव्रतर है।

नीचे दिये गये कूट का प्रयोग कर सही उत्तर चुनिए-

(a) केवल 1 (b) केवल 2
(c) 1 और 2 दोनों (d) न तो 1, न ही 2

36. 'रासायनिक आयुध निषेध संगठन' [Organization for the Prohibition of Chemical Weapons (OPCW)] के संदर्भ में निम्नलिखित कथनों पर विचार कीजिए-

1. यह यूरोपीय संघ का संगठन है जिसका NATO तथा WHO से कार्यकारी संबंध है।
2. यह नए शस्त्रों के प्रादुर्भाव को रोकने के लिए रासायनिक उद्योग का अनुवीक्षण करता है।
3. यह राज्यों (पार्टियों) को रासायनिक आयुध के खतरे क विरुद्ध सहायता एवं सरंक्षण प्रदान करता है।

उपर्युक्त कथनों में से कौन-सा/से सही है/हैं ?

(a) केवल 1 (b) केवल 2 और 3
(c) केवल 1 और 3 (d) 1, 2 और 3

पर्यावरण, पारिस्थितिकी एवं जैवविविधता तथा जलवायु परिवर्तन

37. निम्नलिखित युग्मों पर विचार कीजिए-

कभी-कभी समाचारों में देखें जाने वाले शब्द		उनका मूल स्रोत
1. एनेक्स-I देश	—	कार्टाजेना प्रोटोकॉल
2. प्रमाणित उत्सर्जन कटौतियां (सर्टिफाइड एमिशंस रिडक्शंस)	—	नागोया प्रोटोकॉल
3. स्वच्छ विकास क्रियाविधि (क्लीन डेवलपमेंट मेकेनिज्म)	—	क्योटो प्रोटोकॉल

उपर्युक्त में से कौन-सा/से युग्म सही सुमेलित है/हैं ?

(a) केवल 1 और 2 (b) केवल 2 और 3
(c) केवल 3 (d) 1, 2 और 3

38. निम्नलिखित कथनों में से कौन-सा/से सही है/हैं ?

UN-REDD+ प्रोग्राम की समुचित अभिकल्पना और प्रभावी कार्यान्वयन महत्त्वपूर्ण रूप से योगदान दे सकते हैं

1. जैव विविधता का संरक्षण करने में
2. वन्य पारिस्थतिकी की समुत्थानशीलता में
3. गरीबी कम करने में

नीचे दिए गए कूट का प्रयोग कर सही उत्तर चुनिए-

(a) केवल 1 और 2 (b) केवल 3
(c) केवल 2 और 3 (d) 1, 2 और 3

39. 'ग्रीनहाउस गैस प्रोटोकॉल (Greenhouse Gas Protocol)' क्या है ?

(a) यह सरकारी एवं व्यवसाय के नेतृत्व देने वाले व्यक्तियों के लिए ग्रीनहाउस गैस उत्सर्जन को समझने, परिमाण निर्धारित करने एवं प्रबंधन हेतु एक अंतर्राष्ट्रीय लेखाकरण साधन है।
(b) यह ग्रीनहाउस गैस उत्सर्जन को कम करने और पारितंत्र्-अनुकूली प्रौद्योगिकियों को अपनाने हेतु विकासशील देशों को वित्तीय प्रोत्साहन प्रदान करने की संयुक्त राष्ट्र की एक पहल
(c) यह वर्ष 2022 तक ग्रीनहाउस गैस उत्सर्जन को एक विनिर्दिष्ट स्तर तक कम करने हेतु संयुक्त राष्ट्र के सभी सदस्य देशों द्वारा अनुसमर्थित एक अंत: सरकारी समझौता है
(d) यह विश्व बैंक द्वारा पोषित बहुपक्षीय REDD+ पहलों में से एक है

40. समाचारों में कभी-कभी दिखने वाले 'एजेंडा-21' के संदर्भ में निम्नलिखित कथनों पर विचार कीजिए-

1. यह धारणीय विकास के लिए एक वैश्विक कार्य-योजना है।
2. 2002 में जोहानसबर्ग में हुए धारणीय विकास पर विश्व शिखर सम्मेलन (World Summit on Sustainable Development) में इसकी उत्पत्ति हुई।

उपर्युक्त कथनों में से कौन-सा/से सही है/हैं ?

(a) केवल 1 (b) केवल 2
(c) 1 और 2 दोनों (d) न तो 1 न ही 2

41. कभी-कभी समाचारों में आने वाली 'गाडगिल समिति रिपोर्ट' और 'कस्तूरीरंगन सीमित रिपोर्ट' सम्बन्धित है ?

(a) संवैधानिक सुधारों
(b) गंगा कार्य-योजना (गंगा ऐक्शन प्लान) से
(c) नदियों को जोड़ने से
(d) पश्चिम घाटों के संरक्षण से

42. निम्नलिखित कथनों पर विचार कीजिए-

1. अंतर्राष्ट्रीय सौर गठबंधन (International Solar Alliance) को 2015 के संयुक्त राष्ट्र जलवायु परिवर्तन सम्मेलन में प्रारम्भ किया गया था।
2. इस गठबंधन में सयुक्त राष्ट्र के सभी सदस्य देश सम्मिलित हैं।

उपर्युक्त कथनों में कौन-सा/से सही है/हैं ?

(a) केवल 1 (b) केवल 2
(c) 1 और 2 दोनों (d) न तो 1 न ही 2

43. हमारे देश के शहरों में वायु गुणता सूचक सूचकांक (Air Quality Index) का परिकलन करने में साधारणतया निम्नलिखित वायुमण्डलीय गैसों में से किनको विचार मे लिया जाता हैं ?

1. कार्बन डाइऑक्साइड
2. कार्बन मोनोक्साइड
3. नाइट्रोजन डाइऑक्साइड
4. सल्फर डाइऑक्साइड
5. मीथेन

नीचे दिए गए कूट का प्रयोग कर सही उत्तर चुनिए-

(a) केवल 1, 2 और 3 (b) केवल 2, 3 और 4
(c) केवल 1, 4 और 5 (d) 1, 2, 3, 4 और 5

44. हाल ही में, हमारे देश में पहली बार, निम्नलिखित राज्यों में से किसने एक विशेष तितली को 'राज्य तितली' के रूप में घोषित किया है ?

(a) अरूणाचल प्रदेश (b) हिमाचल प्रदेश
(c) कर्नाटक (d) महाराष्ट्र

45. वर्ष 2015 में पेरिस में UNFCCC बैठक में हुए समझौते के संदर्भ में निम्नलिखित कथनों में से कौन-सा/से सही है/हैं ?
ISRO द्वारा प्रमोचित मंगलयान

1. इस समझौते पर UN के सभी सदस्य देशों ने हस्ताक्षर किए और यह वर्ष 2017 से लागू होगा।
2. यह समझौता ग्रीनहाउस गैस के उत्सर्जन को सीमित करने का लक्ष्य रखता है जिससे इस सदी के अंत तक औसत वैश्विक तापमान की वृद्धि उद्योग-पूर्व स्तर (Pre-Industrial Levles) से 2ºC या कोशिश करें 1.5ºC कि से भी अधिक न होने पाए।
3. विकसित देशों ने वैश्विक तापन में अपनी ऐतिहासिक जिम्मेदारी को स्वीकारा और जलवायु परिवर्तन का सामना करने के लिए विकासशील देशों की सहायता के लिए 2020 से प्रतिवर्ष 1000 अरब डॉलर की प्रतिबद्धता जताई।

उपर्युक्त कथनों में से कौन-सा/से सही है/हैं ?

(a) केवल 1 और 3 (b) केवल 2
(c) केवल 2 और 3 (d) 1, 2 और 3

46. भारत के निम्नलिखित क्षेत्रों में से 'ग्रेट इंडियन हॉर्नबिल' के अपने प्राकृतिक आवास में पाए जाने की सबसे अधिक सम्भावना कहाँ हैं ?

(a) उत्तर पश्चिमी भारत के रेतीले मरूस्थल
(b) जम्मू-कश्मीर के उच्चतर हिमालय क्षेत्र
(c) पश्चिमी गुजरात के लवण कच्छ क्षेत्र
(d) पश्चिमी घाट

47. निम्नलिखित में से कौन-सी, 'राष्ट्रीय गंगा नदी बेसिन प्राधिकरण' [National Ganga River Basin Authority (NGRBA)] की प्रमुख विशेषताएँ हैं ?

1. नदी बेसिन, योजना एवं प्रबंधन की इकाई है।
2. यह राष्ट्रीय स्तर पर नदी संरक्षण प्रयासों की अगुवाई करता है।
3. का अध्यक्ष चक्रानुक्रमिक आधार पर उन राज्यों के मुख्यमंत्रियों में से एक होता हैं, जिनसे होकर गंगा बहती है।

नीचे दिए गए कूट का प्रयोग कर सही उत्तर चुनिए-

(a) केवल 1 और 2 (b) केवल 2 और 3
(c) केवल 1 और 3 (d) 1, 2 और 3

भारतीय अर्थव्यवस्था

48. 'कोर बैंकिंग समाधान' पद कभी-कभी समाचारों में देखा जाता है। निम्नलिखित कथनों में से कौन-सा/से इस पद का सही वर्णन करता है/करते हैं ?

1. यह बैंक की शाखाओं का वह तंत्र है जो उपभोक्ताओं को अपने खातों का संचालन बैंक की किसी भी शाखा से कर सकने की सुविधा देता है चाहे उन्होंने अपना खाता कहीं भी खोल रखा हो।
2. यह व्यावसायिक बैंकों पर कम्प्यूटीकरण के माध्यम से RBI का नियंत्रण बढ़ाने का एक प्रयास है।
3. यह एक विस्तृत प्रक्रिया है जिसके द्वारा विशाल अनर्जक (नॉन-परफामिंग) परिसम्पत्ति वाले बैंक का अधिग्रहण दूसरे बैंक द्वारा कर लिया जाता है।

नीचे दिए गए कूट का प्रयोग कर सही उत्तर चुनिए-

(a) केवल 1
(b) केवल 2 और 3
(c) केवल 1 और 3
(d) 1, 2 और 3

49. भारत में, पूर्व-संवेष्टित (प्रीपैकेज्ड) वस्तुओं के संदर्भ में खाद्य सुरक्षा और मानक (पैंकेजिंग और लेबलिंग) विनियम, 2011 के अनुसार किसी निर्माता को मुख्य लेबल पर निम्नलिखित में से कौन-सी सूचना अंकित करना अनिवार्य

1. संघटकों की सूची, जिसमें संयोजी शमिल हैं
2. पोषण-विषयक सूचना
3. चिकित्सा व्यवसाय द्वारा दी गई किसी एलर्जी प्रतिक्रिया की संभावना के संदर्भ में संस्तुतियाँ, यदि कोई हैं
4. शाकाहारी/मांसाहारी

नीचे दिए गए कूट का प्रयोग कर सही उत्तर चुनिए-

(a) 1,2 और 3 (b) 2,3 और 4
(c) 1,2 और 4 (d) केवल 1 और 4

50. 'व्यापार करने की सुविधा का सूचकांक (Ease of Doing Business Index)' में भारत की रैंकिंग समाचार-पत्रें में कभी-कभी दिखती है। निम्नलिखित में से किसने इस रैंकिंग की घोषणा की हैं ?

(a) आर्थिक सहयोग और विकास संगठन (OECD)
(b) विश्व आर्थिक मंच
(c) विश्व बैंक
(d) विश्व व्यापार संगठन (WTO)

51. 'ट्रांस-पैसिफिक पार्टनरशिप (Trans-Pacific Partnership)' के संदर्भ में निम्नलिखित कथनों पर विचार कीजिए-

1. मध्य एक समझौता है।
2. यह केवल तटवर्ती सुरक्षा के प्रयोजन से किया गया सामरिक गठबंधन है।

नीचे दिए गए कूट का प्रयोग कर सही उत्तर चुनिए-

(a) केवल 1
(b) केवल 2
(c) 1 और 2 दोनों
(d) न तो 1 न ही 2

52. RBI द्वारा घोषित 'कोषों की सीमांत लागत पर आधारित उधार दर [Marginal Cost of Funds based Lending Rate (MCLR)]' का/के उद्देश्य क्या है/हैं ?

1. ये दिशानिर्देश उधारों की ब्याज दरें निर्धारित करने हेतु बैंकों द्वारा अपनाई गई विधि में पारदर्शिता बढ़ाने में मदद करते हैं।
2. ये दिशानिर्देश बैंक साख की उपलब्धता ऐसी ब्याज दरों पर सुनिश्चित करने में मदद करते हैं, जो ऋण लेने वाले एवं बैंक दोनों के लिए न्यायसंगत हैं।

उपर्युक्त कथनों में से कौन-सा/से सही है/हैं ?

(a) केवल 1 (b) केवल 2
(c) 1 और 2 दोनों (d) न तो 1 न ही 2

53. 'पारितंत्र एवं जैव विविधता का अर्थतंत्र् [The Economics of Ecosystems and Biodiversity (TEEB)]' नामक पहल के संदर्भ में निम्नलिखित कथनों में से कौन-सा/से सही है/हैं ?

1. यह एक पहल है, जिसकी मेजबानी एवं विश्व आर्थिक मंच करते हैं।
2. यह एक विश्वव्यापी पहल है, जो जैव विविधता के आर्थिक लाभों के प्रति धयान आकर्षित करने पर केन्द्रित है।
3. यह ऐसा उपागम प्रस्तुत करता है, जो पारितंत्रों और जैव विविधता के मूल्य की पहचान, निदर्शन और अभिग्रहण में निर्णयकर्ताओं की सहायता कर सकता है।

नीचे दिए गए कूट का प्रयोग कर सही उत्तर चुनिए-

(a) केवल 1 और 2
(b) केवल 3
(c) केवल 2 और 3
(d) 1, 2 और 3

54. समाचारों में कभी-कभी देखे जाने वाले 'उधार क्षय एवं लाभ स्थानान्तरण (Base Erosion and Profit Shifting)' पद का क्या संदर्भ हैं ?

(a) संसाधन-सम्पन्न किन्तु पिछड़े क्षेत्रों में बहुराष्ट्रीय कम्पनियों द्वारा खनन कार्य
(b) बहुराष्ट्रीय कम्पनियों द्वारा किए जाने वाले कर-अपवंचन पर प्रतिबध लगाना
(c) बहुराष्ट्रीय कम्पनियों द्वारा किसी राष्ट्र के आनुवंशिक संसाधनों का दोहन
(d) विकास परियोजनाओं की योजना एवं कार्यान्वयन में पर्यावरणीय लागतों के विचारों का अभाव

55. कभी-कभी समाचारों में आने वाले 'बिटकॉइन्स (Bitcoins)' के संदर्भ में निम्नलिखित कथनों में से कौन-सा/से सही है/हैं ?

1. बिटकॉइन्स की खोज-खबर देशों के केन्द्रीय बैंकों द्वारा रखी जाती है।
2. बिटकॉइन के पते वाला कोई भी व्यक्ति, बिटकॉइन के पते वाले किसी अन्य व्यक्ति को बिटकॉन्इस भेज सकता है या उससे प्राप्त कर सकता है
3. ऑनलाइन अदायगी, दोनों तरु में से किसी भी तरु की पहचान जाने बिना, की जा सकती है।

नीचे दिए गए कूट का प्रयोग कर सही उत्तर चुनिए-

(a) केवल 1 और 2
(b) केवल 2 और 3
(c) केवल 3
(d) 1, 2 और 3

56. सरकार की 'सम्प्रभु स्वर्ण बॉन्ड योजना (Sovereign Gold Bond Scheme)' एवं 'स्वर्ण मुद्रीकरण योजना (Gold Monetization Scheme)' का/के उद्देश्य क्या है/है ?

1. भारतीय गृहस्थों के पास निष्क्रिय पड़े स्वर्ण को अर्थव्यवस्था में लाना
2. स्वर्ण एवं आभूषण के क्षेत्र में एई.डी.आई. को (FDI) प्रोत्साहित करना
3. स्वर्ण-आयात पर भारत की निर्भरता में कमी लाना

केशब चन्द्र सेन का संबंध उपर्युक्त में से किसकी/किनकी स्थापना से हैं ?

(a) केवल 1
(b) केवल 2 और 3
(c) केवल 1 और 3
(d) 1, 2 और 3

57. 'रीजनल कॉम्प्रिहेन्सिव इकॉनॉमिक पार्टनरशिप (Regional Comprehensive Economic Parternship)' पद प्राय: समाचारों में देशों के एक समूह के मामलों के संदर्भ में आता है। देशों के उस समूह को क्या कहा जाता हैं ?

(a) G20
(b) ASEAN
(c) SCO
(d) SAARC

58. साल-दर-साल लगातार घाटे का बजट रहा है। घाटे को कम करने के लिए सरकार द्वारा निम्नलिखित में से कौन-सी कार्रवाई/कार्रवाइयों की जा सकती है/हैं ?

1. राजस्व व्यय को घटाना
2. नवीन कल्याणकारी योजनाओं को प्रारम्भ करना
3. सहायिकी (सब्सिडी) को युक्तिसंगत बनाना
4. आयात-शुल्क को कम करना

नीचे दिये गये कूट का प्रयोग कर सही उत्तर चुनिए-

(a) केवल 1
(b) केवल 2 और 3
(c) 1 और 3
(d) 1, 2, 3 और 4

59. भारत में वित्तीय समावेशन को प्रोत्साहित करने की दृष्टि से 'भुगतान बैंकों (पेमेंट बैंक्स)' की स्थापना की जा रही है। इस दृष्टि से निम्नलिखित कथनों में से कौन-सा/से सही है/हैं ?

1. जिन मोबाइल टेलीर्झीन कंपनियों और सुपर-बाजार श्रृंखलाओं का स्वामित्व एवं नियंत्रण भारतीय व्यक्तियों के पास है, वे भुगतान बैंको के प्रवर्तक होने के योग्य हैं।
2. भुगतान बैंक क्रेडिट कार्ड एवं डेबिट कार्ड दोनों जारी कर सकते हैं
3. भुगतान बैंक ऋण देने के कार्यकलाप नहीं कर सकते हैं।

नीचे दिये गये कूट का प्रयोग कर सही उत्तर चुनिए-

(a) केवल 1 और 2
(b) केवल 1 और 3
(c) केवल 2
(d) 1, 2, 3

60. 'अभीष्ट राष्ट्रीय निर्धारित अंशदान (Intended Nationally Determined Contributions)' पद को कभी-कभी समाचारों में किस संदर्भ में देखा जाता है ?

(a) युद्ध-प्रभावित मध्य-पूर्व के शरणार्थियों के पुनर्वास के लिए यूरोपीय देशों द्वारा दिए गए वचन
(b) जलवायु परिवर्तन का सामन करने के लिए विश्व के देशों द्वारा बनाई गई कार्य-योजना
(c) एशियाई अवसंरचना निवेश बैंक (एशियन इंफ्रांस्ट्रक्चर इन्वेस्टमेंट बैंक) की स्थापना करने में सदस्य राष्ट्रों द्वारा किया गया पूंजी योगदान
(d) धारणीय विकास लक्ष्यों के बारे में विश्व के देशों द्वारा बनाई गई कार्य-योजना

61. कभी-कभी समाचारों में दिखने वाले 'आई.एफ.सी. मसाला बॉन्ड (IFC Masala Bonds)' के संदर्भ में निम्नलिखित कथनों में से कौन-सा/से सही है/हैं ?

1. अंतर्राष्ट्रीय वित्त निगम, जो इन बॉन्डों को प्रस्तावित करता है, विश्व बैंक की एक शाखा है।
2. यह रूपया अंकित मूल्य वाले बॉन्ड (Rupee Denominated Bonds) हैं और सार्वजनिक एवं निजी क्षेत्र के ऋण वित्तीयन के स्रोत हैं।

नीचे दिये गये कूट का प्रयोग कर सही उत्तर चुनिए-

(a) केवल 1
(b) केवल 2
(c) 1 और 2 दोनों
(d) न तो 1, न ही 2

62. निम्नलिखित में किसके संदर्भ में कभी-कभी समाचारों में 'ऐम्बर बॉक्स, ब्लू बॉक्स और ग्रीन बॉक्स' शब्द देखने को मिलते हैं ?

(a) WTO मामला
(b) SAARC मामला
(c) NFCCC मामला
(d) FTA पर भारत EU वार्ता

63. निम्नलिखित में से किसको/किनको भारत सरकार के पूंजी बजट में शामिल किया जाता हैं ?

1. सड़कों, इमारतों, मशीनरी आदि जैसी परिसंपत्तियों के अधिग्रहण पर व्यय
2. विदेशी सरकारों से प्राप्त ऋण
3. राज्यों और संघ राज्यक्षेत्रों का अनुदत्त ऋण और अग्रिम

नीचे दिए गए कूट का प्रयोग कर सही उत्तर चुनिए-

(a) केवल 1
(b) केवल 2 और 3
(c) केवल 1 और 3
(d) 1, 2 और 3

64. हाल ही में IMF के SDR बास्केट में निम्नलिखित में से किस मुद्रा को जोड़ने का प्रस्ताव दिया गया हैं ?

(a) रूबल
(b) रैंड
(c) भारतीय रूपया
(d) रेनमिनबी

65. 'अंतर्राष्ट्रीय मौद्रिक एवं वित्तीय समिति (International Monetary and Financial Committee (IMFC))' के संदर्भ में निम्नलिखित कथनों पर विचार कीजिए-

1. IMFC विश्व अर्थव्यवस्था से सरोकार रखने वाले विषयों पर चर्चा करता है और अंतराष्ट्रीय मुद्रा कोष IMF को उसके कार्य की दिशा पर सलाह देता है।
2. IMFC की बैठकों में विश्व बैंक प्रेक्षक की भाँति भाग लेता है।

उपर्युक्त कथनों में से कौन-सा/से सही है/हैं ?

(a) केवल 1
(b) केवल 2
(c) 1 और 2 दोनों
(d) न तो 1, न ही 2

66. निम्नलिखित में से कौन-सा, कभी-कभी समाचारों में दिखने वाले पद 'आयात आवरण (इम्पोर्ट कंवर)' का सर्वोत्तम वर्णन करता हैं ?

(a) यह किसी देश के आयात मूल्य एवं सकल घरेलू उत्पाद के अनुपात को बताता है
(b) यह किसी देश के एक वर्ष में आयात के कुल मूल्य को बताता है
(c) यह दो देशों के बीच निर्यात एंव आयात के मूल्यों के अनुपात को बताता है
(d) यह उन महीनों की संख्या बताता है जितने महीनों के आयात का भुगतान देश के अंतर्राष्ट्रीय रिजर्व द्वारा किया जा सकता है

67. 'वित्तीय स्थिरता और विकास परिषद (Financial Stability and Development Council)' के संदर्भ में निम्नलिखित कथनों पर विचार कीजिए-

1. यह नीति (NITI) आयोग का एक अंग है।
2. संघ का वित्त मंत्री इसका प्रमुख होता है।
3. यह अर्थव्यवस्था के समष्टि सविवेक (मैक्रो प्रूडेंशियल) पर्यवेक्षण का अनुवीक्षण (मॉनिटरिंग) करता है।

उपर्युक्त कथनों में से कौन-सा/से सही है/हैं ?

(a) केवल 1 और 2
(b) केवल 3
(c) केवल 2 और 3
(d) 1, 2 और 3

68. हाल ही में भारत में प्रथम 'राष्ट्रीय निवेश और विनिर्माण क्षेत्र' (National Investment and Manufacturing Zone), का गठन कहाँ किए जाने के लिए प्रस्ताव दिया गया था ?

(a) आंध्र प्रदेश (b) गुजरात
(c) महाराष्ट्र (d) उत्तर प्रदेश

69. प्रधानमंत्री MUDRA योजना का लक्ष्य क्या हैं ?

(a) लघु उद्यमियों को औचारिक वित्ती प्रणाली में लाना
(b) निर्धन कृषकों को किस फसलों की कृषि के लिए ऋण उपलब्ध कराना
(c) वृद्ध एवं निस्सहाय लोगों को पेंशन देना
(d) कौशल विकास एवं रोजगार सृजन में लगे स्वयंसेवी संगठनों का निधीयन (फंडिंग) करना

70. 'वैश्विक वित्तीय स्थिरता रिपोर्ट (Global Financial Stability Report)' किसके द्वारा तैयार की जाती हैं ?

(a) यूरोपीय केन्द्रीय बैंक
(b) अंतर्राष्ट्रीय मुद्रा कोष
(c) अंतर्राष्ट्रीय पुनर्निर्माण एवं विकास बैंक
(d) आर्थिक सहयोग तथा विकास संगठन

71. निम्नलिखित कथनों पर विचार कीजिए-

1. धारणीय विकास लक्ष्य पहली बार 1972 में एक वैश्विक विचार मंडल (थिंक टैंक) ने, जिसे 'क्लब ऑई रोम' कहा जाता था, प्रस्तावित किया था।
2. धारणीय विकास लक्ष्य 2030 तक प्राप्त किए जाने हैं।

उपर्युक्त कथनों में से कौन-सा/से सही है/हैं ?

(a) केवल 1
(b) केवल 2
(c) 1 और 2 दोनों
(d) न तो 1 न ही 2

72. 'प्रधानमंत्री फसल बीमा योजना' के संदर्भ में निम्नलिखित कथनों पर विचार कीजिए-

1. इस योजना के अंतर्गत कृषकों को वर्ष के किसी भी मौसम में उनके द्वारा किसी भी ईसल की खेती करने पर दो प्रतिशत की एकसमान दर से बीमा किश्त का भुगतान करना होगा।
2. यह योजना, चक्रवात एवं गैर-मौसमी वर्षा से होने वाले

उपर्युक्त कथनों में से कौन-सा/से सही है/हैं ?

(a) केवल 1
(b) केवल 2
(c) 1 और 2 दोनों
(d) न तो 1, न ही 2

समसामयिकी

73. 'स्टैंड अप इंडिया स्कीम (Stand Up India Scheme)' के संदर्भ में निम्नलिखित कथनों में से कौन-सा/से सही है/हैं ?

1. इसका प्रयोजन SC/ST एवं महिला उद्यमियों में उद्यमिता को प्रोत्साहित करना है।
2. यह SIDBI के माध्यम से पुनर्वित्त का प्रावधान करता है।

नीचे दिए गए कूट का प्रयोग कर सही उत्तर चुनिए-

(a) केवल 1
(b) केवल 2
(c) 1 और 2 दोनों
(d) न तो 1 न ही 2

74. FAO पारम्परिक कृषि प्रणालियों को 'सार्वभौम रूप से महत्त्वपूर्ण कृषि विरासत प्रणाली [Globally Important Agricultural Heritage System (GIAHS)]' की हैसियत प्रदान करता है। इस पहल का संपूर्ण लक्ष्य क्या हैं ?

1. अभिनिर्धारित के स्थानीय समुदायों को आधुनिक कृषि प्रणाली का प्रशिक्षण एवं वित्तीय सहायता प्रदान करना जिससे उनकी कृषि उत्पादकता अत्यधिक बढ़ जाए।
2. परितंत्र-अनुकूली परम्परागत कृषि पद्धतियाँ और उनसे सम्बन्धित परिदृश्य (लैंडस्केप), कृषि जैव विविधता और स्थानीय समुदायों के ज्ञानतंत्र का अभिनिर्धारण एवं संरक्षण करना
3. इस प्रकार अभिनिर्धारित GIAHS के सभी भिन्न-भिन्न कृषि उत्पादों को भौगोलिक सूचक (जिओग्राफिकल इंडिकेशन) की हैसियत प्रदान करना।

नीचे दिए गए कूट का प्रयोग कर सही उत्तर चुनिए-

(a) केवल 1 और 3
(b) केवल 2
(c) केवल 2 और 3
(d) 1, 2 और 3

75. भारत सरकार द्वारा चलाया गया 'मिशन इंद्रधनुष' किससे सम्बन्धित है ?

(a) बच्चों और गर्भवती महिलाओं का प्रतिरक्षण
(b) पूरे देश में स्मार्ट सिटी का निर्माण
(c) बाहरी अंतरिक्ष में पृथ्वी-सदृश ग्रहों के लिए भारत की स्वयं की खोज
(d) नई शिक्षा-नीति

76. निम्नलिखित में से कौन-सा/से भारत सरकार के 'हरित भारत मिशन (Green India Mission) के उद्देश्य को सर्वोत्तम रूप में वर्णित करता है/हैं ?

1. पर्यावरणीय लाभों एवं लागतों को केंन्द्र एवं राज्य के बजट में सम्मिलित करते हुए तद्द्वारा 'हरित लेखाकरण (ग्रीन अंकाउटिंग) को अमल में लाना।
2. कृषि उत्पाद के संवर्धन हेतु द्वितीय हरित क्रांति आरम्भ करना जिससे भविष्य में सभी के लिए खाद्य सुरक्षा सुनिश्चित हो।
3. वन आच्छादन की पुनप्राप्ति और संवर्धन करना तथा अनुकूलन (अडैप्टेशन) एवं न्यूनीकरण (मिटिगेशन) के संयुक्त उपायों से जलवायु परिवर्तन का प्रत्युत्तर देना।

नीचे दिए गए कूट का प्रयोग कर सही उत्तर चुनिए-

(a) केवल 1
(b) केवल 2 और 3
(c) केवल 3
(d) 1, 2 और 3

76. कभी-कभी समाचारों में 'नेट मीटरिंग (Net Metering)' निम्नलिखित में से किसको प्रोत्साहित करने के संदर्भ में देखा जाता हैं ?

(a) परिवारों/उपभोक्ताओं द्वारा सौर ऊर्जा का उत्पादन और उपयोग
(b) घरों के रसोईघरों में पाइप्ड नैचरल गैस का उपयोग
(c) मोटरगाड़ियों में CNG किट लगवाना
(d) शहरी घरों में पानी के मीटर लगवाना

78. निम्नलिखित कथनों पर विचार कीजिए-

भारत-अफ्रीका शिखर सम्मेलन (इंडिया-अफ्रीका सम्मिट)

1. जो 2015 में हुआ, तीसरा सम्मेलन था
2. की शुरूआत वास्तव में 1951 में जवाहरलाल नेहरू द्वारा की गई थी।

उपर्युक्त कथनों में से कौन-सा/से सही है/हैं ?

(a) केवल 1
(b) केवल 2
(c) 1 और 2 दोनों
(d) न तो 1 न ही 2

79. हाल ही में हमारे वैज्ञानिकों ने केले के पौधों की एक नई और भिन्न जाति की खोज की है जिसकी ऊँचाई लगभग 11 मीटर तक जाती है और उसके ईल का गूदा नारंगी रंग का है। यह भारत के किस भाग में खोजी गई हैं ?

(a) अण्डमान द्वीप
(b) अन्नामलई वन
(c) मैकल पहाड़ियाँ
(d) पूर्वोत्तर उष्णकटिबंधीय वर्षावन

80. 'गहन खाद्यान्न संवर्धन के माध्यम से पोषण सुरक्षा हेतु पहल (Initiative for Nutritional Security through Intensive Millets Promotion)' के संदर्भ में निम्नलिखित कथनों में से कौन-सा/से सही है/हैं ?

1. इस पहल का उद्देश्य उन्नत उत्पादन और कटाई—उपरांत प्रौद्योगियों को निदर्शित करना है, एवं समूह उपागम (क्लस्टर अप्रोच) के साथ एकीकृत रीति से मूल्य वर्धन तकनीकों को निदर्शित करना है।

2. इस योजना में निर्धन, लघु, सीमांत एवं जनजातीय किसानों की बड़ी हितधारिता (स्टेक) है।
3. इस योजना का एक महत्त्वपूर्ण उद्देश्य वाणिज्यिक ईसलों के किसानों को, पोषकों के अत्यावश्यक निवेशों के और लघु सिंचाई उपकरणों के निःशुल्क किट प्रदान कर, कदन्न की खेती की ओर प्रोत्साहित करना है

नीचे दिए गए कूट का प्रयोग कर सही उत्तर चुनिए-

(a) केवल 1
(b) केवल 2 और 3
(c) केवल 1 और 2
(d) 1, 2 और 3

81. 'Doctors Without Borders (Medecins Sans Frontieres)' जो प्रायः समाचारों में आया है, हैं-

(a) विश्व स्वास्थ्य संगठन का एक प्रभाग
(b) एक गैर-सरकारी अंतर्राष्ट्रीय संगठन
(c) यूरोपीय संघ द्वारा प्रायोजित एक अंतः सरकारी एजेंसी
(d) संयुक्त राष्ट्र की एक विशिष्ट एजेंसी

82. समाचारों में कभी-कभी दिखाई देने वाले 'रेड सैंडर्स (Red Sanders' के संदर्भ में निम्नलिखित कथनों पर विचार कीजिए-

1. यह दक्षिण भारत के एक भाग में पाई जाने वाली एक वृक्ष जाति है।
2. यह दक्षिण भारत के उष्णकटिबंधीय वर्षा वन क्षेत्रों के अति महत्त्वपूर्ण वृक्षों में से एक है।

उपर्युक्त कथनों में से कौन-सा/से सही है/हैं ?

(a) केवल 1 (b) केवल 2
(c) 1 और 2 दोनों (d) न तो 1 न ही 2

83. भारत में 'जिला खनिज प्रतिष्ठान (डिस्ट्रिक्ट मिनरल फाउंडेशन्स)' का/के उद्देश्य क्या है/हैं ?

1. खनिज-सम्पन्न जिलों में खनिज-खोज संबंधी क्रियाकलापों को प्रोत्साहित करना
2. खनिज-कार्य से प्रभावित लोगों के हितों की रक्षा करना
3. राज्य सरकारों को खनिज-खोज के लिए लाइसेंस निर्गत करने के लिए अधिकृत करना

उपर्युक्त कथनों में से कौन-सा/से सही है/हैं ?

(a) केवल 1 और 2 (b) केवल 2
(c) केवल 1 और 3 (d) 1, 2 और 3

84. भारत सरकार की एक पहल 'SWAYAM' का लक्ष्य क्या हैं ?

(a) ग्रामीण क्षेत्रों में स्वयं-सहायता समूहों को प्रोत्साहित करना
(b) युवा नव-प्रयासी (स्टार्ट-अप) उद्यमियों को वित्तीय एक तकनीकी सहयोग उपलब्ध कराना
(c) किशोरियों की शिक्षा एवं उनके स्वास्थ्य का संवर्धन करना
(d) नागरिकों को वहन करने योग्य एवं गुणवत्ता वाली शिक्षा निःशुल्क उपलब्ध कराना

85. निम्नलिखित कथनों पर विचार कीजिए-

1. न्यू डेवलपमेंट बैंक की स्थापना ए.पी.ई.सी (APEC) द्वारा की गई है।
2. न्यू डेवलमेंट बैंक मुख्यालय शंघाई में हैं।

उपर्युक्त कथनों में कौन-सा/से सही है/हैं ?

(a) केवल 1 (b) केवल 2
(c) 1 और 2 दोनों (d) न तो 1 न ही 2

86. निम्नलिखित पर विचार कीजिए-

1. कलकत्ता यूनिटेरियन कमिटी (Calcutta Unitarian Committee)
2. टेबरनेकल ऑई न्यू डिस्पेंसेशन (Tabernacle of New Dispensation)
3. इंडियन रिफॉर्म असोसिएशन (Indian Reform Association)

केशव चन्द्र सेन का संबंध उपर्युक्त में से किसकी/किनकी स्थापना से हैं ?

(a) केवल 1 और 2
(b) केवल 2 और 3
(c) केवल 3
(d) 1, 2 और 3

87. निम्नलिखित में से कौन 'खाड़ी सहयोग परिषद् (गल्फ कोऑपरेशन काउन्सिल)' का सदस्य नहीं है ?

(a) ईरान (b) सऊदी अरब
(c) ओमान (d) कुवैत

88. कभी-कभी समाचारों में आने वाला 'बेल्ट ऐन्ड रोड इनिशिएटिव' (Belt and Road Initiative), किसके मामलों कें संदर्भ में आता हैं ?

(a) अफ्रीकी संघ (b) ब्राजील
(c) यूरोपीय संघ (d) चीन

89. 'अटल पेंशन योजना' के संबंध में निम्नलिखित कथनों में से कौन-सा/से है/हैं ?

1. यह एक न्यूनतम गारंटित पेंशन योजना है, जो मुख्य रूप से असंगठित क्षेत्र में मजदूरों को लक्ष्य बनाती है।
2. परिवार का केवल एक ही व्यक्ति इस योजना में शामिल हो सकता है।
3. अभिदाता (सब्स्क्राइबर) की मृत्यु के पश्चात् जीवनसाथी को आजीवन पेंशन की समान राशि गारंटित रहती है।

नीचे दिए गए कूट का प्रयोग कर सही उत्तर चुनिए-

(a) केवल 1
(b) केवल 2 और 3
(c) केवल 1 और 3
(d) 1, 2 और 3

90. समाचारों में कभी-कभी देखे जाने वाला 'यूरोपीय स्थिरता तंत्र' (European Stability) क्या है ?

(a) मध्य पूर्व से लाखों शरणार्थियों के आने के प्रभाव से निपटने के लिए EU द्वारा बनाई गई एक एजेंसी
(b) EU की एक एजेंसी, जो यूरोक्षेत्र (यूरोजोन) के देशों को वित्तीय सहायता उपलब्ध कराती है।
(c) सभी द्विपक्षीय एवं बहुपक्षीय व्यापार समझौतों को सुलझाने के लिए EU की एक एजेंसी
(d) सदस्य राष्ट्रों के बीच मतभेद सुलझाने के लिए EU की एक एजेंसी

91. कभी-कभी समाचारों में दिखने वाले 'डिजिलॉकर (DigiLocker) के संबंध में निम्नलिखित कथनों में से कौन-सा/से सही हैं/हैं ?

1. यह डिजिटल इंडिया प्रोग्राम के अंतर्गत सरकार द्वारा दिया जाने वाला एक डिजिटल लॉकर सिस्टम है।
2. यह आपके ई-दस्तावेजों तक आपकी पहुँच को संभव बनाता है, चाहे भौतिक रूप से आपकी उपस्थिति कही भी हो।

नीचे दिए गए कूट का प्रयोग कर सही उत्तर चुनिए-

(a) केवल 1 (b) केवल 2
(c) 1 और 2 दोनों (d) न तो 1 न ही 2

92. हाल में ही निम्नलिखित नदियों में से किनको जोड़ने का कार्य किया गया था ?

(a) कावेरी और तुंगभद्र (b) गोदावरी और कृष्णा
(c) महानदी और सोन (d) नर्मदा और ताप्ती

93. हाल ही में निम्नलिखित राज्यों में से किसने एक लम्बे नौसंचालन चैनल द्वारा समुद्र से जोड़े जाने के लिए एक कृत्रिम अंतर्देशीय बंदरगाह के निर्माण की संभावना का पता लगाया हैं ?

(a) आंध्र प्रदेश (b) छत्तीसगढ़
(c) कर्नाटक (d) राजस्थान

94. हाल ही में बना द मैन हू न्यू इनिफिनिटि शीर्ष वाला चलचित्र किसके जीवनचरित पर आधारित है ?

(a) एस. रामानुजन (b) एस. चंद्रशेखर
(c) एस. एन. बोस (d) सी. वी. रमन

95. निम्नलिखित कथनों में से कौन-सा/से वह/वे सूचक है/हैं जिसका/जिनका IFPRI द्वारा वैश्विक भुखमरी सूचकांक (ग्लोबल हंगर इंडेक्स) रिपोर्ट बनाने में उपयोग किया गया है ?

1. अल्प-पोषण 2. शिशु वृद्धिरोधन
3. शिशु मृत्युदर

नीचे दिये गये कूट का प्रयोग कर सही उत्तर चुनिए-

(a) केवल 1 (b) केवल 2 और 3
(c) 1, 2 और 3 (d) केवल 1 और 3

96. निम्नलिखित में से कौन-सा, सरकार की योजना 'UDAY' का एक प्रयोजन हैं ?

(a) ऊर्जा के नवीकरणीय स्रोतों के क्षेत्र में नव-प्रयासी (स्टार्ट अप) उद्यमियों को तकनीकी एवं वित्तीय सहायता प्रदान करना
(b) 2018 तक देश में हर घर में बिजली उपलब्ध कराना
(c) एक समयावधि के अंदर कोयला-आधारित शक्ति संयंत्रों के स्थान पर प्राकृतिक गैस, नाभिकीय, सौर, वायु एवं ज्वारीय शक्ति संयंत्र स्थापित करना
(d) विद्युत वितरण कंपनियों के वित्तीय कायापलट और पुनरूत्थान का प्रबंध करना

97. 'मरूस्थलीकरण को रोकने के लिए संयुक्त राष्ट्र अभिसमय' (United Nations Convention to Combat Desertification) का/के क्या महत्त्व है/हैं ?

1. इसका उद्देश्य नवप्रर्वनकारी राष्ट्रीय कार्यक्रमों एवं समर्थक अंतर्राष्ट्रीय भागीदारियों के माध्यम से प्रभावकारी कार्रवाई को प्रोत्साहित करना है।
2. यह विशेष/विशिष्ट रूप से दक्षिणी एशिया एवं उत्तरी अफ्रीका के क्षेत्रों को वित्तीय संसाधनों के बड़े हिस्से का नियतन सुलभ कराता है।
3. यह मरूस्थलीकरण को रोकने में स्थानीय लोगों की भागीदारी को प्रोत्साहित करने हेतु ऊधर्वगामी उपागम (बॉटम-अप अप्रोच) के लिए प्रतिबद्ध है।

नीचे दिए गए कूट का प्रयोग कर सही उत्तर चुनिए-

(a) केवल 1
(b) केवल 2 और 3
(c) केवल 1 और 3
(d) 1, 2 और 3

98. एक राष्ट्रीय मुहिम 'राष्ट्रीय गरिमा अभियान' चलाई गई है-

(a) आवासहीन और निराश्रित लोगों के पुनर्वासन और उन्हें उपयुक्त जीविकोपार्जन के स्त्रेत प्रदान करने के लिए
(b) यौन-कर्मियों (सेक्स वर्कर्स) को उनके पेशे से मुक्त कराने और उन्हें जीविकोपार्जन के वैकल्पिक स्रोत प्रदान करने के लिए
(c) मैला ढोने की प्रथा को समाप्त करने और मैला ढोने वाले कर्मियों के पुनर्वासन के लिए
(d) बँधुआ मजदूरों को उनके बंधन से मुक्त कराने और उनके पुनर्वासन के लिए

99. निम्नलिखित युग्मों पर विचार कीजिए-

समाचारों में कभी-कभी		**किसके मामले में उल्लिखित समुदाय**
1. कुर्द	—	बांग्लादेश
2. मधेसी	—	नेपाल
3. रोहिंग्या	—	म्यामांर

उपर्युक्त में से कौन-सा/से युग्म सही सुमेलित है/हैं ?

(a) 1 और 2 (b) केवल 2
(c) 2 और 3 (d) केवल 3

100. भारत सरकार कृषि में 'नीम-आलेपित यूरिया (Neem-coated Urea) के उपयोग को क्यों प्रोत्साहित करती है ?

(a) मृदा में नीम तेल के निर्मुक्त होने से मृदा सूक्ष्मजीवों द्वारा नाइट्रोजन यौगिकीकरण बढ़ता है।
(b) नीम लेप, मृदा में यूरिया के घुलने की दर को धीमा कर देता है
(c) नाइट्रस ऑक्साइड, जो कि ग्रीन हाउस गैस है, फसल वाले खेतों से वायुमण्डल में बिल्कुल भी विमुक्त नहीं होती है
(d) विशेष फसलों के लिए यह एक अपतृणनाशी (वीडिसाइड) और एक उर्वरक का संयोजन है।

उत्तरमाला

1. (b)	2. (c)	3. (b)	4. (b)	5. (d)	6. (b)	7. (b)	8. (d)	9. (c)	10. (d)
11. (c)	12. (d)	13. (b)	14. (a)	15. (d)	16. (b)	17. (d)	18. (c)	19. (c)	20. (c)
21. (b)	22. (d)	23. (d)	24. (a)	25. (d)	26. (d)	27. (b)	28. (c)	29. (a)	30. (d)
31. (d)	32. (c/b)	33. (d)	34. (c)	35. (c)	36. (b)	37. (c)	38. (a)	39. (a)	40. (a)
41. (d)	42. (a)	43. (b)	44. (d)	45. (b)	46. (d)	47. (a)	48. (a)	49. (a)	50. (c)
51. (a)	52. (c)	53. (d)	54. (b)	55. (b)	56. (c)	57. (b)	58. (c)	59. (b)	60. (b)
61. (b)	62. (a)	63. (a)	64. (d)	65. (c)	66. (d)	67. (c)	68. (a)	69. (a)	70. (b)
71. (b)	72. (b)	73. (c)	74. (b)	75. (a)	76. (c)	77. (a)	78. (a)	79. (a)	80. (d)
81. (b)	82. (a)	83. (b)	84. (d)	85. (b)	86. (b)	87. (a)	88. (d)	89. (d)	90. (b)
91. (c)	92. (b)	93. (d)	94. (a)	95. (c)	96. (d)	97. (c)	98. (c)	99. (c)	100. (d)

व्याख्यात्मक हल

1. (b) ग्राम न्यायालयों की स्थापना के लिए संसद ने ग्राम न्यायालय अधिनियम एक्ट 2008 बनाया है। इसके अनुच्छेद 11, 12 एवं 13 के अनुसार ग्राम न्यायालय सिविल और आपराधिक मामलों दोनों की सुनवाई कर सकता है।

2. (c) राज्यसभा को एक विशेष शक्ति प्राप्त है, जो लोकसभा को नहीं प्राप्त है। राष्ट्रहित में कानून बनाने का कार्य संसद राज्यसूची के विषयों पर भी कर सकती है, यदि राज्यसभा द्वारा अपने उपस्थित एवं मत देने वाले सदस्यों के कम से कम दो तिहाई बहुमत से पारित कर दे।

3. (b) किसी भी व्यक्ति के लिए पंचायत का सदस्य बनने के लिए न्यूनतम आयु 21 वर्ष है। (Art 243 F) 73वें संविधान संशोधन द्वारा।

स्रोत—भारत 2017 (पंचायती राज)

4. (b) राज्यसभा में लंबित कोई विधेयक, जिसे लोकसभा ने पारित नहीं किया है, लोक सभा के विघटन पर व्ययगत नहीं होगा। Art.-107 व 108 में बिल या विधेयक प्रस्तुत करने का प्रावधान है। लोकसभा में लंबित कोई विधेयक उसके सत्रावसान में नहीं है। (Art 107) (3)

स्रोत—एम. लक्ष्मीकांत (पंचायती राज)

5. (d) चीफ सेक्रेट्ररी की नियुक्ति मुख्यमंत्री करता है चूंकि यह कोई संवैधानिक पर नहीं है इसलिए इनका कार्यकाल भी निश्चित नहीं होता है।

6. (b) सम्राट अशोक के राजादेशों का सबसे पहले विइटन (डिसाइफर) जेम्स प्रिंसेप ने 1837 में किया था। जबकि 1750 में सर्वप्रथम टीफेन्थेंलर महोदय ने दिल्ली में अशोक स्तम्भ का पता लगाया था।

7. (b) बोधिसत्व, बौद्धमत के महायान और हीनयान दोनों सम्प्रदाय में है परन्तु एक ओर जहां हीनयान में बुद्ध के पुराने जन्मों के रूप को बोद्धिसत्व कहा गया है वहीं महायान में यह कल्पना है कि प्रत्येक मोक्ष का इच्छुक एक बोद्धिसत्व है जो कई चरणों को पार करते हुए बुद्धत्व को प्राप्त करता है।

स्रोत—NCERT (Thinkers, Beliefs and Building Cultural Development)

8. (d)

1. एरिपत्ति—जलाश्य को पुनर्निमाण के लिए लगाया हुआ कर।
2. तनियूर—ब्रह्मणों को दिये ग्राम ब्रह्मदेव कहलाते थे, इनमें जो अधिक महत्त्वपूर्ण ब्रह्मदेव थे, माल उन्हीं को तनियूर का दर्जा मिलता था, इसलिए यह गलत होगा कि ब्रह्मणों को दिये गये सभी ग्राम तनियूर कहलाते थे।
3. घटिका—प्राय: मन्दिरों के साथ सम्बद्ध विद्यालय।

9. (c) कारखानों के निजी स्वामी औद्योगिक कर देते थे इन करों की वसूली श्रेणियों के माध्यम से होती थी।

10. (d) बंजारे मध्यकाल के घुमंतू व्यापारी थे जो गांव-गांव, शहर-शहर घूम कर अपना माल बेचते थे।

स्रोत—NCERT Class 7

11. (c) अरघट्टा भूमि की सिंचाई के लिए प्रयुक्त जलचक्र होता था। मध्य एशिया के शक लोगों ने वापी तथा अरघट्टा या रहट का निर्माण किया।

स्रोत—NCERT Class-7

12. (d) मागध—प्राचीन व मध्य कालीन भारत के राजाओं के दरबार में कुछ व्यक्ति होते थे जो राजा की वीरगाथा का गान किया करते थे, जिन्हें मागध कहा जाता था।

स्रोत—Dilip Kumar Ganguly History and Historians in Ancient India Page No. 4.

13. (b) 'Base Erosion and Profit Shifting' नामक इस शब्दावली का प्रयोग उन बहुराष्ट्रीय कम्पनियों के लिये किया जाता है जो कर चोरी के उद्देश्य से कर दाताओं की शरणास्थली (Tax Haven) कही जाने वाल अर्थव्यवस्थाओं में निवेश करते हैं।

14. (a) सन् 1905 में 16 अक्टूबर को लॉर्ड कर्जन के द्वारा बंगाल का विभाजन कर दिया गया, जिसे विरोध में स्वदेशी व बहिष्कार तरीके सर्वप्रथम अपनाये गये। रवीन्द्रनाथ टैगोर ने इस दिन को जन-एकता दिवस या मैत्री दिवस मनाने का सुझाव दिया।

15. (d) 1919 में मान्टेग्यू—चेम्सफोर्ड सुधारों के अन्तर्गत प्रमुख कार्य संविधानिक सुधार से सम्बन्धित था। जिसमें केन्द्रीय विधान मण्डल को दो सदनीय बनाया गया विधान-परिषद और राज्यसभा। इन दोनों सदनों में निर्वाचित सदस्यों का बहुमत था।

16. (b) स्वराज्य प्राप्ति को लेकर नरमपंथियों व गरम पंथियों के बीच विवाद बढ़ता जा रहा था, जहॉ नरमपंथी अंग्रेज सरकार से वार्ता करके समस्या का समाधान चाहती थी तो वहीं गरम दल वालों का इसमें कोई विश्वास नहीं था। 1907 में रासबिहारी घोष की अध्यक्षता में सूरत अधिवेशन में इनके बीच विभाजन हो गया।

17. (d) क्रिप्स मिशन 1942 में भारत आया था, जिसके अध्यक्ष स्टेफोर्ड क्रिप्स थे, इसने द्वितीय विश्व युद्ध की समाप्ति के बाद भारत को डोमिनियम स्टेट्स बनाए जाने की बात कही थी तथा यह कहा था कि भारत को राष्ट्रमण्डल से अलग होने का पूर्ण अधिकार होगा।

18. (c) ज्योतिबा फूले ने जाति भेद विहीन व छुआ-छूत विरोधी-संगठन सत्यशोधक समाज की स्थापना पूने में की थी। इस समाज ने जाति प्रथा के उन्मूलन पर जोर दिया।

19. (c) शिरडी महाराष्ट्र के अहमदनगर जिले में है। क्यों यह जिला विधर्व में नहीं आता है। विधर्व क्षेत्र के जिले है नागपुर व अमरावती।
बोध गया मगध क्षेत्र में आता है जोकि बिहार में पड़ता है और खुजराहो चन्देलवंश क्षेत्र में आता है।
मालवा गोदावरी तट आता है जबकि रायल सीमा आन्ध्रप्रदेश में आता है।

20. (c) तमिल दक्षिण भारत के सिद्ध एकेश्वरवादी थे। वे मुख्यत: शिव के उपासक थे, परन्तु वे शिव लिंग की उपासना के विरोधी थे। कन्नड़ क्षेत्र के सिद्ध लिंगायत शाखा के जनक बासवान के इस सिद्धान्त को मानते थे कि पुर्नजन्म नहीं होता है और जातिप्रथा के विरोधी थे।
स्रोत—NCERT-Bhakti Sati Traditions Page-148

21. (b) अंजता की गुफाएं ईसाकाल से पूर्व से ही बनने लगी थी, जबकि महाबलीपुरम मुख्य रूप से 8वीं शताब्दी में तैयार हुए। अजन्ता मुख्यत: बौद्ध धर्म से सम्बन्धित है जबकि महाबलीपुरम की मूर्तिया पौराणिक हिन्दू गाथाओं से सम्बन्धित है।
स्रोत—NCERT (Temple Architecture in India)

22. (d) ब्रह्मपुत्र की सहायक नदियाँ
1. दिबांग, 2. कमेंग (भरेली नदी), 3. लोहित
2. दिबांग—यह भारत-चीन बार्डर के पास केया पास (दर्रा) से अरूणांचल प्रदेश के दिबांग घाटी जिले से निकलती है तथा बह्मपुत्र में आकर मिल जाती है।
3. कमेंग—कमेंग नदी का पुराना नाम भरेली है तथा इसे अरूणांचल प्रदेश में कमेंग व असम में जया भरोली कहा जाता है। यह हिमालय के तवांग जिले से निकलकर 6,300 मीटर की ऊंचाई से भारत तिब्बत (गोरी चेन पर्वत के हिमालयी झील) बार्डर पार करते हुए अरूणांचल प्रदेश व असम से प्रवाहित होते हुए तेजपुर में ब्रह्मपुत्र से मिलती है।
4. लोहित—यह पूर्वी तिब्बत के जपाल छू पर्वत श्रेणी से निकलकर अरूणांचल में ब्रह्मपुत्र से मिल जाती है इसे खूनी नदी के नाम से जाना जाता है।

23. (d) शैलगैस संसाधन कैम्बेबेसिन—(महाराष्ट्र-गुजरात) व कावेरी बेसिन (तमिलनाडु) व कृष्णा गोदावरी बेसिन (आंध्र प्रदेश) तीनों में पाया जाता है।

24 (a) खराई ऊंट समुद्र तटीय क्षेत्रों में पाये जाते हैं। यह समुद्र-जल में तीन किलोमीटर तक तैरने में सक्षम है। यह मैनोव (Mangroves) की चराई पर जीता है।

25. (d) विषाणु संक्रमित कर सकते है—जीवाणुओं को, कवकों को तथा पादपों को भी।
More Study—NCERT Class Vth Chapter-2

26. (b) ट्रांस क्रिप्येम के तहत जींस की गतिविधियों को बताने वाले RNA मालिक्यूल्स का अध्ययन किया जाता है। ट्रासक्रिप्येम की आयु, जाति और प्रजाति के सूचक की तरह उपयोग किया जा सकता है। mRNA, RNA अणुओं का वह वृहद परिवार है जो DNA से Ribsome तक जेनेटिक सूचना (Gene expression) पहुंचाता है।
स्रोत—भारत 2016 वार्षिकी

27. (b) जून 2013 में न्यूजीलैंड के दक्षिण द्वीप से गूगल द्वारा 30 गुब्बारे लांच कर पायलट परीक्षण के रूप में प्रोजेक्ट लून का शुभारंभ किया गया। यह प्रोजेक्ट एक अनुसंधान एवं विकास परियोजना है जिसका लक्ष्य ग्रामीण एवं दूर-दराज के क्षेत्रों में इंटरनेट सुविधा उपलब्ध कराना है। नवम्बर 2015 में भारत सरकार द्वारा प्रोजेक्ट लून को सैद्धांतिक स्वीकृति प्रदान की गयी।

28. (c) आईएनएस अस्त्रधारिणी भारतीय नौसेना का पहला ऐसा 'टारपीडो लांच एवं रिकवरी पोत' है जो पूरी तरह स्वदेश में ही डिजाइन एवं निर्मित है नौसेना में तैनाती से पूर्व टीरपीडों के परीक्षण हेतु 'टारपीडो लांच एवं रिकवरी पोत' का प्रयोग किया जाता है। 6 अक्टूबर, 2015 को विशाखापत्तनम स्थित नौसैनिक बेस में आयोजित एक समारोह 'टारपीडो लांच एवं रिकवरी पोत' 'INS Astradharini' को भारतीय नौसेना में शामिल कर लिया गया।

29. (a) ग्रीव्ड लाइटनिंग-10 (4L - 10) बैटरी से चलने वाला प्लेन है जिसके 10 इंजन लगे है। यह हेलीकॉप्टर की तरह Take off कर सकता है व हवाई जहाज की तरह उड़ सकता है। यह डीजल - इलेक्ट्रिक एयरक्राफ्ट है। नासा ने इसे बनाया है।
स्रोत—पत्रिका—Environmental Friend

30. (d) ऊर्जा दक्षता ब्यूरों का स्टार लेबल उपभोक्ता को यह जानने में मदद करता है कि वस्तु कितनी ऊर्जा बचाने में सक्षम है। जिन वस्तुओं में ऊर्जा दक्षता ब्यूरों का स्टार लेबल लगा होता है उनमें प्रमुख है—एसी, सीलिंग फैन, रंगीन टीवी, कम्प्यूटर, फ्रिज, डिस्ट्रब्यूशन, ट्रान्सफार्मर, जनरल परपस हेतु मोटर, इंडस्ट्रियल मोटर, इनवरटर, विद्युत गीजर, टीएफआई (Tubular Fluorescent Lamp) आदि।

31. (d) अन्तर्राष्ट्रीय ताप-नाभकीय प्रायोगिक रिएक्टर को ऊर्जा की कमी की समस्या से निबटने के लिए इसे बनाया जा रहा है। भारत सहित विश्व के कई राष्ट्र भी इस संघ में शामिल है। इसकी खूबी यह है कि यह कम ईंधन में ही अधिक ऊर्जा उत्पन्न कर सकता है।

32.(c/b) ड्रिप सिंचाई का तात्पर्य सिचाई की नवीन पद्धति से है जिसमें खेत के नीचे पानी के पाइप का जाल बिछा कर, केवल पौधों की जड़ों को पानी उपलब्ध करना है ताकि पानी के अपव्यय को कम किया जा सकें, मृदा अपरदन में कमी लायी जा सकें और कृषि में प्रयुक्त सिंचाई की नवीन पद्धति कृषि लागत को भी कम करेगी और सूखा ग्रस्त क्षेत्रों में सिंचाई की पर्याप्तता बनी रहेगी जिससे खाद्यान्न उत्पादन में सकारात्मक प्रभाव देखने को मिलेगा।

ध्यातव्य हो कि

खेतों में खत-पतवार निकलने का एक प्रमुख कारण जल की उपलब्धता का बने रहना है यदि ड्रिप सिंचाई से केवल पौधों/फसलों की जड़ों को ही पानी उपलब्ध होगा तो खर-पतवार में कमी आयेगी।

33. (d) 28 सितम्बर, 2015 को भारत के पीएसएलवी की 31वीं उड़ान के तहत 'PSLV-C30' को श्रीहरिकोटा (आन्ध्रप्रदेश) स्थित भारत के स्पेसपोर्ट सतीश धवन अंतरिक्ष केन्द्र से सुबह 10.00 बजे प्रक्षेपित किया गया।

उपग्रह संख्या	—	6 विदेशी उपग्रह
कुल वजन	—	1631
स्थापित	—	यह खगोलीय शोध को समर्पित वेधशाला पृथ्वी की निचली निकट भूमध्यरेखीय कक्षा में लगभग 650 किमी. की ऊंचाई पर स्थापित की गयी है।
महत्त्वपूर्ण तथ्य	—	एस्ट्रो सैट के सफल प्रक्षेपण के साथ भारत अब अमेरिका, रूस, जापान और यूरोपीय संघ के ऐसे विशिष्ट क्लब में शामिल हो गयी है जिन्होंने अपनी अंतरिक्ष वेधशाला स्थापित की है। चीन अभी इस दिशा में प्रयासरत है।

34. (c) Russia, USA, European Union के बाद मंगल के चारों ओर और अंतरिक्षयान को चक्रमण कराने वाला भारत चौथा देय है। 24 सितम्बर 2014 को मंगल पर पहुँचने के साथ ही भारत विश्व में अपने प्रथम प्रयास में ही सफल होने वाला पहला देश बन गया है।

स्रोत—The Hindu + Indian Year Book-2015

35. (c) यह Wifi जैसी ही Wireless Technology है जिसमें विधिबल लाइट कम्प्यूनिकेशन (VLC) के जरिये डाटा ट्रेवल कराया जाता है। यह तकनीक लाईट का यूज करते हुए काफी तीव्र गति से डेटा का आदान-प्रदान करती है। जर्मन वैज्ञानिक होल्ड हास ने इसका अविष्कार किया। इसकी कनेक्टिविटी स्पीड लैब से 1Gbps दर्ज की गयी है जो वाई-फाई से 100 गुना ज्यादा है।

36. (b) रासायनिक आयुध निषेध संगठन का संबंध NATO तथा WHO से जो कि संबंधित राज्यों को रासायनिक आयुध से उत्पन्न होने वाले खतरों के विरूद्ध सहायता एवं संरक्षण प्रदान करता है।

37. (c) स्वच्छ विकास क्रियाविधि—क्योटो प्रोटोकाल से सम्बन्धित है। जबकि प्रमाणित उत्सर्जन कटौती भी क्योटो प्रोटोकाल (1997) से सम्बन्धित है।

38. (a) UN-READ National Programmes का प्रारम्भ 2 सितम्बर, 2008 में किया गया इसका मुख्यालय जेनेवा स्विटजरलैण्ड में है वर्तमान में 64 देश इसके सदस्य हैं। इस प्रोग्राम को प्रारम्भ करने वाली अन्तर्राष्ट्रीय संस्थायें FAO, UNDP, UNEP हैं। इस प्रोग्राम को प्रारम्भ करने का मुख्य उद्देश्य जीव विविधता का संरक्षण करके वन आच्छादित क्षेत्र का विस्तार तथा पारिस्थितिक के अनुकूल दशाओं का विस्तार करना है।

39. (a) ग्रीन हाउस प्रोटोकाल के अन्तर्गत हरित गैसों के उत्सर्जन को कम करने, उनका प्रबन्ध करने, उनके प्रभावों को सीमित करने उनका लेखांकन करने से संबंधित एक अंतर्राष्ट्रीय लेखाकरण का साधन है जिसका प्रयोग सरकार एवं व्यवसाय को नेतृत्व देने वाले व्यक्तियों द्वारा किया जाता है।

40. (a) एजेंडा 21 तैयार करने का श्रेय United Nation को जाता है। एजेंडा 21 धारणीय विकास की संकल्पना पर आधारित 300 पृष्ठ का एक संकलन है जिसकी अवधारणा 1992 में रियोदी जनेरियो (ब्राजील) में हुए प्रथम प्रथ्वी सम्मलेन में प्रस्तुत की गयी थी। अत: विकल्प (a) सही है।

41. (d) गाडगिल और कस्तूरीरंगन समिति की रिपोर्ट पश्चिमी घाट के संरक्षण से संबंधित सिफारिशों से जुड़ी है क्योंकि पश्चिम घाट भारत का प्रमुख जैव विविधता वाला क्षेत्र है इसका विस्तार भारत के 6 राज्यों (महाराष्ट्र, कर्नाटक, गुजरात, गोवा, केरल, तमिलाडु) के 44 जिलों और 142 तालुकों में विस्तृत है। पश्चिम घाट यूनेस्को द्वारा घोषित विश्व विरासत सूची में शामिल है। यह विश्व के जैव विविधता हाट-स्पाट क्षेत्रों में से एक है। इस समिति का गठन केन्द्रीय पर्यावरण और वन मंत्रालय द्वारा मार्च 2010 में गठित की गयी जिसने अपनी रिपोर्ट 31 अगस्त 2011 को भारत सरकार को सौंपी।

42. (a) अन्तर्राष्ट्रीय और गठबन्धन को 2015 में संयुक्त राष्ट्र जलवायु परिवर्तन सम्मेलन (पेरिस) Cob-21 में जो कि UNFCCC के द्वारा आयोजित किया गया था स्वीकार किया गया। इनमें 121 देशों ने समझौता किया जबकि UNO में 193 देश हैं।

43 (b) प्रकाश जावडेकर (पर्यावरण, वन एवं जलवायु परिवर्तन राज्यमंत्री, स्वतंत्र प्रभार) 17 अक्टूबर, 2014 को पर्यावरण एवं वन मंत्रालय द्वारा 'राष्ट्रीय वायु गुणवत्ता सूचकांक' जारी किया गया। इस सूचकांक में 8 प्रदूषकों को शामिल किया गया है- जिनमें प्रमुख हैं-

1. NO_2 (नाइट्रोजन डाइ ऑक्साइड)
2. SO_2 (सल्फर डाइ ऑक्साइड)
3. CO (कार्बन मोनो ऑक्साइड)
4. O_3 (ओजोन)
5. PM_{10}
6. PM_{25}
7. NH_3 (अमोनिया)
8. Pb (लेड)

44. (d) महाराष्ट्र

45 (b) फ्रांस की राजधानी पेरिस में संयुक्त राष्ट्र के तत्त्वाधान में जलवायु परिवर्तन पर महासम्मेलन के 21 वें दौर (Cop-21) की वार्ता का आयोजन 30 नवम्बर से 11 दिसम्बर, 2015 के दौरान किया गया।

महत्वपूर्ण तथ्य

- पेरिस में सम्मेलनोपरांत 195 देशों द्वारा ऐतिहासिक पेरिस समझौता पर सहमति व्यक्त की गयी।
- समझौते के अनुसार पूर्व औद्योगिक युग की तुलना में इस शताब्दी की वैश्विक तापन वृद्धि दर को 2^0C से कम रखना तय किया गया है।
- वर्ष 2020 तक 100 बिलियन डालर की जलवायु निधि हेतु एक स्पष्ट रोडमैप बनाया गया।
- पेरिस समझौते को हस्ताक्षर हेतु यू.एन. के पटल पर रखा जायेगा, जिस पर 'मातृ पृथ्वी दिवस' (Mother Earth Day) 22 अप्रैल, 2016 से एक वर्ष तक हस्ताक्षर किए जा सकेंगे।

46. (d) ग्रेट इंडियन हनिबिल पश्चिमी घाट में प्रमुख रूप से कर्नाटक में पाया जाता है यह रेड लिस्ट में सम्मिलित है।

47. (a) NGRBA नदी बेसिन, योजना एवं प्रबंधन की इकाई है जो कि राष्ट्रीय स्तर पर नदी संरक्षण प्रयासों की अगुवाई करता है।

48. (a) कोर बैंकिंग समाधान एक व्यवस्था है जिसके तहत किसी भी बैंक की शाखा में जाकर किसी भी बैंक को जमा स्वीकार ने का और जमाराशि को निकालने की सुविधा देना है ताकि जमाकर्ता को वेली अपने ही बैंक की शाखा पर निर्भर न रहना पड़े और वह कहीं भी हो अपने नजदीक के किसी बैंक की किसी भी शाखा में जाकर नकदी जमा और शब्दों में कहा जा सकता है कि यह एक ही बैंक की छत के नीचे सभी सुविधा का मिलना। कोर बैंकिंग के उदाहरण है ATM एवं Net Banking.

50. (c) Ease of Doing Business Index को विश्व बैंक द्वारा जारी किया जाता है।

शीर्ष स्थान पाने वाले देश—सिंगापुर, हांगकांग, न्यूजीलैंड।
निम्नतम स्थान पाने वाले देश—चॉड (183 रैंक)
भारत का स्थान—135
कुल देश—183

51. (a) ट्रांस पैसिफिक पार्टनरशिप (TPP) का मुख्य उद्देश्य प्रशान्त महासागर की सीमा को स्पर्श करने वाले 12 देशों के मध्य अतिमहत्त्वाकांक्षी मुक्त व्यापार समझौता है। इस पार्टनरशिप में शामिल 12 देश निम्नवत है- जापान, सिंगापुर, वियतनाम, ब्रुनई, मलेशिया (सभी एशिया से), यूएसए, कनाडा मैक्सिको (उत्तरी अमेरिका से), चिली पेरू (दक्षिणी अमेरिका से), आस्ट्रेलिया, न्यूजीलैंड, (ओशेनिया)

52. (c) Marginal Cost of Funds Based Lending Rate (MCLR) सन्दर्भ में RBI के अनुसार 'जब RBI अपनी नीतिगत दरों में वृद्धि करनता है तो बैंक भी अपने ऋण एवं अग्रिम की दरों को बढ़ा देते हैं परन्तु जब RBI द्वारा नीतिगत दरों में कटौती की जाती है तो बैंक RBI के अनुरूप अपनी ऋण एवं अग्रिम की दरों को नहीं घटाते'। इसलिये RBI ने बैंकों की इस मनमानी पर लगाम लगाते हुए 17 दिसम्बर, 2015 को अग्रिमों पर ब्याज दर की गणना हेतु नई पद्धति MCLR के दिशा निर्देश जारी किये हैं जिसके तहम इस फार्मूले से एक ओर जहां ग्राहकों को कम दर का फायदा मिलेगा, वहीं बैंक द्वारा ब्याज दर तह करने की प्रक्रिया में पारदर्शिता सुनिश्चित होगी।

54. (b) 'Base Eosion and Profit Shifting' नामक इस शब्दावली का प्रयोग बहुराष्ट्रीय कम्पनियों के लिये किया जाता है जो कर चोरी के उद्देश्य से करदाताओं की शरणस्थली (Tax Haven) कही जाने वाली अर्थव्यवस्थाओं में निवेश करते है।

55. (b) बिटकॉइन एक प्रकार आभासी मुद्रा है जिसे इसके उपयोग कर्त्ताओं केमध्य ही उपयोग अथवा आदान-प्रदान किया जा सकता है। इसे ऑनलाइन अदायगी के लिए इसके उपयोग कर्त्ताओं को जाने बिना ही इस्तेमाल अथवा हस्तांतरित किया जा सकता है।

56. (c) 19 मई, 2015 को स्वर्ण मुद्रीकरण योजना का खाका पेश किया गया और सार्वभौविक स्वर्ण बांड योजना 9 सितम्बर, 2015 को प्रधानमंत्री नरेन्द्र मोदी की अध्यक्षता वाली CCEA द्वारा मंजूरी दी गयी। स्वर्ण मुद्रीकरण योजना मुख्य उद्देश्य भारतीय घरों व संस्थाओं में रखे सोने को बाहर लाना तथा सेना पिघलाकर कच्चे

माल के रूप में आभूषण विक्रेताओं को उपलब्ध कराना ताकि स्वर्ण के आयात में कमी लाकर, चालू खाते के घाटे को कम करना है। सार्वभौमिक स्वर्ण बांड योजना का मूल्य उद्देश्य सोने की भौतिक खरीद के स्थान पर स्वर्ण बांड जारी किये जाये ताकि सोने के आयात में कमी लायी जा सकें।

57. (b) Comprehensive Economic Partnership शब्द का प्रयोग ASEAN के 10 सदस्य देशों (म्यामार, कम्बोडिया, बुर्नेई, इण्डोनेशिया, लाओस, मलेशिया, फिलीपीन्स, सिंगापुर, थाईलैण्ड, वियतनाम) एवं एशियान आस्ट्रेलिया, चीन, भारत, जापान, साउथ कोरिया, न्यूजीलैंड के बीच East Asia Summit कम्बोडिया की राजधानी फोन फेन में 20 नवंबर, 2012 को हुई।

58. (c) साल-दर-साल लगातार घाटे को कम करने के लिए की जाने वाली सरकारी कार्यवाहियाँ निम्नवत् है

- व्यय को घटाना
- सब्सिडी को युक्तिसंगत बनाना

जबकि विकल्प में दिये आयात शुल्क को कम करने और नवीन कल्याणकारी योजनाओं को प्रारम्भ करने से सरकारी राजस्व पर दबाव पड़ेगा। अत: (c) विकल्प सही है।

59. (b) संचालक: दूरसंचार कंपनी, शॉपिंग माल, पीएसयू, एनबीएफसी जिनकी अनुमति नहीं है: क्रेडिट कार्ड जारी करने की, एनआरआई जमा को स्वीकारने की और ऋण वितरण की।

60. (b) जलवायु परिवर्तन का सामना करने के लिए विश्व के देशों द्वारा बनाई गई कार्य-योजना।

61. (b) आईएफसी मसाला ब्रांड यह रूपये अंकित मूल्य वाले बॉन्ड (Rupee Denominated Bonds) हैं और सार्वजनिक एवं निजी क्षेत्र के ऋण वित्तीयन के स्त्रेत हैं।

62. (a) ऐम्बर बॉक्स, ब्लू बॉक्स और ग्रीन बॉक्स ये सभी शब्द WTO से सम्बन्धित है और इनका संबंध सब्सिडी से है।

63. (a) एन.डी.ए सरकार द्वारा सड़कों, इमारतों, मशीनरी आदि जैसी परिसंपत्तियों के अधिग्रहण पर किये जाने वाले व्यय को भारत सरकार के पूंजी बजट में सम्मिलित किया गया है।

64. (d) SDR बास्केट में शामिल मुद्रा।

मुद्रा	भारांश
यूएस डालर अमेरिका	41.73%
यूरो (यूरो क्षेत्र)	30.93%
रेन्मिनबी (चीन)	10.92% (SDR बास्केट में शामिल नवीनतम् मुद्रा)
येन (जापान)	8.33%
पौड स्टलिंग (ब्रिटेन)	8.09%

66. (d) आयात आवरण (Import Cover) शब्द का प्रयोग उस स्थिति के लिए किया जाता है कि प्रत्येक देश अपने आयातक भुगतान को पूरा करने के लिए कम से कम 3 माह का विदेशी मुद्रा भण्डार (Forex Reserve) सुरक्षित रखते है। यदि ऐसी स्थिति नहीं होती अर्थात् देश के पास अपने आयात को कवर करने के लिए पर्याप्त विदेशी मुद्रा भण्डार उपलब्ध नहीं है तो वह देश भुगतान संतुलन में संकट की स्थिति में आ जायेगा। अत: विकल्प (d) सही है।

ध्यातव्य हो कि

रूस और चीन की अर्थव्यवस्थाएं दो वर्षों के आयात का विदेशी मुद्रा भण्डार सुरक्षित रखते है।1

67. (c) वित्तीय स्थिरता और विकास परिषद का चेयरमैन केन्द्रीय वित्त मंत्री होते हैं। अन्य सदस्यों के रूप में नियामक संस्थाएं जैसे- RBI, IRDA, IRDA, SEBE, FMC और PFRDA होते हैं जिसका प्रमुख कार्य अर्थव्यवस्था के समष्ठि सविवेक (Macro Presdential) पर्यवेक्षण की मानिटरिंग करना है।

ध्यातव्य हो कि

इसका गठन वर्ष 2010 में तत्कालिक वित्त मंत्री प्रणव मुखर्जी ने एक ओटोनामॅस संस्था के रूप में की थी।

68. (a) हाल ही में भारत ने आंध्र प्रदेश के T Prakasham नामक स्थान पर NI and MZ की स्थापना की। National Investment & Manufacturing Zones की स्थापना को अंतिम अपूर्वल या स्वीकृति दिया है।

69. (a) 8 अप्रैल 2015 को प्रधानमंत्री नरेन्द्र द्वारा विज्ञान भवन, नई दिल्ली से इस योजना का प्रारम्भ हुआ। इस योजना का मुख्य उद्देश्य छोटे कारोबारियों और उद्यमियों जिनमें विशेषकर अनुसूचित जाति, अनुसूचित जनजाति के उद्यमियों को सस्ते दर पर संस्थागत ऋण की सुविधा उपलब्ध कराना है।

70. (b) Global Financial Stability Report अन्तर्राष्ट्रीय मुद्रा कोष द्वारा तैयार की जाती है।

71. (b) मिलेनियम डवलपमेण्ट गोल के स्थान पर 193 सदस्यीय संयुक्त राष्ट्र महासभा ने एक नयी रूप रेखा 'सतत विकास लक्ष्य 2030 का एजेण्डा को अंगीकार किया है इसमें अगले 15 साल के लिए 17 लक्ष्य और 169 प्रयोजन तय किये गये है।

72. (b) 13 जनवरी, 2016 को प्रधानमंत्री नरेन्द्र मोदी की अध्यक्षता में केन्द्रीय मंत्रिमण्डल द्वारा स्वीकृत। इस योजना में फसल और फसल बीमा प्रीमियम को निम्न प्रकार से वर्गीकृत किया गया है

फसल	बीमा प्रीमियम
रबी	कुल प्रीमियम का मात्र 1.5 प्रतिशत किसान द्वारा देय।
खरीफ	कुल प्रीमियम का मात्र 2 प्रतिशत किसान द्वारा देय।
वाणिज्यिक एवं बागवानी	कुल प्रीमियम का मात्र 5 प्रतिशत द्वारा देय। अर्थात प्रश्न का विल्क 1 असत्य है।

इस योना में प्राकृति आपदाओं से होने वाले नुकसानों के साथ-साथ इसमें स्थानीय आपदाओं जैसे-ओलावृष्टि, बेमौसम बारिश और आंधी तूफान से स्थानीय स्तर पर होने वाले नुकसानों को भी शामिल किया गया है ताकि किसानों को ज्यादा आर्थिक सुरक्षा प्रदान की जा सकें।

73. (c) महिलाओं तथा अनुसूचित जाति/जनजाति (SC/ST) के लोगों को उद्यमशील बनाने, अर्थव्यवस्था की मुख्य धारा में लाने तथा स्वरोजगार को बढ़ाने के उद्देश्य से सरकार द्वारा 6 जनवरी 2016 को 'स्टैड अप इंडिया' योजना की शुरूआत की गयी। वित्तीय संस्थानों से संपर्क में कमी के कारण यह वर्ग स्वरोजगार की दिशा में सशक्त नहीं हो सका है।

स्टैड अप योजना के अन्तर्गत 10000 करोड़ रूपये की प्रारंभिक राशि के साथ 'भारतीय लघु उद्योग विकास बैंक' (SIDBI) के द्वारा पुनर्वित खिड़की उपलब्ध करायी जायेगी। राष्ट्रीय क्रेडिट गारंटी ट्रस्टी कम्पनी लिमिटेड द्वारा यह क्रेडिट गारंटी तंत्र का सृजन किया जायेगा।

74. (b) एफ.ए.ओ. पारम्परिक कृषि प्रणालियो को सार्वभौम रूप से महत्त्वपूर्ण कृषि विरासत प्रणाली की हैसियत प्रदान करता है। जिसका उद्देश्य है-पारितंत्र-अनुकूली परम्परागत कृषि पद्धतियों और उनसे सम्बन्धित परिदृश्यों कृषि जैव विविधता और स्थानीय समुदायों के ज्ञान तंत्र का अभिनिर्धारण एवं संरक्षण करना है।

75. (a) सरकार द्वारा चलाये गये 'मिशन इन्द्रधनुष' 7 प्रकार की बिमारियों से बच्चों और गर्भवती महिलाओं को सुरिक्षत करता है।

76. (c) व्याख्या : 20 फरवरी, 2014 को केन्द्रीय मंत्रिमण्डल की आर्थिक कार्य समिति (CCEA) द्वारा केन्द्र प्रायोजित योजना के रूप में 'राष्ट्रीय ग्रीन इंडिया मिशन को मंजूरी प्रदान की गयी। इसका लक्ष्य भारत के घटते वन क्षेत्र का संरक्षण, वनीकरण और वन क्षेत्र में वृद्धि करना है। राष्ट्रीय ग्रीन मिशन की क्रियान्वयन अवधि 12वीं एवं 13वीं पंचवर्षीय योजना के दौरान 10 वर्ष होगी।

ध्यातव्य हो कि

- पूर्वोतर राज्यों के लिए योजना व्यय केन्द्र व राज्य के मध्य क्रमश: 90 : 10
- शेष सभी राज्यों के लिए 75 : 25 का होगा।
- सम्पूर्ण मिशन की लागत लगभग 46 हजार करोड़ रूपये है।

77. (a) नेट मीटरिंग का प्रत्यख संबंध ऐसे परिवारों/उपभोक्ताओं/वाणिज्यिक उपभोक्ताओं से है जो सौर ऊर्जा का उत्पादन करते है और उसका उपभोग करते है। उदाहरण स्वरूप : यदि कोई व्यक्ति अपने घर के छत में और ऊर्जा पैनल लगाता है और सौर ऊर्जा उत्पादित करता है यदि दिन के समय उसकी सौर ऊर्जा उसकी आवश्यकता से अधिक है तो उसका इलेक्ट्रिक मीटर स्वत: ही पीछे हो जायेगा और रात के समय उसने जितना इलेक्ट्रानिक मीटर से बिजली का प्रयोग किया है तो नेट मीटरिंग के द्वारा उसे केवल उतना ही भुगतान करना होगा जितना अतिरिक्त प्रयोग किया है।

78. (a) भारत-अफ्रीका शिखर सम्मेलन 2015 तीसरा सम्मलेन था। जिसका आयोजन 26-290 अक्टूबर 2015 को नई दिल्ली भारत में हुआ था। पहला और दूसरा शिखर सम्मलेन क्रमश: 2008 में दिल्ली, 2011 में आदिस अबाबा (इथोपिया) में आयोजित हुआ था।

79. (a) अण्डमान निकाबार में वैज्ञानिकों ने एक नयी एवं भिन्न जाती की केले के पौधे की खोज की है जिसकी ऊचाई लगभग 11 मीटर है तथा इसके फल का गूदा नारंगी है।

80. (d) इस योजना का उद्देश्य मोटे अनाजों की खेती के लिए किसानों को प्रोत्साहित करना है। इसके लिए योजना है कि किसान समूहों को प्रदर्शन करके इन अनाजों की खेती करने की तकलीफ और फसल कटने के बाद इसके संरक्षण के तरीकों के बारे में प्रशिक्षण केन्द्र के रूप में उपयोग किया जायेगा। ये निर्धन, लघु, सीमान्त एवं जनजातीय किसानों के लिए ही बनायी गयी है। चुने गये किसनों को दो हेक्टेयर तक के खेत के लिए आवश्यक सामग्रियों का एक किट नि:शुल्क दिया जायेगा।

81 (b) 20 दिसम्बर 1971 में स्थापित, Doctors Without Borders (Meecines Sans Frontieres) एक अन्तर्राष्ट्रीय गैर सरकारी संगठन है यह जेनेवा (स्विट्जरलैण्ड) की संस्था है। इस संस्था प्रमुख कार्य क्षेत्र दवायें उपलब्ध कराना है चाहे वह युद्ध के मैदान में घायल होने वाले सैनिक हो, आतंकवाद के शिकार आम नागरिक, किसी प्राकृतिक आपदा के चलते मानव जाति को क्षति, किसी बीमारी या महामारी के चपेट में आये लोग सभी को दवायें उपलब्ध कराना है यह संस्था

वर्तमान में 70 देशों को अपनी सुविधायें निशुल्क उपलब्ध करा रहा है।

82. (a) भारत के उष्णकटिबंधीय वर्षा वन के क्षेत्र हैं-अण्डमान निकोबार द्वीप, पश्चिमी घाट के पूर्व और पश्चिमी क्षेत्र जैसे-तमिलनाडु, कर्नाटक, केरल महाराष्ट्र में, असम अरूणाचल प्रदेश, नागालैण्ड, त्रिपुरा, पश्चिम बंगाल और थोड़ा हिस्सा उड़ीसा का शामिल है। जबकि रेड सेन्डेएस नामक वृक्ष की जाति चित्तूर जिला, आन्ध्र प्रदेश में बहुतायत में है। अत: रेड सेन्डेरस नामक वृक्ष दक्षिण भारत में तो अवश्य पाये जाते हैं परन्तु उष्ण कटिबन्धीय वर्षा वन क्षेत्र में नहीं पाये जाते हैं। अत: विकल्प सत्य है।

83. (b) केन्द्र सरकार खनन एवं स्टील मंत्रालय द्वारा प्रस्तावित जिला मिनरल फाउण्डेशन्स प्रत्येक ऐसे जिले में स्थापित किया जायेगा जहां खनन कार्यों का दुष्प्रभाव लोगों के स्वास्थ्य एवं जीवन पर पड़ता है। अत: विकल्प (b) सही है।

84. (d) 'स्वयं' एक गुणवत्तापूर्ण शिक्षा की वेबसाइड है जहाँ यूवा वर्ग शिक्षा प्राप्त कर सकते है। यह वेबसाइड की शुरूआत मानव संसाधन मंत्रालय द्वारा की गयी। इस वेबसाइड के माध्यम से ऑनलाईन कोर्स की सुविधा उपलब्ध करायी जायेगी। अत: विकल्प (d) सही है।

85. (b) न्यू डेवलपमेण्ट बैंक की स्थापना के समझौते पर हस्ताक्षर जो 14-16 जुलाई, 2014 के मध्य फोर्फालेजा एवं ब्राजीलिया नगर (ब्राजील) में सम्पन्न हुई थी, में किये गये थे और इस बैंक का मुख्यालय शंघाई (चीन) में है, जबकि क्षेत्रीय कार्यालय द. अफ्रीका में है।

86. (d) केशवचन्द्र सेन ने टेबरनेकल ऑफ न्यू डिस्पेंसेशन व इंडियन रिफार्म एसोसिएशन की स्थापना की थी जब कि कलकत्ता यूनियन कमेटी की स्थापना राजा राम मोहन राय ने की थी।

87 (a) Gulf Co-operation Council
स्थापना—25 मई, 1981
कुल संदस्य—6 (बहरीन, कुवैत, ओमान, कतर, सऊदी अरब, यूएई)
मुख्यालय—रियाद, सऊदी अरब

88. (d) यह चीन की स्थानीय विकास और क्षेत्रीय सहयोग को बढ़ाने की महत्त्वाकांखी परियोजना है। रेशम सड़क आर्थिक पट्टी तथा 21वीं सदी की सामुद्रिक रेशम सड़क इन दो परियोजनाओं को मिलाने के लिए सितम्बर 2013 में जिस 'वन बेल्ट वन रोड' कार्यक्रय का प्रस्ताव दिया गया था, उसे जरिये चीन पूरी दुनिया का घेरा बनाना चाहता है। विश्व के 55 प्रतिशत जीएनपी, 70 प्रतिशत जनसंख्या तथा 75 प्रतिशत ज्ञात ऊर्जा भंडारों को समेटने की क्षमता वाली यह योजना वास्तव में चीन द्वारा भूमि एवं समुद्री परिवहन मार्ग बनाने के लिए है, जो चीन के उत्पादन केन्द्रों को दुनिया भर के बाजारों एवं प्राकृतिक संसाधन केन्द्रों से जोड़ेगा।

89. (d) 9 मई, 2015 को प्रधानमंत्री नरेन्द्र मोदी द्वारा कोलकाता, प. बंगाल में प्रारम्भ की गयी। इस योजना का लाभ 18 से 40 वर्ष की आयु का कोई भी व्यक्ति उठा सकता है। परिवार का कोई एक ही सदस्य उसका लाभ उठा सकता है। यह कथन असत्य है। साथ ही यदि अभिदाता की मृत्यु होने पर उसके उत्तराधिकारी को आजीवन पेंशन की समान राशि उपलब्ध होती रहेगी।

90. (b) European Stability Mechanism यूरोपियन यूनियन की एक ऐजेन्सी है जिसका प्रमुख कार्य यूरो क्षेत्र के 19 देशों की वित्तीय स्थिति को सुदृढ करना है। यह मैकेन्जिम इन देशों को ऋण उपलब्ध कराने और यदि बैंक की वित्तीय स्थिति नकारात्मक हो तो ऐसी स्थिति उन बैंकों की वित्तीय सहायता नई मुद्रा उपलब्ध करा कर करता है।

91. (c) भारत सरकार के डिजिटल इंडिया प्रोग्राम के तहत डिजिटल लाकर नामक नयी व्यवस्था की शुरूआत की गयी है जिसके तहत ई-दस्तावेजों को सुरक्षित रखा जाता है और कहीं भी भौतिक रूप से आपकी उपस्थिति हो, आपकी पहुँच सदैव डिजिटल लाकर अर्थात् अपने दस्तावेजों तक रहेगी। डिजिटल लाकर पेपर लैस अर्थात् ग्रीन अर्थव्यवस्था को प्रोत्साहित करता है।

92. (b) गोदावरी-कृष्णा नदी जोड़ो परियोजना

सितम्बर 2015 में आन्ध्रप्रदेश में गोदावरी व कृष्णा नदी को आपस में जोडकर नदी जोड़ों परियोजना का शुभारम्भ किया गया। यह पली नदी जोड़ों परियोजना है। 1 सितम्बर को पश्चिमी गोदावरी जनपद में तटीपुड़ी लिफ्ट सिंचाई परियोजना का जल नवनिर्मित पोलातरम नहर में छोडा गया जो 15 सितम्बर को विजयवाडा के निकट कृष्णा नदीं में बने प्रकाशम बैराज पर आकर मिला।

93. (d) पीआईबी ने विज्ञप्ति निकाली थी 4 नवम्बर 2015 को इसमें नौकरी के लिए। यह बन्दरगाह राजस्थान में बनाया जा रहा है।

94. (a) द मैन न्यू इनफिनिटि शीर्ष वाला चलचित्र भारत के महान गणितज्ञ रामानुजन के जीवन पर आधारित है।

95. (c) सूचकांक—Global Hunger Index
जारीकर्ता—International Food Policy Research Institute
सूचकांक को तैयार—4 (1. Undernourishment 2. Child

करने का आधार—Wasting 3. Child Stunting 4. Child Martality)

96. (d) 5 नवम्बर, 2015 को प्रधानमंत्री नरेन्द्र मोदी की अध्यक्षता में केन्द्रीय मंत्रिमंडल द्वारा Ujjwal Discom Assurance Yojana (UDAY) की स्वीकृति प्रदान की गयी। यह केन्द्रीय विद्युत मंत्रालय द्वारा प्रस्तुत एक नयी योजना है। इस योजना लक्ष्य बिजली वितरण कंपनियों का वित्तीय सुधार करना है और उनका पुनरूद्धार करना है।

97. (c) मरूस्थलीय को रोकने के लिए संयुक्त राष्ट्र अभी समय नव प्रवर्तनकारी राष्ट्रीय कार्यक्रमों एवं समर्थक अन्तर्राष्ट्रीय भागीदारियों के माध्यम से प्रभावकारी कार्यवाही को प्रोत्साहित करता है। यह विशेष रूप से पश्चिमी एशिया व उ.प. व मध्य अफ्रीका के क्षेत्रों पर विशेष ध्यान केन्द्रित करता है।

98. (c) मैला ढोने की प्रथा को समाप्त करने और मैला ढोने वाले कर्मियों को उनके बंधन से मुक्त कराने और उनके पुनर्वासन के लिए।

99. (c)
- मधेसी-नेपाल से संबंधित है।
- रोहेन्गिया-म्यामार
- कुर्द-टर्की, इरान, इराक, सीयिा
- अत: विकल्प (c) सत्य है।

100. (d) नीम, आलेपित यूरिया विशेष फसलों के लिए यह एक अपतृणनाशी और एक उर्वरक का संयोजन है।

सिविल सेवा प्रारंभिक परीक्षा-2015

सामान्य अध्ययन (प्रथम प्रश्न-पत्र)

भारतीय अर्थव्यवस्था

1. भारतीय अर्थव्यवस्था के सन्दर्भ में, निम्नलिखित कथनों पर विचार कीजिए-

1. पिछले दशक में वास्तविक सकल घरेलू उत्पाद की वृद्धि-दर लगातार बढ़ती रही है।
2. पिछले दशक में बाजार कीमतों पर (रुपयों में) सकल घरेलू उत्पाद लगातार बढ़ता रहा है।

उपर्युक्त कथनों में से कौन-सा/से सही है/हैं ?

(a) केवल 1 (b) केवल 2
(c) 1 और 2 दोनों (d) न तो 1 और न ही 2

2. किसी देश की, कर से जी.डी.पी. के अनुपात में कमी क्या सूचित करती है ?

1. आर्थिक वृद्धि-दर धीमी होना
2. राष्ट्रीय आय का कम साम्यिक वितरण

नीचे दिए गए कूट का प्रयोग कर सही उत्तर चुनिए-

(a) केवल 1 (b) केवल 2
(c) न और 2 दोनों (d) न तो 1 और न ही 2

3. भारतीय अर्थव्यवस्था के सन्दर्भ में, निम्नलिखित पर विचार कीजिए-

1. बैंक-दर 2. खुली बाजार कार्रवाई
3. लोक ऋण 4. लोक राजस्व

उपर्युक्त में से कौन-सा/से मौद्रिक नीति का/के घटक है/हैं ?

(a) केवल 1 (b) 2, 3 और 4
(c) 1 और 2 (d) 1, 3 और 4

4. भारत में मुद्रास्फीति के सन्दर्भ में, निम्नलिखित कथनों में से कौन-सा सही है-

(a) भारत में मुद्रास्फीति का नियंत्रण केवल भारत सरकार का उत्तरदायित्व है।
(b) मुद्रास्फीति के नियंत्रण में भारतीय रिजर्व बैंक की कोई भूमिका नहीं है।
(c) घटा हुआ मुद्रा परिचलन (मनी सर्कुलेशन), मुद्रास्फीति के नियंत्रण में सहायता करता है।
(d) बढ़ा हुआ मुद्रा परिचलन, मुद्रास्फीति के नियंत्रण में सहायता करता है।

5. जब भारतीय रिजर्व बैंक साविधिक नकदी अनुपात को 50 आधार अंक (बेसिक पॉइंट) कम कर देता है, तो निम्नलिखित में से क्या होने की सम्भावना होती है ?

(a) भारत की जी.डी.पी. विकास दर प्रबलता से बढ़ेगी।
(b) विदेशी संस्थागत निवेशक हमारे देश में और अधिक पूँजी लायेंगे।
(c) अनुसूचित वाणिज्यिक बैंक अपने उधार देने की दर को घटा सकते है।
(d) इससे बैंकिंग व्यवस्था की नकदी (लिक्विडिटि) में प्रबलता से कमी आ सकती है।

6. निम्नलिखित में से कौन 'औद्योगिक कर्मकारों के लिए उपभोक्ता कीमत सूचकांक (कंज्यूमर प्राइस इंडेक्स नम्बर फॉर इंडस्ट्रियल वर्कर्स)' निकालता है ?

(a) भारतीय रिजर्व बैंक
(b) आर्थिक कार्य बैंक
(c) श्रम ब्यूरो
(d) कार्मिक और प्रशिक्षण विभाग

7. कृषि उत्पादन में काष्ठ के हलों के स्थान पर इस्पात के हलों का उपयोग निम्नलिखित में से किसका उदाहरण है ?

(a) श्रम बढ़ाने वाली प्रौद्योगिकी (टेक्नोलॉजिकल) प्रगति
(b) पूँजी बढ़ाने वाली प्रौद्योगिकी प्रगति
(c) पूँजी घटाने वाली प्रौद्योगिकी प्रगति
(d) उपर्युक्त में से कोई नहीं

8. भारतीय अक्षय ऊर्जा विकास एजेंसी लिमिटेड के सन्दर्भ में, निम्नलिखित में से कौन-सा/से कथन सही है/हैं ?

1. यह एक पब्लिक लिमिटेड सरकारी कम्पनी है।
2. यह एक गैर-बैंकिंग वित्तीय कम्पनी है।

नीचे दिए गए कूट का प्रयोग कर सही उत्तर चुनिए

(a) केवल 1
(b) केवल 2
(c) 1 और 2
(d) न तो 1 और न ही 2

9. 'आठ मूल उद्योगों के सूचकांक (इंडेक्स ऑफ एट कोर इंडस्ट्रीज)' में निम्नलिखित में से किसकापे सर्वाधिक महत्त्व दिया गया है ?

(a) कोयला उत्पादन (b) विद्युत उत्पादन
(c) उर्वरक उत्पादन (d) इस्पात उत्पादन

10. अन्तर्राष्ट्रीय नकदी की समस्या निम्नलिखित में से किसकी अनुपलब्धता है ?

(a) वस्तुएँ और सेवाएँ
(b) सोना और चाँदी
(c) डॉलर और अन्य दुर्लभ मुद्राएँ
(d) निर्यात-योग्य बेशी (सरप्लस)

11. 'एग्रीमेंट ऑन एग्रीकल्चर', 'एग्रीमेंट ऑन दि एप्लीकेशन ऑफ सैनिटरी ऐंड फाइटोसैनिटरी मेजर्स' और 'पीस क्लॉज' शब्द प्राय: समाचारों में किसके मामलों के सन्दर्भ में आते हैं ?

(a) खाद्य और कृषि संगठन
(b) जलवायु परिवर्तन पर संयुक्त राष्ट्र का रूपरेखा सम्मेलन
(c) विश्व व्यापार संगठन
(d) संयुक्त राष्ट्र पर्यावरण कार्यक्रम

12. रूपये की परिवर्तनीयता से क्या तात्पर्य है ?

(a) रूपये के नोटों के बदले सोना प्राप्त कर सकना
(b) रूपये के मूल्य को बाजार की शक्तियों द्वारा निर्धारित होने देना।
(c) रूपये को अन्य मुद्राओं में और अन्य मुद्राओं को रूपये में परिवर्तित करने की स्वतंत्र रूप से अनुज्ञा प्रदान करना
(d) भारत में मुद्राओं के लिए अन्तर्राष्ट्रीय बाजार विकसित करना।

13. वर्ष-प्रतिवर्ष निरन्तर घाटे का बजट रहा है। घाटे को कम करने के लिए सरकार द्वारा निम्नलिखित में से कौन-सी कार्रवाही/कार्रवाइयाँ की जा सकती है/हैं ?

1. राजस्व-व्यय में कमी लाना
2. नई कल्याणकारी योजनाएं लाना
3. उपदानों (सब्सिडीज) का युक्तीकरण करना
4. उद्योगों का विस्तार करना

नीचे दिये गये कूट का प्रयोग कर सही उत्तर चुनिए-

(a) केवल 1 और 3
(b) केवल 2 और 3
(c) केवल 1
(d) 1, 2, 3 और 4

14. 'प्रधानमंत्री जन-धन योजना' निम्नलिखित में से किसके लिए प्रारम्भ की गई है ?

(a) गरीब लोगों को अपेक्षाकृत कम ब्याज-दर पर आवास-ऋण प्रदान करने के लिए
(b) पिछड़े क्षेत्रों में महिलाओं के स्वयं-सहायता समूहों को प्रोत्साहित करने के लिए
(c) देश में वित्तीय समावेशन (फाइनेंशियल इंक्लूजन) को प्रोत्साहित करने के लिए
(d) उपांतिक (मार्जिनलाइज्ड) समुदायों को वित्तीय सहायता प्रदान करने के लिए

15. चौदहवें वित्त आयोग के सन्दर्भ में, निम्नलिखित कथनों में से कौन-सा/से सही है/हैं ?

1. इसने केन्द्रीय विभाज्य पूल में राज्यों को मिलने वाला हिस्सा 32 प्रतिशत से बढ़ाकर 42 प्रतिशत कर दिया है।
2. इसने विशेष तौर पर सेक्टरों से जुड़े (सेक्टर-स्पेसिफिक) अनुदानों से सम्बन्धित सिफारिशें की हैं।

नीचे दिए गए कूट का प्रयोग कर सही उत्तर चुनिए-

(a) केवल 1
(b) केवल 2
(c) 1 और 2 दोनों
(d) न तो 1 और न ही 2

16. भारत सरकार ने नीति आयोग की स्थापना निम्नलिखित में से किसका स्थान लेने के लिए की है ?

(a) मानव अधिकार आयोग
(b) वित्त आयोग
(c) विधि आयोग
(d) योजना आयोग

17. गन्ने की उचित एवं लाभप्रद कीमत को निम्नलिखित में से कौन अनुमोदित करता/करती है ?

(a) आर्थिक मामलों की मंत्रिमण्डलीय समिति
(b) कृषि लागत और कीमत आयोग
(c) कृषि मंत्रालय का विपणन और निरीक्षण
(d) कृषि उत्पाद विपणन समिति

18. निम्नलिखित कथनों पर विचार कीजिए-

1. त्वरित सिंचाई लाभ कार्यक्रम 1996-97 में गरीब किसानों को ऋण सहायता उपलब्ध कराने के लिए आरम्भ किया गया था।
2. कमांड क्षेत्र विकास कार्यक्रम 1974-75 में जल-उपयोग दक्षता के विकास के लिए शुरू किया गया था।

उपर्युक्त कथनों में से कौन-सा/से सही है/हैं ?

(a) केवल 1
(b) केवल 2
(c) 1 और 2 दोनों
(d) न तो 1 और न ही 2

19. समाचारों में प्राय: आने वाला 'बेसल-।।।, समझौता' या सरल शब्दों में 'बेसल-।।।'

(a) जैव विविधता के संरक्षण और धारणीय (सस्टेनेबल) उपयोग के लिए राष्ट्रीय कार्यनीतियाँ विकसित करने का प्रयास करता है।
(b) बैंकिंग क्षेत्रों के, वित्तीय और आर्थिक दबावों का सामना करने के सामर्थ्य को उन्नत करने तथा जोखिम प्रबन्धन को उन्नत करने का प्रयास करता है।
(c) ग्रीन हाउस गैस उत्सर्जन को कम करने का प्रयास करता है किन्तु विकसित देशों पर अपेक्षाकृत भारी बोझ रखता है।
(d) विकसित देशों से निर्धन देशों को प्रौद्योगिकी के अन्तरण का प्रयास करता है ताकि वे प्रशीतन में प्रयुक्त होने वाले क्लोरोफ्लुओरोकार्बन के स्थान पर हानिरहित रसायनों का प्रयोग कर सकें।

विज्ञान एवं प्रौद्योगिकी

20. निम्नलिखित में से किन कार्यकलापों में भारतीय दूर संवेदन उपग्रहों का प्रयोग किया जाता है?

1. फसल की उपज का आकलन
2. भौम जल (ग्राउंडवॉटर) संसाधनों का स्थान-निर्धारण
3. खनिज का अन्वेषण
4. दूरसंचार
5. यातायात अध्ययन

नीचे दिये गये कूट का प्रयोग कर सही उत्तर चुनिए-

(a) केवल 1, 2 और 3
(b) केवल 4 और 5
(c) केवल 1 और 2
(d) 1, 2, 3, 4 और 5

21. 'फ्यूअल सेल्स' जिसमें हाइड्रोजन से मृद्ध ईंधन और ऑक्सीजन का उपयोग विद्युत पैदा करो के लिए होता है, के सन्दर्भ में निम्नलिखित कथनों पर विचार कीजिए-

1. यदि शुद्ध हाइड्रोजन का उपयोग ईंधन के रूप में होता है, तो फ्यूअल सेल उप-उत्पाद (बाई-प्रोडक्ट) के रूप में ऊष्मा एवं जल का उत्सर्जन करता है।
2. फ्यूअल सेल्स का उपयोग भवनों को विद्युत प्रदाय के लिए तो किया जा सकता है, किन्तु लैपटॉप कम्प्यूटर जैसी छोटी युक्तियों (डिवाइसेज) के लिए नहीं।

उपर्युक्त कथनों में से कौन-सा/से सही है/हैं?

(a) केवल 1
(b) केवल 2 और 3
(c) केवल 1 और 3
(d) 1, 2 और 3

22. ईंधन के रूप में कोयले का उपयोग करने वाले शक्ति संयंत्रों से प्राप्त 'फ्लाई ऐश' के सन्दर्भ में, निम्नलिखित कथनों में से कौन-सा/से सही है/हैं?

1. फ्लाई ऐश का उपयोग भवन निर्माण के लिए ईंटों के उत्पादन में किया जा सकता है।
2. फ्लाई ऐश का उपयोग कंक्रीट के कुछ पोर्टलैंड सीमेंट अंश के स्थानापन्न (रिप्लेसमेंट) के रूप में किया जा सकता है।
3. फ्लाई ऐश केवल सिलिकॉन डाइऑक्साइड तथा कैल्सियम ऑक्साइड से बना होता है और इसमें कोई विषाक्त (टॉक्सिक) तत्त्व नहीं होते।

नीचे दिए गए कूट का प्रयोग कर सही उत्तर चुनिए-

(a) 1 और 2 (b) केवल 2
(c) 1 और 3 (d) केवल 3

23. भारतीय रेल द्वारा उपयोग में लाये जाने वाले जैव शौचालयों (बायो-टॉयलेट्स) के सन्दर्भ में, निम्नलिखित कथनों पर विचार कीजिए-

1. जैव शौचालयों में मान अपशिष्ट का अपघटन फंगल इनॉकुलम द्वारा उपक्रमित (इनिशिएट) होता है।
2. इस अपघटन के अंत्य उत्पाद केवल अमोनिया एवं जन-वाष्प होते हैं, जो वायुमण्डल में निर्मुक्त हो जाते हैं।

उपर्युक्त कथनों में से कौन-सा/से सही है/हैं?

(a) केवल 1 (b) केवल 2
(c) 1 और 2 (d) न तो 1 और न ही 2

24. कृषि में नाइट्रोजनी उर्वरकों के अत्यधिक/अनुपयुक्त उपयोग का क्या प्रभाव हो सकता है?

1. नाइट्रोजन यौगिकीकरण सूक्ष्मजीवों (नाईट्रोजन फिक्सिंग माइक्रोऑर्गनिज्म्स) का मिट्टी में प्रचुरोद्भवन (प्रोलिफरेशन) हो सकता है।
2. मिट्टी की अम्लता में बढ़ोतरी हो सकती है।
3. भौम जल (ग्राउंडवॉटर) में नाइट्रेट का निक्षालन (लीचिंग) हो सकता है।

नीचे दिए गए कूट का प्रयोग कर सही उत्तर चुनिए-

(a) केवल 1 और 3 (b) केवल 2
(c) केवल 2 और 3 (d) 1, 2 और 3

25. जेनेटिक इंजीनियरिंग अनुमोदन समिति का गठन निम्नलिखित में से किसके अधीन किया गया?

(a) खाद्य सुरक्षा एवं मानक अधिनियम, 2006
(b) माल के भौगोलिक उपदर्शन (रजिस्ट्रीकरण और संरक्षण) अधिनियम (जियोग्राफिकल इंडिकेशंस ऑफ गुड्स (रजिस्ट्रेशन ऐंड प्रोटेक्शन) ऐक्ट, 1999
(c) पर्यावरण (संरक्षण) अधिनियम, 1986
(d) वन्य जीव (संरक्षण) अधिनियम, 1972

26. आधुनिक वैज्ञानिक अनुसंधान के सन्दर्भ में, हाल ही में समाचारों में आये दक्षिणी ध्रुव पर स्थित एक कण संसूचक (पार्टिकल डिटेक्टर) 'आइसक्यूब' के बारे में निम्नलिखित कथनों पर विचार कीजिए-

1. यह विश्व का सबसे बड़ा, बर्फ में एक धन किलोमीटर घेरे वाला, न्यूट्रिनों संसूचक (न्यूट्रिनो डिटेक्टर) है।
2. यह डार्क मैटर की खोज के लिए बनी शक्तिशाली दूरबीन है।
3. यह बर्फ में गहराई में दबा हुआ है।

उपर्युक्त कथनों में से कौन-सा/से सही है/हैं?

(a) केवल 1 (b) केवल 2 और 3
(c) केवल 1 और 3 (d) 1, 2 और 3

27. 'निकट क्षेत्र संचार (नियर फील्ड कम्युनिकेशन) प्रौद्योगिकी' के सन्दर्भ में, निम्नलिखित कथनों में से कौन-सा/से सही है/हैं ?

1. यह एक सम्पर्करहित संचार प्रौद्योगिकी है, जो विद्युत-चुम्बकीय रेडिया क्षेत्रों का उपयोग करती है।
2. एन.एफ.सी. उन युक्तियों (डिवाइसेज) द्वारा उपयोग के लिए अभिकल्पित किया गया है, जो एक-दूसरे से एक मीटर की दूरी पर भी स्थित हो सकते हैं।
3. यह एक सम्पर्करहित संचार प्रौद्योगिकी है, जो विद्युत-चुम्बकीय रेडियो क्षेत्रों का उपयोग करती है।

नीचे दिए गए कूट का प्रयोग कर सही उत्तर चुनिए-

(a) केवल 1 और 2 (b) केवल 3
(c) केवल 1 और 3 (d) 1, 2 और 3

28. विभिन्न उत्पादों के विनिर्माण में उद्योग द्वारा प्रयुक्त होने वाले कुछ रासायनिक तत्त्वों के नैनो कणों के बारे में कुछ चिन्ता है। क्यों ?

1. वे पर्यावरण में संचित हो सकते हैं तथा जल और मृदा को सन्दूषित कर सकते है।
2. वे खाद्य श्रृंखलाओं में प्रविष्ट हो सकते है।
3. वे मुक्त मूलकों के उत्पादन को विमोचित कर सकते हैं।

कूट:

(a) 1 और 2
(b) केवल 3
(c) 1 और 3
(d) ये सभी

भारत एवं विश्व का भूगोल

29. निम्नलिखित राज्यों पर विचार कीजिए-

1. अरूणाचल प्रदेश 2. हिमांचल प्रदेश
3. मिजोरम

उपर्युक्त राज्यों में से किसमें/किनमें 'उष्णकटिबन्धीय आर्दता सदापर्णी वन' होते हैं ?

(a) केवल 1 (b) केवल 2 और 3
(c) केवल 1 और 3 (d) 1, 2 और 3

30. निम्नलिखित नदियों पर विचार कीजिए-

(1) वंशधारा (2) इन्द्रावती
(3) प्रणहिता (4) पेन्नार

उपर्युक्त में से कौन-सी गोदावरी की सहायक नदियाँ हैं ?

(a) 1, 2 और 3 (b) 2, 3 और 4
(c) 1, 2 और 4 (d) केवल 2 और 3

31. निम्नलिखित युग्मों पर विचार कीजिए-

तीर्थस्थान		अवस्थिति
1. श्रीशैलम	—	नल्लमला पहाड़ियाँ
2. ओंकारेस्वर	—	सतमाला पहाड़ियाँ
3. पुष्कर	—	महादेव पहाड़ियाँ

उपर्युक्त में से कौन-सा/से युग्म सही सुमेलित है/हैं ?

(a) केवल-1
(b) केवल 2 और 3
(c) केवल 1 और 3
(d) 1, 2 और 3

32. भारत के एक विशेष क्षेत्र में, स्थानीय लोग जीवित वृक्षों की जड़ों का अनुवर्धन कर इन्हें जलधारा के आर-पार सुदृढ़ पुलों में रूपान्तरित कर देते हैं। जैसे-जैसे समय गुजरता है, ये पुल और अधिक मजबूत होते जाते हैं। ये अनोखे 'जीवित जड़ पुल' कहाँ पाये जाते हैं ?

(a) मेघालय
(b) हिमाचल प्रदेश
(c) झारखण्ड
(d) तमिलनाडु

33. भारत के राज्यों का निम्नलिखित में से कौन-सा एक युग्म, सबसे पूर्वी और सबसे पश्चिमी राज्य को इंगित करता है ?

(a) असम और राजस्थान
(b) अरूणाचल प्रदेश और राजस्थान
(c) असम और गुजरात
(d) अरूणाचल प्रदेश और गुजरात

34. महासागर और समुद्रों में ज्वार भाटाएँ किसके/किनके कारण होता/होते हैं ?

1. सूर्य का गुरूत्वीय बल
2. चन्द्रमा का गुरूत्वीय बल
3. पृथ्वी का अपकेन्द्रीय बल

नीचे दिए गए कूट का प्रयोग कर सही उत्तर चुनिए-

(a) केवल 1
(b) केवल 2 और 3
(c) केवल 1 और 3
(d) 1, 2 और 3

भारतीय संविधान

35. कैबिनेट मिशन के सन्दर्भ में, निम्नलिखित में से कौन-सा/से कथन सही है/हैं ?

1. इसने एक संघीय सरकार के लिए सिफ़ारिश की।
2. इसने भारतीय न्यायालयों की शक्तियों का विस्तार किया।
3. इसने ICS में और अधिक भारतीयों के लिए उपबन्ध किया।

नीचे दिए गए कूट का प्रयोग कर सही उत्तर चुनिए-

(a) केवल 1 (b) 2 और 3
(c) 1 और 3 (d) कोई नहीं

36. भारत सरकार अधिनियम, 1919 ने निम्नलिखित में से किसको स्पष्ट रूप से परिभाषित किया ?

(a) न्यायपालिका एवं विधायिका (लेजिस्लेचर) के बीच शक्ति का पृथक्करण
(b) केन्द्रीय एवं प्रान्तीय सरकारों की अधिकारिता
(c) भारत के सेक्रेटरी ऑफ स्टेट एवं वाइसरॉय की शक्तियाँ
(d) उपर्युक्त में से कोई नही

37. 'भारत की प्रभुता, एकता और अखण्डता की रक्षा करें और उसे अक्षुण्ण रखें।' यह उपबन्ध किसमें किया गया है ?

(a) संविधान की उद्देशिका
(b) राज्य की नीति के निदेशक तत्त्व
(c) मूल अधिकार
(d) मूल कर्त्तव्य

38. भारत के संविधान में 'कल्याणकारी राज्य' का आदर्श किसमें प्रतिष्ठापित है ?

(a) उद्देशिका
(b) राज्य की नीति के निदेशक तत्त्व
(c) मूल अधिकार
(d) सातवीं अनुसूची

39. राज्य की नीति के निदेशक तत्त्वों के बारे में निम्नलिखित कथनों पर विचार कीजिए-

1. ये तत्त्व देश के सामाजिक-आर्थिक लोकतंत्र की करते हैं।
2. इन तत्त्वों में अन्तर्विष्ट उपबन्ध किसी न्यायालय द्वारा प्रवर्तनीय (एन्फोर्सिएबल) नहीं हैं।

उपर्युक्त कथनों में से कौन सा/से सही है/हैं ?

(a) केवल 1 (b) केवल 2
(c) 1 और 2 दोनों (d) न तो 1 और न ही 2

40. निम्नलिखित कथनों पर विचार कीजिए-

1. भारत में किसी राज्य की विधान परिषद आकार में उस राज्य की विधान सभा के आधे से अधिक बड़ी हो सकती है।
2. किसी राज्य का राज्यपाल उस राज्य की विधान परिषद के सभापति को नामनिर्देशित करता है।

उपर्युक्त कथनों में से कौन-सा/से सही है/हैं ?

(a) केवल 1 (b) केवल 2
(c) 1 और 2 दोनों (d) न तो 1 और न ही 2

41. निम्नलिखित कथनों पर विचार कीजिए-

1. भारतीय संघ की कार्यपालिका शक्ति प्रधानमंत्री में निहित है।
2. प्रधानमंत्री सिविल सेवा बोर्ड का पदेन अध्यक्ष होता है।

उपर्युक्त कथनों में से कौन-सा/से सही है/हैं ?

(a) केवल 1 (b) केवल 2
(c) 1 और 2 दोनों (d) न तो 1 और न ही 2

42. भारत में संसदीय प्रणाली की सरकार है, क्योंकि-

(a) लोक सभा जनता द्वारा प्रत्यक्ष रूप से निर्वाचित होती है।
(b) संसद संविधान का संशोधन कर सकती है
(c) राज्य सभा को भंग नहीं किया जा सकता
(d) मंत्रिपरिषद, लोक सभा के प्रति उत्तरदायी है

43. निम्नलिखित कथनों पर विचार कीजिए-

1. राज्य सभा में धन विधेयक को या तो अस्वीकार करने या संशोधित करने की कोई शक्ति निहित नहीं है।
2. राज्य सभा अनुदानों की माँगों पर मतदान नहीं कर सकती है।
3. राज्य सभा में वार्षिक वित्तीय विवरण पर चर्चा नहीं हो सकती।

उपर्युक्त कथनों में से कौन-सा/से सही है/हैं ?

(a) केवल 1 (b) केवल 1 और 2
(c) केवल 2 और 3 (d) 1, 2 और 3

44. जब संसद के दोनों सदनों की संयुक्त बैठक में कोई विधेयक निर्दिष्ट (रेफर) किया जाता है, तो इसे किसके द्वारा पारित किया जाना होता है ?

(a) उपस्थित तथा मत देने वाले सदस्यों का साधारण बहुमत
(b) उपस्थित तथा मत देने वाले सदस्यों का तीन-चौथाई बहुमत
(c) सदनों का दो-तिहाई बहुमत
(d) सदनों का पूर्ण बहुमत

45. संघ की सरकार (यूनियन गवर्नमेंट) के सन्दर्भ में, निम्नलिखित कथनों पर विचार कीजिए-

1. राजस्व विभाग, संसद में प्रस्तुत किये जाने वाले केन्द्रीय बजट को तैयार करने के लिए उत्तरदायी है।
2. भारत की संसद के प्राधिकरण (ऑथराइजेशन) के बिना कोई धन भारत की संचित निधि से निकाला नहीं जा सकता।
3. लोक लेखा से किए जाने वाले सभी संवितरणों (डिंसबर्समेंट्स) के लिए भी भारत की संसद के प्राधिकरण की आवश्यकता होती है।

उपर्युक्त कथनों में से कौन-सा/से सही है/हैं ?

(a) केवल 1 और 2 (b) केवल 2 और 3
(c) केवल 2 (d) 1, 2 और 3

46. भारत के संविधान में पाँचवीं अनुसूची और छठी अनुसूची के उपबन्ध निम्नलिखित में से किसलिए किए गए हैं ?

(a) अनुसूचित जनजातियों के हितों के संरक्षण के लिए।
(b) राज्यों के बीच सीमाओं के निर्धारण के लिए।
(c) पंचायतों की शक्तियों, प्राधिकारों और उत्तरदायित्वों के निर्धारण के लिए।
(d) सभी सीमावर्ती राज्यों के हितों के संरक्षण के लिए

47. पंचायती राज व्यवस्था का मूल उद्देश्य क्या सुनिश्चित करना है ?

1. विकास में जन-भागीदारी
2. राजनीतिक जवाबदेही
3. लोकतांत्रिक विकेन्द्रीकरण
4. वित्तीय संग्रहण (फाइनेंशियल मोबिलाइजेशन)

नीचे दिए गए कूट का प्रयोग कर सही उत्तर चुनिए-

(a) केवल 1, 2 और 3
(b) केवल 2 और 4
(c) केवल 1 और 3
(d) 1, 2, 3 और 4

48. निम्नलिखित में से कौन भारत के संविधान का अभिरक्षक (कस्टोडियन) है ?

(a) भारत का राष्ट्रपति
(b) भारत का प्रधानमंत्री
(c) लोक सभा सचिवालय

पर्यावरण एवं पारिस्थितिकी

49. निम्नलिखित में से कौन-सा एक, 'पारितंत्र (ईकोसिस्टम)' शब्द का सर्वोत्कृष्ट वर्णन है ?

(a) एक-दूसरे से अन्योन्यक्रिया करने वाले जीवों (ऑर्गनिज्म्स) द्वारा आवासित है।
(b) पृथ्वी का वह भाग जो सजीव जीवों (लिविंग ऑर्गनिज्म्स) द्वारा आवासित है।
(c) जीवों (ऑर्गनिज्म्स) का समुदाय और साथ ही वह पर्यावरण जिसमें वे रहते हैं।
(d) किसी भौगोलिक क्षेत्र के वनस्पतिजात और प्राणिजात।

50. भारत में पाये जाने वाले स्तनधारी 'डयूगोंग' के सन्दर्भ में, निम्नलिखित कथनों में से कौन-सा/से सही है/हैं ?

1. यह एक शकाहारी समुद्री जानवर है।
2. यह भारत के पूरे समुद्र तट के साथ-साथ पाया जाता है।
3. इसे वन्य जीव (संरक्षण) अधिनियम, 1972 की अनुसूची-। के अधीन विधिक संरक्षण दिया गया है।

नीचे दिए गए कूट का प्रयोग कर सही उत्तर चुनिए-

(a) 1 और 2 (b) केवल 2
(c) 1 और 3 (d) केवल 3

51. भारत के निम्नलिखित क्षेत्रों में से किस एक में, मैंग्रोव वन, सदापर्णी वन और पर्णपाती बनों का संयोजन है ?

(a) उत्तर तटीय आंध्र प्रदेश
(b) दक्षिण-पश्चिम बंगाल
(c) दक्षिणी सौराष्ट्र
(d) अन्डमान और निकोबार द्वीपसमूह

52. निम्नलिखित नैशनल पार्कों में से किस एक की जलवायु उष्णकटिबंधीय से उपोष्ण, शीतोष्ण अंटार्कटिक तक परिवर्तित होती है।

(a) कंचनजंघा नैशनल पार्क
(b) नंदादेवी नैशनल पार्क
(c) नेवरा वैलि नैशनल पार्क
(d) नामदफा नैशनल पार्क

53. 'बर्डलाइफ इंटरनेशनल' नामक संगठन के सन्दर्भ में, निम्नलिखित में से कौन-सा/से कथन सही है/हैं ?

1. यह संरक्षण संगठनों की विश्वव्यापी भागीदारी है।
2. 'जैव विविधता हॉटस्पॉट' की संकल्पना इस संगठन से शुरू हुई।
3. यह 'महत्त्वपूर्ण पक्षी एवं जैव विविधता क्षेत्र (इम्पाटैंट बर्ड ऐंड बॉयोडाइवर्सिटि एरियाज)' के रूप में ज्ञात/निर्दिष्ट स्थलों की पहचान करता है।

नीचे दिए गए कूट का प्रयोग कर सही उत्तर चुनिए-

(a) केवल 1
(b) केवल 2 और 3
(c) केवल 1 और 3
(d) 1, 2 और 3

54. निम्नलिखित में से कौन-सा एक नेशनल पार्क इसलिए अनूठा है कि वह एक प्लवमान (फ्लोटिंग) वनस्पति से युक्त अनूप (स्वैंप) होने के कारण समृद्ध जैव विविधता को बढ़ावा देता है ?

(a) भीतरकणिका नैशनल पार्क
(b) केइबुल लाम्जाओ नैशनल पार्क
(c) केवलादेव घाना नैशनल पार्क
(d) सुल्तानपुर नैशलन पार्क

55. प्रकृति एवं प्राकृतिक संसाधनों के संरक्षण के लिए अन्तर्राष्ट्रीय संघ (इंटरनेशनल यूनियन फॉर कन्जर्वेशन ऑफ नेचर ऐंड नेचुरल रिसोर्सेज) तथा वन्य प्राणिजात एवं वनस्पतिजात की संकटापन्न स्पीशीज के अन्तर्राष्ट्रीय व्यापार पर कर्न्वेशन (कर्न्वेशन ऑन इंटरनैशनल ट्रेड इन एन्डेंजर्ड स्पीशीज ऑफ बाइल्ड फॉना ऐंड फ्लोर) के सन्दर्भ में, निम्नलिखित कथनों में से कौन-सा/ से सही है/हैं ?

1. IUCN संयुक्त राष्ट्र (UN) का एक अंग है तथा CITES सरकारों के बीच अन्तर्राष्ट्रीय करार है।
2. IUCN प्राकृतिक पर्यावरण के बेहतर प्रबन्धन के लिए, विश्व भर में हजारों क्षेत्र-परियोजनाएँ चलाता है।
3. CITES उन राज्यों पर वैध रूप से आबद्धकर है जो इसमें शामिल हुए हैं, लेकिन यह कन्वेंशन राष्ट्रीय विधियों का स्थान नहीं लेता है।

नीचे दिए गए कूट का प्रयोग कर सही उत्तर चुनिए-

(a) केवल 1 (b) केवल 2 और 3
(c) केवल 1 और 3 (d) 1, 2 और 3

56. 'हरित जलवायु निधि' (ग्रीन क्लाइमेंट फंड के बारे में निम्नलिखित में से कौ-सा/से कथन सही है/है ?

1. यह विकासशील देशों को जलवायु परिवर्तन का सामना करने हेतु अनुकूलन और न्यूनीकरण पद्धतियों सहायता देने के आशय से बनी है।
2. इसे UNEP, OECD, एशिया विकास बैंक और विश्व बैंक के तत्त्वावधान में स्थापित किया गया है।

नीचे दिए गए कूट का प्रयोग कर सही उत्तर चुनिए-

(a) केवल 1 (b) केवल 2
(c) 1 और 2 दोनों (d) न तो 1 और न ही 2

57. प्राय: समाचारों में देखी जाने वाली 'बीजिंग घोषणा और कार्रवाई मंच (बीजिंग डिक्लरेशन ऐंड प्लैटफॉर्म ऐक्शन)' निम्नलिखित में से क्या है ?

(a) क्षेत्रीय आतंकवाद से निपटने की एक कार्यनीति (स्ट्रैटजी), शंघाई सहयोग संगठन (शंघाई को ऑपरेशन ऑर्गनाइजेशन) की बैठक का एक परिणाम
(b) एशिया-प्रशान्त क्षेत्र में धारणीय आर्थिक संवृद्धि की एक कार्य-योजना, एशिया-प्रशान्त आर्थिक मंच (एशिया-पैसिफिक इकनॉमिक फोरम) के विचार-विमर्श का एक परिणाम।
(c) महिला सशक्तीकरण हेतु एक कार्यसूची, संयुक्त राष्ट्र द्वारा आयोजित विश्व सम्मेलन का एक परिणाम।
(d) वन्य जीवों के दुर्व्यापार (ट्रैफिकिंग) की रोकथाम हेतु कार्यनीति, पूर्वी एशिया शिखर सम्मेलन (ईस्ट एशिया समिट) की एक उद्घोषणा।

58. 'फ्यूअल सेल्स' जिसमें हाइड्रोजन से मृद्ध ईंधन और ऑक्सीजन का उपयोग विद्युत पैदा करो के लिए होता है, के सन्दर्भ में निम्नलिखित कथनों पर विचार कीजिए-

1. यदि शुद्ध हाइड्रोजन का उपयोग ईंधन के रूप में होता है, तो फ्यूअल सेल उप-उत्पाद (बाई-प्रोडक्ट) के रूप में ऊष्मा एवं जल का उत्सर्जन करता है।
2. फ्यूअल सेल्स का उपयोग भवनों को विद्युत प्रदाय के लिए तो किया जा सकता है, किन्तु लैपटॉप कम्प्यूटर जैसी छोटी युक्तियों (डिवाइसेज) के लिए नहीं।

उपर्युक्त कथनों में से कौन-सा/से सही है/हैं ?

(a) केवल 1 (b) केवल 2 और 3
(c) केवल 1 और 3 (d) 1, 2 और 3

59. ईंधन के रूप में कोयले का उपयोग करने वाले शक्ति संयंत्रों से प्राप्त 'फ्लाई ऐश' के सन्दर्भ में, निम्नलिखित कथनों में से कौन-सा/से सही है/हैं ?

1. फ्लाई ऐश का उपयोग भवन निर्माण के लिए ईंटों के उत्पादन में किया जा सकता है।
2. फ्लाई ऐश का उपयोग कंक्रीट के कुछ पोर्टलैंड सीमेंट अंश के स्थानापन्न (रिप्लेसमेंट) के रूप में किया जा सकता है।
3. फ्लाई ऐश केवल सिलिकॉन डाइऑक्साइड तथा कैल्सियम ऑक्साइड से बना होता है और इसमें कोई विषाक्त (टॉक्सिक) तत्त्व नहीं होते।

नीचे दिए गए कूट का प्रयोग कर सही उत्तर चुनिए-

(a) 1 और 2 (b) केवल 2
(c) 1 और 3 (d) केवल 3

60. निम्नलिखित में से कौन-सा एक, ओजोन का अवक्षय करने वाले पदार्थों के प्रयोग पर नियंत्रण करने और उन्हें चरणबद्ध रूप से प्रयोग-बह्य करने (फेजिंग आउट) के मुद्दे से सम्बद्ध है ?

(a) ब्रेटन बुड्स (b) मॉन्ट्रियाल प्रोटोकॉल
(c) क्योटो प्रोटोकॉल (d) नगोया प्रोटोकॉल

61 वन कार्बन भागीदारी सुविधा (फॉरेस्ट कार्बन पार्टनरशिप फेसिलिटी) के सन्दर्भ में, निम्नलिखित में से कौन-सा/से कथन सही है/हैं ?

1. यह सरकारों, व्यवसायों, नागरिक, समाज और देशी जनों (इंडिजिनस पीपल्स) की एक वैश्विक भागीदारी है।
2. यह धारणीय (सस्टेनेबल) वन प्रबन्धन हेतु पर्यावरण-अनुकूली (ईको-फ्रैंडली) और जलवायु अनुकूलन (क्लाइमेट ऐडेप्टेशन) प्रौद्योगिकियों (टेक्नोलॉजीज) के विकास के लिए वैज्ञानिक वानिकी अनुसंधान में लगबे विश्वविद्यालयों, विशेष (इंडिविजुअल) वैज्ञानिकों तथा संस्थाओं को वित्तीय सहायता प्रदान करती है।
3. यह देशों की, उनके 'वनोन्मूलन और वन-निम्नीकरण उत्सर्जन कम करने+ (रिडयूसिंग एमिसन्स फ्रॉम डीफॉरेस्टेशन ऐंड फॉरेस्ट डिग्रेडेशन+) प्रयासों में वित्तीय एवं तकनीकी सहायता प्रदान कर, मदद करती है।

नीचे दिये गये कूट का प्रयोग कर सही उत्तर चुनिए-

(a) केवल 1 (b) कवेल 2 और 3
(c) केवल 1 और 3 (d) 1, 2 और 3

62. दक्षिण-पश्चिमी एशिया का निम्नलिखित में से कौन-सा एक देश भूमध्यसागर तक फैला नहीं है?

(a) सीरिया (b) जॉर्डन
(c) लेबनान (d) इजराइल

63. भारत में, निम्नलिखित में से किस एक वन-प्रारूप में, सागौन (टीक) एक प्रभावी वृक्ष स्पीशीज है?

(a) उष्णकटिबंधीय आर्द्र पर्णपाती वन
(b) उष्णकटिबंधीय वर्षा वन
(c) उष्णकटिबंधीय कँटीली झाड़ी वन
(d) घासस्थलयुक्त शीतोष्ण वन

64. उष्णकटिबंधीय (ट्रॉपिकल) अक्षांशों में दक्षिणी अटलांटिक और दक्षिण-पूर्वी प्रशान्त क्षेत्रों में चक्रवात उत्पन्न नहीं होता। इसका क्या कारण है?

(a) समुद्री पुष्ठों के ताप निम्न होते है?
(b) अन्तः उष्णकटिबंधीय अभिसारी क्षेत्र (इंटर-ट्रॉपिकल कन्वर्जेंस जोन) बिरले ही होता है।
(c) कोरिऑलिस बल अत्यन्त दुर्बल होता है।
(d) उन क्षेत्रों में भूमि मौजूदा नहीं होती।

65. विषुवतीय प्रतिधाराओं (इक्वेटोरियल काउंटर-करेंट) के पूर्वाभिमुख प्रवाह की व्याख्या किससे होती है?

(a) पृथ्वी का अपने पक्ष पर घूर्णर्
(b) दो विषुवतीय धाराओं का अभिसरण (कन्वर्जेस)
(c) जल की लवणता में अन्तर
(d) विषुवत्-वृत्त के पास प्रशान्तमण्डल मेखला (बेल्ट ऑफ काम) का होना

66. आधुनिक वैज्ञानिक अनुसंधान के सन्दर्भ में, हाल ही में समाचारों में आये दक्षिणी ध्रुव पर स्थित एक कण संसूचक (पार्टिकल डिटेक्टर) 'आइसक्यूब' के बारे में निम्नलिखित कथनों पर विचार कीजिए-

1. यह विश्व का सबसे बड़ा, बर्फ में एक धन किलोमीटर घेरे वाला, न्यूट्रिनों संसूचक (न्यूट्रिनो डिटेक्टर) है।
2. यह डार्क मैटर की खोज के लिए बनी शक्तिशाली दूरबीन है।
3. यह बर्फ में गहराई में दबा हुआ है।

उपर्युक्त कथनों में से कौन-सा/से सही है/हैं?

(a) केवल 1 (b) केवल 2 और 3
(c) केवल 1 और 3 (d) 1, 2 और 3

67. 'बायोकार्बन फंड इनिशिएटिव फॉर सस्टेनेबल फॉरेस्ट लैंडस्केप्स का प्रबन्धन निम्नलिखित में से कौन करता है?

(a) एशिया विकास बैंक
(b) अन्तर्राष्ट्रीय मुद्रा कोष.
(c) संयुक्त राष्ट्र पर्यावरण कार्यक्रम
(d) विश्व बैंक

68. समाचारों में प्रायः आने वाला 'बेसल-।।।, समझौता' या सरल शब्दों में 'बेसल-।।।'

(a) जैव विविधता के संरक्षण और धारणीय (सस्टेनेबल) उपयोग के लिए राष्ट्रीय कार्यनीतियाँ विकसित करने का प्रयास करता है।
(b) बैंकिंग क्षेत्रों के, वित्तीय और आर्थिक दबावों का सामना करने के सामर्थ्य को उन्नत करने तथा जोखिम प्रबन्धन को उन्नत करने का प्रयास करता है।
(c) ग्रीन हाउस गैस उत्सर्जन को कम करने का प्रयास करता है किन्तु विकसित देशों पर अपेक्षाकृत भारी बोझ रखता है।
(d) विकसित देशों से निर्धन देशों को प्रौद्योगिकी के अन्तरण का प्रयास करता है ताकि वे प्रशीतन में प्रयुक्त होने वाले क्लोरोफ्लोरोकार्बन के स्थान पर हानिरहित रसायनों का प्रयोग कर सकें।

भारतीय इतिहास

69. रौलट सत्याग्रह के सन्दर्भ में, निम्नलिखित में से कौन-सा/से कथन सही है/हैं?

1. रौलट अधिनियम, 'सेडिशन कमेटी' की सिफारिश पर आधारित था।
2. रौलट सत्याग्रह में गांधी जी ने होम रूल लीग का उपयोग करने का प्रयास किया।
3. साइमन कमीशन के आगमन के विरुद्ध हुए प्रदर्शन रौलट सत्याग्रह के साथ-साथ हुए।

नीचे दिए गए कूट का प्रयोग कर सही उत्तर चुनिए-

(a) केवल 1 (b) केवल 1 और 2
(c) केवल 2 और 3 (d) 1, 2 और 3

70. निम्नलिखित में से कौन, भारत में उपनिवेशवाद का/के आर्थिक आलोचक था/थे?

1. दादाभाई नौरोजी 2. जी. सुब्रमण्य अय्यर
3. आर. सी. दत्त

नीचे दिए गए कूट का प्रयोग कर सही उत्तर चुनिए-

(a) केवल 1 (b) केवल 1 और 2
(c) केवल 2 और 3 (d) 1, 2 और 3

71. काँग्रेस सोशलिस्ट पार्टी के सन्दर्भ में, निम्नलिखित कथनों पर विचार कीजिए-

1. इसने ब्रिटिश माल के बहिष्कार और करों के अपवंचन (इवेजन) की वकालत की।
2. यह सर्वहारा-वर्ग का अधिनायकत्व स्थापित करना चाहती थी।
3. इसने अल्पसंख्यकों तथा दलित वर्गों के लिए पृथक् निर्वाचल क्षेत्र की वकालत की।

उपर्युक्त कथनों में से कौन-सा/से सही है/हैं ?

(a) केवल 1 और 2 (b) केवल 3
(c) 1, 2 और 3 (d) कोई नहीं

72. इनमें से किसने अप्रैल 1930 में नकम कानून तोड़ने के लिए तंजौर तट पर एक अभियान संगठित किया था ?

(a) वी. ओ. चिदम्बरम पिल्लै (b) सी. राजगोपालाचारी
(c) के. कामराज (d) ऐनी बेसेंट

73. निम्नलिखित कथनों पर विचार कीजिए-

1. भारतीय राष्ट्रीय कांग्रेस की प्रथम महिला अध्यक्ष सरोजिनी नायडू थीं।
2. भारतीय राष्ट्रीय कांग्रेस के प्रथम मुस्लिम अध्यक्ष बदरूद्दीन तयबज जी थे।

उपर्युक्त कथनों में से कौनसा/से सही हैं ?

(a) केवल 1 (b) केवल 2
(c) 1 और 2 दोनों (d) न तो 1 और न ही 2

74. भारतीय इतिहास के सन्दर्भ में, निम्नलिखित में से कौन-सा/से सामन्ती व्यवस्था का/के अनिवार्य तत्त्व है/हैं ?

1. अत्यन्त सशक्त केन्द्रीय राजनीतिक सत्ता और अत्यन्त दुर्बल प्रान्तीय अथवा स्थानीय राजनीतिक सत्ता।
2. भूमि के नियंत्रण तथा स्वामित्व पर आधारित प्रशासनिक संरचना का उदय।
3. सामन्त तथा उसके अधिपति के बीच स्वामी-दास सम्बन्ध का बनना।

नीचे दिए गए कूट का प्रयोग कर सही उत्तर चुनिए-

(a) केवल 1 और 2 (b) केवल 2 और 3
(c) केवल 3 (d) 1, 2 और 3

75. निम्नलिखित में से किस आन्दोलन के कारण भारतीय राष्ट्रीय कांग्रेस का विभाजन हुआ जिसके परिणामस्वरूप 'नरम दल' और 'गरम दल' का उद्‌भव हुआ है ?

(a) स्वदेशी आन्दोलन (b) भारत छोड़ो आन्दोलन
(c) असहयोग आन्दोलन (d) सविनय अवज्ञा आन्दोलन

प्राचीन भारत

76. निम्नलिखित राज्यों में से किनका सम्बन्ध बुद्ध के जीवन से था ?

1. अवन्ती 2. गान्धार
3. कोसल 4. मगध

नीचे दिए गए कूट का प्रयोग कर सही उत्तर चुनिए-

(a) 1, 2 और 3 (b) केवल 2 और 3
(c) 1, 3 और 4 (d) केवल 3 और 4

मध्यकालीन भारत

77. निम्नलिखित पर विचार कीजिए-

बाबर के भारत में आने के फलस्वरूप

1. उपमहाद्वीप में बारूद के उपयोग की शुरूआत हुई।
2. इस क्षेत्र की स्थापत्यकला में मेहराब और गुंबद बनने की शुरूआत हुई।
3. इस क्षेत्र में तैमूरी (तिमूरिद) राजवंश स्थापित हुआ।

नीचे दिए गए कूट का प्रयोग कर सही उत्तर चुनिए-

(a) केवल 1 और 2 (b) केवल 3
(c) केवल 1 और 3 (d) 1, 2 और 3

78. कलमकारी चित्रकला निर्दिष्ट (रेफर) करती है ?

(a) दक्षिण भारत में सूती वस्त्र पर हाथ से की गई चित्रकारी
(b) पूर्वोत्तर भारत में बाँस के हस्तशिल्प पर हाथ से किया गया चित्रांकन
(c) भारत के पश्चिमी हिमालय क्षेत्र में ऊनी वस्त्र पर ठप्पे (ब्लॉक) से की गई चित्रकारी
(d) उत्तर-पश्चिमी भारत में सजावटी रेशमी वस्त्र पर हाथ से की गई चित्रकारी

79. निम्नलिखित युग्मों पर विचार कीजिए-

तीर्थस्थान		**अवस्थिति**
1. श्रीशैलम	—	नल्लमला पहाड़ियाँ
2. ओंकारेस्वर	—	सतमाला पहाड़ियाँ
3. पुष्कर	—	महादेव पहाड़ियाँ

उपर्युक्त में से कौन-सा/से युग्म सही सुमेलित है/हैं ?

(a) केवल-1 (b) केवल 2 और 3
(c) केवल 1 और 3 (d) 1, 2 और 3

80. निम्नलिखित पर विचार कीजिए-

बाबर के भारत में आने के फलस्वरूप

1. उपमहाद्वीप में बारूद के उपयोग की शुरूआत हुई।
2. इस क्षेत्र की स्थापत्यकला में मेहराब और गुंबद बनने की शुरूआत हुई।
3. इस क्षेत्र में तैमूरी (तिमूरिद) राजवंश स्थापित हुआ।

नीचे दिए गए कूट का प्रयोग कर सही उत्तर चुनिए-

(a) केवल 1 और 2 (b) केवल 3
(c) केवल 1 और 3 (d) 1, 2 और 3

81. भारत के कला अपुरातात्विक इतिहास के सन्दर्भ में, निम्नलिखित में से किस एक का सबसे पहले निर्माण किया गया था?

(a) भुवनेश्वर स्थित लिंगराज मन्दिर
(b) धौली स्थित शैलकृत हाथी
(c) महाबलिपुरम स्थित शैलकृत स्मारक
(d) उदयगिरि स्थित वराह मूर्ति
(e) समसामयिक

82. प्राय: समाचारों में देखी जाने वाली 'बीजिंग घोषणा और कार्रवाई मंच (बीजिंग डिक्लरेशन ऐंड प्लैटफॉर्म ऐक्शन)' निम्लिखित में से क्या है?

(a) क्षेत्रीय आतंकवाद से निपटने की एक कार्यनीति (स्ट्रैटजी), शंघाई सहयोग संगठन (शंघाई को ऑपरेशन ऑर्गनाइजेशन) की बैठक का एक परिणाम
(b) एशिया-प्रशान्त क्षेत्र में धारणीय आर्थिक संवृद्धि की एक कार्य-योजना, एशिया-प्रशान्त आर्थिक मंच (एशिया-पैसिफिक इकनॉमिक फोरम) के विचार-विमर्श का एक परिणाम।
(c) महिला सशक्तीकरण हेतु एक कार्यसूची, संयुक्त राष्ट्र द्वारा आयोजित विश्व सम्मेलन का एक परिणाम।
(d) वन्य जीवों के दुर्व्यापार (ट्रैफिकिंग) की रोकथाम हेतु कार्यनीति, पूर्वी एशिया शिखर सम्मेलन (ईस्ट एशिया समिट) की एक उद्घोषणा।

83. हाल ही में समाचारों में आई 'फोर्टालेजा उद्घोषणा (फोर्टलेजा डिक्लरेशन)' निम्नलिखित में से किसके मामलों से सम्बन्धित है?

(a) ASEAN (b) BRICS
(c) OECD (d) WTO

84. राष्ट्रीय नवप्रवर्तन प्रतिष्ठान-भारत (नैशनल इनोवेशन फाउंडेशन-इंडिया) के बारे में निम्नलिखित में से कौन-सा/से कथन सही है/हैं?

1. NIF केन्द्रीय सरकार के अधीन विज्ञान और प्रौद्योगिकी विभाग की एक स्वायत्त संस्था है।
2. NIF अत्यन्त उन्नत विदेशी वैज्ञानिक संस्थाओं के सहयोग से भारत की प्रमुख (प्रीमियर) वैज्ञानिक संस्थाओं में अत्यन्त उन्नत वैज्ञानिक अनुसंधान को मजबूत करने की एक पहल है।

नीचे दिए गए कूट का प्रयोग कर सही उत्तर चुनिए-

(a) केवल 1 (b) केवल 2
(c) 1 और 2 दोनों (d) न तो 1 और न ही 2

85. निम्नलिखित में से किनका, इबोला विषाणु के प्रकोप के लिए हाल ही में समाचारों में बार-बार उल्लेख हुआ?

(a) सीरिया और जॉर्डन
(b) गिनी, सिएरा लिओन और लाइबेरिया
(c) फिलिपीन्स और पापुआ न्यू गिनी
(d) जमैका, हैती और सुरिनाम

86. 'एग्रीमेंट ऑन एग्रीकल्चर', 'एग्रीमेंट ऑन दि ऐप्लीकेशन ऑफ सैनिटरी ऐंड फाइटोसैनिटरी मेजर्स' और 'पीस क्लॉज' शब्द प्राय: समाचारों में किसके मामलों के सन्दर्भ में आते हैं?

(a) खाद्य और कृषि संगठन
(b) जलवायु परिवर्तन पर संयुक्त राष्ट्र का रूपरेखा सम्मेलन
(c) विश्व व्यापार संगठन
(d) संयुक्त राष्ट्र पर्यावरण कार्यक्रम

87. 'गोलन हाइट्स' के नाम से जाना जाने वाला क्षेत्र निम्नलिखित में से किससे सम्बन्धित घटनाओं के सन्दर्भ में यदा-कदा समाचारों में आता है?

(a) मध्य एशिया (b) मध्य पूर्व (मिडिल ईस्ट)
(c) दक्षिण-पूर्व एशिया (d) मध्य अफ्रीका

88. आम तौर पर समाचारों में आने वाला रियो + 20 सम्मेलन क्या है?

(a) यह धारणीय विकास (सस्टेनेबल डेवलपमेन्ट) पर संयुक्त राष्ट्र सम्मेलन है।
(b) यह विश्व व्यापार संगठन की मंत्रीवर्गीय (मिनिस्टीरियल) बैठक है।
(c) यह जलवायु परिवर्तन पर अन्तर-सरकारी पैनल (इंटर-गवर्नमेंटल पैन ऑन क्लाइमेट चेंज) का सम्मेलन है।
(d) यह जैव विविधता पर कन्वेंशन के सदस्य देशों का सम्मेलन है।

89. वर्ष 2014 लिए इंदिरा गांधी शान्ति, निरस्त्रीकरण और विकास पुरस्कार निम्नलिखित में से किस को दिया गया था?

1. भाभा परमाणु अनुसंधान केन्द्र
2. भारतीय विज्ञान संस्थान
3. भारतीय अंतरिक्ष अनुसंधान संगठन
4. टाटा मूलभूत अनुसंधान संस्थान

90. कभी-कभी समाचारों में देखा जाने वाला शब्द 'इन्डआर्क' किसका नाम है?

(a) देशज रूप से विकसित, भारतीय रक्षा (डिफेन्स) में अधिष्ठापित रेडार सिस्टम।
(b) हिन्द महासागर रिम के देशों को सेवा प्रदान करने हेतु भारत का उपग्रह।
(c) भारत द्वारा अन्टार्कटिक क्षेत्र में स्थापित एक वैज्ञानिक प्रतिष्ठान।
(d) आर्कटिक क्षेत्र के वैज्ञानिक अध्ययन हेतु भारत की अन्तर्जलीय वेधशाला (अंडरवॉटर ऑब्जर्वेटरी)

91. हाल ही में निम्नलिखित में से किस एक भाषा को शास्त्रीय भाषा (क्लासिकल लैंग्वेज) का दर्जा (स्टेट्स) दिया गया है?

(a) उड़िया
(b) कोंकणी
(c) भोजपुरी
(d) असमिया

92. भारत की खाद्य एवं पोषण सुरक्षा के संदर्भ में विभिन्न फसलों की 'बीज प्रतिस्थापन दरों' को बढ़ाने से भविष्य के खाद्य उत्पादन लक्ष्यों को प्राप्त करने में मदद मिलती है। किंतु इसके अपेक्षाकृत बड़े/विस्तृत कार्यान्वयन में क्या बाध्यता है/बाध्यतायें हैं ?

1. कोई भी राष्ट्रीय बीज नीति नहीं बनी है।
2. निजी क्षेत्र की बीज कम्पनियों की, उद्यान-कृषि फसलों की रोपण सामग्रियों और सब्जियों के गुणता वाले बीजों की पूर्ति में कोई सहभागिता नहीं है।
3. निम्न मूल्य एवं उच्च परिमाण वाली फसलों के मामले में गुणता वाले बीजों के बारे में माँग-पूर्ति अंतराल है।

कूटः

(a) 1 और 2 (b) केवल 3
(c) 2 और 3 (d) इनमें से कोई नही

93. निम्नलिखित कथनों पर विचार कीजिए-

1. भारतीय पशु कल्याण बोर्ड, पर्यावरण (संरक्षण) अधिनियम, 1986 के अधीन स्थापित है।
2. राष्ट्रीय बाघ संरक्षण प्राधिकरण एक सांविधिक निकाय है।
3. राष्ट्रीय गंगा नदी द्रोणी प्राधिकरण की अध्यक्षता प्रधानमंत्री करता है।

उपरोक्त कथनों में से कौन-सा/से कथन सही है/है ?

(a) केवल 1 (b) 2 और 3
(c) केवल 2 (d) ये सभी

94. निम्नलिखित युग्मों पर विचार कीजिए-

कार्यक्रम/परियोजना	मंत्रालय
1. सूखा-प्रवण क्षेत्र कार्यक्रम	कृषि मंत्रालय
2. मरूस्थल विकास कार्यक्रम	पर्यावरण एवं वन मंत्रालय
3. वर्षापूरित क्षेत्रों राष्ट्रीय जलसम्भर विकास परियोजना	ग्रामीण विकास मंत्रालय

उपरोक्त युग्मों में से कौन-सा/से युग्म सही सुमेलित है/है ?

(a) 1 केवल 2 (b) केवल 2
(c) 1, 2 और 3 (d) इनमें से कोई नहीं

95. वैज्ञानिक दृष्टिकोण यह है कि विश्व तापमान पूर्व-औद्योगिक स्तर से 2°C से अधिक नहीं बढ़ना चाहिए। यदि विश्व तापमान पूर्व-औद्योगिक स्तर से 3°C से अधिक बढ़ जाता है, तो विश्व पर उसका सम्भावित असर क्या होगा ?

1. स्थलीय जीवमण्डल एक नेट कार्बन स्त्रोत की ओर प्रवृत्त होगा।
2. विस्तृत प्रवाल मर्त्यता घटित होगी।
3. सभी भूमण्डलीय आद्रर्भूमि स्थायी रूप से लुप्त हो जायेगी।
4. अनाजों की खेती विश्व में कही भी सम्भव नहीं होगी।

कूटः

(a) केवल 1 (b) 1 और 2
(c) 1, 3 और 4 (d) उपरोक्त सभी

96. नीम के पेड़ के सन्दर्भ में निम्नलिखित कथनों पर विचार कीजिए-

1. कुछ जाति के कीटों और बरूथियों के प्रयुरोर्द्धवन को नियन्त्रित करने के लिए नीम के तेल का प्रयोग कीटनाशक के रूप में किया जा सकता है।
2. नीम के बीजों का प्रयोग जैव-ईधन और अस्पताल अपमार्जकों का निर्माण करने में होता है।
3. नीम के तेल का अनुप्रयोग औषधि में होता है।

उपरोक्त कथनों में से कौन-सा/से कथन सही है/है ?

(a) 1 और 2 (b) केवल 3
(c) 1 और 3 (d) उपरोक्त सभी

97. निम्नलिखित में से कौन-सा संगठन 'वर्ल्ड इकोनॉमिक आउटलुक' नाम प्रकाशित करता है ?

(a) अन्तर्राष्ट्रीय मुद्रा कोष (b) संयुक्त राष्ट्र विकास कार्यक्रम
(c) विश्व आर्थिक फोरम (d) विश्व बैंक

98. निम्नलिखित अन्तर्राष्ट्रीय करारों पर विचार कीजिए-

1. खाद्य एवं कृषि हेतु पादप आनुवंशिक संसाधानों के विषय में अन्तराष्ट्रीय सन्धि।
2. मरूस्थल का सामना करने हेतु संयुक्त राष्ट्र अभिसमय।
3. विश्व विरासत अभिसमय।

उपरोक्त में से कौन-सा/से जैव-विविधता से सम्बन्ध रखता है/रखते है ?

(a) 1 और 2 (b) केवल 3
(c) 1 और 3 (d) उपरोक्त सभी

99. वन कार्बन भागीदारी सुविधा (फारेस्ट कार्बन पार्टनरशिप फेसिलिटी) के सन्दर्भ में, निम्नलिखित में से कौन-सा/से कथन सही है/हैं ?

1. यह सरकारों, व्यवसायों, नागरिक, समाज और देशी जनों (इंडिजिनस पीपल्स) की एक वैश्विक भागीदारी है।
2. यह धारणीय (सस्टेनेबल) वन प्रबन्धन हेतु पर्यावरण-अनुकूली (ईको-प्रईंडली) और जलवायु अनुकूलन (क्लाइमेट ऐडेप्टेशन) प्रौद्योगिकियों (टेक्नोलॉजीज) के विकास के लिए वैज्ञानिक वानिकी अनुसंधान में लगे विश्वविद्यालयों, विशेष (इंडिविजुअल) वैज्ञानिकों तथा संस्थाओं को वित्तीय सहायता प्रदान करती है।
3. यह देशों की, उनके 'वनोन्मूलन और वन-निम्नीकरण उत्सर्जन कम करने+ (रिडयूसिंग एमिसन्स फ्रॉम डीफॉरेस्टेशन ऐंड फॉरेस्ट डिग्रेडेशन+) प्रयासों में वित्तीय एवं तकनीकी सहायता प्रदान कर, मदद करती है।

नीचे दिये गये कूट का प्रयोग कर सही उत्तर चुनिए-

(a) केवल 1 (b) कवेल 2 और 3
(c) केवल 1 और 3 (d) 1, 2 और 3

100. हाल ही में निम्नलिखित में से किस एक भाषा को शास्त्रीय भाषा (क्लासिकल लैंग्वेज) का दर्जा (स्टेट्स) दिया गया है ?

(a) उड़िया (b) कोंकणी
(c) भोजपुरी (d) असमिया

उत्तरमाला

1. (b)	**2.** (c)	**3.** (c)	**4.** (c)	**5.** (c)	**6.** (c)	**7.** (c)	**8.** (a)	**9.** (b)	**10.** (c)
11. (c)	**12.** (c)	**13.** (a)	**14.** (c)	**15.** (a)	**16.** (d)	**17.** (a)	**18.** (b)	**19.** (c)	**20.** (a)
21. (a)	**22.** (a)	**23.** (d)	**24.** (c)	**25.** (c)	**26.** (d)	**27.** (c)	**28.** (d)	**29.** (c)	**30.** (d)
31. (a)	**32.** (a)	**33.** (d)	**34.** (d)	**35.** (d)	**36.** (a)	**37.** (d)	**38.** (d)	**39.** (d)	**40.** (b)
41. (a)	**42.** (d)	**43.** (a)	**44.** (d)	**45.** (c)	**46.** (c)	**47.** (d)	**48.** (b)	**49.** (c)	**50.** (c)
51. (d)	**52.** (b)	**53.** (a)	**54.** (b)	**55.** (b)	**56.** (a)	**57.** (c)	**58.** (a)	**59.** (a)	**60.** (b)
61. (c)	**62.** (b)	**63.** (b)	**64.** (a)	**65.** (a)	**66.** (a)	**67.** (d)	**68.** (d)	**69.** (a)	**70.** (d)
71. (d)	**72.** (b)	**73.** (b)	**74.** (b)	**75.** (a)	**76.** (d)	**77.** (d)	**78.** (b)	**79.** (a)	**80.** (d)
81. (c)	**82.** (d)	**83.** (b)	**84.** (c)	**85.** (c)	**86.** (c)	**87.** (a)	**88.** (a)	**89.** (d)	**90.** (d)
91. (d)	**92.** (c)	**93.** (b)	**94.** (d)	**95.** (b)	**96.** (d)	**97.** (a)	**98.** (d)	**99.** (c)	**100.** (a)

व्याख्यात्मक हल

1. (b) पिछले दशक में वास्तविक GDP वृद्धि दर में उतार-चढ़ाव देखने को मिले हैं परन्तु बाजार कीमतों पर (रुपयों में) सकल घरेलू उत्पाद लगातार बढ़ा ही है। अत: सही उत्तर (b) है।

2. (c) GDP में कर का % कम होने का प्रमुख कारण आर्थिक वृद्धि दर में कमी होना है क्योंकि यदि देश में वस्तुओं और सेवाओं के उत्पादन की दर नहीं बढ़ेगी तो सरकार को कर के रूप में कम आय प्राप्त होगी। अत: प्रश्न का विकल्प 1 सही है और दूसरा विकल्प इसलिये सही कि राष्ट्रीय आय का समान वितरण न होने से समाज का एक बहुत बड़ा तबका कम आय वाला रह जायेगा जो कर देने में असमर्थ रहेगा। अत: विकल्प (c) सही है।

3. (c) मौद्रिक नीति के अन्तर्गत बैंक रेट, रैपोरेट, रिवर्स रेपोरेट, सीआरआर, एसएलआर, ओपेन मार्केट आपरेशन को शामिल किया जाता है। अत: सही उत्तर (c) है।

4. (c) भारत में मुद्रास्फीति पर नियंत्रण तभी किया जा सकता है जब अर्थव्यवस्था में तरलता जाने से रोका जा सके यह कार्य RBI मौद्रिक नीति की दरों को बढ़ा कर करती है। अत: सही विकल्प (c) है।

5. (c) RBI जब SLR की दर को 50 आधार अंक (बेसिस पांइट) कम करने पर बैंकों को पहले की तुलना में कम नकदी, स्वर्ण एवं सरकारी प्रतिभूतियां अपने पास रखनी पड़ेगी अर्थात् इन पर कम तरलता निवेश करनी होगी और जब बैंक इन पर कम निवेश करेगा तो उसके पास ऋण देने के लिये अधिक तरलता होगी यही कारण कि है बैंक अपने ऋण देने की दरे कम कर देगा। अत: विकल्प (c) सही है।

6. (c) CPI- Industrial Worker को Labour Bureau (श्रम ब्यूरो) द्वारा जारी किया जाता है। इस सूचकांक का आधार वर्ष 2001 है जो कि मासिक आधार पर जारी किया जाता है। अत: विकल्प (c) सही है।

7. (c) कृषि उत्पादन में लकड़ी के हलों के स्थान पर इस्पात के हलों का प्रयोग करने से श्रम में वृद्धि नहीं होगी, न ही पूंजी घटाने में सहयोगी है क्योंकि लकड़ी की तुलना से इस्पात का मूल्य अधिक होता है। अर्थात् या तो पूंजी बढ़ाने वाली प्रौद्योगिकीय प्रगति होगी। या फिर उपर्युक्त में से कोई नहीं वाला विकल्प सही होगा।

8. (a) IREDA मिनीरल श्रेणी-I की कम्पनी है। यह स्टेटस Department of Public Enterprises जो कि Union Ministry of Heavy Industries and Public Enterprises के अन्तर्गत आता है, द्वारा दिया गया है। IREDA-Indian Renewable Energy Development Agency Ltd. जिसकी स्पथापना 1987 में हुई। अत: विकल्प (a) सही है।

9. (b) आठ आधारभूत उद्योगों का भारांश

क्षेत्र	**भारांश**
कोयला	4.379
क्रूड ऑयल	5.216
प्राकृतिक गैस	1.708
रिफायनरी प्रॉडक्ट	5.939
फर्टिलाइजर्स	1.254
स्टील	6.684
सीमेंट	2.406
विद्युत	10.316
कुल योग	**37.903**

उपरोक्त से स्पष्ट है कि सर्वाधिक भार विद्युत उत्पादन का है। अत: विकल्प (b) सत्य है।

10. (c) अन्तर्राष्ट्रीय नकदी की कमी डालर एवं अन्य दुर्लभ मुद्राओं (हाई करेंसीज) की कमी की वजह से होती है। अत: विकल्प (c) सही है।

11. (c) Agreement on Agriculture, Agreement on the Application of Sanitary & Phyto sanitary Measure और Peace Clause ये सारे शब्द WTO से सम्बन्धित है। अत: विकल्प (c) सही है।

12. (c) रुपये का अन्य अन्तर्राष्ट्रीय मुद्राओं में और अन्य मुद्राओं को रुपये में परिवर्तित करने की स्वतंत्रता ही रुपये की परिवर्तनीयता कहलाती हैं। अत: विकल्प (c) सही है।

13. (a) सरकार के बजट घाटे में कमी लाने के लिये राजस्व व्यय (ब्याज अदायगी, पेंशन, सब्सिडी, रक्षा) को कम करना और उपदानों को विवेकपूर्ण ढंग से कम करना, ऐसे तरीके हैं जिससे घाटे को कम किया जा सकता है। अत: सही विकल्प (a) है।

14. (c) प्रधानमंत्री जनधन योजना का मुख्य उद्देश्य वित्तीय समावेशन को प्रोत्साहित करना है। अत: विकल्प (c) सही है।

15. (a) वर्ष 2015-20 की अवधि के लिये गठित 14वें वित्त आयोग ने अपनी रिपोर्ट सरकार को 15 दिसम्बर 2014 को प्रस्तुत कर दी। इस आयोग के अध्यक्ष RBI के पूर्व गवर्नर डॉ.

वाई.वी.रेड्डी हैं। 14वें वित्त आयोग की महत्त्वपूर्ण सिफारिश निम्नवत् हैं

1. केन्द्रीय करों में से राज्यों को दिये जाने वाले हिस्से में भारी वृद्धि (32% से बढ़कर 42% की सिफारिश)।
2. विशेष श्रेणी के राज्यों व अन्य राज्यों में भेद की समाप्ति।
3. शर्तों से जुड़े सेक्टर स्पेसिफिक अनुदानों से दूरी बनाने की सिफारिश। अत: विकल्प (a) सही है।

16. (d) भारत सरकार ने NTTI आयोग की स्थापना 65 वर्ष पुरानी संस्था योजना आयोग के स्थान पर 1 जनवरी, 2015 को। अत: विकल्प (d) सही है।

17. (a) गन्ने के FRP का अप्रूवल आर्थिक मामलों की मंत्रिमण्डलीय समिति (Cabinet Committee on Economic Affarirs-CCEA) द्वारा दिया जाता है जबकि FRP की सिफारिश कृषि लागत और मूल्य आयोग द्वारा किया जाता है।

वित्तीय वर्ष		**गन्ने की FRP**
2014-15	—	220 प्रति क्विंटल
2015-16	—	230 प्रति क्विंटल (अक्टूबर-सितम्बर) अत: विकल्प (a) सही है।

18. (b) त्वरित सिंचाई लाभ कार्यक्रम (AIBP) 1996-97 में प्रारम्भ किया गया था। इसका मुख्य उद्देश्य राज्यों को उन अधूरी बड़ी तथा मध्यम सिंचाई परियोजनाओं को पूरा करने के लिए ऋण प्रदान करना था जो अपने अंतिम चरण में थी। अप्रैल 2005 में इस योजना के तहत लघु सिंचाई योजनाओं को भी शामिल किया गया था।

कमान क्षेत्र विकास कार्यक्रम (CADP) 1974-75 में प्रारम्भ किया गया था। इस योजना का मुख्य उद्देश्य देश की चुनी हुई बड़ी और मझोली परियोजनाओं की 'सिंचाई क्षमता' का तेजी से बेहतर उपयोग करना था। अत: प्रश्न का विकल्प 1 गलत है केवल विकल्प 2 सही है इसलिये इस प्रश्न का सही उत्तर (b) होगा।

19. (c) BASEL बैंकों में पूंजी पर्याप्त के सम्बंध में यह मानक लागू करने के लिए दिशा-निर्देश RBI द्वारा 2 मई 2012 को जारी किए गए।

1. मानकों का कार्यान्वयन अवधि— 1 जनवरी, 2013 से चरणबद्ध तरीके से लागू करते हुए 31 मार्च, 2013 तक पूरी तरह लागू करना था।
2. कार्यान्वयन अवधि को बढ़ाया गया—मार्च 2014 में बासेल नियम को लागू करने की अवधि बढ़ायी गयी।
3. नियम लागू करने की नयी तिथि—31 मार्च, 2019
4. BASEL III नियम लागू करने के उद्देश—बैंकों के जोखिम प्रबन्धन क्षमता को उन्नत करना ताकि वे वैश्विक आर्थिक दबावों की स्थिति का सामना आसानी से कर सके।

20. (a) सूदुर संवेदन उपग्रह का प्रयोग आपदा पृथ्वी के अंदर छिपे जल, खनिज, सामग्री, कृषि इत्यादि के क्षेत्रों में किया जाता है।

22. (a) 'फ्लाई ऐश' में सिलिकॉम ऑक्साइड, कैल्शियम ऑक्साइड, के अतिरिक्त फेरिक ऑक्साइड भी होता है जिससे फ्लाई ऐश विषाक्त बन जाता है।

25. (c) जेनेटिक इंजीरियरिंग अनुमोदन समिति (GEAC), पर्यावरण एंव वन मंत्रालय के अंतर्गत विधि निर्माण, उत्पादों के निर्माण एंव उसके उत्पाद, आयात-निर्यात् आदि से सम्बंधित निर्णय लेने वाली सर्वोच्च संस्था है, जिसका गठन पर्यावरण (संरक्षण) अधिनियम 1986 के अंतर्गत किया गया था।

26. (d) यह विश्व का सबसे बड़ा, बर्फ में एक धन किलोमीटर घेरे वाला, न्यूट्रिनों संसूचक (न्यूट्रिनो डिटेक्टर) है। यह डार्क मैटर की खोज के लिए बनी शक्तिशाली दूरबीन है। यह बर्फ में गहराई में दबा हुआ है।

27. (c) यह एक सम्पर्करहित संचार प्रौद्योगिकी है, जो विद्युत-चुम्बकीय रेडियो क्षेत्रों का उपयोग करती है। एन.एफ.सी. उन युक्तियों (डिवाइसेज) द्वारा उपयोग के लिए अभिकल्पित किया गया है, जो एक-दूसरे से एक मीटर की दूरी पर भी स्थित हो सकते हैं।

28. (d) उत्पादों के विनिर्माण में उद्योग द्वारा प्रयुक्त होने वाले रासायनिक तत्त्वों के नैनो-कण जल, वायु तथा मृदा को प्रदूषित करते है। खाद्य श्रृंखलाओं में प्रविष्ट होने के साथ-साथ ये मुक्त मूलकों का निर्माण भी करते हैं, जिनसे कैन्सर जैसी स्वास्थ्य समस्याएं उत्पन्न होती हैं।

29. (c) उष्णकटिबंधीय आदि सदापर्णीवन अरूणाचल प्रदेश, ऊपरी असम नागालैण्ड, मणिपुर, मिजोरम तथा त्रिपुरा में पाये जाते हैं।

30. (d) गोदावरी नदी का उद्गम पश्चिमी घाट की नासिक की पहाड़ियों में त्र्यम्बक नामक स्थान है। उत्तर में गोदावरी की प्रमुख सहायक नदियां हें-प्राणाहिता, पूर्णा, पेनगंगा, वर्धा, वेनगंगा, और इन्दवती। विकल्पों के अनुसार सही उत्तर (d) है।

31. (a) श्रीशैलम आंध्रा प्रदेश के Kurnool जिले में स्थित है। नल्ललामला पहाड़ियों पर तीर्थ स्थल है। ओकारेश्वर नर्मदा नदी के तट पर पर Mandhata hills स्थित है यह मध्य प्रदेश में है। पुष्कर अजमेर जिले में स्थित है। भगवान

ब्रह्मा का मंदिर है यह अरावली श्रृंखला में पड़ता है। अतः विकल्प (a) सही है।

32. (a) मेघालय के जनजातिएं क्षेत्र में वहां उगने वाले वृक्षों की जड़ों एवं शाखाओं को एक दूसरे से सम्बद्ध कर उसे पुल का रूप देते हैं इस प्रकार के पुल मेघालय के चेरापूंजी नोनग्रेट तसलोनू आदि स्थानों पर बहुतयः देखे जाते हैं।

33. (d) निम्नलिखित युग्मों में भारत का पूर्वतवर्ती (Eastern Most) राज्य अरूणाचल प्रदेश है और पश्चिमीवर्ती (Western Most) राज्य गुजरात है।

34. (d) पृथ्वी का अपकेन्द्रिय बल एवं सूर्य और चन्द्रमा की आकर्षण शक्तियों के कारण सागरीय जल के ऊपर उठने तथा गिरने को 'ज्वार भाटा' कहा जाता है। यद्यपि सूर्य चन्द्रमा से बहुत बड़ा है। तथापि चन्द्रमा की आकर्षण शक्ति का प्रभाव दुगुना है। इसका कारण सूर्य का चन्द्रमा की तुलना में पृथ्वी से दूर होना है।

केवल 1 और 3

35. (d) केबिनेट मिशन भारत में संविधान की निर्माण की प्रक्रिस्स में सहयोग हेतु जुलाई 1946 में आया था। अतः प्रश्नगत दिये गये सभी विकल्प असत्य है।

36. (a) भारत सरकार अधिनियम 1919 में न्यायपालिका एवं विधायिका (लेजिब्स्लेचर) बीच की शक्ति को पृथक किया जिस में सबसे महत्त्वपूर्ण भूमिका गर्वनर मोटेस्क्यू चेम्सफोर्ड ने निभाई।

37. (d) विधानसभा के प्रतिनिधियों को प्रत्यक्ष मतदान से व्यस्क मताधिकार द्वारा निर्वाचित किया जाता है, इसी उद्देश्य से इसकी संख्या 60 से 500 के मध्य निश्चित की गयी है, जो कि पूर्णतः स्पष्ट करता है कि राज्य की जनसंख्या, निर्वाचित सदस्यों की संख्या से परस्पर संबंधित है तथा राज्य के राज्यपाल द्वारा यह अधिकृत है कि वह विधान परिषद के सभापति को नाम निर्देशित कर सकें।

38. (d) भारतीय संघ की कार्यपालिका की शक्ति राष्ट्रपति, प्रधानमंत्री तथा उसकी मंत्रिपरिषद में निहित होती है एवं सिविल सेवा बोर्ड का पदेन अध्यक्ष प्रधानमंत्री नहीं होता है। अतः विकल्प (d) उपर्युक्त उत्तर सही है।

39. (d) भारत में संसदीय प्रणाली की सरकार इसलिए क्योंकि मंत्रिमंडल लोक सभा के प्रति उत्तरदायी होती है।

40. (b) धन विधेयक को स्वीकृत अथवा अस्वीकृत करने की शक्ति लोकसभा अध्यक्ष द्वारा संचालित की जाती है, तथा अनुदानों की मांग पर मतदान का अधिकार भी लोकसभा में ही निहित होता है, अतः विकल्प (b) ही उचित है।

41. (a) संसद के दोनों सदनों की संयुक्त बैठक में निर्दिष्ट विधेयक उपस्थित तथा मत देने वाले सदस्यों के साधारण बहुमत द्वारा ही पारित किया जाता है।

42. (d) संघ की सरकार से संबधित सभी कथन जिनका उल्लेख प्रश्नकाल में किया गया है, उपर्युक्त एवं सही है। अतः विकल्प (d) सही है।

43. (a) भारत की सामाजिक स्थिति विभिन्न धर्मों और जातियों से मिलकर बनी है, जिसमें कुछ जातियां श्रेष्ठ एवं कुछ निम्न समझी जाती रही है जिनके उत्थान हेतू ही संविधान में पांचवी और छठी अनुसूची के उपबंध बनाये गये जो मुख्यतः अनुसूचित जातियों के हितों एवं उनके विकास से संबधित है।

44. (d) पंचायती राज-व्यवस्था का उद्देश्य विकास में जनभागीदारी राजनीतिक जबावदेही, लोकतांत्रिक विकेन्द्रीकरण तथा वित्तीय संग्रहण (फाइनेंशियल मोबिलाइजेशन) जो कि ग्रामीण विकास से संबंधित है। पंचायती राज व्यवस्था 1959 में 73वें संविधान संशोधन द्वारा 11वीं अनुसूची को जोड़कर, सर्वप्रथम राजस्थान के नागौर जिले से आरंभ की गयी।

45. (c) पारितंत्र (Ecosystem) शब्द का अर्थ है जीवों (ऑर्गनिज्म) का समुदाय और साथ ही वह पर्यावरण जिसमें वे रहते हैं।

46. (c) भारत में पाये जाने वाले स्तरधारी 'डयूगोंना' एक शाकाहारी समुद्री जानवर है जिसको वन्य जीव (संरक्षण) अधिनियम 1972 की अनुसूची-1 के अधीन विधिक संरक्षण दिया गया है।

47. (d) अण्डमान और निकोबार द्वीपसमूह में पाये जाने वाले वनों में मैग्रोंव वन, सदापर्णी वन तथा पर्णपाती वनों का सम्पूर्ण संपोषण मिलता है।

49. (c) पारितंत्र (Ecosystem) शब्द का अर्थ है जीवों (ऑर्गनिज्म) का समुदाय और साथ ही वह पर्यावरण जिसमें वे रहते है।

50. (c) भारत में पाये जाने वाले स्तरधारी 'डयूगोंना' एक शाकाहारी समुद्री जानवर है जिसको वन्य जीव (संरक्षण) अधिनियम 1972 की अनुसूची-1 के अधीन विधिक संरक्षण दिया गया है।

51. (d) अण्डमान और निकोबार द्वीपसमूह में पाये जाने वाले वनों में मैग्रोंव वन, सदापर्णी वन तथा पर्णपाती वनों का सम्पूर्ण संपोषण मिलता है।

52. (d) नामदफा नेशलन पार्क (अरूणाचल प्रदेश) की जलवायु उष्णकटिबंधीय से उपोष्ण और शीतोष्ण से आर्कटिक तक परिवर्तित होती रहती है।

53. (b) बर्डलाइफ इण्टरनेशनल में सरंक्षण संगठनों की विश्व व्यायी भागीदारी नहीं है।

54. (b) दिये गये सभी विकल्पों में कुछबुल लामजाओं नेशनल पार्क जो कि कथनानुसार जैव विविधता को बढ़ावा देता है।

56. (a) ग्रीन क्लाइमेंट निधि विकासशील देशों को जलवायु परिवर्तन का सामना करने हेतू अनुकूलन और न्यूनीकरण पद्धतियाँ सहायता देने के आशय से बनी है।

58. (a) केवल-1 शुद्ध हाइड्रोजन का उपयोग ईंधन के रूप में होता है, तो फ्यूअल सेल उप-उत्पादन (बाई-प्रोडक्ट) के रूप में ऊष्मा एवं जल का उत्सर्जन करना है।

59. (a) फ्लाई ऐश का उपयोग-भवन निर्माण के लिए ईंटों के उत्पादन में किया जाता है और कंक्रीट के कुछ पोर्टलैंड सीमेंट अंश के स्थानापन्न के रूप में किया जा सकता है।

62. (b) 'जॉर्डन' ऐसा देश है जो कि दक्षिण पश्चिमी एशिया का है तथा भूमध्यसागर तक फैला नहीं है।

65. (a) समुद्री पुष्ठों के पात निम्न होते है इसलिए ट्रॉपिकल अक्षांशों में दक्षिणी अटलांटिक और दक्षिण पूर्वी प्रशान्त क्षेत्रों में चक्रवात उत्पन्न नहीं होता है।

66. (a) पृथ्वी का अपने पक्ष पर घूर्णन विषुवतीय प्रतिधाराओं (इक्वोटोलियम काउंटर करेंट) का करता है।

70. (d) अंग्रेज़ों द्वारा भारत में चलाए जा रहे आर्थिक उपनिवेशवाद के आलोचक थे—
दादाभाई नौरोजी
रमेश चन्द्रदत्त
जी.सुब्रमथम अय्यर
बी.जी. तिलक

71. (d) प्रश्न में उल्लिखित सभी कथनों में से कोई भी कथन कांग्रेस सोसलिस्ट पार्टी के लक्षयों से मेल नहीं खाता अत: 'कोई नहीं' विकल्प सही होगा।

72. (b) अप्रैल 1930 ई. में नमक कानून तोड़ने (सिविल नाफरमानी) के लिए गांधी ने जो डांडी यात्रा की उसी के पश्चात् तमिलनाडु में तंजौर तट पर सी.राजगोपाल चार्य ने नमक आंदोलन चलाया।

73. (b) भारतीय राष्ट्रीय कांग्रेस की प्रथम महिला अध्यक्ष एनीवेसेन्ट थी। 1917 ई. के कलकत्ता अधिवेशन की अध्यक्षता की।

74. (b) सामंती व्यवस्था में क्षेत्रीय शक्तियां अत्यधिक सशक्त हुई किंतु केन्द्रीय सत्ता कमज़ोर हुई।

75. (a) स्वदेशी आंदोलन के (1905) के पश्चात् 1907 में कांग्रेस का विभाजन नरमदल और गरमदल में हो गया।

82. (d) यूनाइटेड नेशन्स द्वारा 4 से 15, सितम्बर 1995 बीजिंग, चीन में चौथी विश्व सभा आयोजित हुई जो कि महिला विकास एवं सक्तिकरण आधारित थी इसे ही बीजिंग घोषण एवं कार्य के लिए मंच का नाम दिया गया था, जो कि प्राय: समाचारों में प्राय: देखा जाता है।

83. (b) फोर्टालेजा उद्घोषणा, जो कि ब्राजील में आयोजित की गयी का मुख्यत: केन्द्रीय विषय : समावेशी विकास: सतत समाधान है जो कि 'ब्रिक्स' देशों से संबंधित है।

84. (c) राष्ट्रीय नव प्रवर्तन प्रतिष्ठान केन्द्रीय सरकार के अधीन विज्ञान और प्रौद्योगिकी विभाग की एक स्वायत्त संस्था है। जिसका कार्य अत्यन्त उन्नत विदेशी वैज्ञानिक संस्थाओं के सहयोग से भारत की प्रमुख (प्रीमियर) वैज्ञानिक संस्थाओं में अत्यन्त उन्नत वैज्ञानिक अनुसंधान को मजबूत करने की एक पहल है।

85. (c) इबोला वायरस के प्रकोप से न्यू गिनी, फिलिपिन्स और पापुआ में इसके व्यापक प्रकोप देखे गये।

86. (c) विश्व व्यापार संगठन के अंतर्गत यह संगठन आता है।

87. (a) इजराइल और फिलिस्तिन के विवादस्पद गोलन हाइटस का क्षेत्र है जो कि मध्य एशिया में आता है।

88. (a) यह धारणीय विकास का संयुक्त राष्ट्र संघ का सम्मेलन है।

89. (d) मुम्बई में स्थित टाटा मूलभूत अनुसंधान संस्थान हैं को 2014 का इन्दिरा गांधी शान्ति निरस्तीकरण विकास पुरूस्कार दिया गया।

90. (d) इन आर्क अंटार्कटिका क्षेत्र में वैज्ञानिक अध्ययन हेतु अन्त:जलीय वेधशाला है।

92. (c) निजी क्षेत्र की कम्पनियों द्वारा उद्यान कृषि फसलों तथा सब्जियों के बीजों के उत्पादन में कम रूचि के कारण ही इन बीजों के माँग एवं उत्पादन में अन्तर बढ़ता जा रहा है, जिसके फलस्वरूप बीज प्रतिस्थापन दरों की वृद्धि का कार्यान्वयन कठिन है। राष्ट्रीय बीज नीति 2002 तथा 2009 में इन उत्पादों पर सब्सिडी या अन्य उपायों की सहायता से इनका कार्यान्वयन सरल बनाया जा सकता है।

93. (b) भारतीय पशु कल्याण बोर्ड की स्थापना पशु अत्याचार अधिनियम, (The Prevention of Cruelty of Animals Act, 1960) के तहत की गई है। राष्ट्रीय बाघ संरक्षण प्राधिकरण की स्थापना दिसम्बर, 2005 में टाइगर टास्क फोर्स की अनुशंसा पर की गई। राष्ट्रय गंगा द्रोणी प्राधिकरण की स्थापना 20 फरवरी, 2009 को पर्यावरण संरक्षण अधिनियम, 1986 के तहत की गई है। यह पर्यावरण मन्त्रालय के अधीन है। इस प्राधिकरण का अध्यक्ष प्रधानमंत्री होता है।

95. (b) यदि वैश्विक तापमान बढ़ता है तो विस्तृत प्रवाल मर्त्यता जटिल होगी, क्योंकि 1°C की की तापवृद्धि भी प्रभाव विरंजन की घटना द्वारा प्रवालों की मृत्यु का कारण बन सकती है। इनके समाप्त होने से समुद्री खाद्य शृंखला विक्षुब्ध हो जाएगी, क्योंकि प्रवाल समुद्री खाद्य शृंखला के प्रमुख घटक है, जिन्हें सागरीय वर्षावत (जैव-विविधता की अधिकता के कारण) भी कहा जाता है। अत: 3°C की ताप वृद्धि विस्तृत प्रवाल मर्त्यता घटित होगी।

96. (d) नीम भारतीय मूल का एक सदाबहार वृक्ष है। यह समीपवर्ती देशों-पाकिस्तान, बांग्लादेश, नेपाल, म्यांमार, भाईलैण्ड, श्रीलंका एवं इण्डोनशिया आदि में पाया जाता है। इसका उपयोग कीटनाशक तथा औषधि के रूप में किया जाता है।

97. (a) 'वर्ल्ड इकोनॉमिक आउटलुक' अन्तर्राष्ट्र्य मुद्रा कोष द्वारा प्रकाशित एक आर्थिक सर्वेक्षण है। यह वर्ष में दो बार एवं आंशिक रूप से अद्यतन तीन बार प्रकाशित किया जाता है।

98. (d) खाद्य एवं कृषि पादप आनुवंशिक संसाधनों के विषय में अन्तर्राष्ट्रीय सन्धि (Internation Treaty on Plant Genetic Resources, ITPGRFA) को अन्तर्राष्ट्रीय बीज सन्धि (Inernational Seed Treaty) भी कहा जाता है। यह एक व्यापक अन्तर्राष्ट्रीय सन्धि है, जो जैव-विविधता अभिसमय (Convention on Biological Diversity, CBD) के साथ मिलकर काम करती है।

सिविल सेवा प्रारंभिक परीक्षा-2014

सामान्य अध्ययन (प्रथम प्रश्न-पत्र)

इतिहास

1. मध्यकालीन भारत में 'महत्तर' (Mahattara) और 'पट्टकिल' (Pattakila) पदनाम किनके लिए प्रयुक्त होते थे?

(d) सैन्य अधिकारी
(b) ग्राम मुखिया
(c) वैदिक कर्मकांड के विशेषज्ञ
(d) शिल्पी श्रेणियों के प्रमुख

2. निम्नलिखित राज्यों में से किनका सम्बन्ध बुद्ध के जीवन से था?

1. अवन्ति
2. गान्धार
3. कोसल
4. मगध

नीचे दिए गए कूट का प्रयोग कर सही उत्तर चुनिए-

(a) 1, 2 और 3
(b) 2 और 4
(c) केवल 3 और 4
(d) 1, 3 और 4

3. 1905 में लॉर्ड कर्जन द्वारा किया गया बंगाल का विभाजन कब तक बना रहा?

(a) प्रथम विश्व युद्ध तक, जिसमें अंग्रेजों को भारतीय सैनिकों की आवश्यकता पड़ी और विभाजन समाप्त किया गया।
(b) सम्राट जॉर्ज पंचम द्वारा दिल्ली में 1911 के शाही दरबार में कर्जन के अधिनियम को निराकृत किए जाने तक
(c) महात्मा गांधी द्वारा अपना सविनय अवज्ञा आंदोलन आरंभ करने तक
(d) भारत के 1947 में हुए विभाजन तक, जब पूर्वी बंगाल, पूर्वी पाकिस्तान बन गया

4. स्वतंत्रता आंदोलन के इतिहास में भारतीय राष्ट्रीय कांग्रेस का 1929 का अधिवेशन इसलिए महत्त्वपूर्ण है, क्योंकि इस अधिवेशन में-

(a) कांग्रेस के उद्देश्य के तौर पर स्वशासन प्राप्ति की घोषणा की गई।
(b) कांग्रेस के लक्ष्य के तौर पर पूर्ण स्वराज प्राप्ति को स्वीकृत किया गया।
(c) असहयोग आंदोलन का आरंभ हुआ।
(d) लंदन में गोलमेज सम्मेलन में भागीदारी करने का निर्णय लिया गया।

5. विख्यात सत्रीया नृत्य (Sattriya Dance) के संदर्भ में निम्नलिखित कथनों पर विचार कीजिए-

1. सत्रीया, संगीत, नृत्य तथा अभिनय का सम्मिश्रण है।
2. यह असम के वैष्णवों की शताब्दियों पुरानी जीवन्त परंपरा है।
3. यह तुलसीदास, कबीर और मीराबाई द्वारा रचित भक्ति-गीतों को शास्त्रीय रागों तथा तालों पर आधारित है।

उपर्युक्त कथनों में से कौन-सा/से सही है/हैं?

(a) केवल 1
(b) केवल 1 और 2
(c) केवल 2 और 3
(d) 1, 2 और 3

6. शक संवत् पर आधारित राष्ट्रीय पंचांग का 1 चैत्र, ग्रिगरियन कैलेन्डर पर आधारित 365 दिन के सामान्य वर्ष की निम्नलिखित तिथियों में से किस एक के तदनुरूप है?

(a) 22 मार्च (अथवा 21 मार्च)
(b) 15 मई (अथवा 16 मई)
(c) 31 मार्च (अथवा 30 मार्च)
(d) 21 अप्रैल (अथवा 20 अप्रैल)

7. भारत की कला व संस्कृति के इतिहास के संबंध में निम्नलिखित युग्मों पर विचार कीजिए-

	विख्यात मूर्ति शिल्प	स्थल
1.	बुद्ध के महापरिनिर्वाण की एक भव्य प्रतिमा जिसमें ऊपर की ओर अनेक देवी संगीतज्ञ तथा नीचे की ओर उनके दुखी अनुयायी दर्शाए गए हैं	अजन्ता
2.	प्रस्तर पर उत्कीर्ण विष्णु के वराह अवतार की विशाल प्रतिमा जिसमें वह देवी पृथ्वी को गहरे विक्षुब्ध सागर से उबारते दर्शाए गए है	माउंट आबू
3.	विशाल गोलाश्मों पर उत्कीर्ण 'अर्जन की तपस्या'/ 'गंगा-अवतरण'	मामल्लपुरम

उपर्युक्त युग्मों में से कौन-सा/से सही सुमेलित है/हैं?

(a) केवल 1 और 2
(b) केवल 3
(c) केवल 1 और 3
(d) 1, 2 और 3

8. गदर क्या था?

(a) भारतीयों का एक क्रांतिकारी संघ, जिसका प्रधान कार्यालय सैन फ्रांसिस्को में था।
(b) एक राष्ट्रवादी संगठन, जो सिंगापुर से संचालित होता था।
(c) एक उग्रवादी संगठन, जिसका प्रधान कार्यालय बर्लिन में था।
(d) भारत की स्वतंत्रता के लिए एक कम्युनिस्ट आंदोलन, जिसका प्रधान कार्यालय ताशकन्द में था।

9. भारत की संस्कृति एवं परम्परा के संदर्भ में 'कलारीपयट्टू' (Kalaripayattu) क्या है ?

(a) यह शैवमत का प्राचीन भक्ति पंथ है, जो अभी भी दक्षिण भारत के कुछ हिस्सों में प्रचलित है।

(b) यह कांसे और पीतल के काम की एक प्राचीन शैली है, जो अभी भी कोरोमंडल क्षेत्र के दक्षिणी हिस्से में पायी जाती है।

(c) यह नृत्य-नाटिका का एक प्राचीन रूप है और मालाबार के उत्तरी हिस्से में एक जीवन्त परम्परा है।

(d) यह यह प्राचीन मार्शल कला है और दक्षिण भारत के कुछ हिस्सों में जीवंत परंपरा है।

10. निम्नलिखित युग्मों पर विचार कीजिए-

1. गरबा — गुजरात
2. मोहिनीअट्टम — ओडिशा
3. यक्षगान — कर्नाटक

उपर्युक्त युग्मों में से कौन-सा/से सही सुमेलित है/हैं ?

(a) केवल 1 (b) केवल 2 और 3
(c) केवल 1 और 3 (d) 1, 2 और 3

11. भारत में बौद्ध इतिहास, परम्परा और संस्कृति के संबंध में निम्नलिखित युग्मों पर विचार कीजिए-

विख्यात तीर्थस्थल		स्थान
1. टाबो मठ और मंदिर संकुल	—	स्पीति घाटी
2. ल्होत्सव लाखांग मंदिर, नको	—	जंस्कार घाटी
3. अल्वी मंदिर संकुल	—	लद्दाख

उपर्युक्त युग्मों में से कौन-सा/से सही सुमेलित है/हैं ?

(a) केवल 1
(b) केवल 2 और 3
(c) केवल 1 और 3
(d) 1, 2 और 3

12. निम्नलिखित कथनों पर विचार कीजिए-

1. 'बीजक' सन्त दादू दयाल के उपदेशों का एक संकलन है।
2. पुष्टि मार्ग के दर्शन को मध्वाचार्य ने प्रतिपादित किया।

उपर्युक्त कथनों में से कौन-सा/से सही है/हैं ?

(a) केवल 1 (b) केवल 2
(c) 1 और 2 दोनों (d) न तो 1 और न ही 2

13. मंगानियार के नाम से जाना जाने वाला लोगों का समुदाय-

(a) पूर्वोत्तर भारत में अपनी मार्शल कलाओं के लिए विख्यात है।

(b) पश्चिमोत्तर भारत में अपनी संगीत परंपरा के लिए विख्यात है।

(c) दक्षिण भारत में अपने शास्त्रीय गायन संगीत के लिए विख्यात है।

(d) मध्य भारत में पच्चीकारी परंपरा के लिए विख्यात है।

14. महारानी विक्टोरिया की उद्घोषणा (1858) का उद्देश्य क्या था ?

1. भारतीय राज्यों को ब्रिटिश साम्राज्य में मिलाने के किसी भी विचार का परित्याग करना।
2. भारतीय प्रशासन को ब्रिटिश क्राउन के अंतर्गत रखना।
3. भारत के साथ ईस्ट इंडिया कंपनी के व्यापार का नियमन करना।

नीचे दिए गए कूट का प्रयोग कर सही उत्तर चुनिए-

(a) केवल 1 और 2 (b) केवल 2
(c) केवल 1 और 3 (d) 1, 2 और 3

15. फतेहपुर सीकरी का इबादतखाना क्या था ?

(a) राज परिवार के इस्तेमाल के लिए मस्जिद

(b) अकबर का निजी प्रार्थना कक्ष

(c) वह भवन जिसमें विभिन्न धर्मों के विद्वानों के साथ अकबर चर्चा करता था।

(d) वह कमरा जिसमें विभिन्न धर्म वाले कुलीनजन धार्मिक बातों के विचारार्थ जमा होते थे।

16. निम्नलिखित भाषाओं पर विचार कीजिए-

1. गुजराती
2. कन्नड़
3. तेलुगू

उपर्युक्त में से किसको/किनको सरकार ने 'श्रेण्य (Classical Language) भाषा/भाषाएं' घोषित किया है ?

(a) केवल 1 और 2 (b) केवल 3
(c) केवल 2 और 3 (d) 1, 2 और 3

17. रैडक्लिफ समिति किस लिए नियुक्त की गई थी ?

(a) भारत में अल्पसंख्यकों की समस्या को सुलझाने के लिए

(b) स्वतंत्रता विधेयक को कार्यरूप में परिणत करने के लिए

(c) भारत और पाकिस्तान के बीच सीमाओं को निर्धारित करने के लिए

(d) पूर्वी बंगाल के दंगों की जाँच करने के लिए

18. भारत के सांस्कृतिक इतिहास के संदर्भ में 'पंचायतन' (Panchayatan) शब्द किसे निर्दिष्ट करता है ?

(a) ग्राम के ज्येष्ठजनों की सभा

(b) धार्मिक सम्प्रदाय

(c) मंदिर रचना शैली

(d) प्रशासनिक अधिकारी

19. निम्नलिखित युग्मों में से कौन-सा एक भारतीय प्रदर्शन (Indian Philosophy) का भाग नहीं है ?

(a) मीमांसा और वेदान्त

(b) न्याय और वैशेषिक

(c) लोकायत और कापालिक

(d) सांख्य और योग

संविधान

20. संघ के बजट के संदर्भ में निम्नलिखित में से कौन-सा/से गैर-योजना व्यय के अधीन आता है/आते हैं?

1. रक्षा व्यय
2. ब्याज अदायगी
3. वेतन एवं पेंशन
4. उपदान

नीचे दिए गए कूट का प्रयोग कर सही उत्तर चुनिए-

(a) केवल 1
(b) केवल 2 और 3
(c) 1, 2, 3 और 4
(d) कोई नहीं

21. निम्नलिखित कथनों पर विचार कीजिए-

1. राष्ट्रपति, भारत सरकार का कार्य अधिक सुविधापूर्वक किए जाने के लिए और मंत्रियों में उक्त कार्य के आवंटन के लिए नियम बनाएगा।
2. भारत सरकार की समस्त कार्यपालक कार्रवाइयाँ प्रधानमंत्री के नाम से की हुई कही जाएंगी।

उपर्युक्त कथनों में से कौन-सा/से सही है/हैं?

(a) केवल 1 (b) केवल 2
(c) 1 और 2 दोनों (d) न तो 1 और न ही 2

22. भारत में अविश्वास (No-Confidence) प्रस्ताव के विषय में निम्नलिखित कथनों पर विचार कीजिए-

1. भारत के संविधान में किसी अविश्वास प्रस्ताव का कोई उल्लेखन नहीं है।
2. अविश्वास प्रस्ताव केवल लोक सभा में ही पुर:स्थापित किया जा सकता है।

उपर्युक्त कथनों में से कौन-सा/से सही है/हैं?

(a) केवल 1 (b) केवल 2
(c) 1 और 2 दोनों (d) न तो 1 और न ही 2

23. भारत के उच्चतम न्यायालय में न्यायाधीशों की संख्या में वृद्धि करने की शक्ति किसमें निहित है?

(a) भारत का राष्ट्रपति (b) संसद
(c) भारत का मुख्य न्यायमूर्ति (d) विधि आयोग

24. निम्नलिखित युग्मों पर विचार कीजिए-

कार्यक्रम/परियोजना		**मंत्रालय**
1. सूखा प्रवण क्षेत्र कार्यक्रम	—	कृषि मंत्रालय
2. मरूस्थल विकास कार्यक्रम	—	पर्यावरण एवं वन मंत्रालय
3. वर्षापूरित क्षेत्रों हेतु राष्ट्रीय जल सम्भर विकास परियोजना	—	ग्रामीण विकास मंत्रालय

उपर्युक्त युग्मों में से कौन-सा/से सही सुमेलित है/हैं?

(a) केवल 1 और 2 (b) केवल 3
(c) 1, 2 और 3 (d) कोई नहीं

25. निम्नलिखित में से कौनसी एक सबसे बड़ी संसदीय समिति है?

(a) लोक लेखा समिति
(b) प्राक्कलन समिति
(c) सरकारी उपक्रम समिति
(d) याचिका समिति (कमिटी ऑन पिटिशन्स)

26. भारत के संविधान की निम्नलिखित में से कौनसी एक अनुसूची में दलबदल विरोध विषयक उपबंध है?

(a) दूसरी अनुसूची (b) पांचवीं अनुसूची
(c) आठवीं अनुसूची (d) दसवीं अनुसूची

27. निम्नलिखित में से कौन-से भारत में 'योजना' (Planning) से सम्बद्ध हैं?

1. वित्त आयोग
2. राष्ट्रीय विकास परिषद
3. संघीय ग्रामीण विकास मंत्रालय
4. संघीय शहरी विकास मंत्रालय
5. संसद

नीचे दिए गए कूट का प्रयोग कर सही उत्तर चुनिए-

(a) केवल 1, 2 और 5
(b) केवल 1, 3 और 4
(c) केवल 2 और 5
(d) 1, 2, 3, 4 और 5

28. निम्नलिखित में से कौन-सा/से मंत्रिमंडल सचिवालय का/के कार्य है/हैं?

1. मंत्रिमंडल बैठकों के लिए कार्यसूची तैयार करना।
2. मंत्रिमंडल समितियों के लिए सचिवालयी सहायता।
3. मंत्रालयों को वित्तीय संसाधनों का आंवटन।

नीचे दिए गए कूट का प्रयोग कर सही उत्तर चुनिए-

(a) केवल 1 (b) केवल 2 और 3
(c) केवल 1 और 4 (d) 1, 2 और 3

29. निम्नलिखित कथनों पर विचार कीजिए-

1. जो राज्य की सत्ता के हित में व्यक्ति की स्वतंत्रता पर प्रभावकारी प्रतिबंध लगाती है।
2. जो व्यक्ति की स्वतंत्रता के हित में राज्य की सत्ता पर प्रभावकारी प्रतिबंध लगाती है।

उपर्युक्त कथनों में से कौनसा/से सही है/हैं ?

(a) केवल 1 (b) केवल 2
(c) 1 और 2 दोनों (d) न तो 1 और न ही 2

30. निम्नलिखित में से कौन-सी किसी राज्य के राज्यपाल को दी गई विवेकाधीन शक्तियाँ हैं ?

1. भारत के राष्ट्रपति को राष्ट्रपति शासन अधिरोपित करने के लिए रिपोर्ट भेजना।
2. मंत्रियों की नियुक्ति करना।
3. राज्य विधानमंडल द्वारा पारित कतिपय विधेयकों को, भारत के राष्ट्रपति के विचार के लिए आरक्षित करना।
4. राज्य सरकार के कार्य संचालन के लिए नियम बनाना।

नीचे दिए गए कूट का प्रयोग कर सही उत्तर चुनिए-

(a) केवल 1 और 2
(b) केवल 1 और 3
(c) केवल 2, 3 और 4
(d) 1, 2, 3 और 2

भूगोल

31. यदि आप हिमालय से होकर यात्रा करते हैं, तो आपको वहाँ निम्नलिखित में से किस पादप/किन पादपों को प्राकृतिक रूप में उगते हुए दिखने की सम्भावना है ?

1. बांज (Oak) 2. बुरूंश (Rhododendron)
3. चंदन (Sandalwood)

नीचे दिए गए कूट का प्रयोग कर सही उत्तर चुनिए-

(a) केवल 1 और 2 (b) केवल 3
(c) केवल 1 और 3 (d) 1, 2 और 3

32. भारत के निम्नलिखित नगरों पर विचार कीजिए-

1. भद्राचलम 2. चंदेरी
3. कांचीपुरम 4. करनाल

उपर्युक्त में से कौन-कौन से पारंपरिक साड़ी/वस्त्र उत्पादन के लिए सुख्यात हैं ?

(a) केवल 1 और 2 (b) केवल 2 और 3
(c) 1, 2 और 3 (d) 1, 3 और 4

33. निम्नलिखित युग्मों पर विचार कीजिए-

राष्ट्रीय राजमार्ग इससे जुड़े शहर

1.NH 4 — चेन्नई और हैदराबाद
2.NH 6 — मुंबई और कोलकाता
3.NH 15 — अहमदाबाद और जोधपुर

उपर्युक्त में से कौन-सा/से युग्म सही सुमेलित है/हैं ?

(a) केवल 1 और 2 (b) केवल 3
(c) 1, 2 और 3 (d) कोई नहीं

34. निम्नलिखित अंतर्राष्ट्रीय करारों पर विचार कीजिए-

1. खाद्य एवं कृषि हेतु पादप आनुवंशिक संसाधनों के विषय में अंतर्राष्ट्रीय संधि
2. मरूभवन का सामना करने हेतु संयुक्त राष्ट्र अभिसमय
3. विश्व विरासत अभिसमय

उपर्युक्त में से कौन-सा/से जैव विविधता से संबंध रखता है/ रखते हैं ?

(a) केवल 1 और 2 (b) केवल 3
(c) केवल 1 और 3 (d) 1, 2 और 3

35. गन्ना उत्पादन के एक व्यावहारिक उपागम का, जिसे 'धारणीय गन्ना उपक्रमण' के रूप में जाना जाता है, क्या महत्त्व है ?

1. कृषि की पारंपरिक पद्धति की तुलना में इसमें बीज की लागत बहुत कम होती है।
2. इसमें च्यवन (ड्रिप) सिंचाई का प्रभावकारी प्रयोग हो सकता है।
3. इसमें रासायनिक/अकार्बनिक उर्वरकों का बिलकुल भी इस्तेमाल नहीं होता।
4. कृषि की पारम्परिक पद्धति की तुलना में इसमें अन्तराशस्यन की ज्यादा गुजांइश है।

नीचे दिए गए कूट का प्रयोग कर सही उत्तर चुनिए-

(a) केवल 1 और 2 (b) केवल 1, 2 और 4
(c) केवल 2, 3 और 4 (d) 1, 2, 3 और 4

36. यदि अंतर्राष्ट्रीय महत्त्व की किसी आद्रर्भूमि को 'मॉन्ट्रियो रिकॉर्ड' (Montreux Record) के अधीन लाया जाए, तो इससे क्या अभिप्राय है ?

(a) मानव हस्तक्षेप के परिणामस्वरूप आद्रर्भूमि में पारिस्थितिक स्वरूप में परिवर्तन हो गया है, हो रह है या होना संभावित है।
(b) जिस देश में आर्द्रभूमि अवस्थित है, उसे आद्रर्भूमि के कोर से पांच किलोमीटर में दायरे में मानव क्रियाकलाप को निषिद्ध करने के लिए विधि अधिनियमित करना चाहिए।
(c) आर्द्रभूमि का बचा रहना इसके आसपास रहने वाले कतिपय समुदायों की सांस्कृतिक प्रथाओं तथा परंपराओं पर निर्भर है और इसलिए उसके अंदर की सांस्कृतिक विविधता को नष्ट नहीं किया जाना चाहिए।
(d) इसे 'विश्व विरासत स्थल' की स्थिति प्रदान की गई है।

37. निम्नलिखित द्वीपों के युग्मों में से कौनसा एक 'दश अंश जलमार्ग' (Ten Degree Channel) द्वारा आपस में पृथक किया जाता है ?

(a) अंडमान एवं निकोबार
(b) निकोबार एवं सुमात्रा
(c) मालदीव एवं लक्षद्वीप
(d) सुमात्रा एवं जावा

38. निम्नलिखित में से किस घटना/किन घटनाओं ने जीवों के विकास को प्रभावित किया होगा ?

1. महाद्वीपीय विस्थापन
2. हिमानी चक्र

नीचे दिए गए कूट का प्रयोग कर सही उत्तर चुनिए-

(a) केवल 1
(b) केवल 2
(c) 1 और 2 दोनों
(d) न तो 1 और न ही 2

39. निम्नलिखित में से कौन-सा/से पृथ्वी ग्रह पर कार्बन चक्र में कार्बन डाइऑक्साइड का योगदान करता है/करते हैं ?

1. ज्वालामुखी क्रिया
2. श्वसन
3. प्रकाश संश्लेषण
4. जैव पदार्थ का क्षय

नीचे दिए गए कूट का प्रयोग कर सही उत्तर चुनिए-

(a) केवल 1 और 3
(b) केवल 2
(c) केवल 1, 2 और 4
(d) 1, 2, 3 और 4

40. यदि आप ग्रामीण क्षेत्र से होकर गुजरते हैं, तो आपको यह देखने को मिल सकता है कि अनेक प्रकार के पक्षी, चरने वाले पशुओं/भैसों के पीछे-पीछे चलते हैं और उनके घास में चलने से अशांत होने वाले कीटों को पकड़ते हैं। निम्नलिखित में से कौन-सा/से ऐसा/ऐसे पक्षी है/हैं ?

1. चित्रित बलाक (Painted Stork)
2. साधारण मैना (Common Myna)
3. काली गर्दन वाला सारस (Black necked Crane)

नीचे दिए गए कूट का प्रयोग कर सही उत्तर चुनिए-

(a) 1 और 2
(b) केवल 2
(c) 2 और 3
(d) केवल 3

41. निम्नलिखित में से किनमें प्रवाल भित्तियाँ (Coral Reefs) हैं ?

1. अंडमान और निकोबार द्वीप समूह
2. कच्छ की खाड़ी
3. मन्नार की खाड़ी
4. सुंदरवन

नीचे दिए गए कूट का प्रयोग कर सही उत्तर चुनिए-

(a) केवल 1, 2 और 3
(b) केवल 2 और 4
(c) केवल 1 और 3
(d) 1, 2, 3 और 4

42. भारत में मृदा अपक्षय (Soil Erosion) समस्या निम्नलिखित में से किससे/किनसे संबंधित है/हैं ?

1. वेदिका कृषि
2. वनोन्मूलन
3. उष्णकटिबंधीय जलवायु

नीचे दिए गए कूट का प्रयोग कर सही उत्तर चुनिए-

(a) केवल 1 और 2
(b) केवल 2
(c) केवल 1 और 3
(d) 1, 2 और 3

43. निम्नलिखित युग्मों पर विचार कीजिए-

पहाड़ियाँ		क्षेत्र
1. कार्डामॉम पहाड़ियाँ	-	कोरोमंडल तट
2. कैमूर पहाड़ियाँ	-	कोंकण तट
3. महादेव पहाड़ियाँ	-	मध्य भारत
4. मिकिर पहाड़ियाँ	-	पूर्वोत्तर भारत

उपर्युक्त युग्मों में से कौन-से सही सुमेलित हैं ?

(a) 1 और 2
(b) 2 और 3
(c) 3 और 4
(d) 2 और 4

44. टर्की किनके मध्य स्थित है ?

(a) काला सागर और कैस्पियन सागर
(b) काला सागर और भूमध्य सागर
(c) स्वेज की खाड़ी और भूमध्य सागर
(d) अकाबा की खाड़ी और मृत सागर

45. दक्षिण-पूर्वी एशिया में दक्षिण से उत्तर की ओर जाने पर नीचे दिए गए नगरों का सही स्थितिक्रम क्या है ?

1. बैंकाक
2. हनोई
3. जकार्ता
4. सिंगापुर

नीचे दिए गए कूट का प्रयोग कर सही उत्तर चुनिए-

(a) 4, 2, 1, 3
(b) 3, 2, 4, 1
(c) 3, 4, 1, 2
(d) 4, 3, 2, 1

46. 'एकीकृत जलसम्भर विकास कार्यक्रम' को कार्यान्वित करने के क्या लाभ हैं ?

1. मृदा के बह जाने की रोकथाम
2. देश की बारहमासी नदियों को मौसमी नदियों से जोड़ना
3. वर्षा जल संग्रहण का भौम जलस्तर का पुनर्भरण
4. प्राकृतिक वनस्पतियों का पुनर्जनन

नीचे दिए गए कूट का प्रयोग कर सही उत्तर चुनिए-

(a) केवल 1 और 2
(b) केवल 2, 3 और 4
(c) केवल 1, 3 और 4
(d) 1, 2, 3 और 4

भारतीय अर्थव्यवस्था

47. विक्रय कर, जिसका भुगतान आप कोई टूथपेस्ट खरीदते समय करते हैं, निम्नलिखित में से किस प्रकार का कर है ?
   (a) केंद्र सरकार द्वारा आरोपित कर
   (b) केंद्र सरकार द्वारा आरोपित, किन्तु राज्य सरकार द्वारा संग्रहीत कर
   (c) राज्य सरकार द्वारा आरोपित, किन्तु केंद्र सरकार द्वारा संग्रहीत कर
   (d) राज्य सरकार द्वारा आरोपित एवं संग्रहीत कर

48. जोखिम पूँजी (Venture Capital) से क्या तात्पर्य है ?
   (a) उद्योगों को उपलब्ध कराई गई अल्पकालीन पूँजी
   (b) नए उद्यमियों को उपलब्ध कराई गई दीर्घकालिक प्रारंभिक पूंजी
   (c) उद्योगों को हानि उठाते समय उपलब्ध कराई गई निधियाँ
   (d) उद्योगों के प्रतिस्थापन एवं नवीकरण के लिए उपलब्ध कराई गई निधियाँ

49. बारहवीं पंचवर्षीय योजना का मुख्य उद्देश्य क्या है ?
   (a) समावेशी विकास और गरीबी न्यूनीकरण
   (b) समावेशी एवं धारणीय विकास
   (c) बेरोजगारी घटाने हेतु धारणीय एवं समावेशी विकास
   (d) तीव्रतर, धारणीय एवं ज्यादा समावेशी विकास

50. भुगतान संतुलन (Balance Payments) के संदर्भ में निम्नलिखित में से किससे/किनसे चालू खाता बनता है ?
   1. व्यापार संतुलन (Balance of Trade)
   2. विदेशी परिसम्पत्तियाँ (Foreign Assets)
   3. अदृश्यों का संतुलन (Balance of Invisible)
   4. विशेष आहरण अधिकार (Special Drawing Rights)

   नीचे दिए गए कूट का प्रयोग कर सही उत्तर चुनिए-
   (a) केवल 1
   (b) 2 और 3
   (c) 1 और 3
   (d) 1, 2 और 3

51. 'सीमान्त स्थाई सुविधा दर' (Marginal Standing Facility Rate) तथा 'निवल माँग' (Net Demand) और 'सावधि देयताएं' (Time Liabilities) पदबन्ध कभी-कभी समाचार में आते रहते हैं। उनका प्रयोग किसके संबंध में किया जाता है ?
   (a) बैंक कार्य
   (b) संचार नेटवर्किंग
   (c) युद्ध कौशल
   (d) कृषि उत्पादों की पूर्ति एवं माँग

52. शाखारहित क्षेत्रों में व्यावसायिक संवाददाताओं (बैंक साथी) की सेवाओं द्वारा लाभार्थियों को कौन-सी सुविधा/सुविधाएं प्राप्त होती है/हैं ?
   1. यह लाभार्थियों को अपने गाँव में अपने सहायता और सामाजिक सुरक्षा लाभ प्राप्त करने योग्य बनाती है।
   2. यह ग्रामीण क्षेत्रों में लाभार्थियों को धनराशि जमा करने व आहरण करने योग्य बनाती है।

   नीचे दिए गए कूट का प्रयोग कर सही उत्तर चुनिए-
   (a) केवल 1　　(b) केवल 2
   (c) 1 और 2 दोनों　　(d) न तो 1 और न ही 2

53. भारतीय अर्थव्यवस्था के संदर्भ में निम्नलिखित में से कौन-सा/से 'सांविधिक आरक्षित आवश्यकताओं' का/के उद्देश्य है/हैं ?
   1. केन्द्रीय बैंक को, बैंकों द्वारा निर्मित की जा सकने वाली अग्रिम राशियों पर नियंत्रण रखने की सक्षमता प्रदान करना।
   2. बैंकों में जनता की जमा राशियों को सुरक्षित व तरल रखना।
   3. व्यावसायिक बैंकों को अत्यधिक लाभ कमाने से रोकना।
   4. बैंकों को दिन-प्रतिदिन की आवश्यकताओं को पूरा करने के लिए पर्याप्त कोष्ठ नकदी (Vault Cash) रखने को बाध्य करना।

   नीचे दिए गए कूट का प्रयोग कर सही उत्तर चुनिए-
   (a) केवल 1
   (b) केवल 1 और 2
   (c) केवल 2 और 3
   (d) 1, 2, 3 और 4

54. 'कोयला संस्तर मेथेन' (Coalbed Methane) और 'शैल गैस' (Shale Gas) नामक दो गैर-परम्परागत ऊर्जा स्रोतों के संदर्भ में निम्नलिखित कथनों पर विचार कीजिए-
   1. कोयला संस्तर मेथेन, कोयला संधियों से निष्कर्षित शुद्ध मेथेन गैस है, जबकि शैल गैस केवल प्रोपेन और ब्यूटेन का एक मिश्रण है, जो सूक्ष्मकणिक अवसादी शैलों के निष्कर्षित की जा सकती है।
   2. भारत में कोयला-संस्तर मेथेन स्रोत बहुतायत में है, किंतु अब तक शैल गैस के स्रोत नहीं पाए गए हैं।

   उपर्युक्त कथनों में से कौन-सा/से सही है/हैं ?
   (a) केवल 1
   (b) केवल 2
   (c) 1 और 2 दोनों
   (d) न तो 1 और न ही 2

सामान्य विज्ञान प्रौद्योगिकी

55. निम्नलिखित में से कौनसे कुछ महत्त्वपूर्ण प्रदूषक (Pollutants) हैं, जो भारत में इस्पात उद्योग द्वारा मुक्त किए जाते हैं ?

1. सल्फर के ऑक्साइड
2. नाइट्रोजन के ऑक्साइड
3. कार्बन डाइऑक्साइड
4. कार्बन डाइऑक्साइड

नीचे दिए गए कूट का प्रयोग कर सही उत्तर चुनिए-

(a) केवल 1, 3 और 4 (b) केवल 2 और 3
(c) केवल 1 और 4 (d) 1, 2, 3 और 4

56. हाल ही में एक जन विद्रोह श्रृंखला, जिसे 'अरब स्प्रिंग' कहा गया। मूलत: किस देश से शुरू हुई ?

(a) मिस्र (Egypt) (b) लेबनान (Lebanon)
(c) सीरिया (Syria) (d) ट्यूनीशिया (Tunisia)

57. अग्नि-IV प्रक्षेपास्त्र (Agni-IV Missile) के संदर्भ में निम्नलिखित कथनों में से कौन-सा/से सही है/हैं ?

1. यह धरातल-से-धरातल तक मार करने वाला प्रक्षेपास्त्र है।
2. इसमें केवल द्रव नोदक ईंधन के रूप में इस्तेमाल होता है।
3. यह एक टन नाभिकीय वारहेड को 7500 किलोमीटर दूरी तक फेंक सकता है।

नीचे दिए गए कूट का प्रयोग कर सही उत्तर चुनिए-

(a) केवल 1 (b) केवल 2 और 3
(c) केवल 1 और 3 (d) 1, 2 और 3

58. भारत की खाद्य एवं पोषण सुरक्षा के संदर्भ में विभिन्न फसलों की 'बीज प्रतिस्थापन दरों' को बढ़ाने से भविष्य के खाद्य उत्पादन लक्ष्यों को प्राप्त करने में मदद मिलती है, किंतु इसके अपेक्षाकृत बड़े/विस्तृत कार्यान्वयन में क्या बाध्यता है/बाध्यताएं हैं ?

1. कोई भी राष्ट्रीय बीज नीति नहीं बनी है।
2. निजी क्षेत्र की बीज कम्पनियों की, उद्यान कृषि फसलों की रोपण सामग्रियों और सब्जियों के गुणता वाले बीजों की पूर्ति में कोई सहभागिता नहीं है।
3. निम्न मूल्य एवं उच्च परिमाण वाली फसलों के मामले में गुणता वाले बीजों के बारे में माँग-पूर्ति अंतराल है।

नीचे दिए गए कूट का प्रयोग कर सही उत्तर चुनिए-

(a) 1 और 2 (b) केवल 3
(c) 2 और 3 (d) कोई नहीं

59. निम्नलिखित युग्मों पर विचार कीजिए-

विटामिन		**इसकी हीनता से होने वाला रोग**
1. विटामिन C	—	स्कर्वी
2. विटामिन D	—	रिकेट्स
3. विटामिन E	—	रात्रि अंधता

उपर्युक्त में से कौन-सा/से युग्म सही सुमेलित है/हैं ?

(a) केवल 1 और 2 (b) केवल 3
(c) 1, 2 और 3 (d) कोई नहीं

60. विभिन्न उत्पादों के विनिर्माण में उद्योग द्वारा प्रयुक्त होने वाले कुछ रासायनिक तत्त्वों के नैनो कणों के बारे में कुछ चिंता है, क्यों ?

1. वे पर्यावरण में संचित हो सकते हैं तथा जल और मृदा को संदूषित कर सकते हैं।
2. वे खाद्य श्रृंखलाओं में प्रविष्ट हो सकते हैं।
3. वे मुक्तमूलकों के उत्पादन को विमोचित कर सकते हैं।

नीचे दिए गए कूट का प्रयोग कर सही उत्तर चुनिए-

(a) केवल 1 और 2 (b) केवल 3
(c) केवल 1 और 3 (d) 1, 2 और 3

61. नीम के पेड़ के संदर्भ में निम्नलिखित कथनों पर विचार कीजिए-

1. कुछ जाति के कीटों और बरूथियों के प्रचुरोद्भवन को नियंत्रित करने के लिए नीम के तेल का प्रयोग कीटनाशक के रूप में किया जा सकता है।
2. नीम के बीजों का प्रयोग जैव ईंधन और अस्पताल अपमार्जकों का निर्माण करने में होता है।
3. नीम के तेल का अनुप्रयोग औषधि उद्योग में होता है।

उपर्युक्त कथनों में से कौन-सा/से सही है/हैं ?

(a) केवल 1 और 2 (b) केवल 3
(c) केवल 1 और 3 (d) 1, 2 और 3

62. निम्नलिखित में से कौन-सा एक प्रक्रम प्रकाश संश्लेषण (Photosynthesis) में सम्मिलित है ?

(a) स्थितिज ऊर्जा मुक्त होकर प्राप्यतम ऊर्जा बनती है।
(b) प्राप्यतम ऊर्जा, स्थिति ऊर्जा में परिवर्तित होती है और संचित हो जाती है।
(c) भोजन ऑक्सीकृत होकर कार्बन डाइऑक्सइड और जल मुक्त करता है।
(d) ऑक्सीजन ली जाती है तथा कार्बन डाइऑक्सइड और जलवाष्प बाहर निकलते हैं।

63. किसी व्यक्ति की जीवमितीय पहचान हेतु, अंगुली छाप क्रमवीक्षण के अलावा, निम्नलिखित में से कौन-सा/से प्रयोग में लाया जा सकता है/लाए जा सकते हैं ?

1. परितारिक क्रमवीक्षण (Iris Scanning)
2. दृष्टिपटल क्रमवीक्षण (Retinal Scanning)
3. वाक् अभिज्ञान (Voice Recognition)

नीचे दिए गए कूट का प्रयोग कर सही उत्तर चुनिए-

(a) केवल 1 (b) केवल 2 और 3
(c) केवल 1 और 3 (d) 1, 2 और 3

64. निम्नलिखित में से कौन-सा/से कथन पौधों के कायिक प्रवर्धन के संबंध में सही है/हैं ?

1. कायिक प्रवर्धन क्लोनीय जनसंख्या को उत्पन्न करता है।
2. कायिक प्रवर्धन विषाणुओं का निष्प्रभावन करने में सहायक है।
3. कायिक प्रवर्धन वर्ष के अधिकतर भाग में चल सकता है।

नीचे दिए गए कूट का प्रयोग कर सही उत्तर चुनिए-

(a) केवल 1 (b) केवल 2 और 3
(c) केवल 1 और 3 (d) 1, 2 और 3

65. निम्नलिखित युग्मों में से कौन-सा/से सही सुमेलित है/हैं ?

अंतरिक्ष यान		**प्रयोजन**
1.कैसिनी-हाइगेन्स	—	शुक्र की परिक्रमा करना और दत्त का पृथ्वी तक संचारण करना।
2.मेसेंजर	—	बुध का मानचित्रण और अन्वेषण
3.वॉयेजर 1 और 2	—	बाह्य सौर परिवार का अन्वेषण

नीचे दिए गए कूट का प्रयोग कर सही उत्तर चुनिए-

(a) केवल 1 (b) केवल 2 और 3
(c) केवल 1 और 3 (d) 1, 2 और 3

66. निम्नलिखित में से कौन-सा/से रासायनिक परिवर्तन का/के उदाहरण है/हैं ?

1. सोडियम क्लोराइड का क्रिस्टलन
2. बर्फ का गलन
3. दुग्ध आस्कंदन

नीचे दिए गए कूट का प्रयोग कर सही उत्तर चुनिए-

(a) केवल 1 और 2
(b) केवल 3
(c) 1, 2 और 3
(d) कोई नहीं

67. निम्नलिखित तकनीकों/परिघटनाओं पर विचार कीजिए-

1. फल वाले पदापों में मुकुलन और रोपण
2. कोशिकाद्रव्यी नर बन्ध्यता
3. जीन नीरवता

उपर्युक्त में से कौन-सा/से ट्रांसजेनिक फसलों को बनाने में प्रयुक्त होता है/होते हैं ?

(a) केवल 1
(b) 2 और 3
(c) 1 और 3
(d) कोई नहीं

68. भारत के उच्चतम न्यायालय में न्यायाधीशों की संख्या में वृद्धि करने की शक्ति किसमें निहित है ?

(a) भारत का राष्ट्रपति (b) संसद
(c) भारत का मुख्य न्यायमूर्ति (d) विधि आयोग

69. निम्नलिखित कथनों पर विचार कीजिए-

1. मक्का का मण्ड के उत्पादन के लिए प्रयोग किया जा सकता है॥
2. मक्का से निष्काषित तेल जैव डीजल के लिए फीडस्टॉक हो सकता है।
3. मक्का के प्रयोग से एल्कोहॉली पेय उत्पन्न किया जा सकता है।

उपर्युक्त कथनों में से कौन-सा/से सही है/हैं ?

(a) केवल 1 (b) केवल 1 और 2
(c) केवल 2 और 3 (d) 1, 2 और 3

70. निम्नलिखित में से कौन-सा एक जीव, अन्य तीन जीवों के वर्ग का नहीं है ?

(a) केकड़ा (b) बरूथी
(c) बिच्छू (d) मकड़ी

71. 'पृथ्वी काल' के संदर्भ में निम्नलिखित कथनों पर विचार कीजिए-

1. यह NEP तथा NESCO का उपक्रमण है।
2. यह एक आंदोलन है, जिसमें प्रतिभागी प्रतिवर्ष एक निश्चित दिन, एक घंटे के लिए बिजली बंद कर देते हैं।
3. यह जलवायु परिवर्तन और पृथ्वी को बचाने की आवश्यकता के बारे में जागरूकता लाने वाला आंदोलन है।

उपर्युक्त कथनों में से कौन-सा/से सही है/हैं ?

(a) केवल 1 और 3 (b) केवल 2
(c) केवल 2 और 3 (d) 1, 2 और 3

72. निम्नलिखित में से कौन-सा एक आहार श्रृंखला का सही क्रम है ?

(a) डायटम-क्रस्टेशियाई-हेरिंग
(b) क्रस्टेशियाई-डायटम-हेरिंग
(c) डायटम-हेरिंग-क्रस्टेशियाई
(d) क्रस्टेशियाई-हेरिंग-डायटम

73. सौर शक्ति उत्पादन के लिए प्रौद्योगिकियों के संदर्भ में निम्नलिखित कथनों पर विचार कीजिए-

1. 'प्रकाशवोल्टीय प्रक्रिया' एक प्रौद्योगिकी है, जोकि प्रकाश के विद्युत में प्रत्यक्ष रूपांतरण द्वारा विद्युत जनन करती है, जबकि 'सौर तापीय प्रक्रिया' एक प्रौद्योगिकी है, जो सूर्य की किरणों का उपयोग तापजनित करने के लिए करती है। जिसका आगे विद्युत जनन प्रक्रिया में उपयोग किया जाता है।
2. प्रकाशवोल्टीय प्रक्रिया प्रत्यावर्ती धारा (AC) का जनन करती है, जबकि सौर तापीय प्रक्रिया दिष्ट द्वारा (DC) का जनन करती है।
3. भारत के पास सौर तापीय प्रौद्योगिकी के लिए विनिर्माण आधार है, किंतु प्रकाशवोल्टीय प्रौद्योगिकी के लिए नहीं।

उपर्युक्त कथनों में से कौन-सा/से सही है/हैं ?

(a) केवल 1 (b) केवल 2 और 3
(c) 1, 2 और 3 (d) कोई नहीं

74. निम्नलिखित रोगों पर विचार कीजिए-

1. डिफ्थीरिया (Diphtheria)
2. छोटी माता (Chickenpox)
3. चेचक (Smallpox)

उपर्युक्त में से किस रोग/किन रोगों का भारत में उन्मूलन हो चुका है ?

(a) केवल 1 और 2 (b) केवल 3
(c) 1, 2 और 3 (d) कोई नहीं

75. कई घरेलू उत्पादों, जैसे गद्दों और फर्नीचर की गद्दियों, में ब्रोमीनयुक्त ज्वाला मदकों का उपयोग किया जाता है। उनका उपयोग क्यों कुछ चिंता का विषय है ?

1. उनमें पर्यावरण में निम्नीकरण के प्रति उच्च प्रतिरोधकता है।
2. वे मनुष्यों और पशुओं में संचित हो सकते हैं।

नीचे दिए गए कूट का प्रयोग कर सही उत्तर चुनिए-

(a) केवल 1 (b) केवल 2
(c) 1 और 2 दोनों (d) न तो 1 और न ही 2

76. निम्नलिखित पर विचार कीजिए-

1. चमगादड़ (Bats)
2. भालू (Bears)
3. कृन्तक (Rodents)

उपर्युक्त में से किस प्रकार के जंतु में शीत निष्क्रियता की परिघटना का प्रेक्षण किया जा सकता है ?

(a) केवल 1 और 2
(b) केवल 2
(c) 1, 2 और 3
(d) शीत निष्क्रियता उपर्युक्त में से किसी में भी नहीं प्रेक्षित की जा सकती है।

77. निम्नलिखित नदियों पर विचार कीजिए-

1. बराक 2. लोहित 3. सुबन्सिरि

उपर्युक्त में से कौनसी अरूणाचल प्रदेश से होकर बहती है/हैं ?

(a) केवल 1 (b) केवल 2 और 3
(c) केवल 1 और 3 (d) 1, 2 और 3

78. वैज्ञानिक दृष्टिकोण यह है कि विश्व तापमान पूर्व-औद्योगिक स्तर से 2° C से अधिक नहीं बढ़ना चाहिए। यदि विश्व तापमान पूर्व औद्योगिक स्तर से 3° C के परे बढ़ जाता है, तो विश्व पर उसका सम्भावित असर क्या होगा ?

1. स्थलीय जीवमंडल एक नेट कार्बन स्रोत की ओर प्रवृत्त होगा।
2. विस्तृत प्रवाल मर्त्यता घटित होगी।
3. सभी भूमंडलीय आर्द्रभूमि स्थायी रूप से लुप्त हो जाएगा।
4. अनाजों की खेती विश्व में कहीं भी संभव नहीं होगी।

नीचे दिए गए कूट का प्रयोग कर सही उत्तर चुनिए-

(a) केवल 1 (b) केवल 1 और 2
(c) केवल 2, 3 और 4 (d) 1, 2, 3 और 4

पर्यावरण एवं पारिस्थितिकी

79. लाइकेन, जो एक नग्न चट्टान पर भी पारिस्थितिक अनुक्रम को प्रारंभ करने में सक्षम है, वास्तव में किनके सहजीवी (Symbiotic) साहचर्य हैं ?

(a) शैवाल और जीवाणु
(b) शैवाल और कवक
(c) जीवाणु और कवक
(d) कवक और मॉस

80. प्रत्येक वर्ष कतिपय विशिष्ट समुदाय/जनजाति, पारिस्थितिक रूप से महत्त्वपूर्ण, मासभर चलने वाले अभियान/त्यौहार के दौरान फलदार वृक्षों की पौध का रोपण करते हैं। निम्नलिखित में से कौनसे ऐसे समुदाय/जनजाति हैं ?

(a) भूटिया और लेप्चा
(b) गोंड और कोर्कू
(c) इरूला और तोडा
(d) सहरिया और अगरिया

81. भारत में ग्वार (Cluster Bean) का पारंपरिक रूप से सब्जी या पशु आहार के रूप में उपयोग किया जाता है, किन्तु हाल ही में इसकी खेती ने महत्त्व का स्थान प्राप्त किया है। इस संदर्भ में निम्नलिखित में से कौनसा एक कथन सही है ?

(a) बीजों से निकाला गया तेल जैव निम्नीकरणीय सुघट्यों के निर्माण में प्रयुक्त होता है।
(b) इसके बीजों से निर्मित गोंद शैल गैस के निष्कर्षण में प्रयुक्त होता है।
(c) इस पौधे की पत्तियों के सार में प्रतिहिस्टामिन गुणधर्म होता है।
(d) यह उच्च गुणता के जवै डीजल का एक स्रोत है।

82. 'पारिस्थितिक संवेदी क्षेत्रों' (Eco Sensitive Zones) के संदर्भ में निम्नलिखित में से कौन-सा/से कथन सही है/हैं ?

1. पारिस्थितिक संवेदी क्षेत्र वे क्षेत्र हैं, जिन्हें वन्यजीव (संरक्षण) अधिनियम, 1972 के अधीन घोषित किया गया है।
2. पारिस्थितिक संवेदी क्षेत्र को घोषित करने का प्रयोजन है, उन क्षेत्रों में केवल कृषि को छोड़कर सभी मानव क्रियाओं पर प्रतिबंध लगाना।

नीचे दिए गए कूट का प्रयोग कर सही उत्तर चुनिए-

(a) केवल 1 (b) केवल 2
(c) 1 और 2 दोनों (d) न तो 1 और न ही 2

83. निम्नलिखित कथनों पर विचार कीजिए-

1. भारतीय पशु कल्याण बोर्ड, पर्यावरण (संरक्षण) अधिनियम, 198 6 के अधीन स्थापित है।
2. राष्ट्रीय बाघ संरक्षण प्राधिकरण एक सांविधिक निकाय है।
3. राष्ट्रीय गंगा नदी द्रोणी प्राधिकरण की अध्यक्षता प्रधानमंत्री करते हैं।

उपर्युक्त कथनों में से कौन-सा/से सही है/हैं ?

(a) केवल 1 (b) केवल 2 और 3
(c) केवल 2 (d) 1, 2 और 3

84. निम्नलिखित युग्मों पर विचार कीजिए-

क्षेत्र		**किसके उत्पादन के लिए जाना जाता है।**
1. किन्नौर	—	सुपारी
2. मेवात	—	आम
3. कोरोमंडल	—	सोयाबीन

उपर्युक्त में से कौन-सा/से युग्म सही है/हैं ?

(a) केवल 1 और 2 (b) केवल 3
(c) 1, 2 और 3 (d) कोई नहीं

85. बंबई नेचुरल हिस्टरी सोसाइटी (BNHS) के संदर्भ में निम्नलिखित कथनों पर विचार कीजिए-

1. यह पर्यावरण एवं वन मंत्रालय के अधीन एक स्वायत्त संगठन है।
2. यह क्रिया आधारित अनुसंधान, शिक्षा एवं लोक जागरूकता के माध्यम से प्रकृति को बचाने का प्रयास करता है।
3. यह आम जनता के लिए प्रकृति खोज यात्राओं एवं शिविरों का आयोजन एवं संचालन करता है।

उपर्युक्त में से कौन-सा/से सही है/हैं ?

(a) केवल 1 और 3 (b) केवल 2
(c) केवल 2 और 3 (d) 1, 2 और 3

86. 'भूमंडलीय पर्यावरण सुविधा' (Global Environment Facility) के संदर्भ में निम्नलिखित में से कौन-सा/से कथन सही है/हैं ?

(a) यह जैव विविधता पर अभिसमय एवं जलवायु परिवर्तन पर संयुक्त राष्ट्र ढांचा अभिसमय के लिए वित्तीय क्रिया विधि के रूप में काम करता है।
(b) यह भूमंडलीय स्तर पर पर्यावरण के मुद्दों पर वैज्ञानिक अनुसंधान करता है।
(c) यह OCED के अधीन एक अभिकरण है, जो अल्पविकसित देशों को उनके पर्यावरण की सुरक्षा के विशिष्ट उद्देश्य से प्रौद्योगिकी और निधियों का अंतरण सुकर बनाता है।
(d) (a) और (b) दोनों

87. निम्नलिखित युग्मों पर विचार कीजिए-

1. डाम्फा टाइगर रिजर्व	-	मिजोरम
2. गुमटी वन्यजीव अभयारण्य	-	सिक्किम
3. सारामती शिखर	-	नगालैंड

उपर्युक्त युग्मों में से कौन-सा/से सही सुमेलित है/हैं ?

(a) केवल 1 (b) केवल 2 और 3
(c) केवल 1 और 3 (d) 1, 2 और 3

88. 'वेटलैंड्स इंटरनेशनल' नामक संरक्षण संगठन के संदर्भ में निम्नलिखित में से कौन-सा/से कथन सही है/हैं ?

1. यह रामसर अभिसमय के हस्ताक्षरकर्ता देशों द्वारा बनाया गया एक अन्त:सरकारी संगठन है।
2. यह ज्ञान के विकास और संग्रहण के लिए तथा व्यावहारिक अनुभव का बेहतर नीतियों हेतु पक्षसमर्थन करने के लिए क्षेत्र स्तर पर कार्य करता है।

नीचे दिए गए कूट का प्रयोग कर सही उत्तर चुनिए-

(a) केवल 1 (b) केवल 2
(c) 1 और 2 दोनों (d) न तो 1 न ही 2

89. गंगा नदी डॉल्फिन की समष्टि में ह्रास के लिए शिकार चोरी के अलावा और क्या संभव कारण है ?

1. नदियों पर बांधों और बराजों का निर्माण
2. नदियों में मगरमच्छों की समष्टि में वृद्धि
3. संयोग से मछली पकड़ने के जालों मे फंस जाना
4. नदियों के आसपास के फसल खेतों में संश्लिष्ट उर्वरकों और अन्य कृषि रसायनों का इस्तेमाल

नीचे दिए गए कूट का प्रयोग का सही उत्तर चुनिए-

(a) केवल 1 और 2 (b) केवल 2 और3
(c) केवल 1, 3 और 4 (d) 1, 2, 3 और 4

90. निम्नलिखित युग्मों पर विचार कीजिए-

आर्द्रभूमि		**नदियों का संगम**
1. हरिक आर्द्रभूमि	-	व्यास और सतलुज का संगम
2. केवलादेव घना राष्ट्रीय	-	बनास और चंबल का उद्यान संगम
3. कोलेरू झील	-	मुसी और कृष्णा का संगम

उपर्युक्त युग्मों में से कौन-सा/से सही सुमेलित है/हैं ?

(a) केवल 1 (b) केवल 2 और 3
(c) केवल 1 और 3 (d) 1, 2 और 3

समसामयिकी

91. मध्यकालीन भारत में 'महत्तर' (Mahattara) और 'पट्टकिल' (Pattakila) पदनाम किनके लिए प्रयुक्त होते थे?

(a) सैन्य अधिकारी (b) ग्राम मुखिया
(c) वैदिक कर्मकांड के विशेषज्ञ (d) शिल्पी श्रेणियों के प्रमुख

92. यदि आप हिमालय से होकर यात्रा करते हैं, तो आपको वहाँ निम्नलिखित में से किस पादप/किन पादपों को प्राकृतिक रूप में उगते हुए दिखने की सम्भावना है?

1. बांज (Oak) 2. बुरूंश (Rhododendron)
3. चंदन (Sandalwood)

नीचे दिए गए कूट का प्रयोग कर सही उत्तर चुनिए-

(a) केवल 1 और 2 (b) केवल 3
(c) केवल 1 और 3 (d) 1, 2 और 3

93. निम्नलिखित राज्यों में से किनका सम्बन्ध बुद्ध के जीवन से था?

1. अवन्ति 2. गान्धार
3. कोसल 4. मगध

नीचे दिए गए कूट का प्रयोग कर सही उत्तर चुनिए-

(a) 1, 2 और 3 (b) 2 और 4
(c) केवल 3 और 4 (d) 1, 3 और 4

94. निम्नलिखित देशों पर विचार कीजिए-

1. डेनमार्क 2. जापान
3. रशियन फेडरेशन 4. यूनाइटेड स्टेट्स ऑफ अमरीका

उपर्युक्त में से कौन-से 'आर्कटिक काउन्सिल' के सदस्य हैं?

(a) 1, 2 और 3 (b) 2, 3 और 4
(c) 1, 4 और 5 (d) 1, 3 और 5

95. निम्नलिखित युग्मों पर विचार कीजिए-

क्षेत्र जो प्रायः समाचारों में आता है		देश
1. चेचन्या	-	रशियन फेडरेशन
2. दारफुर	-	माली
3. स्वाती घाटी	-	इराक

उपर्युक्त में से कौन-सा/से युग्म सही सुमेलित है/हैं?

(a) केवल 1 (b) केवल 2 और 3
(c) केवल 1 और 3 (d) 1, 2 और 3

96. भारत के 'चांपा' समुदाय के संदर्भ में निम्नलिखित कथनों पर विचार कीजिए-

1. वे मुख्यतः उत्तराखंड राज्य में रहते हैं॥
2. वे अच्छी किस्म की ऊन देने वाले पश्मीना बकरों-बकरियों को पालते हैं।
3. उन्हें अनुसूचित जनजातियों की श्रेणी में रखा जाता है।

उपर्युक्त कथनों में से कौन-सा/से सही है/हैं?

(a) केवल 1 (b) केवल 2 और 3
(c) केवल 3 (d) 1, 2 और 3

97. 1905 में लॉर्ड कर्जन द्वारा किया गया बंगाल का विभाजन कब तक बना रहा?

(a) प्रथम विश्व युद्ध तक, जिसमें अंग्रेजों को भारतीय सैनिकों की आवश्यकता पड़ी और विभाजन समाप्त किया गया।
(b) सम्राट जॉर्ज पंचम द्वारा दिल्ली में 1911 के शाही दरबार में कर्जन के अधिनियम को निराकृत किए जाने तक
(c) महात्मा गांधी द्वारा अपना सविनय अवज्ञा आंदोलन आरंभ करने तक
(d) भारत के 1947 में हुए विभाजन तक, जब पूर्वी बंगाल, पूर्वी पाकिस्तान बन गया

98. स्वतंत्रता आंदोलन के इतिहास में भारतीय राष्ट्रीय कांग्रेस का 1929 का अधिवेशन इसलिए महत्त्वपूर्ण है, क्योंकि इस अधिवेशन में-

(a) कांग्रेस के उद्देश्य के तौर पर स्वशासन प्राप्ति की घोषणा की गई।
(b) कांग्रेस के लक्ष्य के तौर पर पूर्ण स्वराज प्राप्ति को स्वीकृत किया गया।
(c) असहयोग आंदोलन का आरंभ हुआ।
(d) लंदन में गोलमेज सम्मेलन में भागीदारी करने का निर्णय लिया गया।

99. विख्यात सत्रीया नृत्य (Sattriya Dance) के संदर्भ में निम्नलिखित कथनों पर विचार कीजिए-

1. सत्रीया, संगीत, नृत्य तथा अभिनय का सम्मिश्रण है।
2. यह असम के वैष्णवों की शताब्दियों पुरानी जीवन्त परंपरा है।
3. यह तुलसीदास, कबीर और मीराबाई द्वारा रचित भक्ति-गीतों को शास्त्रीय रागों तथा तालों पर आधारित है।

उपर्युक्त कथनों में से कौन-सा/से सही है/हैं?

(a) केवल 1 (b) केवल 1 और 2
(c) केवल 2 और 3 (d) 1, 2 और 3

100. शक संवत् पर आधारित राष्ट्रीय पंचांग (Colendar) का 1 चैत्र, ग्रिगरियन कैलेन्डर पर आधारित 365 दिन के सामान्य वर्ष की निम्नलिखित तिथियों में से किस एक के तदनुरूप है?

(a) 22 मार्च (अथवा 21 मार्च)
(b) 15 मई (अथवा 16 मई)
(c) 31 मार्च (अथवा 30 मार्च)
(d) 21 अप्रैल (अथवा 20 अप्रैल)

उत्तरमाला

1. (a)	**2.** (c)	**3.** (b)	**4.** (b)	**5.** (b)	**6.** (a)	**7.** (c)	**8.** (a)	**9.** (d)	**10.** (c)
11. (c)	**12.** (d)	**13.** (b)	**14.** (a)	**15.** (c)	**16.** (c)	**17.** (c)	**18.** (c)	**19.** (c)	**20.** (c)
21. (a)	**22.** (c)	**23.** (b)	**24.** (d)	**25.** (b)	**26.** (d)	**27.** (c)	**28.** (c)	**29.** (d)	**30.** (b)
31. (a)	**32.** (b)	**33.** (d)	**34.** (d)	**35.** (d)	**36.** (d)	**37.** (d)	**38.** (c)	**39.** (c)	**40.** (b)
41. (d)	**42.** (d)	**43.** (c)	**44.** (b)	**45.** (c)	**46.** (c)	**47.** (d)	**48.** (b)	**49.** (d)	**50.** (c)
51. (d)	**52.** (c)	**53.** (d)	**54.** (b)	**55.** (d)	**56.** (d)	**57.** (d)	**58.** (b)	**59.** (d)	**60.** (d)
61. (d)	**62.** (b)	**63.** (d)	**64.** (c)	**65.** (b)	**66.** (b)	**67.** (b)	**68.** (b)	**69.** (d)	**70.** (d)
71. (c)	**72.** (d)	**73.** (c)	**74.** (b)	**75.** (c)	**76.** (c)	**77.** (b)	**78.** (d)	**79.** (b)	**80.** (b)
81. (b)	**82.** (d)	**83.** (b)	**84.** (d)	**85.** (c)	**86.** (d)	**87.** (c)	**88.** (c)	**89.** (c)	**90.** (d)
91. (d)	**92.** (d)	**93.** (c)	**94.** (d)	**95.** (d)	**96.** (b)	**97.** (b)	**98.** (b)	**99.** (b)	**100.** (a)

व्याख्यात्मक हल

1. (a) गाँव का प्रशासन गाँव के मुखिया की देखरेख में होता था। मध्यकालीन युग में महाराष्ट्र में इसको पटटकिल तथा आंध्र प्रदेश में महत्तर के नाम से जाना जाता था।

2. (c) बुद्ध के जीवनकाल में उनका संबंध अवन्ति और गांधार से कभी नहीं रहा।

3. (b) 1911 में राजा जॉर्ज पंचम व रानी मेरी ने दिल्ली दरबार का आयोजन किया था। इसमें बंगाल की प्रेसीडेन्सी बनाने के लिए बंगाल का विभाजन रद्द किया गया तथा भारत की राजधानी कलकत्ता से दिल्ली के लिए स्थानांतरित कर दिया।

4. (b) 1929 के कांग्रेस के लाहौर अधिवेशन, अध्यक्ष जवाहरलाल नेहरू की अध्यक्षता में पूर्ण स्वराज के प्रस्ताव को पारित किया गया। 21 दिसंबर, 1929 को तिरंगा फहराया गया।

5. (b) सत्रीया नृत्य भारत के 8 शास्त्रीय नृत्यों में से एक है तथा देश के कई मठों में संरक्षित है। सत्रर शब्द सत्र से लिया गया है जिसका अर्थ है मठ। सत्रीया का दूसरा अर्थ है सत्रर का मार्ग। नृत्य का तरीका असम की वैष्णव मठ में 500 वर्षों से अभी भी जीवन्त है जिसको सत्रास के नाम से जाना जाता है। मूल रूप से इस नृत्य का अभ्यास कुछ प्रसिद्ध मठ के साधुओं द्वारा पौराणिक नृत्य-नाटिका के रूप में अभ्यास किया जाता था।

ये नृत्य नाटिका, मुख्य रूप से असम के वैष्णव संत व समाज सुधारक शंकरदेव तथा उनके मुख्य शिष्य माधवदेव द्वारा लिखे व निर्देशित किए गए थे। इसमें भगवान कृष्ण के जीवन पर आधारित संगीत, नृत्य तथा नाटक द्वारा लीलाएं दिखायी जाती हैं।

वह साधु जो इन सत्रास में रहते थे वे अपने भगवान की इन नृत्य-नाटक द्वारा पूजा अर्चना करते थे। सत्रीय जप, कथा, नृत्य तथा संवाद का समन्वय है।

6. (a) शक सवंत को राष्ट्रीय पंचांग कैलेण्डर के रूप में स्वीकार किया गया है। यह चैत्र से फाल्गुन तक चलता है। 21 मार्च को चैत्र का प्रथम दिन आता है। यह 22 मार्च, 1957 से लागू किया गया था। इसका उपयोग गजट, रेडियो आदि में होता है।

7. (c) अंजता की गुफा 17 में बुद्ध के महापरिनिर्वाण की एक भव्य प्रतिमा जिसमे ऊपर की ओर अनेक दैवी संगीतज्ञ तथा नीचे की ओर उनके दु:खी अनुयायी दर्शाए गए हैं। उदयगिरि (विदिशा, मध्य प्रदेश) में 5वीं शताब्दी के प्रारंभ की गुप्त साम्राज्य की हिंदू कला को बड़े ही नाटकीय रूप से दिखा गया है। यहाँ भगवान विष्णु के (वराह) अवतार का स्मारकीय और अर्थपूर्ण चित्रण है जिसमें वह धरती माँ को गहरे व प्रलयंकारी जल प्रलय से बचाते हैं। इसमें वराह भगवान की सूअर की आकृति शक्ति व महिमा की एक महान भावना है। मामल्लुपमर भारत में कहीं भी मूर्तियों के सबसे उल्लेखनीय समूहों में से एक है 'अर्जुन की तपस्या' या 'गंगा का अवतरण' जिसको दो विशाल पत्थरों के बीच की संकीर्ण दरार पर चित्रण किया गया है। यह शानदार चित्रण जो कि 20 फुट ऊँची तथा 40 फुट लंबी है बिल्कुल जीवन्त प्रतीत होती है। सूर्य, चंद्रमा गायकों के जोड़े के समूह, सिद्ध अप्सराएं सभी चट्टान में बायीं ओर घूमते दिखाई देते हैं। जिसमें एक साधु शांत मन में तपस्या में लीन है। कलाकार ने दरार को बड़े ही सुंदर ढंग से गंगा को स्वर्ग से पृथ्वी की ओर बहाव के रूप में दिखाया है।

8. (a) गदर आंदोलन भारतीय इतिहास में साहस की उल्लेखनीय गाथा है जिसमें भारत के अप्रवासी भारतीयों की वीरता व दृढ़ संकल्प के कारण भारत में ब्रिटिश सरकार की नींव हिल गई थी। जो भारतीय कनाडा या अमरीका में व्यापार या उच्च शिक्षा के लिए आए थे। इन कार्यों के बजाय उन्होंने क्रांतिकारियों में आग व उत्साह भरने के कार्य किया तथा वे अपनी मातृभूमि भारत के स्वतंत्रता के संघर्ष के नाम 'हिंदुस्तान एसोसिएशन ऑफ दी पैसिफिक कोस्ट' जिसका मुख्यालय सैनफ्रांसिस्को में स्थापित किया गया था। इस स्थान पर इस संस्था के सारे क्रियाकलापों के समन्वय का आधार तैयार किया जाता था।

9. (d) कलारीपयट्टू केरल की एक मार्शल आर्ट है, जोकि विश्व की सबसे पुरानी व वैज्ञानिक शारीरिक कला है। मूल रूप से यह केरल के उत्तरी व मध्य भाग तथा कर्नाटक के तलिमनाडु के नजदीक वाले भाग में प्रचलित है।

10. (c) गरबा गुजरात का एक लोकप्रिय नृत्य है तथा इसका प्रदर्शन व चलन पूरे भारत को नहीं, बल्कि समस्त विश्व में गुजरातियों द्वारा किया जाता है। गरबा एक भारतीय नृत्य का प्रकार है जो कि मूलरूप से गुजरात से प्रारंभ हुआ है।

मोहिनीअट्टम नृत्य केरल के दक्षिण पश्चिमी भाग में प्रचलित है। मोहनीअट्टम का अर्थ है जागदूरनियों का नृत्य जिसका गुण सम्मोहित करने का है।

यक्षगान एक थियेटर का प्रकार है जिसमें नृत्य, संगीत, संवाद, वेशभूषा, साजसज्जा आदि का अनोखे प्रकार से सम्मिश्रण होता है। यक्षगान संगीत का एक अलग रूप है, जोकि कर्नाटक संगीत या भारतीय संगीत से भी अलग है। ऐसा माना जाता है कि इसका वास्तविक रूप केवल कर्नाटक तथा केरल में बचा है।

11. (c) टाबो और मठ लाहौल व स्पीति घाटी जोकि हिमालय क्षेत्र में स्थित है हजारों वर्ष पहले बनाए गए भगवान बुद्ध की बनाए गए मठों में से एक पवित्र व सबसे पुराना मठ है। यह 3050 मीटर की ऊँचाई पर स्थित है। टाबो मठ को हिमालय क्षेत्र का अजन्ता भी कहा जाता है। नाको गांव जोकि किन्नौर में (लगभग 3900 मीटर ऊँचाई) पर

स्थित है वहां मंदिर प्रांगण में मठ स्थित है। मुख्य मंदिर का नाम ल्होत्सव लाखांग या महान अनुवादक के नाम पर रिन्शंग जारापो मंदिर है। जंस्कार घाटी जम्मू-कश्मीर में स्थित है।

अल्ची मंदिर का नाम अल्ची गांव के नाम पर पड़ा है। यह गांव सिंधु नदी के किनारे जम्मू-कश्मीर के लद्दाख क्षेत्र के लेह जिलों में स्थित है।

12. (d) बीजक कबीर दास की सुप्रसिद्ध व प्रचलित उपदेशों का संग्रह है तथा कबीर पंथी लोगों के लिए पवित्र ज्ञान दर्शन व प्रेरणा स्रोत है। पुष्टि मार्ग के दर्शन को 1500 ईसवी हिंदू धर्म के वैष्णव मार्ग के संत बल्लभाचार्य ने प्रतिपादित किया।

13. (b) 'मंगानियार' राजस्थान के थार जिले की संगीत परंपरा के लोग हैं। ये लोग शास्त्रीय लोक संगीत के लिए प्रसिद्ध हैं।

14. (a) महारानी विक्टोरिया की उद्घोषणा के मुख्य उद्देश्य निम्न हैं-

- 1858 एक्ट के बाद भारत का शासन रानी के नाम से तथा रानी द्वारा संचालित होगा।
- इस एक्ट के लागू होने के बाद बोर्ड आफ कन्ट्रोल तथा बोर्ड ऑफ डाइरेक्ट समाप्त हो जाएगा तथा सेक्रेटरी आफ स्टेट के पद का सृजन होगा जिसकी सहायता के लिए 15 सदस्यीय काउन्सिल ऑफ का गठन किया जाएगा।
- डाक्टराइन ऑफ लेप्स (व्यापगमन का सिद्धांत) को निरस्त कर दिया गया तथा ब्रिटिश साम्राज्य में मिलाने की नीति को रोक दिया गया।
- विद्रोहियों को क्षमादान दिया गया सिवाय उनके जिनके ऊपर ब्रिटिश लोगों को मारने का आरोप था।
- गवर्नर जनरल का पद स माप्त करके वायसराय ऑफ इंडिया का पद सृजन किया गया।

15. (c) अकबर शुरू से ही धर्म आध्यात्मक के सिद्धांत से प्रभावित था। 1570 में जब अकबर फतेहपुर सीकरी में था। उसने विभिन्न धर्मों के धर्माचार्यों जैसे उलेमा, ब्राह्मण, पादरी, पारसियों के धर्म गुरूओं से विचार-विमर्श करना शुरू कर दिया। 1575 के प्रारंभ में फतेहपुर सीकरी में एक भवन का निर्माण किया जिसको इबादतखाना नाम दिया गया। यहां पर हर बृहस्पतिवार को सारे धर्मगुरूओं के मध्य धार्मिक चर्चा होती थी।

16. (c) 2004 की अधिसूचना के अनुसार अब तक भारत सरकार ने जिन भाषाओं को श्रेण्य (Classical) भाषा घोषित किया है। वे हैं—तमिल (2004), संस्कृत (2005), तेलुगू (2008), कन्नड़ (2008), मलयालम (2013) तथा ओडिया (2014)

17. (c) रैडक्लिफ समिति भारत और पाकिस्तान के मध्य सीमा निर्धारण के लिए नियुक्त की गयी थी।

18. (c) पंचायतन मंदिर रचना शैली है। पंचायतन रचना में चार कोनों में चार सहायक मंदिर हैं तथा मुख्य मंदिर बीच में होती है। रत्नागिरि (महाराष्ट्र) जनपद में गुहागर में स्थित श्रीदेव व्यादेश्वर मंदिर पंचायत शैली का प्रमुख मंदिर है।

19. (c) भारतीय दर्शन के छह आयाम हैं-

सांख्य — प्रकृति और पुरुष
योग — प्रकृति से पुरुष का निष्पादन
न्याय — तार्किक सोच
वैशेषिक — ब्रह्मांड का वास्तविक तथा उद्देश्यपरक दर्शन
मीमांसा — वेद संहिता तथा ब्रह्म ज्ञान का विवेचन
वेदान्त — उपनिषद् का दर्शन

20 (c) प्रश्न में दिए गए सभी विकल्प गैर योजना व्यय के अंतर्गत आते हैं।

21 (a) भारत सरकार की समस्त कार्यपालिका शक्ति राष्ट्रपति में निहित है।

22. (c) भारतीय संविधान में न तो विश्वास मत प्रस्ताव और न अविश्वास मत प्रस्ताव का कोई उल्लेख है। अनुच्छेद 75 में स्पष्ट रूप से कहा गया है कि मंत्रिपरिषद सामूहिक रूप से लोक सभा के प्रति उत्तरदायी होगी। अनुच्छेद 118 में लोक सभा और राज्य सभा को अपने-अपने कार्य संचालन नियम बनाने की शक्ति प्राप्त है। लोकसभा के कार्य संचालन नियम 198 के तहत कोई भी सदस्य स्पीकर को लिखित नोटिस देकर अविश्वास प्रस्ताव की सूचना दे सकता है। स्पीकर इस प्रस्ताव को पढ़कर सुनाते हैं तथा प्रस्ताव की स्वीकार्यता पक्ष या विपक्ष में अपना मत देने को कहते हैं। अविश्वास प्रस्ताव के पक्ष में 50 या इससे अधिक के पक्ष में होने पर इसे चर्चा के लिए स्वीकार कर लिया जाता है।

23 (b) उच्चतम न्यायालय के न्यायधीशों की संख्या के निर्धारण की शक्ति संसद में निहित है।

24. (d) प्रश्न में दिए गए तीनों विकल्प सुमेलित नहीं हैं। सही विकल्प निम्नवत हैं-

(i) सूखा-प्रवण क्षेत्र-ग्रामीण विकास मंत्रालय
(ii) मरूस्थल विकास कार्यक्रम-ग्रामीण विकास मंत्रालय
(iii) वर्षापूरित क्षेत्रों हेतु राष्ट्रीय जलसंभर विकास परियोजना-कृषि मंत्रालय

25. (b) लोक लेखा समिति 22 सदस्य (लोक सभा-15, राज्यसभा-7)
प्राक्कलन समिति—30 सदस्य (केवल लोकसभा)
लोक उपक्रम समिति—22 सदस्य (लोक सभा-15, राज्यसभा-7)
याचना समिति-15 सदस्य

26. (d) 52 वें संवधिान संशोधन (1985) द्वारा 10वीं अनुसूची जोड़कर दलबदल (Antidefection) कानून लाया गया।

27. (c) दिए गए विकल्पों में संसद एवं राष्ट्रीय विकास परिषद् ऐसी संस्थाएं हैं, जो भारत में 'योजना' से संबद्ध हैं।

28 (c) मंत्रालयों को वित्तीय संसाधनों का आवंटन वित्त मंत्रालय करता है।

29. (d) संवैधानिक सरकार वह होती है जो संविधान में दी गई व्यवस्था के अनुसार गठित होती है और कार्य करती है। इसका स्वरूप लोकतंत्रात्मक राजतंत्र तानाशाही कुछ भी हो सकता है। दोनों ही विकल्प गलत हैं।

30 (b) अनुच्छेद-356 के तहत राज्य में 'राष्ट्रपति शासन' की सिफारिश राष्ट्रपति (केन्द्र सरकार) के पास भेजना और अनुच्छेद 200 के तहत किसी विधेयक को राष्ट्रपति के विचारा थे आरक्षित करना ये दोनों ही राज्यपाल की विवेकाधीन (Descretionary) शक्तियां हैं।

31. (a) पहाड़ों के जंगल, पहाड़ों की ढलान पर उगते हैं। हिमालय की 1500 मीटर की ऊँचाई तक सदाबहार पेड़ों (साल, टीक, बाँस या बैंत) के रूप में बहुतायत पैदा होते हैं। 1500-3500 मीटर तक ऊँचाई तक पाइन, फर, ओक मेपल, देवदार, पन्नाग एवं देवदारू के पेड़ उगते हैं। इससे भी अधिक ऊँचाई पर रोडोडेंड्रोस तथा जूनीपर्स पाए जाते हैं। इससे आगे पहाड़ी की बर्फ पर अल्पाइन ग्रासलेन्ड पायी जाती है।

32. (b) चंदेरी और कांचीपुरम पारंपरिक साड़ी के लिए विख्यात हैं। भद्राचलम धार्मिक स्थल है—

- कांचीपुरम दुनिया भर में रेशमी साड़ी के लिए प्रसिद्ध है तथा यहाँ घर-घर रेशमी साड़ियां बनती हैं।
- चंदेरी मध्य प्रदेश की पारंपरिक साड़ी है॥
- करनाल हरियाणा में है जहां पर भारत सरकार के कई अनुसंधान तथा विकास संस्थान हैं जैसे—

Central Soil Research Institute (CSRI)
National Dairy Research Institute (NDRI)
Directorate of Wheat Research (DWR)
National Bureau of Animal Genetic Research (NBAGR)
Indian Agricultural Research Institute (IARI)

33. (d) राष्ट्रीय राजमार्ग NH-4 चेन्नई से थाणे (मुंबई), NH-6 कोलकाता से हजीरा एवं NH-15 पठानकोट से समख्याली तक शहरों को जोड़ता है। अत: प्रश्न में दिए गए सभी जोड़े गलत हैं।

34. (d) 6 अंतर्राष्ट्रीय अभिसमय जैविक विविधता के मामले पर केन्द्रित हैं। इनके नाम हैं-

Covention of Biological Diversity (1995 से प्रभावी)
Convention on Conservation of Migratory Species
Convention on International Trade in Endangered Species of Wild Fauna & Flora (1975)
International Treaty on Plant Genetic Resources for Food and Agriculture 2004
Ramsar Convention on Wetlands (1971) and World Heritage Convention (1972).

रियो पृथ्वी सम्मेलन में लिए गए निर्णयानुसार मरूभवन का सामना करने हेतु संयुक्त राष्ट्र अभिसमय पर्यावरण एवं सम्पोषणीय भूमि प्रबंधन के विकास का एकमात्र विधिमान्य अंतर्राष्ट्रीय समझौता है, क्योंकि भूमि की गत्यात्मकता, जलवायु तथा जैवविविधता आपस में घनिष्ठता के साथ सम्बद्ध है।

35. (d) धारणीय गन्ना उपक्रमण में अपनाए जाने वाले सिद्धांत निम्नलिखित प्रकार हैं-

1. एकल कली (Single Bud) नर्सरी तैयार करना, 25-30 दिन के पौधों को रोपना पौधों के बीच 4 - 6 × 2 फुट का अंतर रखना इससे बीज की लागत कम आती है।
2. पौधों तक पर्याप्त नमी पहुंचाना तथा खेती में जलभराव पद्धति से पानी नहीं देना। इसके लिए च्यवन (ड्रिप) सिंचाई प्रयुक्त की जा सकती है।
3. आर्गेनिक उर्वरकों के प्रयोग को बढ़ावा देना।
4. अन्तराशस्यन पद्धति को अपनाना।

36. (d) आद्रर्भूमि के संदर्भ में मॉन्ट्रियो रिकॉर्ड से आशय है कि मानव हस्तक्षेप के परिणामस्वरूप आद्रर्भूमि में पारिस्थितिक स्वरूप में परिवर्तन हो गया है, हो रहा है या होना सम्भावित है।

37. (d) दश अंश जलमार्ग अंडमान और निकोबार को पृथक करता है।

38. (c) ऐसा माना जाता है कि जैविक विकास को महाद्वीपीय विस्थापन एवं हिमानी चक्र जैसे कारकों ने प्रभावित किया है।

39. (c) कार्बन चक्र में कार्बन डाइऑक्साइड का योगदान ज्वालामुखी क्रिया श्वसन तथा जैव पदार्थों के क्षय से होता है। ज्वालामुखी फटने पर कार्बन डाइऑक्साइड निकलती है। इसी प्रकार श्वसन से कार्बन डाइऑक्साइड निकलती है। जैव पदार्थों के क्षय में कार्बन डाइऑक्साइड निकलती है जो फसलों एवं वनस्पतियों के माध्यम से कार्बन चक्र में शामिल हो जाती है।

41. (d) भारत में प्रवाल भित्तियां अंडमान और निकोबार द्वीपसमूह, कच्छ की खाड़ी, मन्नार की खाड़ी में पायी जाती है।

42. (d) देश के पहाड़ी क्षेत्रों में मृदा कटाव/क्षरण/अपक्षय की समस्या वेदिका कृषि (Tarrace Cultivation) एवं वृक्ष/वन कटावा/वनोन्मुलन (Deforestation) से संबंधित है, जबकि मृदा कटाव का संबंध दक्षिणी इलाके (Coasts) की उष्ण कटिबंधीय जलवायु से नहीं है।

43. (c) कार्डामोम पहाड़ियां नीलगिरि की पहाड़ियों पर, कैमूर पहाड़ियां मध्य भारत में हैं। जबकि मिकिर पहाड़ियाँ उत्तर-पूर्वी भारत तथा महादेव पहाड़ियाँ (पंचवटी) मध्य भारत में हैं।

44. (b) टर्की काला सागर और भूमध्य सागर के मध्य स्थित है।

46. (c) 'एकीकृत जलसंभर विकास कार्यक्रम' के अंतर्गत कई लक्ष्यों यथा-मृदा के बह जाने की रोकथाम, वर्षा जल संग्रहण तथा भौम जलस्तर का पुनर्भरण आदि को निर्धारित किया गया है, किंतु इस कार्यक्रम में नदियों के एकीकरण को लक्षित नहीं किया गया है।

47. (d) विक्रय कर (बिक्रीकर) राज्य सरकार द्वारा लगाना एवं एकत्रित किया जाता है।

48. (b) जोखिम पूंजी का तात्पर्य ऐसी पूंजी से है जिसमें धन का निवेश ऐसे उद्यमियों के लिए है जिनके प्रतिष्ठान में पूंजी शुरूआती अवस्था तथा खतरों वाले व्यापार के लिए दीर्घकालीन व्यवस्था के रूप में की जाती है। VCF किसी भी संस्थान के लिए जो धन दिया जाता है उसकी शुरूआत के लिए होता है। यह शुरूआत सामान्यतया नई व उच्च तकनीकी उद्योगों के लिए होती है जैसे बायो-टेक्नोलॉजी, आईटी, मोबाइल, इंटरनेट।

49. (d) बारहवीं पंचवर्षीय योजना (2012-17) का मुख्य उद्देश्य त्वरित/तीव्रतर, सम्पोषणीय/धारणीय एवं ज्यादा समावेशी संवृद्धि/विकास हेतु रखा गया है तथा लक्षित विकास दर 8.0% रखी गयी है।

50. (c) भुगतान संतुलन के संदर्भ में चालू खाते के अंत में व्यापार संतुलन तथा अदृश्यों के संतुलन की मदें आती हैं, विदेशी परिसम्पत्तियाँ, पूंजी खाते एवं एसडीआर, विदेश सम्पत्तियों के अंतर्गत होती है।

51. (d) सीमांत स्थायी सुविधा दर एक ऐसी दर है। जिस दर पर बैंक सरकारी प्रतिभूतियों के आधार पर रिजर्व बैंक से ऋण लेता है। यह दर वर्ष 2011 से प्रभावी हुई है। निवल माँग और सावधि देयताओं का संबंध सांविधिक तरलता अनुपात से होता है।

52. (c) वित्तीय समग्रता के लिए भारत सरकार द्वारा फरवरी 2011 को राष्ट्रीय स्तर पर 'स्वाभिमान योजना' का शुभारंभ किया गया। इस योजना का उद्देश्य समाज के दबे-कुचले व्यक्तियों को आर्थिक प्रगति का लाभ बैंकिंग नेटवर्क द्वारा हर स्तर तक पहुंचाया जा सके। इसमें बैंक आधारभूत सेवाएं जैसे धन जमा करना, धन निकासी आदि का कार्य बैंक साथी जो कि बैंक द्वारा चयनित व्यक्ति होता है, के द्वारा किया जा सके। सरकार यह भी आशा करती है कि इसके द्वारा माइक्रो बीमा तथा माइक्रो पेंशन लाभ जन-जन तक पहुंच सके।

53. (d) नकदी आरक्षित अनुपात बैंकिंग क्षेत्र में एक ऐसी व्यवस्था है, जिसके द्वारा केंद्रीय बैंक वाणिज्यिक बैंकों की ऋण एवं अग्रिम प्रदान करने की क्षमता को कम या अधिक कर सकता है। नकदी आरक्षित अनुपात में वृद्धि करने से बैंकों को अपनी अधिक नकदी केंद्रीय बैंक के पास जमा करानी होती है, जिससे उनकी ऋण देने की योग्य निधियाँ कम हो सकती हैं।

54. (b) कोल बेड मेथेन (CBM) एक प्रकार की प्राकृतिक गैस का रूप है, जोकि जमीन से 300 से 1000 मीटर तक की गहराई से कोयले की परत से निकलती है। यह रंगहीन, गंधहीन गैस है जिसमें कई अन्य गैस शामिल हैं, परंतु अधिकांश भाग मेथेन का होता है। लगभग 95 प्रतिशत से अधिक मेथेन होती है।

शैल गैस एक प्राकृतिक गैस है, जोकि स्लेटी पत्थर की रचना के दौरान इसके भीतर से पैदा होती है। यह गैस मुख्यत: मेथेन तथा कम मात्रा में ईथेन, प्रोपेन, ब्यूटेन, कार्बन डाइऑक्साइड, नाइट्रोजन, हाइड्रोजन सल्फाइड तथा अन्य गैसों का मिश्रण है। भारत में कोयला संस्तर मेथेन प्रचुर मात्रा में उपलब्ध है। वैज्ञानिकों का मानना है कि चूंकि भारत में अनेक शैल स्वरूप हैं, जहां शैल गैस पाया जाना प्रतीत होता है। ये स्वरूप कई तलछट थालों में फैले हुए जैसे कैम्बे, गोंडवाना, कृष्णा-गोदावरी भूमि पर और कावेरी, लेकिन अधिकृत तौर पर किसी भी शैल गैस का स्रोत अभी तक ज्ञात नहीं हुआ है।

55. (d) लोहा एवं स्टील उत्पादन के दरम्यान उत्पन्न होने वाला वायु प्रदूषण वास्तव में पर्यावरण के लिए एक समस्या है। इस वायु प्रदूषण में गैस जनित पदार्थ जैसे सल्फर ऑक्साइड, कार्बन मोनोऑक्साइड तथा नाइट्रोजन डाइऑक्साइड होते हैं।

56. (d) अरब स्प्रिंग एक जन विद्रोह श्रृंखला है जिसका प्रारंभ 2010 के अंतिम महीनों से प्रारंभ हुआ है। यह विद्रोह श्रृंखला मध्य एशिया के देशों में फैली हुई है। अरब स्प्रिंग के कारण से कुछ अरब देशों के शासकों को सत्ता से हटना पड़ा तथा कुछ देशों ने या तो विद्रोह को दबाने का प्रयास किया है या जनता से सुधारों का वायदा किया है।

58. (b) सरकार ने भविष्य के खाद्य लक्ष्यों की प्राप्ति के लिए राष्ट्रीय बीज नीति की उद्घोषणा 2002 में की थी, जिसके अंतर्गत सरकार निजी क्षेत्र के सहयोग से उक्त लक्ष्य को प्राप्त करेगी। अत: प्रश्न में दिए गए प्रथम दोनों विकल्प गलत हैं, वहीं यह तथ्य सत्य है कि निम्न मूल्य एवं उच्च परिमाण वाली फसलों के मामले में गुणवत्ता वाले बीजों के बारे में मांग पूर्ति अंतराल है।

59. (d) मानव शरीर में स्कर्वी रोग का कारक विटामिन C (एस्कोर्बिक अम्ल) की कमी/हीनता से एवं रिकेट्स-विटामिन D की हीनता से होते हैं। जबकि रात्रि अंधता विटामिन की कमी से होता है न कि विटामिन E (टोकोफीरोल) की कमी से।

60. (d) विभिन्न उत्पादों के निर्माण उद्योगों में प्रयुक्त रासायनिक तत्त्वों के नैनो कण कई प्रकार से व्यक्ति और पर्यावरण के लिए नुकसानदायक हैं। प्रश्न में दिए गए तीनों विकल्पों में दी गई व्याख्या सत्य है।

61. (d) नीम (एजाडिरेक्टा इंडिका) की संस्कृति शब्द Nimba से उत्पत्ति हुई है जिसका अर्थ बीमारी से छुटकारा पाना है। नीम की उत्पत्ति भारत से हुई है जिसके 5 भाग-जड़, तना, पत्ती, फूल एवं फल, ये सभी औषधीय महत्त्व के हैं। नीम-बीज तेल-कीटनाशी के रूप में खेती/कृषि में प्रयोग हो रहा है, इसके बीजों का प्रयोग

जैव ईंधन और अस्पताल अपमार्जकों का निर्माण करने में एवं तेल अनुप्रयोग औषधि उद्योग में होता है। नीम के विभागों में निम्बिन, निमिसिडीन, क्वेसेंटिन, एजाडिरेक्टीन आदि कीटनाशी तत्त्व पाए जाते हैं।

62. (b) प्रकाश संश्लेषण वह प्रक्रिया है जिसके द्वारा पेड़-पौधे, कार्बन डाइऑक्साइड तथा जल का उपयोग कर कार्बोहाइड्रेट बनाते हैं तथा उपउत्पाद के रूप में ऑक्सीजन मुक्त करते हैं। इस प्रक्रिया के लिए ऊर्जा सौर विकिरण से मिलती है जिसका अवशोषण क्लोरोफिल कर लेता है। इस संपूर्ण रासायनिक अभिक्रिया को निम्नलिखित रूप में व्यक्त किया जा सकता है-

$$6CO_2 + 6H_2O \rightarrow C_6H_{12}O_6 + 6O_2$$

63. (d) किसी व्यक्ति की पहचान के लिए पहले अंगुलियों के निशान व हस्तलेखन का प्रयोग होता था परंतु आजकल पुतली/आंख, चेहरे का स्केन, आवाज परीक्षण तथा हाथों की छाप द्वारा भी होने लगा है। इन विभिन्न परीक्षणों को परितारिका क्रमवीक्षण, दृष्टिपटल क्रमवीक्षण तथा वाक् अभिज्ञान नाम दिया है।

64. (c) कायिक प्रवर्धन में लैंगिक अंग भाग नहीं लेते इस विधि से पौधों का जो क्लोन तैयार किया जाता है वह (क्लोन) आनुवांशिक रूप में अपने जनक के समान होता है। कायिक प्रवर्धन विषाणुओं का निष्प्रभावन करने में सहायक नहीं होता है।

65. (b) नासा ने कैसिनी हाइगेन्स अंतरिक्ष यान को शनि ग्रह के अध्ययन के लिए भेजा था। सन् 2004 में यह यान शनि ग्रह की कक्षा में स्थापित हुआ। तब से इस यान ने शनि ग्रह तथा इसके अनेक चन्द्रमाओं का व्यापक अध्ययन किया है।

मेसेंजर नासा का अंतरिक्ष यान है, जो बुध ग्रह की परिक्रमा कर रहा है। बुध ग्रह की रासायनिक एवं भूगर्भीय संरचना तथा इसके चुंबकीय क्षेत्र के अध्ययन के लिए 2004 में भेजा गया था। इसका भार 485 किग्रा है।

वायजर 1 और 2 यान सौरमंडल की सीमाओं को पारकर इस समय गहन अंतरिक्ष की ओर अग्रसर है।

66. (b) बर्फ का पिघलना और सोड़ियम क्लोराइड का क्रिस्टलन, भौतिक परवर्तिन के उदाहरण हैं जबकि दूध का स्कन्दन (दही जमना) रासायनिक परिवर्तन है।

67. (b) ट्रांसजेनिक फसलों को विकसित करने में अर्द्ध कोशिका द्रव्यी नर बन्ध्यता को प्रयुक्त किया जाता है, जहां 50 प्रतिशत या इससे अधिक पोलेन गेन्स को निकाल दिया जाता है। दूसरी ओर जीन नीरवता भी ट्रांसजेनिक फसलों को विकसित करने में प्रयुक्त की जाती है।

69. (d) मक्का मानव के लिए अत्यंत उपयोगी फसल है, जिसके कई अनुप्रयोग हैं। प्रश्न में दिए गए तीनों विकल्पों के अनुसार मक्का का अनुप्रयोग किया जाता है।

70. (d) बरूथी (माइट), बिच्छू एवं मकड़ी ये सभी तीनों एराकनिड्स वर्ग से संबंधित हैं, जबकि केकड़ा (क्रेब) क्रस्टेसी (इसेक्टा) वर्ग में आता है।

71. (c) 'पृथ्वी काल' एक विश्वव्यापी आंदोलन है, जो कि World Wide Fund for Nature (WWF) द्वारा संचालित है। इसके प्रतिभागी प्रतिवर्ष एक निश्चित दिन एक घंटे के लिए बिजली बंद कर देते हैं यह निश्चित दिन मार्च महीने का आखिरी शनिवार होता है तथा एक घंटे का समय रात्रि 8.30 से 9.30 होता है।

72. (d) आहार श्रृंखला का सही क्रम डायटम-क्रस्टेशियाई-हेरिंग हैं।

डायटम — शाकाहारी
क्रस्टशियाई — शाकाहारी
हेरिंग — मांसाहारी

74. (b) मानव में चेचक (Small Pox) रोग का भारत के अलावा विश्व में 8 मई, 1980 से, विश्व स्वास्थ्य संगठन (WHO) की रिपोर्ट के अनुसार उन्मूलन हो चुका है।

75. (c) ब्रोमीनयुक्त ज्वाला मंदक ब्रोमीनकृत रसायन का एक प्रकार है जिनको कई घरेलू उत्पादों, जैसे गद्दों और फर्नीचर की गद्दियों (अपहोलस्टरी) में प्रयोग होता है। इनके उपयोग में चिंता का विषय है, क्योंकि उनमें पर्यावरण में निम्नीकरण के प्रति उच्च प्रतिरोधकता है तथा वे मनुष्यों और पशुओं में संचित हो सकते हैं।

76. (c) विकल्पों में दिए गए सभी जानवरों चमगादड़, भालू एवं क्रून्तक (रोडेन्ट) में शीत निष्क्रितया की प्रवृत्ति पायी जाती है।

77. (b) लोहित तथा सुबन्सिरी नदियां अरूणाचल प्रदेश में होकर बहती हैं। बराक मणिपुर में बहती है।

बराक नदी मणिपुर की जनापाव पहाड़ियों से निकलकर मेघालय व असम में बहती है। अरूणाचल प्रदेश में नहीं बहती।

सुवनसिरी व लोहित नदियां अरूणाचल प्रदेश में बहती हैं।

79. (b) लाइकेन एक अकेला जीव नहीं है यह शैवाल एक कवक या साइनोबेक्टीरिया का सहजीवी साहचर्य है।

80. (b) प्रत्येक वर्ष वर्षा ऋतु में मध्य प्रदेश के बेतूल एवं हरदा जिले के गोंड तथा कोर्कू जनजाति हरी जिरोती पर्व बनाते हैं। यह एक माह तक चलने वाला पर्व होता है। जिसमें फलदार वृक्षों का पौधरोपण किया जाता है।

81. (b) अमरीकी कंपनियों जोकि भारत में तेल व गैस का उत्खन्न कर रही हैं। उन कंपनियों को ग्वार की खेती को महत्त्व दिया है।

भारत में ग्वार की पारंपरिक खेती के फलस्वरूप इसके बीजों से निर्मित गोंद से शैल गैस का निष्कर्षण होता है। भारत के हजारों लाखों की संख्या में छोटे-छोटे किसानों को जो ग्वार की खेती करते हैं। उनको अधिकाधिक लाभ पहुँचा है।

82. (d) 'पारिस्थितिक संवेदी तंत्र' पर्यावरण संरक्षण के लिए औद्योगिक प्रदूषण व अनियमित विकास से संरक्षित किए जाने के लिए पर्यावरण संरक्षण अधिनियम 1986 के अंतर्गत विशेष क्षेत्र बनाए गए हैं। यह क्षेत्र बेहतर साफ सफाई के लिए बनाया गया है।

82. (b) भारतीय पशु कल्याण बोर्ड विश्व में भारत द्वारा स्थापित अपने प्रकार का एकमात्र बोर्ड है। इसको 1962 में स्थापित किया गया था। इसके पशुओं पर अत्याचार रोकने के लिए बनाए गए कानूनों का प्रावधान है।

राष्ट्रीय बाघ संरक्षण प्राधिकरण एक सांवधिक निकाय है, जिसे 1972 के वन्य जीव संरक्षण कानून के अंतर्गत इन पशुओं की देखभाल की जाती है।

83. () केंद्रीय सरकार ने गंगा को राष्ट्रीय नदी का दर्जा दे दिया है तथा इसके लिए राष्ट्रीय गंगा नदी द्रोणी प्राधिकरण भी बनाया है। इसकी अध्यक्षता प्रधानमंत्री करते हैं। इस प्राधिकरण के सदस्य उन प्रदेशों के मुख्यमंत्री होंगे जहां-जहां गंगा का प्रवाह होता है। जैसे उत्तराखंड, उत्तर प्रदेश, बिहार, झारखंड व पश्चिम बंगाल।

84. (d) सोयाबीन, आम एवं सुपारी का उत्पादन क्रमशः मध्य प्रदेश, महाराष्ट्र एवं कर्नाटक में होता है। विकल्पों में दिए तीनों स्थान सम्बद्ध राज्यों में नहीं हैं।

85. (c) बंबई नेचुरल हिस्टरी सोसाइटी (BNHS) पिछले 130 वर्षों (1883 से) से प्रारंभ हुआ सदस्यों द्वारा बनाया गया संगठन है जोकि प्राकृतिक भारत के उद्देश्य को प्रोत्साहित करता है। यह संगठन प्रारंभ में बंबई के 8 नागरिकों द्वारा प्रारंभ किया गया जिसमें दो भारतीय थे। यह क्रिया आधारित अनुसंधान शिक्षा व लोक जागरूकता के माध्यम से प्रकृति को बचाने का प्रयास करता है। इसके साथ-साथ आम जनता के लिए प्रकृति खोज यात्राओं एवं शिविरों का आयोजन एवं संचालन करती है।

86. (d) 'भूमंडलीय पर्यावरण सुविधा' की स्थापना अक्टूबर 1991 में हुआ प्रारंभ में एक अरब डालर का निवेश किया गया। यह जैवविविधता पर अभिसमय एवं जलवायु परिवर्तन पर संयुक्त राष्ट्र ढांचा अभिसमय के लिए वित्तीय क्रिया विधि के रूप में काम करता है।

87. (c) दाम्पा टाइगर रिजर्व-मिजोरम में, सारामती शिखर-नगालैंड की सीमा पर, गुमटी वन्यजीव अभयारण्य-सिक्किम में है।

89. (c) गंगा नदी में डॉलफिनों की संख्या में ह्रास का प्रमुख कारण नदी पर बड़ी संख्या में बाँधों और बैराजों का निर्माण किया जाना, नदियों में मछुआरों द्वारा डाले गए जालों में फंस जाना तथा गंगा नदी में खेतों से बहकर आए रासायनिक उर्वरकों, कीटनाशकों से जल प्रदूषण होना है।

90. (d) हरिक आद्रर्भूमि व्यास और सतलज नदी के संगम पर है। केवलादेव घना राष्ट्रीय उद्यान भरतपुर तथा कोलेरू झील कृष्णा एवं गोदावरी के मध्य है।

91. (d) गाँव का प्रशासन गाँव के मुखिया की देखरेख में होता था। मध्यकालीन युग में महाराष्ट्र में इसको पटटकिल तथा आंध्र प्रदेश में महत्तर के नाम से जाना जाता था।

92. (d) पहाड़ों के जंगल, पहाड़ों की ढलान पर उगते हैं। हिमालय की 1500 मीटर की ऊँचाई तक सदाबहार पेड़ों (साल, टीक, बाँस या बैंत) के रूप में बहुतायत पैदा होते हैं। 1500-3500 मीटर तक ऊँचाई तक पाइन, फर, ओक मेपल, देवदार, पन्नाग एवं देवदारू के पेड़ उगते हैं। इससे भी अधिक ऊँचाई पर रोडोडेंड्रोस तथा जूनीपर्स पाए जाते हैं। इससे आगे पहाड़ी की बर्फ पर अल्पाइन ग्रासलेन्ड पायी जाती है।

93. (c) बुद्ध के जीवनकाल में उनका संबंध अवति और गांधार से कभी नहीं रहा।

94. (d) आर्कटिक काउंसिल एक उच्चस्तरीय अंतर्शासकीय फोरम है। आर्कटिक क्षेत्र वाली सरकारों में यहाँ के मूल निवासी शामिल हैं, इस आर्कटिक क्षेत्र में आठ देश शामिल हैं। ये देश हैं—कनाडा, डेनमार्क (जिसमें ग्रीनलैंड तथा फैरो द्वीपसमूह शामिल हैं), फिनलैंड, आइसलैंड, नार्वे, रूस, स्वीडन तथा संयुक्त राज्य अमेरिका।

95. (d) चेचन्या रशियन फेडरेशन में है। दारफुर सूडान में है और स्वात घाटी पाकिस्तान में है।

96. (b) पश्मीना ऊन पारंपरिक रूप से लद्दाख क्षेत्र का उत्पादन है जिसका चम्पा समुदाय द्वारा उत्पादन किया जाता है। चम्पा अनुसूचित जनजाति जोकि मुख्यतया जम्मू-कश्मीर के विभिन्न भागों में बसे हुए हैं, यह जनजाति पूरे भारतीय उपमहाद्वीप की जनजातियों में एक जनजाति है। जहां-तहां यह निवास करते हैं। उस क्षेत्र को चांगथंग क्षेत्र के नाम से जाना जाता है।

97. (b) 1911 में राजा जॉर्ज पंचम व रानी मेरी ने दिल्ली दरबार का आयोजन किया था। इसमें बंगाल की प्रेसीडेन्सी बनाने के लिए बंगाल का विभाजन रद्द किया गया तथा भारत की राजधानी कलकत्ता से दिल्ली के लिए स्थानांतरित कर दिया।

98. (b) 1929 के कांग्रेस के लाहौर अधिवेशन, अध्यक्ष जवाहरलाल नेहरू की अध्यक्षता में पूर्ण स्वराज के प्रस्ताव को पारित किया गया। 21 दिसंबर, 1929 को तिंगा फहराया गया।

99. (b) सत्रीया नृत्य भारत के 8 शास्त्रीय नृत्यों में से एक है तथा देश के कई मठों में संरक्षित है। सत्र शब्द सत्र से लिया गया है जिसका अर्थ है मठ। सत्रीया का दूसरा अर्थ है सत्रर का मार्ग। नृत्य का तरीका असम की वैष्णव मठ में 500 वर्षों से अभी भी जीवन्त है जिसको सत्रास के नाम से जाना जाता है। मूल रूप से इस नृत्य का अभ्यास कुछ प्रसिद्ध मठ के साधुओं द्वारा पौराणिक नृत्य–नाटिका के रूप में अभ्यास किया जाता था।

ये नृत्य नाटिका, मुख्य रूप से असम के वैष्णव संत व समाज सुधारक शंकरदेव तथा उनके मुख्य शिष्य माधवदेव द्वारा लिखे व निर्देशित किए गए थे। इसमें भगवान कृष्ण के जीवन पर आधारित संगीत, नृत्य तथा नाटक द्वारा लीलाएं दिखायी जाती हैं।

वह साधु जो इन सत्रास में रहते थे वे अपने भगवान की इन नृत्य–नाटक द्वारा पूजा अर्चना करते थे। सत्रीय जप, कथा, नृत्य तथा संवाद का समन्वय है।

सिविल सेवा प्रारंभिक परीक्षा-2013

सामान्य अध्ययन (प्रथम प्रश्न-पत्र)

भारतीय अर्थव्यवस्था

1. भारत में बैंकों द्वारा प्राथमिक क्षेत्र ऋणदान से तात्पर्य किसको ऋण देने से है ?

(a) कृषि (b) लघु (माइक्रो) एवं छोटे उद्यम
(c) दुर्बल वर्ग (d) उपर्युक्त सभी

2. भारत में निम्नलिखित उद्योगों में से कौन-सा एक, पानी का सबसे बड़ा उपभोक्ता है ?

(a) अभियांत्रिकी (b) कागज एवं लुगदी
(c) वस्त्रोद्योग (d) ताप शक्ति

3. जनांकिकीय लाभांश के पूर्ण लाभ को प्राप्त करने के लिए भारत को क्या करना चाहिए ?

(a) कुशलता विकास का प्रोत्साहन
(b) और अधिक सामाजिक सुरक्षा योजनाओं का प्रारंभ
(c) शिशु मृत्यु दर में कमी
(d) उच्च शिक्षा का निजीकरण

4. सामान्य कीमत-स्तर में बढ़ोतरी निम्नलिखित में से किस/किन कारण/कारणों से हो सकती है/हैं ?

1. द्रव्य की पूर्ति में वृद्धि 2. उत्पादन के समग्र स्तर में गिरावट
3. प्रभावी माँग में वृद्धि

नीचे दिए गए कूट का प्रयोग कर सही उत्तर चुनिए-

(a) केवल 1 (b) केवल 1 और 2
(c) केवल 2 और 3 (d) 1, 2 और 3

5. भारत की विदेशी मुद्रा आरक्षित निधि में निम्नलिखित में से कौन-सा एक मदसमूह सम्मिलित है ?

(a) विदेशी मुद्रा परिसम्पत्ति, विशेष आहरण अधिकार (एस. डी. आर.) तथा विदेशों से ऋण
(b) विदेशी मुद्रा परिसम्पत्ति, भारतीय रिजर्व बैंक द्वारा धारित स्वर्ण तथा विशेष आहरण अधिकार (एस. डी. आर.)
(c) विदेशी मुद्रा परिसम्पत्ति, विश्व बैंक से ऋण तथा विशेष आहरण अधिकार (एस. डी. आर.)
(d) विदेशी मुद्रा परिसम्पत्ति, भारतीय रिजर्व बैंक द्वारा धारित स्वर्ण तथा विश्व बैंक से ऋण

6. निम्नलिखित में से किस एक का अपने प्रभाव में सर्वाधिक स्फीतिकारी होने की संभावना है ?

(a) लोक ऋण की चुकौती
(b) बजट घाटे के वित्तीयन के लिए जनता से ऋणादान
(c) बजट घाटे के वित्तीय के लिए बैंकों से ऋणादान
(d) बजट घाटे के वित्तीय के लिए नई मुद्रा का सृजन

7. द्रव्य की पूर्ति यथावत् रहने पर यदि द्रव्य की माँग में वृद्धि होती है, तो

(a) कीमत-स्तर में गिरावट आ जाएगी
(b) ब्याज की दर में वृद्धि हो जाएगी
(c) ब्याज की दर में कमी हो जाएगी
(d) आय और रोजगार के स्तर में वृद्धि हो जाएगी

8. X देश में आर्थिक संवृद्धि अनिवार्य रूप से होगी, यदि-

(a) विश्व अर्थव्यवस्था में तकनीकी प्रगति होती है
(b) X में जनसंख्या वृद्धि होती है

9. किसी दी गई अवधि के लिए एक देश की राष्ट्रीय आय

(a) नागरिकों द्वारा उत्पादित वस्तुओं और सेवाओं के कुल मूल्य के बराबर होगी
(b) कुल उपभोग और निवेश व्यय के योग के बराबर होगी
(c) सभी व्यक्तियों की वैयक्तिक आय के योग के बराबर होगी
(d) उत्पादित अन्तिम वस्तुओं और सेवाओं के मौद्रिक मूल्य के बराबर होगी

10. ग्रामीण परिवारों को निम्नलिखित में से कौन सीधी ऋण सुविधा प्रदान करता है/करते हैं ?

1. क्षेत्रीय ग्रामीण बैंक
2. कृषि और ग्रामीण विकास के लिए राष्ट्रीय बैंक
3. भूमि विकास बैंक

नीचे दिए गए कूट का प्रयोग कर सही उत्तर चुनिए-

(a) केवल 1 और 2 (b) केवल 2
(c) केवल 1 और 3 (d) 1, 2 और 3
(c) X में पूँजी निर्माण होता है
(d) विश्व अर्थव्यवस्था में व्यापार की मात्रा बढ़ती है

11. निम्नलिखित कथनों पर विचार कीजिए-

1. मुद्रास्फीति ऋणियों को लाभ पहुँचाती है।
2. मुद्रास्फीति बॉण्ड-धारकों को लाभ पहुँचाती है।

उपर्युक्त कथनों में से कौन-सा/से सही है/हैं ?

(a) केवल 1 (b) केवल 2
(c) 1 और 2 दोनों (d) न तो 1 और न ही 2

12. प्रच्छन्न बेरोजगारी का सामान्यत: अर्थ होता है कि-

(a) लोग बड़ी संख्या में बेरोजगार रहते हैं
(b) वैकल्पिक रोजगार उपलब्ध नहीं है
(c) श्रमिक की सीमान्त उत्पादकता शून्य है
(d) श्रमिकों की उत्पादकता नीची है

13. निम्नलिखित तरल परिसम्पत्तियों पर विचार कीजिए-
1. बैंकों के पास माँग जमा
2. बैंकों के पास सावधिक जमा
3. बैंकों के पास बचत जमा
4. करेन्सी इन परिसम्पत्तियों का, तरलता के घटते हुए क्रम में, सही अनुक्रम है-

(a) 1-4-3-2 (b) 4-3-2-1
(c) 2-3-1-4 (d) 4-1-3-2

14. भारतीय अर्थव्यवस्था के संदर्भ में, 'खुला बाजार प्रचालन' किसे निर्दिष्ट करता है ?
(a) अनुसूचित बैंकों द्वारा RBI से ऋण लेना
(b) वाणिज्यिक बैंकों द्वारा उद्योग और व्यापार क्षेत्रों को ऋण देना
(c) RBI द्वारा सरकारी प्रतिभूतियों का क्रय और विक्रय
(d) उपर्युक्त में से कोई नहीं

15. किसी देश का भुगतान संतुलन किसका व्यवस्थित अभिलेख है ?
(a) किसी निर्धारित समय के दौरान, सामान्यत: एक वर्ष में, किसी देश का समस्त आयात और निर्यात का लेन-देन
(b) किसी वर्ष में एक देश द्वारा निर्यात की गई वस्तुएँ
(c) एक देश की सरकार और दूसरे देश की सरकार के बीच आर्थिक लेन-देन
(d) एक देश से दूसरे देश को पूँजी का संचलन

16. निम्नलिखित में से कौन-से मामलों में भारतीय रिजर्व बैंक वाणिज्यिक बैंकों को नियंत्रित करता है ?
1. परिसम्पत्तियों की तरलता
2. शाखा विस्तार
3. बैंकों का विलय
4. बैंकों का समापन

नीचे दिए गए कूट का प्रयोग कर सही उत्तर चुनिए-
(a) केवल 1 और 4 (b) केवल 2, 3 और 4
(c) केवल 1, 2 और 3 (d) 1, 2, 3 और 4

17. बैंक दर में वृद्धि सामान्यत: इस बात का संकेत है कि-
(a) ब्याज की बाजार दर के गिरने की संभावना है
(b) केन्द्रीय बैंक अब वाणिज्यिक बैंकों को कर्जे नहीं दे रहा
(c) केन्द्रीय बैंक सस्ती मुद्रा नीति का अनुसरण कर रहा है
(d) केन्द्रीय बैंक महँगी मुद्रा नीति का अनुसरण कर रहा है

18. भारत में घाटे की वित्त व्यवस्था किसके लिए संसाधनों को बढ़ाने के लिए उपयोग की जाती है ?
(a) आर्थिक विकास के लिए
(b) सार्वजनिक ऋण चुकाने के लिए
(c) भुगतान शेष का समायोजन करने के लिए
(d) विदेशी ऋण कम करने के लिए

19. शर्करा उद्योग के उपोत्पाद की उपयोगिता के संदर्भ में, निम्नलिखित में से कौन-सा/से कथन सही है/हैं ?
1. खोई को, ऊर्जा उत्पादन के लिए जैव मात्रा ईंधन के रूप में प्रयुक्त किया जा सकता है।
2. शीरे को, कृत्रिम रासायनिक उर्वरकों के उत्पादन के लिए एक भरण-स्टॉक की तरह प्रयुक्त किया जा सकता है।
3. शीरे को, एथनॉल उत्पादन के लिए प्रयुक्त किया जा सकता है।

नीचे दिए गए कूट का प्रयोग कर सही उत्तर चुनिए-
(a) केवल 1
(b) केवल 2 और 3
(c) केवल 1 और 3
(d) 1, 2 और 3

भारतीय इतिहास

20. भारत के सांस्कृतिक इतिहास के संदर्भ में, नृत्य एवं नाट्य-कला की एक मुद्रा जिसे 'त्रिभंग' कहा जाता है, प्राचीन काल से आज तक भारतीय कलाकारों को अतिप्रिय रही है। निम्नलिखित में से कौन-सा एक कथन इस मुद्रा को सर्वोत्तम रूप से वर्णित करता है ?
(a) एक पाँव मोड़ा जाता है और देह थोड़ी किन्तु विपरीत दिशा में कटि एवं ग्रीवा पर वक्र की जाती है।
(b) मुख अभिव्यंजनाएँ, हस्तमुद्राएँ एवं आसज्जा कतिपय महाकाव्य अथवा ऐतिहासिक पात्रों को प्रतीकात्मक रूप में व्यक्त करने के लिए संयोजित की जाती है।
(c) देह, मुख एवं हस्तों की गति का प्रयोग स्वयं को अभिव्यकत करने अथवा एक कथा कहने के लिए किया जाता है।
(d) मंद स्मिति, थोड़ी वक्र कटि एवं कतिपय हस्तमुद्राओं पर बल दिया जाता है, प्रेम एवं श्रृंगार की अनुभूतियों को अभिव्यक्त करने के लिए

21. एनी बेसेंट-
1. होम रूल आन्दोलन प्रारंभ करने के लिए उत्तरदायी थीं
2. थियोसॉफिकल सोसाइटी की संस्थापिका थीं
3. इंडियन नेशनल काँग्रेस की एक बार अध्यक्षा थीं

नीचे दिए गए कूट का प्रयोग कर सही कथन/कथनों को चुनिए-

(a) केवल 1 (b) केवल 2 और 3
(c) केवल 1 और 3 (d) 1, 2 और 3

22. इलबर्ट बिल विवाद किससे संबंधित था?

(a) भारतीयों द्वारा हथियार लेकर चलने पर कुछ प्रतिबंधों का लागू किया जाना
(b) भारतीय भाषाओं में प्रकाशित होने वाले समाचार-पत्रों और पत्रिकाओं पर प्रतिबंध लागू किया जाना
(c) यूरोप के लोगों के मामलों की सुनवाई करने के लिए भारतीय न्यायाधीशों पर लगाई गई अयोग्यताओं का हटाया जाना
(d) आयातित सूती कपड़े पर लगाए गए शुल्क का हटाया जाना

23. निम्नलिखित ऐतिहासिक स्थलों पर विचार कीजिए-

1. अजन्ता की गुफाएँ 2. लेपाक्षी मन्दिर
3. साँची स्तूप

उपर्युक्त स्थलों में से कौन-सा/से भित्ति चित्रकला के लिए भी जाना जाता है/जानते जाते हैं?

(a) केवल 1 (b) केवल 1 और 2
(c) 1, 2 और 3 (d) कोई नहीं

24. भारत में दार्शनिक विचार के इतिहास के संबंध में, सांख्य सम्प्रदाय से संबंधित निम्नलिखित कथनों पर विचार कीजिए-

1. सांख्य पुनर्जन्म या आत्मा के आवागमन के सिद्धान्त को स्वीकार्य नहीं करता है।
2. सांख्य की मान्यता है कि आत्म-ज्ञान ही मोक्ष की ओर ले जाता है न कि कोई बाह्य प्रभाव अथवा कारक।

उपर्युक्त कथनों में से कौन-सा/से सही है/हैं?

(a) केवल 1 (b) केवल 2
(c) 1 और 2 दोनों (d) न तो 1 और न ही 2

25. कुछ शैलकृत बौद्ध गुफाओं को चैत्य कहते हैं, जबकि अन्य को विहार। दोनों में क्या अन्तर है?

(a) विहार पूजा-स्थल होता है, जबकि चैत्य बौद्ध भिक्षुओं का निवासस्थान है।
(b) चैत्य पूजा-स्थित होता है, जबकि विहार बौद्ध भिक्षुओं का निवासस्थान है।
(c) चैत्य गुफा के दूर के सिरे पर स्तूप होता है, जबकि विहार गुफा पर अक्षीय कक्ष होता है।
(d) दोनों में कोई वस्तुपरक अन्तर नहीं होता

26. निम्नलिखित में से कौन-सा एक बौद्ध मत में निर्वाण की अवधारणा की सर्वश्रेष्ठ व्याख्या करता है?

(a) तृष्णारूपी अग्नि का शमन
(b) स्वयं की पूर्णत: अस्तित्वहीनता
(c) परमानन्द एवं विश्राम की स्थिति
(d) धारणातीत मानसिक अवस्था

27. निम्नलिखित में से कौन-सा/से लक्षण सिन्धु सभ्यता के लोगों का सही चित्रण करता है/करते हैं?

1. उनके विशाल महल और मन्दिर होते थे।
2. वे देवियों और देवताओं, दोनों की पूजा करते थे।
3. वे युद्ध में घोड़ों द्वारा खींचे गए रथों का प्रयोग करते थे।

नीचे दिए गए कूट का प्रयोग कर सही कथन/कथनों को चुनिए-

(a) केवल 1 और 2
(b) केवल 2
(c) 1, 2 और 3
(d) उपर्युक्त कथनों में से कोई भी सही नहीं है

28. निम्नलिखित में से कौन-सा/से कथन जैन सिद्धान्त के अनुरूप है/हैं?

1. कर्म को विनष्ट करने का सुनिश्चित मार्ग तपश्चर्या है।
2. प्रत्येक वस्तु में, चाहे वह सूक्ष्मतम कण हो, आत्मा होती है।
3. कर्म आत्मा का विनाशक है और अवश्य इसका अन्त करना चाहिए।

नीचे दिए गए कूट का प्रयोग कर सही उत्तर चुनिए-

(a) केवल 1 (b) केवल 2 और 3
(c) केवल 1 और 3 (d) 1, 2 और 3

29. भारत की यात्रा करने वाले चीनी यात्री युआन च्वांग (ह्वेन त्सांग) ने तत्कालीन भारत की सामान्य दशाओं और संस्कृति का वर्णन किया है। इस संदर्भ में, निम्नलिखित में से कौन-सा/से कथन सही है/हैं?

1. सड़क और नदी-मार्ग लूटमार से पूरी तरह सुरक्षित थे।
2. जहाँ तक अपराधों के लिए दंड का प्रश्न है, अग्नि, जल व विष द्वारा सत्यपरीक्षा किया जाना ही किसी भी व्यक्ति की निर्दोषता अथवा दोष के निर्णय के साधन थे।
3. व्यापारियों को नौघाटों और नाकों पर शुल्क देना पड़ता था।

नीचे दिए गए कूट का प्रयोग कर सही उत्तर चुनिए-

(a) केवल 1 (b) केवल 2 और 3
(c) केवल 1 और 3 (d) 1, 2 और 3

30. भारतीय इतिहास के संदर्भ में, प्रांतों से संविधान सभा के सदस्य-

(a) उन प्रांतों के लोगों द्वारा सीधे निर्वाचित हुए थे
(b) भारतीय राष्ट्रीय कांग्रेस तथा मुस्लिम लीग द्वारा नामित हुए थे
(c) प्रांतीय विधान सभाओं द्वारा निर्वाचित हुए थे
(d) सरकार द्वारा, संवैधानिक मामलों में उनकी विशेषज्ञता के लिए चुने गए थे

31. बंगाल के तिभागा किसान आंदोलन की क्या माँग थी?

(a) जमींदारों की हिस्सेदारी को फसल के आधे भाग से कम करके एक-तिहाई करना
(b) भूमि का वास्तविक खेतिहर होने के नाते, भू-स्वामित्व कृषकों को प्रदान करना
(c) जमींदारी प्रथा का उन्मूलन तथा कृषिदासता का अन्त
(d) कृषकों के समस्त ऋणों को रद्द करना

सामान्य विज्ञान एवं प्रौद्योगिकी

32. शीत कोष्ठ में भण्डारित फल अधिक समय तक चलते हैं, क्योंकि

(a) सूरज की रोशनी नहीं पड़ने दी जाती है

(b) पर्यावरण में कार्बन डाइऑक्साइड की सान्द्रता बढ़ा दी जाती है

(c) श्वसन की दर घटा दी जाती है

(d) आद्रर्ता बढ़ जाती है

33. निम्नलिखित भारतीय प्राणिजात पर विचार कीजिए-

1. घड़ियाल
2. चर्मपीठ कूर्म (लेदरबैक टर्टल)
3. अनूप मृग

उपर्युक्त में से कौन-सा/से संकटापन्न है/हैं ?

(a) केवल 1 और 2 (b) केवल 3

(c) 1, 2 और 3 (d) कोई नहीं

34. साइकिल और कारों में बॉल-बेयरिंग का प्रयोग होता है, क्योंकि-

(a) पहिया और धुरी के बीच संस्पर्श का वास्तविक क्षेत्र बढ़ जाता है

(b) पहिया और धुरी के बीच संस्पर्श का प्रभावी क्षेत्र बढ़ जाता है

(c) पहिया और धुरी के बीच संस्पर्श का प्रभावी क्षेत्र घट जाता है

(d) उपर्युक्त कथनों में से कोई भी सही नहीं है

35. निम्नलिखित परिघटनाओं पर विचार कीजिए-

1. गोधूलि में सूर्य का आमाप
2. ऊषाकाल में सूर्य का रंग
3. ऊषाकाल में चन्द्रमा का दिखना
4. आकाश में तारों का टिमटिमाना
5. आकाश में ध्रुवतारे का दिखना

उपर्युक्त में से कौन-से दृष्टिभ्रम हैं ?

(a) 1, 2 और 3 (b) 3, 4 और 5

(c) 1, 2 और 4 (d) 2, 3 और 5

36. जब धूप वर्षा की बूँदों पर गिरती है, तो इन्द्रधनुष बनता है। इसके लिए निम्नलिखित में से कौन-सी भौतिक परियोजनाएँ जिम्मेवार हैं ?

1. परिक्षेपण
2. अपवर्तन
3. आन्तरिक परावर्तन

नीचे दिए गए कूट का प्रयोग कर सही उत्तर चुनिए-

(a) केवल 1 और 2 (b) केवल 2 और 3

(c) केवल 1 और 3 (d) 1, 2 और 3

37. कई प्रतिरोपित पौधे इसलिए नहीं बढ़ते हैं, क्योंकि-

(a) नई मिट्टी में इष्ट खनिज पदार्थ नहीं रहते हैं

(b) अधिकांश मूल रोम नई मिट्टी को अधिक सख्ती से जकड़ लेते हैं

(c) प्रतिरोपण के दौरान अधिकांश मूल रोम नष्ट हो जाते हैं

(d) प्रतिरोपण के दौरान पत्तियाँ क्षतिग्रस्त हो जाती हैं

38. निम्नलिखित कथनों में से कौन-सा/से सही है/हैं ?

1. विषाणुओं में ऊर्जा-उत्पादन के लिए आवश्यक एंजाइम नहीं होते।
2. विषाणुओं को किसी भी संश्लेषित माध्यम में संवर्धित किया जा सकता है।
3. विषाणुओं का एक जीव से दूसरे जीव में संचारण केवल जैवकीय संवाहकों द्वारा ही होता है।

नीचे दिए गए कूट का प्रयोग कर सही उत्तर चुनिए-

(a) केवल 1 (b) केवल 2 और 3

(c) केवल 1 और 3 (d) 1, 2 और 3

39. मरूस्थल क्षेत्रों में जल ह्रास को रोकने के लिए निम्नलिखित में से कौन-सा/से पर्ण रूपान्तरण होता है/होते हैं ?

1. कठोर एवं मोमी पर्ण
2. लघु पर्ण अथवा पर्णहीनता
3. पर्ण की जगह काँटे

नीचे दिए गए कूट का प्रयोग कर सही उत्तर चुनिए-

(a) केवल 1 और 2 (b) केवल 2

(c) केवल 1 और 3 (d) 1, 2 और 3

40. प्रकृति के ज्ञात बलों को चार वर्गों में विभाजित किया जा सकता है, जैसे कि गुरूत्व, विद्युत-चुम्बकत्व, दुर्बल नाभिकीय बल और प्रबल नाभिकीय बल। उनके संदर्भ में, निम्नलिखित कथनों में से कौन-सा एक सही नहीं है ?

(a) गुरूत्व, चारों में सबसे प्रबल है

(b) विद्युत-चुम्बकत्व सिर्फ विद्युत आवेश वाले कणों पर क्रिया करता है

(c) दुर्बल नाभिकीय बल विघटनाभिकता का कारण है

(d) प्रबल नाभिकीय बल परमाणु के केन्द्रक में प्रोटॉनों और न्यूट्रॉनों को धारित किये रखता है

41. निकट अतीत में हिग्स बोसॉन कण के अस्तित्व के संसूचन के लिए किये गये प्रयत्न लगातार समाचारों में रहे हैं। इस कण की खोज का क्या महत्त्व है ?

1. यह हमें यह समझने में मदद करेगा कि मूल कणों में संहति क्यों होती है।
2. यह निकट भविष्य में हमें दो बिन्दुओं के बीच के भौतिक अन्तराल को पार किये बिना एक बिन्दु से दूसरे बिन्दु तक पदार्थ स्थानान्तरित करने की प्रौद्योगिकी विकसित करने में मदद करेगा।
3. यह हमें नाभिकीय विखंडन के लिए बेहतर ईंधन उत्पन्न करने में मदद करेगा।

नीचे दिए गए कूट का प्रयोग कर सही उत्तर चुनिए-

(a) केवल 1 (b) केवल 2 और 3
(c) केवल 1 और 3 (d) 1, 2 और 3

42. कवकमूलीय (माइकोराइज़ल) जैव प्रौद्योगिकी को निम्नीकृत स्थलों के पुनर्वासन में उपयोग में लाया गया है, क्योंकि कवकमूल के द्वारा पौधों में-

1. सूखे का प्रतिरोध करने एवं अवशोषण क्षेत्र बढ़ाने की क्षमता आ जाती है
2. pH की अतिसीमाओं को सहन करने की क्षमता आ जाती है
3. रोगग्रस्तता से प्रतिरोध की क्षमता आ जाती है

नीचे दिए गए कूट का प्रयोग कर सही उत्तर चुनिए-

(a) केवल 1 (b) केवल 2 और 3
(c) केवल 1 और 3 (d) 1, 2 और 3

43. पारितंत्र में खाद्य श्रृंखलाओं के संदर्भ में, निम्नलिखित में से किस प्रकार का/के जीव अपघटक जीव कहलाता है/कहलाते हैं?

1. विषाणु
2. कवक
3. जीवाणु

नीचे दिए गए कूट का प्रयोग कर सही उत्तर चुनिए-

(a) केवल 1 (b) केवल 2 और 3
(c) केवल 1 और 3 (d) 1, 2 और 3

44. निम्नलिखित में से कौन-सा/से भारतीय कोयले का/के अभिलक्षण है/हैं?

1. उच्च भस्म अंश
2. निम्न सल्फर अंश
3. निम्न भस्म संगलन तापमान

नीचे दिए गए कूट का प्रयोग कर सही उत्तर चुनिए-

(a) केवल 1 और 2
(b) केवल 2
(c) केवल 1 और 3
(d) 1, 2 और 3

45. तड़ित्-झंझा के दौरान, आकाश में तड़ित् किसके/किनके द्वारा उत्पन्न होती है/हैं?

1. आकाश में कपासी-वर्षी मेघों के मिलने से
2. तड़ित् से, जो वर्षामेघों को पृथक् करती है
3. हवा और जल कणों के ऊपर की ओर तीव्र चलन से

नीचे दिए गए कूट का प्रयोग कर सही उत्तर चुनिए-

(a) केवल 1
(b) 2 और 3
(c) 1 और 3
(d) उपर्युक्त में से कोई भी तड़ित् उत्पादित नहीं करता

46. अनाजों और तिलहनों के अनुपयुक्त रखरखाव और भंडारण के परिणामस्वरूप आविषों का उत्पादन होता है, जिन्हें अफ्लाटॉक्सीन के नाम से जाना जाता है, जो सामान्यतः भोजन बनाने की आम विधि द्वारा नष्ट नहीं होते। अफ्लाटॉक्सीन किसके द्वारा उत्पादित होते हैं?

(a) जीवाणु (b) प्रोटोजोआ
(c) फफूँदी (d) विषाणु

47. पुराने और प्रयुक्त कम्प्यूटरों या उनके पुर्जों के असंगत/अव्यवस्थित, निपटान के कारण, निम्नलिखित में से कौन-से ई-अपशिष्ट के रूप में पर्यावरण में निर्मुक्त होते हैं?

1. बेरिलियम 2. कैडमियम
3. क्रोमियम 4. हेप्टाक्लोर
5. पारद 6. सीसा
7. प्लूटोनियम

नीचे दिए गए कूट का प्रयोग कर सही उत्तर चुनिए-

(a) केवल 1, 3, 4, 6 और 7
(b) केवल 1, 2, 3, 5 और 6
(c) केवल 2, 4, 5 और 7
(d) 1, 2, 3, 4, 5, 6 और 7

48. अम्ल वर्षा किनके द्वारा होने वाले पर्यावरण प्रदूषण के कारण होती है?

(a) कार्बन डाइऑक्साइड और नाइट्रोजन
(b) कार्बन मोनो-ऑक्साइड और कार्बन डाइ-ऑक्साइड
(c) ओजोन और कार्बन डाइऑक्साइड
(d) नाइट्रस ऑक्साइड और सल्फर डाइऑक्साइड

49. पारितंत्रों में खाद्य श्रृंखलाओं के संदर्भ में, निम्नलिखित कथनों पर विचार कीजिए-

1. खाद्य श्रृंखला उस क्रम का निदर्शन करती है, जिसमें जीवों की एक श्रृंखला एक-दूसरे के आहार द्वारा पोषित होती है।
2. खाद्य श्रृंखला एक जाति की समष्टि के अन्तर्गत पाई जाती है।
3. खाद्य श्रृंखला उस प्रत्येक जीव की संख्याओं का, जो दूसरों के द्वारा खाई जाती हैं, निदर्शन करती है।

उपर्युक्त कथनों में से कौन-सा/से सही है/हैं?

(a) केवल 1 (b) केवल 1 और 2
(c) 1, 2 और 3 (d) कोई नहीं

50. निम्नलिखित जीवों पर विचार कीजिए-

1. एगैरिकस 2. नॉस्टॉक
3. स्पाइरोगाइरा

उपर्युक्त में से कौन-सा/से जैव उर्वरक के रूप में प्रयुक्त होता है/होते हैं?

(a) 1 और 2 (b) केवल 2
(c) 2 और 3 (d) केवल 3

51. निम्नलिखित में से कौन-सा/से, मृदा में नाइट्रोजन को बढ़ाता है/बढ़ाते हैं ?

1. जन्तुओं द्वारा यूरिया का उत्सर्जन
2. मनुष्य द्वारा कोयले को जलाना
3. वनस्पति की मृत्यु

नीचे दिए गए कूट का प्रयोग कर सही उत्तर चुनिए-

(a) केवल 1 (b) केवल 2 और 3
(c) केवल 1 और 3 (d) 1, 2 और 3

52. निम्नलिखित राज्यों में से किसमें/किनमें सिंह-पुच्छी वानर (मॅकाक) अपने प्राकृतिक आवास में पाया जाता है ?

1. तमिलनाडु 2. केरल
3. कर्नाटक 4. आंध्र प्रदेश

नीचे दिए गए कूट का प्रयोग कर सही उत्तर चुनिए-

(a) केवल 1, 2 और 3 (b) केवल 2
(c) केवल 1, 3 और 4 (d) 1, 2, 3 और 4

53. निम्नलिखित बीमारियों में से कौन-सी टैटू बनवाने के द्वारा एक व्यक्ति से दूसरे व्यक्ति में संचरित हो सकती है/हैं ?

1. चिकनगुन्या
2. यकृत शोथ B
3. HIV-AIDS

नीचे दिए गए कूट का प्रयोग कर सही उत्तर चुनिए-

(a) केवल 1
(b) केवल 2 और 3
(c) केवल 1 और 3
(d) 1, 2 और 3

54. निम्नलिखित में से कौन-सा एक पद, केवल जीव द्वारा ग्रहण किये गये दिक्स्थान का ही नहीं, बल्कि जीवों के समुदाय में उसकी कार्यात्मक भूमिका का भी वर्णन करता है ?

(a) संक्रमिका (ईकोटोन) (b) पारिस्थितिक कर्मता
(c) आवास (d) आवास-क्षेत्र

55. प्रकाश-रासायनिक धूम का बनना किनके बीच अभिक्रिया का परिणाम होता है ?

(a) NO_2, O_3 तथा पेरॉक्सीऐसिटिल नाइट्रेट के बीच सूर्य के प्रकाश की उपस्थिति में
(b) CO, O_2 तथा पेरॉक्सीऐसिटिल नाइट्रेट के बीच, सूर्य के प्रकाश की उपस्थिति में
(c) CO, CO_2 तथा NO_2 के बीच, निम्न ताप पर
(d) NO_2 के उच्च सांद्रण, O_3 तथा CO के बीच, शाम के समय

56. निम्नलिखित खनिजों पर विचार कीजिए-

1. कैल्सियम 2. लोह
3. सोडियम

उपर्युक्त खनिजों में से मानव शरीर में पेशियों के संकुचन के लिए किसकी/किनकी आवश्यकता होती है/हैं ?

(a) केवल 1 (b) केवल 2 और 3
(c) केवल 1 और 3 (d) 1, 2 और 3

57. पुनर्योगज DNA प्रौद्योगिकी (आनुवंशिक इंजीनियरी) जीनों को स्थानान्तरित होने देता है-

1. पौधों की विभिन्न जातियों में
2. जन्तुओं से पौधों में
3. सूक्ष्मजीवों से उच्चतर जीवों में

नीचे दिए गए कूट का प्रयोग कर सही उत्तर चुनिए-

(a) केवल 1 (b) केवल 2 और 3
(c) केवल 1 और 3 (d) 1, 2 और 3

58. निम्नलिखित पर विचार कीजिए-

1. तारा कछुआ 2. मॉनीटर छिपकली
3. वामन सूअर 4. स्पाइडर वानर

उपर्युक्त में से कौन-से भारत में प्राकृतिक रूप में पाए जाते हैं ?

(a) केवल 1, 2 और 3 (b) केवल 2 और 3
(c) केवल 1 और 4 (d) 1, 2, 3 और 4

59. निम्नलिखित में से कौन-से भारत के कुछ भागों में पीने के जल में प्रदूषक के रूप में पाए जाते हैं ?

1. आर्सेनिक 2. सारबिटॉल
3. फ्लुओराइड 4. फार्मेल्डिहाइड
5. यूरेनियम

नीचे दिए गए कूट का प्रयोग कर सही उत्तर चुनिए-

(a) केवल 1 और 3
(b) केवल 2, 4 और 5
(c) केवल 1, 3 और 5
(d) 1, 2, 3, 4 और 5

60. निम्नलिखित जन्तुओं पर विचार कीजिए-

1. समुद्री गाय 2. समुद्री घोड़ा
3. समुद्री सिंह

उपर्युक्त में से कौन-सा/से स्तनधारी है/हैं ?

(a) केवल 1 (b) केवल 1 और 3
(c) केवल 2 और 3 (d) 1, 2 और 3

61. अलग-अलग ऋतुओं में दिन-समय और रात्रि-समय के विस्तार में विभिन्नता किस कारण से होती है ?

(a) पृथ्वी का अपने अक्ष पर घूर्णन
(b) पृथ्वी का, सूर्य के चारों ओर दीर्घवृत्तीय रीति से परिक्रमण
(c) स्थान की अक्षांशीय स्थिति
(d) पृथ्वी का नत अक्ष पर परिक्रमण

भूगोल एवं पर्यावरण

62. संसार के सर्वाधिक महत्त्वपूर्ण मत्स्यन क्षेत्र उन क्षेत्रों में पाए जाते हैं, जहाँ-
   (a) कोष्ण तथा शीत वायुमंडलीय धाराएँ मिलती हैं
   (b) नदियाँ सागरों में प्रचुर मात्रा में ताजा जल प्रवाहित करती हैं
   (c) कोष्ण तथा शीत सागरीय धाराएँ मिलती हैं
   (d) महाद्वीपीय शेल्फ तरंगित है

63. निम्नलिखित में से कौन-सी, विषुवतीय वनों की अद्वितीय विशेषता है/विशेषताएँ हैं ?
   1. ऊँचे, घने वृक्षों की विद्यमानता जिनके किरीट निरंतर वितान बनाते हों
   2. बहुत-सी जातियों का सह-अस्तित्व हो
   3. अधिपादपों की असंख्य किस्मों की विद्यमानता हो
   नीचे दिए गए कूट का प्रयोग कर सही उत्तर चुनिए-
   (a) केवल 1 (b) केवल 2 और 3
   (c) केवल 1 और 3 (d) 1, 2 और 3

64. महाद्वीपों के अन्त:स्थों का वार्षिक ताप-परिसर तटीय क्षेत्रों की अपेक्षा अधिक होता है। इसका/इसके क्या कारण है/हैं ?
   1. भूमि और जल के बीच तापीय अंतर
   2. महाद्वीपों और महासागरों के बीच तुंगता में अंतर
   3. अन्त:स्थों में तेज पवनों की विद्यमानता
   4. तटों की अपेक्षा अन्त:स्थों में होने वाली भारी वर्षा
   नीचे दिए गए कूट का प्रयोग कर सही उत्तर चुनिए-
   (a) केवल 1 (b) केवल 1 और 2
   (c) केवल 2 और 3 (d) 1, 2, 3 और 4

65. भारत की लैटेराइट मिट्टियों के बारे में निम्नलिखित में से कौन-से कथन सही हैं ?
   1. वे साधारणत: लाल रंग की होती है।
   2. वे नाइट्रोजन और पोटाश से समृद्ध होती है।
   3. उनका राजस्थान और उत्तर प्रदेश में अच्छा विकास हुआ है।
   4. इन मिट्टियों में टैपियोका और काजू की अच्छी उपज होती है।
   नीचे दिए गए कूट का प्रयोग कर सही उत्तर चुनिए-
   (a) 1, 2 और 3 (b) 2, 3 और 4
   (c) 1 और 4 (d) केवल 2 और 3

66. निम्नलिखित कथनों पर विचार कीजिए-
   1. प्राकृतिक गैस गोंडवाना संस्तरों में पायी जाती है।
   2. अभ्रक प्रचुर मात्रा में कोडरमा में पाया जाता है।
   3. धारवाड़ खनिज तेल के लिए प्रसिद्ध है।
   उपर्युक्त कथनों में से कौन-सा/से सही है/हैं ?
   (a) 1 और 2 (b) केवल 2
   (c) 2 और 3 (d) कोई नहीं

67. निम्नलिखित फसलों पर विचार कीजिए-
   1. कपास 2. मूँगफली
   3. धान 4. गेहूँ
   इनमें से कौन-सी खरीफ की फसलें हैं ?
   (a) 1 और 4 (b) केवल 2 और 3
   (c) 1, 2 और 3 (d) 2, 3 और 4

68. 'जलवायु चरम है, वर्षा कम है और लोग चलवासी पशुचारक हुआ करते थे।'
   उपर्युक्त कथन निम्नलिखित क्षेत्रों में से किसका सबसे अच्छा वर्णन है ?
   (a) अफ्रीकी सवाना
   (b) मध्य एशियाई स्टेप
   (c) उत्तरी अमरीकी प्रेअरी
   (d) साइबेरियाई टुन्ड्रा

69. निम्नलिखित युग्मों पर विचार कीजिए-

जनजाति	राज्य
1. लिम्बू	सिक्किम
2. कार्बी	हिमाचल प्रदेश
3. डोंगरिया कोंध	ओडिशा
4. बोंडा	तमिलनाडु

   उपर्युक्त युग्मों में से कौन-से सही सुमेलित हैं ?
   (a) केवल 1 और 3
   (b) केवल 2 और 4
   (c) केवल 1, 3 और 4
   (d) 1, 2, 3 और 4

70. निम्नलिखित युग्मों पर विचार कीजिए-

राष्ट्रीय उद्यान	उद्यान से होकर बहने वाली नदी
1. कॉर्बेट राष्ट्रीय उद्यान	गंगा
2. काजीरंगा राष्ट्रीय उद्यान	मनास
3. साइलेन्ट वैली राष्ट्रीय उद्यान	कावेरी

   उपर्युक्त युग्मों में से कौन-सा/से सही सुमेलित है/हैं ?
   (a) 1 और 2 (b) केवल 3
   (c) 1 और 3 (d) कोई नहीं

71. निम्नलिखित युग्मों में से कौन-सा एक सही सुमेलित है ?

भौगोलिक लक्षण	प्रदेश
(a) एबिसिटी पठार	अरब
(b) एटलस पर्वत	उत्तर-पश्चिमी अफ्रीका
(c) गुयाना उच्चभूमि	दक्षिण-पश्चिमी अफ्रीका
(d) ओकावांगो द्रोणी	पैटागोनिया

72. नर्मदा नदी पश्चिम की ओर बहती है, जबकि अधिकांश अन्य प्रायद्वीपीय बड़ी नदियाँ पूर्व की ओर बहती हैं। ऐसा क्यों है ?

1. यह एक रेखीय विभ्रंश (रिफ्ट) घाटी में रहती है।
2. यह विन्ध्य और सतपुड़ा के बीच बहती है।
3. भूमि का ढलान मध्य भारत से पश्चिम की ओर है।

नीचे दिए गए कूट का प्रयोग कर सही उत्तर चुनिए-

(a) केवल 1 (b) 2 और 3
(c) 1 और 3 (d) कोई नहीं

73. पृथ्वी ग्रह पर, अधिकांश अलवण-जल, बर्फ छत्रक और हिमनद के रूप में रहता है। शेष अलवण-जल का सबसे अधिक भाग-

(a) वायुमंडल में आर्द्रता और बादलों के रूप में पाया जाता है
(b) अलवण-जल झीलों और नदियों में पाया जाता है
(c) भूमिगत जल के रूप में है
(d) मृदा आर्द्रता के रूप में है

74. निम्नलिखित युग्मों पर विचार कीजिए-

1. नोक्रेक जीवमंडल रिजर्व—गारो पहाडियाा
2. लोगटक (लोकटक) झील—बरैल क्षेत्र
3. नाम्डाफा राष्ट्रीय उद्यान—डफ्ला पहाड़ियाँ

उपर्युक्त युग्मों में से कौन-सा/से सही सुमेलित है/हैं ?

(a) केवल 1 (b) केवल 2 और 3
(c) 1, 2 और 3 (d) कोई नहीं

75. निम्नलिखित पर विचार कीजिए-

1. विद्युत्-चुम्बकीय विकिरण
2. भूतापीय ऊर्जा
3. गुरूत्वीय बल
4. प्लेट संचलन
5. पृथ्वी का घूर्णन
6. पृथ्वी का परिक्रमण

उपर्युक्त में से कौन-से पृथ्वी के पृष्ठ पर गतिक परिवर्तन लाने के लिए जिम्मेदार हैं ?

(a) केवल 1, 2, 3 और 4
(b) केवल 1, 3, 5 और 6
(c) केवल 2, 4, 5 और 6
(d) 1, 2, 3, 4, 5 और 6

76. घास स्थलों में वृक्ष पारिस्थितिक अनुक्रमण के अंश के रूप में किस कारण घासों को प्रतिस्थापित नहीं करते हैं ?

(a) कीटों एवं कवकों के कारण
(b) सीमित सूर्य के प्रकाश एवं पोषक तत्त्वों की कमी के कारण
(c) जल की सीमाओं एवं आग के कारण
(d) उपर्युक्त में से कोई नहीं

77. पारितंत्रों की घटती उत्पादकता के क्रम में उनका निम्नलिखित में से कौन-सा अनुक्रम सही है ?

(a) महासागर, झील, घासस्थल, मैंग्रोव
(b) मैंग्रोव, महासागर, घासस्थल, झील
(c) मैंग्रोव, घासस्थल, झील, महासागर
(d) महासागर, मैंग्रोव, झील, घासस्थल

78. भू-संरक्षण की परिरेखा बंधन विधि का प्रयोग कहाँ के लिए होता है ?

(a) प्रबल पवन क्रिया के अधीन मरू उपान्त
(b) नदी प्रवाहों के सन्निकट का, बाढ़ग्रस्त होने वाला, निम्न समतल मैदान
(c) अपतृण के बढ़कर फैलने की संभावना से युक्त गुल्म भूमि
(d) उपर्युक्त में से कोई नहीं

भारतीय संविधान

79. निम्नलिखित में से कौन राष्ट्रीय विकास परिषद् की रचना करते हैं ?

1. प्रधानमंत्री
2. अध्यक्ष, वित्त आयोग
3. संघीय मंत्रिमंडल के मंत्रिगण
4. राज्यों के मुख्यमंत्री

नीचे दिए गए कूट का प्रयोग कर सही उत्तर चुनिए-

(a) केवल 1, 2 और 3 (b) केवल 1, 3 और 4
(c) केवल 2 और 4 (d) 1, 2, 3 और 4

80. निम्नलिखित कथनों पर विचार कीजिए-

लोक लेखा की संसदीय समिति

1. लोक सभा के अधिकतम 25 सदस्यों से गठित होती है
2. सरकार के विनियोग तथा वित्त लेखाओं की जाँच करती है
3. भारत के नियंत्रक-महालेखापरीक्षक की रिपोर्ट की जाँच करती है

उपर्युक्त कथनों में से कौन-सा/से सही है/हैं ?

(a) केवल 1 (b) केवल 2 और 3
(c) केवल 3 (d) 1, 2 और 3

81. निम्नलिखित भक्ति संतों पर विचार कीजिए-

1. दादू दयाल
2. गुरू नानक
3. त्यागराज

इनमें से कौन उस समय उपदेश देता था/देते थे जब लोदी वंश का पतन हुआ तथा बाबर सत्तारूढ़ हुआ?

(a) 1 और 3 (b) केवल 2
(c) 2 और 3 (d) 1 और 2

82. निम्नलिखित में से कौन-से पूँजीगत लेखा की रचना करते हैं?

1. विदेशी ऋण
2. प्रत्यक्ष विदेशी निवेश
3. निजी प्रेषित धन
4. पोर्टफोलियो निवेश

नीचे दिए गए कूट का प्रयोग कर सही उत्तर चुनिए-

(a) 1, 2 और 3 (b) 1, 2 और 4
(c) 2, 3 और 4 (d) 1, 3 और 4

83. भारत के संदर्भ में, संसदीय शासन-प्रणाली में निम्नलिखित में से कौन-सा/से सिद्धान्त संस्थागत रूप में निहित है/हैं?

1. मंत्रिमंडल के सदस्य संसद के सदस्य होते हैं।
2. जब तक मंत्रियों को संसद का विश्वास प्राप्त रहता है तब तक ही वे अपने पद पर बने रहते हैं।
3. राज्य का अध्यक्ष ही मंत्रिमंडल का अध्यक्ष होता है।

नीचे दिए गए कूट का प्रयोग कर सही उत्तर चुनिए-

(a) केवल 1 और 2 (b) केवल 3
(c) केवल 2 और 3 (d) 1, 2 और 3

84. निम्नलिखित कथनों पर विचार कीजिए-

1. केंद्र में मंत्रिपरिषद् संसद के प्रति सामूहिक रूप से उत्तरदायी होगी।
2. संघीय मंत्री भारत के राष्ट्रपति के प्रसादपर्यन्त पद धारण करेंगे।
3. विधि-निर्माण हेतु प्रस्ताव के बारे में प्रधानमंत्री, राष्ट्रपति को सूचित करेगा।

उपर्युक्त कथनों में से कौन-सा/से सही है/हैं?

(a) केवल 1 (b) केवल 2 और 3
(c) केवल 1 और 3 (d) 1, 2 और 3

85. निम्नलिखित कथनों पर विचार कीजिए-

1. राष्ट्रीय विकास परिषद्, योजना आयोग का एक अंग है।
2. आर्थिक और सामाजिक योजना को भारत के संविधान की समवर्ती सूची में रखा गया है।
3. भारत का संविधान यह विहित करता है कि पंचायतों को आर्थिक विकास एवं सामाजिक न्याय की योजना बनाने का कार्यभार दिया जाना चाहिए।

उपर्युक्त कथनों में से कौन-सा/से सही है/हैं?

(a) केवल 1 (b) केवल 2 और 3
(c) केवल 1 और 3 (d) 1, 2 और 3

86. निम्नलिखित कथनों पर विचार कीजिए-

1. राज्यसभा का सभापति तथा उपसभापति उस सदन के सदस्य नहीं होते।
2. जबकि राष्ट्रपति के निर्वाचन में संसद के दोनों सदनों के मनोनीत सदस्यों को मतदान का कोई अधिकार नहीं होता, उनको उपराष्ट्रपति के निर्वाचन में मतदान का अधिकार होता है।

उपर्युक्त कथनों में से कौन-सा/से सही है/हैं?

(a) केवल 1 (b) केवल 2
(c) 1 और 2 दोनों (d) न तो 1 और न ही 2

87. राष्ट्रीय विधिक सेवा प्राधिकरण के संदर्भ में, निम्नलिखित कथनों पर विचार कीजिए-

1. इसका उद्देश्य समान अवसरों के आधार पर समाज के कमजोर वर्गों को निःशुल्क एवं सक्षम विधिक सेवाएँ उपलब्ध कराना है।
2. यह देश भर में विधिक कार्यक्रमों और योजनाओं को लागू करने के लिए राज्य विधिक सेवा प्राधिकरणों को निर्देश जारी करता है।

उपर्युक्त कथनों में से कौन-सा/से सही है/हैं?

(a) केवल 1 (b) केवल 2
(c) 1 और 2 दोनों (d) न तो 1 और न ही 2

88. अनुसूचित जनजाति एवं अन्य पारम्परिक वनवासी (वन अधिकारों की मान्यता) अधिनियम, 2006 के अधीन, व्यक्तिगत या सामुदायिक वन अधिकारों अथवा दोनों की प्रकृति एवं विस्तार के निर्धारण की प्रक्रिया को प्रारंभ करने के लिए कौन प्राधिकारी होगा?

(a) राज्य वन विभाग
(b) जिला कलक्टर/उपायुक्त
(c) तहसीलदार/खंड विकास अधिकारी/मंडल राजस्व अधिकारी
(d) ग्राम सभा

89. भारत के संविधान के उद्देश्यों में से एक के रूप में 'आर्थिक न्याय' का किसमें उपबंध किया गया है?

(a) उद्देशिका और मूल अधिकार
(b) उद्देशिका और राज्य की नीति के निदेशक तत्त्व
(c) मूल अधिकार और राज्य की नीति के निदेशक तत्त्व
(d) उपर्युक्त में से किसी में नहीं

90. भारत के संविधान के अनुसार निम्नलिखित में से कौन-सा, देश के शासन के लिए आधारभूत है?

(a) मूल अधिकार
(b) मूल कर्त्तव्य
(c) राज्य की नीति के निदेशक तत्त्व
(d) मूल अधिकार तथा मूल कर्त्तव्य

91. साइमन कमीशन के आने के विरुद्ध भारतीय जन आंदोलन क्यों हुआ?

(a) भारतीय, 1919 के अधिनियम की कार्यवाही का पुनरीक्षण कभी नहीं चाहते थे
(b) साइमन कमीशन ने प्रांतों में द्विशासन की समाप्ति की संस्तुति की थी
(c) साइमन कमीशन में कोई भी भारतीय सदस्य नहीं था
(d) साइमन कमीशन ने देश के विभाजन का सुझाव दिया था

92. भारत छोड़ो आंदोलन किसकी प्रतिक्रिया में प्रारंभ किया गया?

(a) कैबिनेट मिशन योजना (b) क्रिप्स प्रस्ताव
(c) साइमन कमीशन रिपोर्ट (d) वैवेल योजना

93. यदि राज्य सभा किसी धन विधेयक में सारभूत संशोधन करती है, तो तत्पश्चात् क्या होगा?

(a) लोक सभा, राज्य सभा की अनुशंसाओं को स्वीकार करे या अस्वीकार करे, इस विधेयक पर आगे कार्यवाही कर सकती है।
(b) लोक सभा विधेयक पर आगे कोई विचार नहीं कर सकती
(c) लोक सभा विधेयक को पुनर्विचार के लिए राज्य सभा को लौटा सकती है
(d) राष्ट्रपति विधेयक को पारित करने के लिए संयुक्त बैठक आहूत कर सकता है

94. निम्नलिखित कथनों में से कौन-सा एक सही है?

(a) भारत में एक ही व्यक्ति को एक ही समय में दो या अधिक राज्यों में राज्यपाल नियुक्त नहीं किया जा सकता
(b) भारत में राज्यों के उच्च न्यायालय के न्यायाधीश राज्य के राज्यपाल द्वारा नियुक्त किये जाते हैं, ठीक वैसे ही जैसे उच्चतम न्यायालय के न्यायाधीश राष्ट्रपति द्वारा नियुक्त किये जाते हैं
(c) भारत के संविधान में राज्यपाल को उसके पद से हटाने हेतु कोई भी प्रक्रिया अधिकथित नहीं है
(d) विधायी व्यवस्था वाले संघ राज्यक्षेत्र में मुख्यमंत्री की नियुक्ति उपराज्यपाल द्वारा, बहुमत समर्थन के आधार पर, की जाती है।

95. निम्नलिखित कथनों पर विचार कीजिए-

1. भारत के संविधान में संशोधन केवल लोक सभा में एक विधेयक की पुर:स्थापना द्वारा ही प्रारंभ किया जा सकता है।
2. यदि ऐसा संशोधन संविधान के संघीय चरित्र में परिवर्तन की माँग करता है, तो संशोधन का अनुसमर्थन भारत के सभी राज्यों के विधानमंडल द्वारा किया जाना भी आवश्यक है।

उपर्युक्त कथनों में से कौन-सा/से सही है/हैं?

(a) केवल 1 (b) केवल 2
(c) 1 और 2 दोनों (d) न तो 1 और न ही 2

96. निम्नलिखित कथनों पर विचार कीजिए-

भारत का महान्यायवादी

1. लोक सभा की कार्यवाही में भाग ले सकता है
2. लोक सभा की किसी समिति का सदस्य हो सकता है
3. लोक सभा में बोल सकता है
4. लोक सभा में मतदान कर सकता है

उपर्युक्त कथनों में से कौन-सा/से सही है/हैं?

(a) केवल 1 (b) 2 और 4
(c) 1, 2 और 3 (d) केवल 1 और 3

97. निम्नलिखित में से किस निकाय/किन निकायों का संविधान में उल्लेख नहीं है?

1. राष्ट्रीय विकास परिषद
2. योजना आयोग
3. क्षेत्रीय परिषदें

नीचे दिए गए कूट का प्रयोग कर सही उत्तर चुनिए-

(a) केवल 1 और 2 (b) केवल 2
(c) केवल 1 और 3 (d) 1, 2 और 3

98. संसद, अंतर्राष्ट्रीय संधियों को भारत के किसी भाग अथवा संपूर्ण भारत में लागू करने के लिए, कोई भी कानून बना सकती है-

(a) सभी राज्यों की सहमति से
(b) बहुसंख्य राज्यों की सहमति से
(c) संबंधित राज्यों की सहमति से
(d) बिना किसी राज्य की सहमति से

99. सरकार ने अनुसूचित क्षेत्रों में पंचायत विस्तार (PESA) अधिनियम को 1996 में अधिनियमित किया। निम्नलिखित में से कौन-सा एक उसके उद्देश्य के रूप में अभिज्ञात नहीं है?

(a) स्वशासन प्रदान करना
(b) पारम्परिक अधिकारों को मान्यता देना
(c) जनजातीय क्षेत्रों में स्वायत्त क्षेत्रों का निर्माण करना
(d) जनजातीय लोगों को शोषण से मुक्त कराना

100. भारतीय शिलावास्तु के इतिहास के संदर्भ में, निम्नलिखित कथनों पर विचार कीजिए-

1. बादामी की गुफाएँ भारत की प्राचीनतम अवशिष्ट शैलकृत गुफाएँ हैं।
2. बाराबर की शैलकृत गुफाएँ सम्राट चन्द्रगुप्त मौर्य द्वारा मूलतः आजीविकों के लिए बनवाई गई थीं।
3. एलोरा में गुफाएँ विभिन्न धर्मों के लिए बनाई गई थीं।

उपर्युक्त कथनों में से कौन-सा/से सही है/हैं?

(a) केवल 1 (b) केवल 2 और 3
(c) केवल 3 (d) 1, 2 और 3

उत्तरमाला

1. (d)	**2.** (b)	**3.** (a)	**4.** (d)	**5.** (b)	**6.** (d)	**7.** (b)	**8.** (c)	**9.** (d)	**10.** (c)
11. (a)	**12.** (c)	**13.** (d)	**14.** (c)	**15.** (a)	**16.** (d)	**17.** (d)	**18.** (a)	**19.** (c)	**20.** (a)
21. (c)	**22.** (c)	**23.** (c)	**24.** (c)	**25.** (b)	**26.** (a)	**27.** (b)	**28.** (d)	**29.** (a)	**30.** (c)
31. (a)	**32.** (c)	**33.** (c)	**34.** (d)	**35.** (a)	**36.** (d)	**37.** (c)	**38.** (a)	**39.** (d)	**40.** (a)
41. (a)	**42.** (c)	**43.** (b)	**44.** (c)	**45.** (d)	**46.** (c)	**47.** (b)	**48.** (d)	**49.** (a)	**50.** (a)
51. (c)	**52.** (a)	**53.** (b)	**54.** (d)	**55.** (a)	**56.** (c)	**57.** (a)	**58.** (a)	**59.** (a)	**60.** (b)
61. (d)	**62.** (c)	**63.** (d)	**64.** (a)	**65.** (c)	**66.** (c)	**67.** (c)	**68.** (a)	**69.** (a)	**70.** (d)
71. (b)	**72.** (a)	**73.** (b)	**74.** (a)	**75.** (c)	**76.** (c)	**77.** (d)	**78.** (d)	**79.** (b)	**80.** (b)
81. (b)	**82.** (b)	**83.** (a)	**84.** (b)	**85.** (d)	**86.** (b)	**87.** (c)	**88.** (d)	**89.** (b)	**90.** (c)
91. (c)	**92.** (b)	**93.** (a)	**94.** (c)	**95.** (d)	**96.** (c)	**97.** (d)	**98.** (d)	**99.** (c)	**100.** (b)

व्याख्यात्मक हल

1. (d) भारत में बैंकों के राष्ट्रीयकरण के साथ ही अर्थव्यवस्था के कुछ क्षेत्रकों को वाणिज्यिक बैंकों द्वारा उधार दिए जाने के लिए प्राथमिकता प्राप्त क्षेत्रक के रूप में चिह्नित किया गया। ये क्षेत्रक हैं-

1. कृषि एवं सहायक क्रियाएँ क्षेत्रक को प्रत्यक्ष एवं परोक्ष अग्रिम व उधार।
2. सूक्ष्म एवं लघु उद्योगों को प्रत्यक्ष तथा परोक्ष अग्रिम व उधार।
3. समाज के कमजोर वर्गों को अग्रिम व उधार।

2. (b) कागज एवं लुग्दी उद्योग पानी का सर्वाधिक उपयोग करने वाला उद्योग है। औसतन एक मीट्रिक टन कागज बनाने में 54 घनमीटर पानी प्रयुक्त किया जाता है।

3. (a) सामान्यतया यह कहा जाता है कि भारत को जनांकिकीय लाभांश प्राप्त है, क्योंकि भारत की कुल जनसंख्या का लगभग 55 प्रतिशत 15-60 वर्ष आयु वर्ग में है। जनांकिकीय लाभांश प्राप्त करने की सर्वाधिक प्रयुक्त शर्त जन बल का कौशल विकास है।

4. (d) सामान्य कीमत स्तर में वृद्धि (i) द्रव्य की पूर्ति में वृद्धि (ii) उत्पादन के समग्र स्तर में गिरावट (iii) प्रभावी माँग में वृद्धि का परिणाम है।

5. (b) भारत में विदेशी मुद्रा आरक्षित निधि में निम्नलिखित को शामिल किया जाता है-

(i) विदेशी मुद्रा परिसम्पत्ति
(ii) भारतीय रिजर्व बैंक द्वारा धारित स्वर्ण
(iii) विशेष आहरण अधिकार
(iv) अंतराष्ट्रीय मुद्रा कोष के पास रिजर्व की स्थिति

6. (d) बजट घाटे को पाटने के लिए नई मुद्रा के सृजन का अर्थ है भारतीय रिजर्व बैंक द्वारा नोट छापकर उसे बाजार में जारी कर देना। इससे मुद्रा की आपूर्ति बढ़ जाती है, जो अर्थव्यवस्था में सर्वाधिक स्फीतिकारी प्रभाव लाती है।

7. (b) कीन्स के तरलता पसंदगी सिद्धान्त के अनुसार-

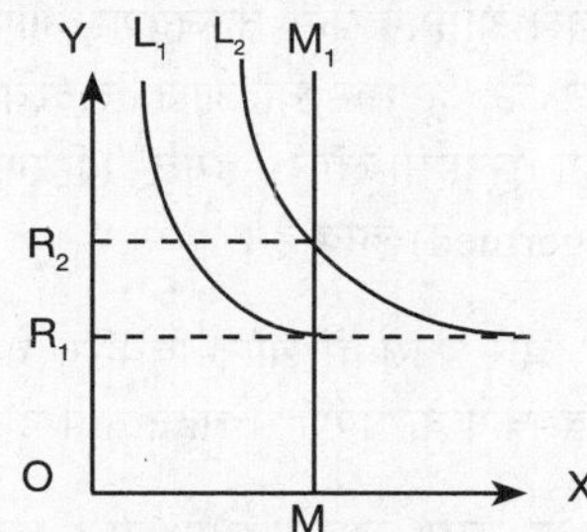

मुद्रा की आपूर्ति MM_1 स्थिर है तथा मुद्रा की माँग रु है। जिस पर ब्याज दर OR_1 है। मुद्रा की माँग में वृद्धि होने पर नया माँग वक्र दायीं ओर को खिसक कर L_2 स्थिति में आ जाता है। इससे ब्याज की नयी दर OR_2 हो जाती है जो OR_1 से अधिक है।

8. (c) पूँजी निर्माण आर्थिक संवृद्धि का एक घटक है। इसलिए जब पूँजी निर्माण की दर में वृद्धि होती है, तो उससे आर्थिक संवृद्धि दर में वृद्धि होना स्वाभाविक है।

9. (d) किसी दी गई अवधि में (सामान्यत: एक वर्ष) एक देश की राष्ट्रीय आय उस देश के नागरिकों द्वारा उत्पादित अन्तिम वस्तुओं और सेवाओं के मौद्रिक मूल्य का योग होती है। यहाँ सही उत्तर (d) विकल्प इसलिये है क्योकि इसमें अन्तिम वस्तुओं और सेवाओं के मौद्रिक मूल्य जो कि राष्ट्रीय आय की परिभाषा के लिए अनिवार्य है, शामिल किया गया है।

10. (c) क्षेत्रीय ग्रामीण बैंकों की स्थापना 1975 में ग्रामीण जनसंख्या की विशिष्ट वित्तीय आवश्यकताओं की पूर्ति करने के लिए की गई थी। भूमि विकास बैंक सहकारी संस्थाएं हैं, जो ग्रामीण क्षेत्रों में दीर्घकालीन साख उपलब्ध कराती हैं। नाबार्ड ग्रामीण वित्त का पुनर्वित्तीयन करता है।

11. (a) सामान्य कीमत स्तर में वृद्धि होने से मृदा का वास्तविक मूल्य गिरता जाता है, जिसका लाभ ऋणियों को मिलता है।

12. (c) प्रच्छन्न बेरोजगारी उस अवस्था को इंगित करता है जब कार्यरत् जन-बल में से कुछ श्रमिकों को हटा लिए जाने पर भी कुल उत्पादन में कमी नहीं आती।

13. (d) तरलता का घटता क्रम है—करेंसी, बैंकों के पास मांग जमा, बैंकों के पास बचत जमा, बैंकों के पास सावधि जमा।

14. (c) खुला बाज़ार प्राचलन, मौद्रिक नीति का एक महत्वपूर्ण अंग है। अर्थव्यवस्था में तरलता के समायोजन के उद्देश्य से सरकारी प्रतिभूतियों का क्रय-विक्रय करता है, यह प्रक्रिया ही 'खुला बाज़ार प्राचलन' (Open Market Operation) कहलाता है।

15. (a) किसी निर्धारित समय (सामान्यत: एक वित्तीय वर्ष) में एक देश का विश्व के अन्य देशों के साथ किये गये आयात-निर्यात का लेखा-जोखा हो उस देश का भुगतान संतुलन कहलाता है।

16. (d) भारतीय रिजर्व बैंक निम्नलिखित प्रकार से वाणिज्यिक बैंकों को नियंत्रित करता है-

1. सांविधिक तरलता अनुपात तथा नकदी प्रारक्षित अनुपात के द्वारा परिसम्पत्तियों की तरलता
2. प्रशासनिक नियंत्रण तथा नीतिगत उपायों से शाखा विस्तार, बैंकों का विलय तथा बैंकों का समापन

17. (d) भारतीय रिजर्व बैंक द्वारा बैंक दर में वृद्धि से वाणिज्यिक बैंकों द्वारा भारतीय रिजर्व बैंक से लिए गए उधारों की ब्याज लागत बढ़ जाती है जिसे पूरा करने के लिए वे अपने ग्राहकों को दिए जाने वाले उधारों/अग्रिमों पर ब्याज दर को बढ़ा देते हैं।

18. (a) घाटे का वित्त व्यवस्था का प्रयोग सरकार को उस स्थिति में करना होता है जब आय की तुलना में व्यय अधिक हो। और इन व्ययों से देश के आर्थिक विकास प्रत्यक्ष और अप्रतयक्ष रूप से जुड़े होते हैं।

19. (c) शीरे का प्रयोग ऑर्गेनिक उर्वरक के रूप में तो किया जाता है, लेकिन कृत्रिम रासायनिक उर्वरकों के लिए एक भरण स्टॉक की तरह प्रयुक्त नहीं किया जाता।

20. (a) त्रिभंग भारतीय शास्त्रीय नृत्यों में लावण्यपूर्ण तरीके से खड़े होने का एक तरीका है। इस शब्द का अर्थ है शरीर को तीन भागों में इस प्रकार तोड़ना कि गर्दन, कमर व घुटने तीन कोण बनाए। इस प्रकार की आकृति से 'S' अकार बन जाता है।

21. (c) सन् 1916 में एनी बेसेंट ने लोकमान्य तिलक के साथ होमरूल आंदोलन आरंभ किया। भारतीय राष्ट्रीय कांग्रेस की सदस्य होने के नाते एनी बेसेंट 1917 में भारतीय राष्ट्रीय कांग्रेस के अधिवेशन में अध्यक्षां बनीं।

22. (c) इलबर्ट बिल का विरोध करने वाले चाय उगाने वाले अंग्रेज व नील उगाने वाले थे जो बंगाल से संबंधित थे। इनका नेतृत्व ग्रिफिथ खान कर रहा था। उसे भय था कि कहीं भारतीय न्यायाधीश भी अंग्रेज न्यायाधीशों की भांति व्यवहार न करें। दूसरी ओर अंग्रेज महिलाओं ने बिल का विरोध किया। उनके अनुसार ऐसे किसी प्रकरण में जिसमें अंग्रेज महिला शामिल हो हिन्दू या बंगाली को उसके न्याय का अधिकार नहीं दिया जाना चाहिए।

23. (c) **म्युराल पेन्टिंग**—यह कला का एक ऐसा क्षेत्र है, जिसमें सीधे दीवार, छत या किसी बड़े हिस्से में पेन्टिंग की जाती है। इसकी सबसे बड़ी विशेषता है कि वास्तु संबंधी तत्त्व समान रूप से पेन्टिंग में परिलक्षित होती हैं। अजन्ता, लीपाक्षी मन्दिर एवं साँची स्तूप में इस प्रकार का कार्य दिखाई देता है।

24. (c) सांख्य दर्शन मानता है कि सभी तत्त्व या तो पुरुष या प्रकृति वर्ग में आते हैं। चूँकि प्रकृति एकल तत्त्व है अत: सांख्य पुरुष के अनेकत्व पर जोर देता है। सांख्य के अनुसार विकास प्रकृति एवं पुरुष के मध्य होने वाली पारस्परिक क्रिया का परिणाम है।

25. (b) चैत्य-बौद्ध या जैन मन्दिर जिसमें स्तूप होते हैं। आधुनिक वस्तु के अनुसार चैत्य गृह पूजा स्थल को कहा जाता है जो एकत्र होकर पूजा की जाती है।

विहार—बौद्ध मठों के लिए संस्कृत व पाली शब्द इसका अर्थ है एकान्तवास जहाँ घूमा जा सके। यहाँ मठाधीशों एवं शिष्यों के रहने की व्यवस्था रहती है।

26. (a) अधिकांश बौद्ध विचारकों का मानना है कि निर्वाण का अर्थ सुख शांति है।

27. (b) हड़प्पा सभ्यता से मंदिरों के प्रमाण नहीं मिलते हैं।

- लोकल एवं सुरकोतडा से घोड़े के जीवाशम तो मिले हैं किंतु युद्ध में घोड़ों द्वारा रथों को खींचने का प्रमाण नहीं मिला है।
- मातृदेवी एवं पशुपतिनाथ के प्रमाण देवी व देवताओं की पूजा का संकेत करते है।

28. (d) जैन धर्म साधना पर बल देता है। उसका मानना है कि साधना द्वारा कर्म के परिणामों को परिवर्तित किया जा सकता है। वे मानते हैं कि विश्व के छोटे से छोटे प्राणी में आत्मा है। साधना द्वारा कर्म के दुष्चक्र को तोड़ देना चाहिए।

29. (a) ह्वेनसांग एक चीनी बौद्ध था, जो ज्ञानी, अनुवादक तथा पंडित था जिसने भारत एवं चीन के मध्य संबंधों का विवरण दिया। वह भारत की कानून व्यवस्था से अत्यधिक प्रसन्न था। उसने पाया कि सभी सड़क मार्ग व नदी मार्ग चोरों से मुक्त थे।

30. (c) संविधान सभा ने लगभग तीन वर्ष (दो वर्ष ग्यारह माह तथा सत्रह दिन) लिए स्वतंत्र भारत का संविधान लिखने में इसका गठन अप्रत्यक्ष चुनाव द्वारा होता था जिसमें प्रांतीय विधान सभाओं के सदस्य भाग लेते थे। 292 सदस्य प्रांतीय विधान सभाओं के सदस्यों द्वारा चुने गए थे।

31. (a) बंगाल की सैनिक तथा (भारतीय कम्युनिस्ट पार्टी का कृषक दल) द्वारा आरंभ किया एक लड़ाका आंदोलन था, जो 1946 में आरंभ हुआ। उस समय साझा खेती के समय कृषक को अपनी उपज का आधा भाग भू-मालिक को देना होता था। तिभागा आंदोलन की मांग थी इसे आधे भाग को घटाकर एक-तिहाई कर दिया जाए।

32. (c) कोल्डस्टोरज में भंडारित फल अधिक समय तक इसलिए नहीं चलते हैं, क्योंकि न्यून ताप पर श्वसन दर घटने के कारण बैक्टीरिया वृद्धि नहीं कर पाते।

33. (c) इण्टरनेशनल यूनियन फॉर कन्जर्वेशर ऑफ नेचर (I.U.C.N.) की रिपोर्ट के अुनसार घड़ियाल, लेदरबैग टर्टल (कछुआ), अनूप मृग सुनहरा लंगूर, हंगुल (हिंरण) आदि संकटापन्न (Endangermed) जीव है।

34. (d) साइकिल और कारों में बॉल-वियरिंग के प्रयोग से घूर्णन में घर्षण, खिसकने के घर्षण से बहुत कम होता है।

35. (a) चन्द्रोदय के समय चन्द्रमा अपेक्षाकृत बड़ा दिखाई पड़ता है। सूर्योदय और सूर्यास्त के समय यही स्थिति सूर्य की है। ऐसा दृष्टि भ्रम के कारण है। सूर्योदय के समय वायुमंडल में काफी

लंबी दूरी तय करके किरणें हमारी आँखों तक पहुँचती हैं, जिससे अन्य रंग की किरणें प्रकीर्णित हो जाती हैं तब केवल लाल रंग की किरणें ही हमारी आँखों तक पहुँचती हैं, जिससे हमें दृष्टिभ्रम होता है कि सूर्य का रंग लाल है।

36. (d) जब सूर्य का प्रकाश वायुमंडल से अपवर्तित होता है, तब वर्षा की बूँदें प्रकाश को सात रंगों में वर्षा-विक्षेपण करती हैं, जिससे प्राथमिक इन्द्रधनुष प्रकट होता है। द्वितीयक इन्द्रधनुष, प्रकाश के पूर्ण आंतरिक परावर्तन के फलस्वरूप उत्पन्न होता है।

37. (c) जिन फसल पौधों की पौध प्रतिरोपण की जाती है, तब नर्सरी से पौध निकालकर दूसरी जगह तैयार खेत में उगाते हैं, यदि प्रतिरोपण के दौरान अधिकांश मूलरोम (Root hairs) नष्ट हो जाते हैं, तो पौधे की वृद्धि अच्छी नहीं होती हैं, क्योंकि मूलरोम द्वारा जल एवं पोषक उर्वरक तत्त्वों का अवशोषण करके जड़ों को विकसित करते हैं, जैसे—धान, फूल गोभी, पात गोभी, गाँठ-गोभी, बैंगन, टमाटर, प्याज आदि।

40. (a) विद्युत चुम्बकीय बल, प्रबल नाभिकीय बल, चुम्बकीय बल की तुलना में गुरूत्व बल काफी दुर्बल है।

41. (a) पदार्थ में द्रव्यमान क्यों होता है ? हिग्स-बोसोन कण का अस्तित्व सिद्ध हो जाने पर यह स्पष्ट हो जाएगा कि मौलिक कणों में एवं प्रत्येक पदार्थ में द्रव्यमान का कारण हिग्स बोसोन कण ही है।

46. (c) यह अफ्लॉटाक्सीन, ऐसपर्जिलस फ्लेवस (Aspergillus flavus) नामक फफूँदी के द्वारा उत्पन्न किया जाता है।

47. (b) कम्प्यूटरों एवं उसके पुर्जो के कारण वायुमंडल में नियुक्त ई-अवशिष्टों की सूची लंबी है। प्रश्न में कुछ ही अवशिष्ट दिए हुए हैं।

48. (d) नाइट्रस ऑक्साइड के कारण नाइट्रस अम्ल एवं नाइट्रिक अम्ल तथा SO_2 के कारण H_2SO_3 एवं H_2SO_4 बनते हैं। इन्हीं के कारण अम्ल वर्षा होती है।

49. (a) आहार तथा ऊर्जा एक वर्ग के जीवों से दूसरे वर्ग के जीवों में श्रृंखलाबद्ध रूप से स्थानान्तरित होती है। इस श्रृंखला को आहार श्रृंखला कहते हैं। इस श्रृंखला में हरे पौधे चरने वाले जन्तु मांस भक्षी जन्तु सर्वाहारी जन्तु में ऊर्जा गमन होता है। इसके चार स्तर होते हैं। आधार स्तर में हरे पौधे प्रकाश ऊर्जा की सहायता से प्रकाश संश्लेषण विधि द्वारा आहार निर्मित करते हैं। इन हरे पौधों को, स्तर दो जिसमें गाय, बकरी, खरगोश, हिरन आदि आते हैं। अपना भोजन बनाते हैं। स्तर तीन में मांसाहारी उपभोक्ता आते हैं। जो पोषण स्तर दो के पशुओं को अपना भोजन बनाते हैं। पोषण स्तर चार में सर्वहारी आते हैं, जो तृतीय स्तर के जन्तुओं से मांस और अन्य वस्तुएं प्राप्त करते हैं।

50. (a) एगैरिकस (Agaricus) एक म्यूकर अर्थात् कुकुरमुत्ता सफेद रंग का, हरित रंग पैदा न करने वाला, जिसमें नाइट्रोवैक्टर बैक्टीरिया होते हैं तथा नास्टॉक (Nostoc) नील हरित शैवाल (Blue Green Algae) की एक स्पीशीज है। ये दोनों ही जैव उर्वरक बनाने के काम आते हैं जिनका प्रयोग खेती में Bio-fertilizer के रूप में किया जा रहा है।

51. (c) जैव उर्वरकों को कई प्रकार से बनाया जाता है। लेकिन अधिकांशतः जंतुओं द्वारा उत्सर्जित यूरिया एवं मृत पादप का बहुत बड़ा योगदान होता है मृदा में नाइट्रोजन मिलाने का।

52. (a) शेर की भाँति (सिंह पुच्छी) पूँछ वाले वानर या बन्दरू पश्चिमी घाट (द. भारत) में पाए जाते हैं। आईयूसीएन के हाल के सर्वे के अनुसार कर्नाटक, केरल व तमिलनाडु के कई हिस्सों में लगभग 3000-3500 इस प्रकार के बंदर पाए जाते हैं।

53. (b) हेपेटाइटिस-B और H.I.V-AIDS (Human Immune Virus) शरीर पर टैटू बनवाने से भी एक व्यक्ति से दूसरे व्यक्ति में संचरित (Transfer) हो सकते हैं।

55. (a) सूर्य के प्रकाश का NO_2, O_3 तथा पैराक्सीऐसिटिल के साथ अभिक्रिया के फलस्वरूप प्रकाश रासायनिक धूम उत्पन्न होता है।

61. (d) पृथ्वी के अपने अक्ष पर परिभ्रमण के कारण अलग-अलग ऋतुओं में दिन-समय और रात्रि-समय में अंतर रहता है। ऐसा पृथ्वी के सूर्य के सापेक्ष में उत्तरायन एवं दक्षिणायन स्थिति के कारण होता है।

62. (c) संसार में सर्वाधिक महत्त्वपूर्ण मत्स्य क्षेत्र संसार उन क्षेत्रों में मिलते हैं, जहाँ उष्ण एवं शीत समुद्री धाराएं मिलती हैं। इनके मिलने से प्लेकटन पदार्थ बहुतायत से पैदा होता है। जैसा कि जापान तथा न्यूफाउण्डलैंड में होता है।

63. (d) भूमध्यरेखीय वनों में पेड़ों की ऊँचाई 60 से 120 मीटर तक होती है। इन वनों में एक ही साथ विविध प्रकार के वृक्ष उगते हैं तथा वृक्षों में सघन लताएं लिपटी रहती हैं।

64. (a) भूमि और जल के बीच तापीय अंतर के कारण, स्थलीय एवं जलीय पवनों के चलने के कारण आंतरिक भागों एवं तटीय क्षेत्रों में तापीय अंतर मिलता है।

65. (c) लैटेराइट मृदाओं (Laterite soils) का pH मान 4.5-5.0 (अम्लीय) N, P, K उर्वरक तत्त्वों की कमी, टेपियोका (कसावा) एवं काजू (Cashewnut) के वृक्ष, महाराष्ट्र (रत्नागिरि), केरल, कर्नाटक, प. बंगाल, उड़ीसा, मध्य प्रदेश राज्यों में प्रमुखता से पाई जाने वाली आदि विशेषताएं हैं। उत्तर प्रदेश व राजस्थान में लैटेराइट मृदा नहीं पाई जाती है।

66. (c) भारत एक अधिकांशतर कोयला गोंडवाना संस्तरों में पाया जाता है धारवाड़ धात्विक (Metallic) खनिजों के लिए प्रसिद्ध है।

67. (c) गेहूँ, रवी की फसल अन्य तीनों फसलें कपास, मूँगफली एवं धान (Paddy) खरीफ की फसलें है।

68. (b) प्रश्न में उल्लिखित विशेषता मध्य एशियाई स्टेपीज प्रदेश की है।

69. (a) लिम्बू जनजाति पूर्वी नेपाल, दक्षिणी तिब्बत, भूटान तथा सिक्किम में निवास करती है। कर्बी जनजाति असम के उत्तरी कछार की पहाड़ियों में निवास करती हैं। डोंगरिया कोंध जनजाति ओडिशा की नियामगिरि पहाड़ियों में निवास करती हैं, बोंडा जनजाति की मल्कानगिरि पहाड़ियों में निवास करती हैं।

70. (d) रामगंगा (गंगा नदी नहीं) कार्बेट नेशनल पार्क से होकर बती है। ब्रह्मपुत्र काजीरंगा नेशनल पार्क से व कुन्तीपूजा नदी साइलेन्ट वैली नेशनल पार्क से होकर बहती है।

71. (b)

एबिसीनिया का पठार—इथोपिया
गुयाना उच्चभूमि—स्पेन
ओकाबांगो द्रोणी—पैटागोनिया
एटलस पर्वत—उत्तर-पश्चिमी अफ्रीका

72. (a) नर्मदा नदी, विंध्य एवं सतपुड़ा पर्वत श्रेणी के मध्य निर्मित भ्रंश (Fault Valley) घाटी से होकर बहती है।

74. (a) लोकटक—मणिपुर
डम्फा—अरूणाचल प्रदेश

77. (d) महासागर सर्वाधिक पारिस्थतिकी उत्पादक क्षेत्र है।

78. (d) भारतीय संविधान

79 (b) राष्ट्रीय विकास परिषद् गैर-संवैधानिक निकाय है। इसके सदस्य होते हैं-

(i) प्रधानमंत्री राष्ट्रीय विकास परिषद् का अध्यक्ष होता है।
(ii) राज्यों के मुख्यमंत्री
(iii) केन्द्रीय मंत्रिपरिषद् के समस्त सदस्य एवं संघ क्षेत्र के प्रशासक
(iv) योजना आयोग के सदस्य

80. (b) लोक लेखा समिति एक संसदीय समिति होती है। इसमें कुल 25 सदस्य होते हैं। इसका कृत्य सरकार के वार्षिक लेखाओं की और लोक सभा द्वारा अनुदत्त विभिन्न राशियों का विनियोग दिखाने वाले लेखाओं की जाँच करना है। ये विशेष रूप से भारत सरकार के विनियोग लेखाओं पर नियंत्रक महालेखा परीक्षक के प्रतिवेदन की समीक्षा करती है।

82. (b) निजी प्रेषित धन चालू खाते का हिस्सा है।

83. (a) भारत के संविधान में मूलभूत रूप से यह सिद्धान्त है कि मंत्रिमंडल के सदस्य संसद होते हैं व जब तक मंत्रिपरिषद् को लोकसभा का विश्वास रहता है, वे अपने पद पर बने रहेंगे, लेकिन राज्य का अध्यक्ष राष्ट्रपति है, जो मंत्रिमंडल का सदस्य नहीं होगा।

84. (b) भारत के संविधान के अनुच्छेद 75(2) से मंत्री राष्ट्रपति के प्रसादपर्यन्त कार्य करते हैं। अनुच्छेद 78 से विधि निर्माण हेतु प्रस्ताव के बारे में प्रधानमंत्री राष्ट्रपति को सूचित करेगा, लेकिन केन्द्र में मंत्रिपरिषद् संसद के प्रति नहीं लोक सभा के प्रति उत्तरदायी होती है।

86. (b) राज्य सभा का सभापति, उपराष्ट्रपति ही होता है, वह राज्य सभा का सदस्य नहीं होता, जबकि उपसभापति सदस्यों में से चुना जाता है।

राष्ट्रपति के निर्वाचन में संसद के दोनों सदनों के केवल निर्वाचित सदस्य एवं राज्यों की विधान सभाओं के निर्वाचित सदस्य जिसमें दिल्ली एवं पुदुचेरी सम्मिलित हैं, भाग लेते हैं। उपराष्ट्रपति को संसद के दोनों सदनों के सदस्य निर्वाचित करते हैं।

87. (c) धारा 4, राष्ट्रीय विधि सेवा प्राधिकरण अधिनियम 1987 के अनुसार।

88. (d) अनुसूचित जनजाति एवं अन्य पारम्परिक वनवासी (वन अधिकारों की मान्यता) अधिनियम, 2006 के अध्याय IV की धारा 6(1) के अनुसार व्यक्तिगत या सामूहिक वन अधिकारों अथवा दोनों की प्रकृति एवं विस्तार के निर्धारण की प्रक्रिया को आरंभ करने की प्राधिकारिता ग्राम सभा के पास है।

89. (b) भारतीय संविधान की प्रस्तावना में तीन न्याय सामाजिक, आर्थिक व राजनैतिक न्याय अंकित है। अनुच्छेद 38(1) से राज्य ऐसी सामाजिक व्यवस्था की जिसमें सामाजिक, आर्थिक व राजनैतिक न्याय राष्ट्रीय जीवन की सभी संस्थाओं को अनुप्रमाणित करे। भरसक प्रभावी रूप में स्थापना और संरक्षण करके लोक कल्याण की अभिवृद्धि का प्रयत्न करेगा यह नीति निर्देशक तत्त्व का अंश है।

90. (c) भारतीय संविधान के अनुच्छेद 37 से राज्य के नीति निर्देशक तत्त्व किसी न्यायालय द्वारा प्रवर्तनीय नहीं होंगे, किन्तु फिर भी इनमें अधिकथित तत्त्व देश के शासन में मूलभूत हैं एवं विधि बनाने में इन तत्त्वों को लागू करना राज्य का कर्तव्य होगा।

91. (c) साइमन कमीशन आने के विरूद्ध जन-आंदोलन होने के पीछे दो कारण थे।

1. साइमन कमीशन में कोई भी भारतीय सदस्य नहीं था।
2. साइमन कमीशन समय से पूर्व आया था।

92. (b) क्रिप्स प्रस्ताव को गांधी जी ने 'पोस्ट डेटिड चेक' माना। और मार्च 1942 में आए इसी प्रस्ताव के विरूद्ध गांधी ने 14 जुलाई, 1942 में वर्धा प्रस्ताव (भारत छोड़ों) रखा।

93. (a) भारतीय संविधान के अनुच्छेद 109 में धन विधेयकों के संबंध में विशेष प्रक्रिया हैं। इसमें स्पष्ट कहा गया है कि यदि राज्य सभा धन विधेयक में कोई अनुशंसा करती है, तो उसे लोक सभा स्वीकार या अस्वीकार कर सकती है। धन विधेयकों के संबंध में लोकसभा को आत्यन्तिक शक्ति है।

94. (c)

1. एक ही व्यक्ति एक से अधिक राज्यों का राज्यपाल हो सकता है (अनुच्छेद 153)
2. उच्च न्यायालयों के न्यायाधीश राष्ट्रपति द्वारा नियुक्त किए जाते हैं (अनुच्छेद 217)
3. किसी संघ राज्य क्षेत्र में मुख्यमंत्री की नियुक्ति राष्ट्रपति करेगा। परंतु राज्यपाल को हटाने की प्रक्रिया का उपबंध नहीं है।

95. (d) भारत के संविधान के अनुच्छेद 368 के अनुसार-

1. संविधान के संशोधन के लिए विधेयक संसद के किसी भी सदन में प्रस्तुत किया जा सकता है।
2. यदि वह संशोधन संघीय चरित्र का है, तो संशोधन के लिए संसद के प्रत्येक सदन के 2/3 सदस्यों का बहुमत एवं कम-से-कम 50 प्रतिशत राज्यों के विधानमंडलों का अनुसमर्थन आवश्यक है।

96. (c) महान्यायवादी लोकसभा की कार्यवाही में भाग तो ले सकता है किंतु मतदान नहीं कर सकता।

97. (d) संविधान में राष्ट्रीय विकास परिषद एवं योजना आयोग का उल्लेख नहीं है। ये गैर-संविधान संस्थाएं हैं। क्षेत्रीय परिषद भी गैर-संवैधानिक निकाय है जो 1956 से है।

98. (d) संविधान के अनुच्छेद 253 से किसी बात के होते हुए भी संसद को किसी अन्य देश या देशों के साथ की गई किसी संधि या करार या अभिसमय या किसी अंतर्राष्ट्रीय सम्मेलन, संगम या अन्य निकाय में किए गए किसी विनिश्चय के क्रियान्वयन के लिए भारत के संपूर्ण राज्य-क्षेत्र या उसके किसी भाग के लिए विधि बनाने की शक्ति है।

99. (c) जनजातीय क्षेत्रों में स्वायत्त क्षेत्रों का निर्माण पाँचवीं अनुसूची के तहत होता है।

100. (b) **बाराबर की शैल गुफाएँ**—बाराबर पहाड़ियों पर चार गुफाएँ हैं—करण चौपड़, लोमस ऋषि, सुदामा एवं विश्व झोपड़ी सुदामा एवं लोमस ऋषि गुफाएँ भारतीय वास्तुशास्त्र के प्राचीनतम उदाहरण है जो मौर्यकाल की ओर संकेत करते हैं।

एलोरा गुफाएँ—अजन्ता एलोरा गुफाओं का एक भाग एलोरा जिसे स्थानीय भाषा में वेरूल लेनी भी कहते हैं। यह औरंगाबाद चालसी गांव मार्ग पर उत्तर-पश्चिमी औरंगाबाद से 30 किमी की दूरी पर है। यहाँ हिन्दुओं एवं जैनों के कई मन्दिर तथा बौद्ध गुफाएं हैं।

खण्ड-2

आदर्श अभ्यास प्रश्न

आदर्श अभ्यास प्रश्न-1

1. किसी उद्यम के विनिवेश से तात्पर्य है ?
   (a) किसी उद्यम के नियंत्रण एवं प्रबंधन का सरकार के अधीन बना होता।
   (b) उद्यम का नियंत्रण निजी क्षेत्र के अधीन बनाए रखना जबकि इसका प्रबंधन सरकार को देना।
   (c) सरकार द्वारा किसी सार्वजनिक उद्यम के 51% शेयर को निजी क्षेत्र को बेचना।
   (d) सार्वजनिक उद्यम में सरकार की हिस्सेदारी को कम करना।

2. 'वित्तीय साक्षरता' से आशय है ?
   (a) 7 वर्ष या इससे अधिक उम्र का कोई व्यक्ति जो किसी वित्तीय पदों को पढ़ एवं लिख सकता हो।
   (b) 7 वर्ष या इससे अधिक उम्र का कोई व्यकित जिसकी वित्तीय क्षेत्र तक पहुंच हो।
   (c) कोई व्यक्ति जो वित्तीय निर्णय लेने में पूरी तरह से सक्षम हो।
   (d) व्यक्ति को वित्तीय प्रशिक्षण उपलब्ध कराना।

3. कावेरी जल विवाद प्राधिकरण ने कावेरी नदी प्रणाली के जल को किन राज्यों के बेसिन के साथ साझा करने का आदेश दिया है ?
   (a) कर्नाटक, आंध्र प्रदेश, तमिलनाडु तथा पुदुचेरी
   (b) कर्नाटक, तमिलनाडु तथा पुदुचेरी
   (c) कर्नाटक, तमिलनाडु, पुदुचेरी तथा केरल
   (d) कर्नाटक, तमिलनाडु, पुदुचेरी तथा आंध्र प्रदेश

4. 2 सितंबर, 2013 को भारतीय संसद ने ऐतिहासिक खाद्य सुरक्षा बिल को अपनी मंजूरी दी जो कि जरूरतमंदों को खाद्य सुरक्षा उपलब्ध कराएगा। निम्नलिखित में से कौन 'खाद्य सुरक्षा कानून' की विशेषता नहीं है ?
   (a) यह प्रत्येक व्यक्ति को प्रतिमाह 5 किग्रा चावल, गेहूं तथा मोटा अनाज को क्रमश: 3 रू., 2 रू. तथा 1 रू. की दर से उपलब्ध कराने की गारंटी देता है।
   (b) पात्र परिवारों के पहचान का कार्य पंचायतों को सौंपा गया है।
   (c) खाद्यान्नों के कम आपूर्ति की स्थिति में केंद्र सरकार राज्यों को फंड उपलब्ध कराएगी।
   (d) लाभान्वितों को खाद्यान्न की आपूर्ति न होने की स्थिति में राज्य सरकारें खाद्य सुरक्षा भत्ता उपलब्ध कराएंगी।

5. हाल ही में पारित कंपनी बिल-2012 में 'कार्पोरेट सामाजिक उत्तरदायित्व' को कंपनियों के लिए अनिवार्य बनाया गया है। इस बिल के तहत निम्नलिखित में से किस गतिविधि की पहचान नहीं की गयी है ?
   (a) चरम भूख और गरीबी को समाप्त करना।
   (b) बाल मृत्यु दर को कम करना और मातृत्व स्वास्थ्य को सुधारना।
   (c) HIV, AIDS, मलेरिया और दूसरी बीमारियों की रोकथाम।
   (d) आर्थिक और सामाजिक रूप से पिछड़े वर्ग को रोजगार में आरक्षण देना।

6. हाल के दिनों में शेल गैस को ऊर्जा सुरक्षा के परिप्रेक्ष्य में पूरे विश्व में पहचाना गया है। निम्नलिखित में से कौन-सा क्षेत्र भारत में शेल गैस का सम्भावित स्रोत हो सकता है ?
   1. कावेरी बेसिन 2. कैम्बे बेसिन
   3. आसाम-अराकान बेसिन 4. गोदावरी बेसिन

   सही कूट का चयन करें-
   (a) केवल 1, 2 और 3 (b) केवल 2, 3 और 4
   (c) केवल 1, 3 और 4 (d) केवल 1 और 4

7. घर्षित बेरोजगारी का सामान्य अर्थ है ?
   (a) श्रमिकों के दक्षता तथा क्षमता का उनके उच्चतम स्तर पर उपयोग न होना।
   (b) बड़ी संख्या में लोगों का बेरोजगार बने रहना।
   (c) बाजार दशा के साथ असंतुलन।
   (d) वैकल्पिक रोजगार का उपलब्ध न होना।

8. गरीबी रेखा के नीचे लोगों की पहचान हेतु तेंदुलकर समिति के नए फार्मूला में शामिल है-
   1. उत्पादों पर प्रति व्यक्ति व्यय।
   2. कैलोरी खपत
   3. शिक्षा एवं स्वास्थ्य पर उपभोग व्यय।

   सही कूट का चयन करें-
   (a) केवल 1 (b) केवल 1 और 2
   (c) केवल 3 (d) केवल 1 और 3

9. सरकार द्वारा घोषित 'न्यूनतम समर्थन मूल्य' (एमएसपी) का सामान्य: आशय है-
   (a) वह मूल्य जिस पर सरकार सार्वजनिक वितरण प्रणाली हेतु खाद्यान्न को खरीदती है।
   (b) वह मूल्य जिस पर सरकार FCI के गोदामों का स्टॉक बनाए रखने हेतु किसानों से प्रत्यक्ष खाद्यान्न की खरीद हेतु तैयार रहती है।
   (c) वह मूल्य जिस पर सरकार किसानों से सीधे खाद्यान्न खरीदने को तैयार रहती है, यदि फसल का मूल्य एम.एस.पी. से कम हो जाए।
   (d) एक वित्तीय वर्ष में कृषि क्षेत्र को सरकार द्वारा उपलब्ध करायी गयी सब्सिडी।

10. 2012-13 के दौरान क्षेत्रक अनुसार व्यय या कृषि ऋण प्रदाता को घटते हुये क्रम में सजाएं-
   (a) सहकारी बैंक-वाणिज्यिक बैंक-क्षेत्रीय ग्रामीण बैंक।
   (b) सहकारी बैंक-क्षेत्रीय ग्रामीण बैंक-वाणिज्यिक बैंक।
   (c) वाणिज्यिक बैंक-क्षेत्रीय ग्रामीण बैंक-सहकारी बैंक।
   (d) वाणिज्यिक बैंक-सहकारी बैंक-क्षेत्रीय ग्रामीण बैंक।

11. एक अंतरिक्षयान अंतरिक्ष शोध कार्यक्रम के लिए तीन यात्रियों को लेकर उड़ा। उनमें से एक अंतरिक्ष यात्री के पास एक गर्म सैंडविच है जिसका तापमान 20°C है। जब अंतरिक्षयात्री अंतरिक्ष में भ्रमण हेतु बाहर निकलता है तो वह अपने साथ गर्म सैंडविच को लेकर आता है। उस सैंडविच का अंतरिक्ष में तापमान क्या होगा?

(a) 20° C (b) 0° C
(c) 120° C (d) –20° C

12. 'रैनबो वॉरियरशिप' का उपयोग विश्व के अलग-अलग भागों में सामाजिक कार्यकर्त्ताओं द्वारा विरोध प्रदर्शन हेतु 1985 से ही किया जा रहा है। कौन-सा संगठन इससे संबद्ध है?

(a) पेटा
(b) ग्रीनपीस
(c) एमनेस्टी इंटरनेशनल
(d) वर्ल्ड सोशल फोरम

13. निम्नलिखित पर विचार करें-

(i) संवहनीय पादपों को कम से कम 0.15% या 1500 प्रजातियाँ संकटापन्न होनी चाहिए।
(ii) यहाँ जीव-जंतुओं की कुछ ऐसी प्रजातियाँ होनी चाहिए जो संसार के अन्य भागों में नहीं पायी जातीं।
(iii) यहाँ के प्राथमिक वनस्पति का कम से कम 70% नष्ट हो चुका हो।

उपरोक्त में से कौन-सा मापदंड, जैवविविधता हॉटस्पॉट क्षेत्र को निरूपित करता है?

(a) केवल (i) (b) केवल (i) और (ii)
(c) केवल (i) और (iii) (d) उपर्युक्त सभी

14. निम्नलिखित में से कौन अति संकटापन्न पशु है/हैं?

1. नामदफा का 'फ्लाईंग स्क्वायरल' 2. गंगा के शार्क
3. पिग्मी हॉग 4. जावन गैंडा

सही कूट का चयन करें-

(a) केवल 1 और 3 (b) केवल 1, 2 और 3
(c) केवल 3 और 4 (d) उपर्युक्त सभी

15. 'ग्रेट इंडियन बस्टर्ड' के विषय में निम्नलिखित कथनों में से कौन सही नहीं है?

(a) यह विश्व की अति संकटापन्न उड़ने वाली चिड़िया की प्रजाति है।
(b) इस प्रजाति की घटती हुयी आबादी को रोकने उपग्रहीय निगरानी का प्रयास किया जा रहा है।
(c) इस चिड़िया का प्राकृतिक शरणास्थल आर्द्र घासभूमि तथा दलदली क्षेत्र है।
(d) यह अपने सिर के ऊपर काली कलगी जो इसके जर्द गर्दन एवं सिर से बिल्कुल अलग दिखती है से आसानी से पहचानी जा सकती है।

16. 'हरित ऊर्जा गलियारा परियोजना' सुविधा उपलब्ध कराती है?

(a) राष्ट्रीय ग्रिड को नवीकरणीय ऊर्जा की उपलब्धता।
(b) एक क्षेत्र से दूसरे क्षेत्र में ईंधन एवं अन्य ऊर्जा उत्पाद का परिवहन।
(c) पर्यावरण के अनुकूल ऊर्जा उत्पादन करने वाला प्लांट का संपूर्ण भारत में निर्माण।
(d) भारत में स्वच्छ ईंधन तकनीक आधारित उद्योगों का निर्माण।

17. हाल ही में भारत सहित कुछ उभरी हुई अर्थव्यवस्थाओं को सामूहिक रूप से 'फ्रेजाइल फाइव' का नाम दिया गया है। इससे क्या आशय है?

(a) बच्चों के मध्य कुपोषण की गंभीर समस्या वाले पांच देशों का समूह।
(b) पांच देशों का समूह जहां ऊर्जा सुरक्षा एक गंभीर चुनौती है।
(c) भुगतान संतुलन की समस्या से जूझ रहे देशों का समूह।
(d) ऐसे देशों का समूह जहां पारिस्थितिकीय नाजुक क्षेत्र एक सामान्य चुनौती है।

18. हाल ही में मंगल कक्षा हेतु अभियान शुरू किया गया है जिसका एक उद्देश्य इस ग्रह पर जीवन के लिए आवश्यक तत्त्व की खोज करना है। यह कौन-सी गैस है?

(a) कार्बन (b) ऑक्सीजन
(c) मिथेन (d) नाइट्रोजन

19. निम्नलिखित कथनों पर विचार करें-

1. 1765 से 1775 के मध्य सिविल एवं दांडिक न्याय में मुगल न्याय प्रणाली का अनुपालन किया गया।
2. क्लाईव ने मुहम्मद रजा खान को कंपनी के सिविल अधिकारिता का प्रतिनिधि नियुक्त किया।
3. वारेन हेस्टिंग्स ने रजा खान को 1772 में गिरफ्तार कर लिया और बिना किसी ट्रायल के उसे लगभग दो वर्षों तक बंदी बनाए रखा गया।

उपरोक्त कथनों में कौन से सही हैं?

(a) केवल 1 (b) 1 और 3
(c) 1 और 2 (d) 1, 2 और 3

20. निम्नलिखित कथनों पर विचार करें-

1. मुर्शीद कुली खाँ ने बंगाल का वार्षिक राजस्व को नियमित रूप से दिल्ली भेजना जारी रखा।
2. यह अलीवर्दी खान का शासनकाल था जिसमें मुगलों के साथ वास्तविक संबंध विच्छेद देखा गया।

उपरोक्त में से कौन-सा/से कथन सही है/हैं?

(a) केवल 1 (b) केवल 2
(c) 1 और 2 दोनों (d) न ही 1 और न ही 2

21. आधुनिक भारतीय इतिहास के संदर्भ में 'ददनी सौदागर/व्यापारी' से तात्पर्य है-

(a) जो प्राथमिक उत्पादकों को अग्रिम भुगतान कर वस्तुओं का उत्पादन करते हैं।
(b) बंगाली भ्रद महिला।
(c) ईस्ट इंडिया कंपनी का भारतीय एजेंट।
(d) वे जो तकनीकी सहायता उपलब्ध कराकर वस्तुओं का उत्पादन करते हैं।

22. निम्नलिखित कथनों पर विचार करें-

1. अहमद शाह अब्दाली का भारत पर पहला आक्रमण 1748 में हुआ जो असफलता के साथ समाप्त हुआ।
2. 1761 में दिल्ली छोड़ने से पूर्व अब्दाली ने शाह आलम-II को सम्राट, इमादुल मुल्क को वजीर और नजीब-उल-दौला को मीर बख्शी नियुक्त किया।
3. महादजी सिंधिया ने शाहआलम को गद्दी से अपदस्थ कर दिया और बाद में उसे पूरी तरह से अंधा बना दिया।

उपरोक्त कथनों में कौन-से सही हैं?

(a) केवल 1
(b) 2 और 3
(c) केवल 3
(d) 1, 2 और 3

23. निम्नलिखित कथनों पर विचार करें-

1. दक्कन के सूबेदार मुजफ्फर जंग ने 1750 में डुप्ले को कर्नाटक सहित कृष्णा नदी से केप कैमोरीन तक के संपूर्ण क्षेत्र के नवाब, की पदवी प्रदान की।
2. डुप्ले ने चंदा साहब और मुजफ्फर जंग से एक गुप्त संधि की।

उपरोक्त में से कौन-सा/से कथन सही है/हैं?

(a) केवल 1
(b) केवल 2
(c) 1 और 2 दोनों
(d) न ही 1 और न ही 2

24. निम्नलिखित कथनों में कौन-सा सही नहीं है?

(a) बहादुरशाह ने हिंदु प्रमुखों एवं राजाओं के प्रति एक सहिष्णु दृष्टिकोण को अपनाया।
(b) बहादुर शाह ने गुरू गोविन्द सिंह के साथ शांति बनाए रखकर विद्रोही सिखों को संतुष्ट करने का प्रयास किया।
(c) बहादुर शाह के शासनकाल में जुल्फिकार खाँ ने सम्राज्य की विषंगतियों को सुधारने का प्रयास किया।
(d) बहादुरशाह के शासनकाल में प्रशासन के क्षेत्र में और अधिक विकृति/गिरावट आयी।

25. निम्नलिखित घटनाओं पर विचार करें-

1. जहांदर शाह को गद्दी की प्राप्ति।
2. सैयद बन्धुओं का पतन।
3. बाजीराव का दिल्ली पर घेरा डालना।
4. नादिरशाह का दिल्ली पर आक्रमण।

ऊपर दिए गए घटनाओं के कालानुक्रम के अनुसार निम्नलिखित में से कौन-सा एक सही है?

(a) 1, 3, 4, 2 (b) 1, 3, 2, 4
(c) 3, 1, 2, 4 (d) 1, 2, 3, 4

26. निम्नलिखित कथनों पर विचार करें-

1. मीर जाफर ने ब्रिटिशों को हटाने हेतु फ्रांसीसियों के साथ मिलकर षड्यंत्र रचा।
2. मीर जाफर ने ब्रिटिशों को बंगाल, बिहार और उड़ीसा में मुक्त व्यापार का अधिकार तथा 24 परगना की जमींदारी प्रदान की।
3. मीर जाफर ने राजधानी को मुर्शिदाबाद से मुंगेर स्थानांतरित किया।

उपरोक्त कथनों में कौन से सही हैं?

(a) केवल 1 (b) 1 और 3
(c) 2 और 3 (d) 1, 2 और 3

27. बंगाल की '1760 की क्रांति' से आशय है-

(a) कंपनी के व्यावसायिक चरित्र का अंत।
(b) बंगाल, बिहार एवं ओडिशा के दीवानी का सम्राज्यिक अनुदान देना।
(c) मीर जाफर को सत्ता से हटाना और मीर कासिम का राज्यरोहण।
(d) बंगाल में आधुनिक काल की शुरूआत।

28. निम्नलिखित कथनों पर विचार करें-

1. फोर्ट विलियम, अंग्रेजों द्वारा भारत में बनाया गया पहला किला था।
2. सर चार्ल्स इरे, फोर्ट विलियम का प्रथम अध्यक्ष था।

उपरोक्त में से कौन-सा/से कथन सही है/हैं?

(a) केवल 1 (b) केवल 2
(c) 1 और 2 दोनों (d) न ही 1 और न ही 2

29. निम्नलिखित में से कौन रबी फसल नहीं है?

(a) जौ (b) सोयाबीन
(c) चना (d) सरसों

30. खड़ी फसल से आप क्या समझते हैं?

(a) यह किसी पारिस्थतिकी तंत्र के 'फोटोसिन्थेसिस आटोट्रप्स' का कुल शुष्क बायोमास है।
(b) यह किसी पारिस्थितिकी तंत्र का कुल शुष्क बायोमास है।
(c) यह एक पादप समुदाय है जो अपने पर्यावरण के समतुल्य सर्वोत्तम विकास के लिए पहचाना गया है।
(d) इनमें से कोई नहीं

31. 'आर्कटिक कौंसिल' के विषय में निम्नलिखित में से कौन सही है/हैं ?

1. इसे ओटावा घोषणापत्र-1996 के द्वारा स्थापित किया गया।
2. भारत हाल ही में इसका सदस्य बना है।
3. हाल ही में ओस्लो शिखर सम्मेलन में स्वीकार किए गए समझौते में इस क्षेत्र का केवल वैज्ञानिक अनुसंधान हेतु उपयोग की अनुमति दी गयी है और प्राकृतिक संसाधनों के उत्खनन पर रोक लगा दी गयी है।
4. यूनाईटेड किंगडम इसका संस्थापक सदस्य है।

उपरोक्त में से कौन-सा/से कथन सही है/हैं ?

(a) केवल 1 (b) 1 और 4
(c) 2 और 3 (d) केवल 4

32. हरित गृह प्रभाव में प्रतिशत के रूप में अंशदान करने वाले चार प्रमुख गैसें हैं-

(a) कार्बन डाइऑक्साइड, नाइट्रोजन डाइऑक्साइड, सल्फर डाइऑक्साइउ तथा ओजोन।
(b) कार्बन डाइऑक्साइड, मिथेन, ओजोन तथा जलवाष्प।
(c) कार्बन मोनोऑक्साइड, कार्बन डाइऑक्साइड, नाइट्रोजन ऑक्साइड तथा जलवाष्प।
(d) कार्बन डाइऑक्साइड, मिथेन, जलवाष्प तथा नाइट्रोजन डाइऑक्साइड

33 पश्चिमी घाट के संदर्भ में निम्नलिखित में से कौन-सा/से कथन सही है/हैं ?

1. यह पाँच राज्यों में विस्तृत है।
2. ये विश्व के जैव विविधता उष्णस्थलों में से एक हैं।
3. कस्तूरीरंगन समिति ने इस क्षेत्र के 22% क्षेत्र को जैव संवेदनशील जोन घोषित करने की संस्तुति की है।
4. यह विश्व के प्राकृतिक विरासत स्थलों में से एक है।

उपरोक्त में से कौन-सा/से कथन सही है/हैं ?

(a) 2, 3 और 4 (b) 1, 2 और 4
(c) 1 और 3 (d) 2 और 4

34. एल-नीनो के विषय में निम्नांकित कथनों में कौन सही है/हैं ?

1. यह दक्षिण अमेरिका के पश्चिमी तट के सहारे एक नियमित अंतराल पर गर्म पानी की उपस्थिति के कारण प्रकट होता है।
2. यह भारत में दक्षिण पश्चिम मानसून को कमजोर करता है।
3. इससे आस्ट्रेलिया के पूर्वी तट पर भारी वर्षा होती है।
4. यह दक्षिण अमेरिका में गुआनो उद्योग को लाभ पहुँचाता है।

उपरोक्त में से कौन-सा/से कथन सही है/हैं ?

(a) 1 और 2 (b) 1, 2 और 3
(c) 1 और 4 (d) 1, 2, 3 और 4

35. निम्नलिखित कथनों पर विचार कीजिए-

1. क्षुद्रग्रह लघु ग्रह होते हैं जिसकी कक्षा मंगल एवं बृहस्पति के कक्षाओं के बीच में चक्कर लगाता है।
2. धूमकेतु बर्फीली तथा ठोस पदार्थ होते हैं जो गर्म होकर गैस के रूप में बाहर निकलता है तथा दृश्यमान वायुमंडल तथा पुच्छ के रूप में दिखता है।
3. उल्कापिंड छोटी चट्टानीय या धात्विक पदार्थ होते है जो अंतरिक्ष से होकर गुजरता है।

उपरोक्त कथनों में कौन-सा/से गलत है/हैं ?

(a) केवल 2 (b) केवल 3
(c) 2 और 3 (d) 1, 2 और 3

36. निम्नलिखित में से कौन 'संरचनात्मक मैदान' को इंगित करता है ?

1. वैसा मैदान जो सामान्यतः महाद्वीप की सीमा पर स्थित सागरीय तल के उत्पादन से बनता है।
2. संरचनात्मक रूप से अवतलित क्षेत्र जो विस्तृत निम्नभूमि बनाती है।
3. बर्फ के द्वारा उथला बना क्षेत्र।

नीचे दिए गए कूट की सहायता से सही उत्तर चुनें-

(a) 1 और 2 (b) 2 और 3
(c) 1 और 3 (d) 1, 2 और 3

37. पवन के संदर्भ में निम्नलिखित कथनों पर विचार कीजिए-

1. दो बिन्दुओं के मध्य दावांतर जितना अधिक होगा, पवन की गति उतनी ही अधिक होगी।
2. पवन का वेग जितना अधिक होगा, कोरियालिस बल द्वारा विक्षेप उतना ही अधिक होगा।

उपरोक्त कथनों में से कौन-सा/से सही है/हैं ?

(a) केवल 1
(b) केवल 2
(c) 1 और 2 दोनों
(d) न ही 1 और न ही 2

38. निम्नलिखित कथनों पर विचार करें-

1. जेट प्रवाह पवनों के सर्पिलाकार बैंड की तरह होता है जो कि विद्यमान पछुआ पवपन से संबंधित होता है।
2. पछुआ पवन की दिशा हमेशा पश्चिम से पूर्व की ओर होती है।
3. पवन की औसत गति बहुत अधिक होती है और ग्रीष्मकाल में यह उच्चतम होती है।

उपरोक्त में से कौन-सा/से कथन गलत है/हैं ?

(a) केवल 2 (b) 1 और 2
(c) 2 और 3 (d) 1, 2 और 3

39. निम्नलिखित कथनों पर विचार करें-

1. पर्यावरणीय ह्रास दर के शुष्क एडियाबेटिक ह्रास दर से अधिक होने पर वायु अस्थिर होती है।
2. जब पर्यावरणीय ह्रास दर, संतृप्त एडियाबेटिक ह्रास दर से कम होता है तो वायु स्थिर होती है।

उपरोक्त कथनों में से कौन-सा/से सही है/हैं ?

(a) केवल 1 (b) केवल 2
(c) 1 और 2 दोनों (d) न ही 1 और न ही 2

40. निम्नलिखित में से कौन संघीय कर का अनन्य भाग नहीं है ?

(a) सीमा शुल्क (b) संपत्ति कर
(c) चुंगी कर (d) उत्पाद शुल्क

41. निम्नलिखित पर विचार करें-

1. भूमि का पुनर्वितरण 2. भू-चकबंदी
3. अनबुन्ध कृषि 4. सहकारी कृषि

भारत में भूमि सुधार की दिशा में सरकार द्वारा उपरोक्त में से कौन से कदम उठाए गए हैं ?

(a) केवल 1 और 2 (b) केवल 1, 2 और 3
(c) केवल 2 और 4 (d) केवल 1, 2 और 4

42. हाल ही में सरकार ने 'राष्ट्रीय शहरी स्वास्थ्य मिशन' (NUHM) को मंजूरी दी है। NUHM के संदर्भ में निम्नलिखित कथनों पर विचार कीजिए।

1. NUHM के तहत शहरों एवं महानगरों के गरीबी रेखा के नीचे की आबादी को स्वास्थ्य का वैधानिक अधिकार प्रदान किया जा रहा है।
2. NUHM को 50,000 से अधिक की आबादी वाले चुनिन्दा महानगरों एवं शहरों में लागू किया जाएगा।

उपरोक्त में से कौन-सा/से कथन सही है/हैं ?

(a) केवल 1 (b) केवल 2
(c) 1 और 2 दोनों (d) न ही 1 और न ही 2

43. सरकार ने हाल ही में चौदवें वित्त आयोग का गठन किया है जो अपनी रिपोर्ट अक्टूबर 2014 में सौंपेगा। चौदवें वित्त आयोग के विचारार्थ विषय कौन से हैं ?

1. धारणीय एवं समावेशी विकास के लिए सब्सिडी के स्तर एवं केंद्र एवं राज्यों के मध्य इसके हिस्सेदारी को चिन्हित करना।
2. एक वैधानिक तंत्र का पता लगाना जिसके द्वारा विभिन्न लोक सेवाओं जैसे-बिजली और पानी का मूल्य ज्ञात किया जा सके।
3. राज्यों के वित्तीय स्थिति का पुर्नवलोकन करना और यह देखना कि राजकोषीय सुदृढ़ता के रोडमैप को कैसे लागू किया जा सके।

सही कूट का चयन करें-

(a) केवल 1 (b) केवल 1 और 3
(c) केवल 3 (d) 1, 2 और 3

44. निम्नलिखित में से कौन-सा/से सही है/हैं ?

1. किसी पारिस्थितिकी तंत्र की कुल प्राथमिक उत्पादकता को सकल प्राथमिक उत्पादकता में से श्वसन हानि को घटाकर गणना करते हैं।
2. 'यूट्रोफिकेशन' किसी भी जलीय पारितंत्र में पोषक तत्त्वों के अत्यधिक क्षरण की प्रक्रिया है।
3. लगभग 90% ऊर्जा निम्न ट्रोपिक स्तर से उच्च ट्रोपिक स्तर की ओर स्थानांतरित होती है।
4. किसी पारितंत्र में प्राथमिक और द्वितीयक सक्सेशन हमेशा एक प्राकृतिक प्रक्रिया है।

ऊपर दिए गए कथनों में से सही कूट का चयन करें-

(a) 1, 2 और 4 (b) 1, 3 और 4
(c) केवल 1 (d) केवल 4

45. क्योटो प्रोटोकाल के विषय में निम्नलिखित में कौन-सा/से सही है/हैं ?

1. यह 1997 में अस्तित्व में आया।
2. इस प्रोटोकाल के तहत चार प्रकार के ग्रीन हाउस गैसों की पहचान की गयी है, जिसका उत्पादन एवं उत्सर्जन को कम करना है।
3. भारत एनेक्स-II देशों के वर्ग में आता है, अत: इसे किसी ग्रीनहाउस गैसों की कटौती की वैधानिक बाध्यता नहीं है।
4. संयुक्त राज्य अमेरिका ने इस प्रोटोकाल का अनुमोदन नहीं किया है।

उपरोक्त में से कौन-सा/से कथन सही है/हैं ?

(a) 1, 3 और 4 (b) 2 और 3
(c) 2, 3 और 4 (d) केवल 4

46. निम्नलिखित बाघ अभ्यारण्यों को उनके राज्यों जहां वे अवस्थित हैं, से सुमेलित करें-

बाघ अभ्यारण्य	**राज्य**
1. मुकंद्रा हिल	A. तमिलनाडु
2. सिमलीपाल	B. राजस्थान
3. बांदीपुर	C. उड़ीसा
4. सत्यमंगल	D. कर्नाटक

कूट :

	1	2	3	4
(a)	B	C	A	D
(b)	D	C	A	B
(c)	B	C	D	A
(d)	D	B	A	C

47. निम्नलिखित कथनों पर विचार करें-

1. प्रवाल भित्ति जल में कार्बन डाइऑक्साइड के संयोजन से चूना पत्थर में बदल जाता है।
2. एश्चुअरी इकोटोन का एक उदाहरण है।

उपरोक्त में से कौन-सा/से कथन सही है/हैं ?

(a) केवल 1 (b) केवल 2
(c) 1 और 2 दोनों (d) न ही 1 और न ही 2

48. जलवायु परिवर्तन पर भारत के राष्ट्रीय कार्ययोजना के संदर्भ में निम्नलिखित में से कौन सही है/हैं ?

1. इस योजना के अंतर्गत दस मिशन शामिल हैं।
2. इनमें से एक मिशन हिमालय के पारिस्थितिकी तंत्र की सुरक्षा को लक्षित करता है।
3. राष्ट्रीय सौर्य मिशन का लक्ष्य 2022 तक 20000 MV सौर ऊर्जा उत्पादन करता है।
4. कार्य योजना को 2010 में लागू किया गया।

उपरोक्त में से कौन-सा/से कथन सही है/हैं ?

(a) केवल 3 (b) 2 और 3
(c) 2, 3 और 4 (d) 1, 2 और 4

49. बायोलोजिकल ऑक्सीजन की माँग बढ़ेगी यदि-

(a) जब कोई व्यक्ति ऊँचाई वाले स्थान की ओर जाता है।
(b) जब जलीय पारिस्थितिकी तंत्र के कार्बनिक तत्त्व में वृद्धि होती है।
(c) जब मृदा के कार्बनिक तत्त्व में वृद्धि होती है।
(d) उपरोक्त में से कोई नहीं

50. निम्नलिखित में से कौन सही से सुमेलित है/हैं ?

1. जैव उर्वरक — एजोटोबैक्टर
2. बायोरिमेडिएशन — सरसों का पौधा
3. जैव संचय — सीसा
4. जैव ईंधन — महुआ

उपरोक्त में से कौन-सा/से कथन सही है/हैं ?

(a) 1 और 4 (b) 1, 3 और 4
(c) 1, 2, 3 और 4 (d) 1 और 3

51. भारत एक लोकतांत्रिक, समाजवादी गणराज्य है। संविधान का कौन-सा प्रावधान इस धारणा को व्यक्त करता है।

1. कानून के समक्ष समानता।
2. धर्म, जाति आदि के आधार पर विभेद का प्रतिबंध।
3. लोक सेवाओं में अवसर की समानता।
4. राज्य के नीति निदेशक तत्त्व।
5. मूल अधिकार।

नीचे दिए गए कूट का उपयोग कर सही उत्तर चुनें-

(a) 1, 3 और 4 (b) 2, 3 और 4
(c) 1, 2, 3 और 4 (d) 1, 2, 3, 4 और 5

52. भारत के राज्यक्षेत्र के संदर्भ में, संसद की शक्ति है कि वह-

1. नए राज्यों का गठन करें।
2. राज्यों के क्षेत्र में वृद्धि या कमी करे।
3. राज्यों की सीमाओं में परिवर्तन करे।
4. नए क्षेत्रों का अधिग्रहण करे।

नीचे दिए गए कूट का उपयोग कर सही उत्तर चुनें-

(a) 1 और 2 (b) 2 और 3
(c) 1, 2 और 3 (d) 1, 2, 3 और 4

53. धार्मिक पंथ के अंदर धार्मिक मामलों को प्रबंध करने की आजादी संस्थाओं को स्थापित करने का अधिकार देता है। निम्नलिखित में से कौन-से अधिकार की इसके तहत गारंटी दी गयी है ?

1. अपने पंसद की शैक्षणिक संस्थाओं को स्थापित करना और उसको संचालित करना।
2. धार्मिक एवं सेवा (चैरिटी) के उद्देश्य से संस्था को स्थापित करना एवं उसका प्रबंध करना।

उपरोक्त कथनों में से कौन-सा/से सही है/हैं ?

(a) केवल 1 (b) केवल 2
(c) 1 और 2 दोनों (d) न ही 1 और न ही 2

54. 'मैनुअल स्केवेंजर नियोजन निषेध और पुनर्वास अधिनियम 2013' को भारत में बड़ी संख्या में मानव मैला सफाईकर्मी के उत्थान हेतु अधिनियमित किया गया है। यह अधिनियम प्रावधान करता है-

1. सुरक्षा उपकरण के बिना सीवर और सेप्टिक टैंक हाथ से सफाई का प्रतिषेध।
2. वैकल्पिक रोजगार का प्रावधान।
3. पंचायत एवं शहरी स्थानीय निकाय द्वारा क्रियान्वयन।
4. अपराधों पर शीघ्र अभियोग।

नीचे दिए गए कूट का उपयोग कर सही उत्तर चुनें-

(a) 1 और 2 (b) 2 और 3
(c) 1, 2 और 3 (d) 1, 2, 3 और 4

55. निम्नलिखित कथनों पर विचार करें-

1. सुप्रीम कोर्ट की रिट अधिकारिता केवल मूल अधिकारों को लागू करवाने तक सीमित है।
2. उच्च न्यायालय की रिट अधिकारिता का विस्तार दूसरे उद्देश्यों तक भी है।

उपरोक्त कथनों में से कौन-सा/से सही है/हैं ?

(a) केवल 1 (b) केवल 2
(c) 1 और 2 दोनों (d) न ही 1 और न ही 2

56. निम्नलिखित कथनों पर विचार करें-

1. भारत की समुद्रपारीय नागरिकता योजना ने देश में दोहरी नागरिकता की संकल्पना को प्रस्तुत किया है।
2. समुद्रपारीय भारतीय आजीवन भारत यात्रा की मुफ्त वीजा के हकदार हैं।

उपरोक्त कथनों में से कौन-सा/से सही है/हैं ?

(a) केवल 1 (b) केवल 2
(c) 1 और 2 दोनों (d) न ही 1 और न ही 2

57. भागीदारी लोकतंत्र में बड़ी संख्या में शासन में लोगों की भागीदारी होती है। इसको परिभाषित करने वाले विशेषताएँ हैं-

1. शासन का मूलभूत प्राधिकार स्वयं लोगों के पास होना चाहिए।
2. सिविल आज्ञा का उल्लंघन, लोक सुनवाई, वापस बुलाना, जनमत संग्रह इत्यादि प्रत्यक्ष लोकतंत्र के उपकरण है।
3. सरकार लोगों की मात्र प्रतिनिधि है।

उपरोक्त कथनों में से कौन-सा/से सही है/हैं ?

(a) 1 और 2 (b) 2 और 3
(c) 1 और 3 (d) 1, 2 और 3

58. राज्य की नीति के निम्नलिखित निर्देशक सिद्धांतों पर विचार करें ?

1. सभी नागरिकों को एकसमान सिविल संहिता सुनिश्चित करना।
2. आधुनिक एवं वैज्ञानिक तरीके से कृषि एवं पशुपालन को संगठित करना।
3. लोक सेवाओं में न्यायपालिका को कार्यपालिका से अलग करना।
4. अंतर्राष्ट्रीय शांति एवं सुरक्षा को बढ़ावा देना।
5. अनुसूचित जातियों, अनुसूचित जनजातियों आदि के शैक्षणिक एवं आर्थिक हित को बढ़ावा देना।

नीचे दिए गए कूट की सहायता से सही उत्तर चुनें-

(a) 1, 3 और 4 (b) 2, 3 और 4
(c) 1, 2, 3 और 4 (d) 1, 2, 3, 4 और 5

59. संविधान कामगारों के अधिकारों की सुरक्षा हेतु राज्य को निदेशक सिद्धांत उपलब्ध कराता है। निम्नलिखित में से कौन ऐसे प्रावधान हैं ?

1. काम की मानवोचित दशा
2. गुजारे लायक वेतन
3. रोजगार की सुरक्षा
4. जीवन का उच्च स्तर
5. अवकाश में पूर्ण मनोरंजन और सामाजिक एवं सांस्कृतिक अवसर।

उपरोक्त कथनों में से कौन-सा/से सही है/हैं ?

(a) 1 और 2 (b) 1, 2 और 3
(c) 1, 2 और 4 (d) 1, 2, 4 और 3

60. निम्नलिखित में से कौन-सा अधिकार केवल नागरिकों को प्राप्त है, विदेशियों को नहीं ?

(a) समानता का अधिकार
(b) वाक एवं अभिव्यक्ति की स्वतंत्रता का अधिकार
(c) मानव व्यापार एवं बलात श्रम की प्रतिषेध
(d) धर्म की स्वतंत्रता का अधिकार

61. निम्नलिखित में से कौन उस गठबंधन, जो बक्सर के युद्ध में अंग्रेजों के विरुद्ध लड़ा था, में शामिल नहीं था ?

1. मीर कासिम 2. शाह आलम-II
3. शाह आलम-I 4. शुजाउद्दौला
5. सिराजुद्दौला

सही कूट-

(a) 2 और 4 (b) 3 और 5
(c) 2 और 5 (d) 3 और 4

62. निम्नलिखित में से कौन-सा कथन सही नहीं है ?

(a) भारत में पहला पुर्तगाली गवर्नर अल्बुकर्क था।
(b) कोचीन भारत में पुर्तगालियों की आरंभिक राजधानी थी।
(c) डच कंपनी भंद्रजन XVII (जेंटलमैन-XVII) द्वारा संचालित थी।
(d) डचों को गोलकुंडा के शासकों से मूल्यवान सहयोग प्राप्त हुआ।

63. निम्नलिखित युग्मों पर विचार कीजिए-

1. पेरिस की संधि — 1763
2. अलीनगर की संधि — 1757
3. इलाहाबाद की संधि — 1764

ऊपर दिए गए युग्मों में से कौन से सही सुमेलित हैं ?

(a) केवल 1 (b) केवल 1 और 2
(c) केवल 2 और 3 (d) 1, 2 और 3

64. मुगल सम्राज्य के पतन के कारणों के संदर्भ में निम्नलिखित कथनों पर विचार कीजिए-

1. औरंगज़ेब की दक्कन नीति आत्मघाती सिद्ध हुयी।
2. मुगलों की दरबारी राजनीति ने कुलीनता को अपघर्षित किया।
3. मनसबदारी प्रणाली के दोषों ने मुगल सेना को भ्रष्ट बनाया।

उपरोक्त दिए गए कथनों में से कौन-सा/से सही है/हैं ?

(a) केवल 1 और 2 (b) केवल 3
(c) 1, 2 और 3 (d) कोई नहीं

65. अंतर पर्वतीय पठार के संदर्भ में निम्नलिखित कथनों पर विचार करें-

1. ये पूरी तरह से पर्वतों से घिरे होते हैं।
2. पर्वत निर्माण प्रक्रिया में संलग्न भूमि के ऊपर उठने से ये बनते हैं।
3. ये विश्व के उच्चतम तथा विस्तृत पठार हैं।

उपरोक्त कथनों में से कौन-सा/से सही है/हैं ?

(a) 1 और 2 (b) 2 और 3
(c) 1 और 2 (d) 1, 2 और 3

66. मृदा प्रकार के संदर्भ में निम्नलिखित कथनों पर विचार करें-
1. इसके दो परत होते हैं, ऊपरी परत में ह्यूमस की प्रधानता होती है।
2. यह जल में आंशिक रूप से घुलनशील है।
3. इस क्षेत्र में सामान्यत: वाणिज्यिक कृषि की जाती है।

निम्नलिखित में से कौन-सा मृदा उपरोक्त लक्षण को धारण करती है ?

(a) चेरनोबल मृदा (b) काली मृदा
(c) भूरी मृदा (d) लाल और पीली मृदा

67. निम्नलिखित पर विचार करें-
1. सूर्यातप की प्रवृत्ति 2. तुंगता/ऊंचाई
3. अवस्थिति 4. समुद्र से निकटता
5. पवन की दिशा 6. आक्षांश

किसी स्थान के तापमान को उपरोक्त में से कौन-सा कारक प्रभावित करता है ?

(a) 1, 2 और 4 (b) 1, 2, 4 और 5
(c) 1, 2, 3, 4 और 5 (d) 1, 2, 4, 5 और 6

68. वायुराशि के संदर्भ में निम्नलिखित कथनों पर विचार करें-
1. एक वायुराशि के तापमान एवं आर्द्रता की विशेषताएं क्षैतिज रूप से समरूप होती हैं।
2. जब ये किसी दूसरे सतह के ऊपर से भी गुजरती हैं, तो इनकी ताप एवं आद्रता के गुण वही बनी रहती है।
3. वायुराशि के उत्पत्ति क्षेत्र में बड़े पैमाने पर वायु का अवतलन होता है।

उपरोक्त कथनों में से कौन-सा/से सही है/हैं ?

(a) केवल 1 (b) 1 और 3
(c) 2 और 3 (d) 1, 2 और 3

69. निम्नलिखित में से कौन एक भ्रंशोत्थ पर्वत है ?
(a) पूर्वी घाट
(b) पश्चिमी घाट
(c) वोस्गाज
(d) अपलेशियन पर्वत

70. संसार में फूल देने वाले पौधों का बृहत समूह संकटापन्न (Endangered) है। इस पौधे की प्रजाति भारत में भी पायी जाती है जो उत्तर पूर्वी राज्यों में संकेन्द्रित है। इस औषधि अधिपादप के फूलों की संरचना एवं रंगों में भारी भिन्नता होती है। यह पौधा है-

(a) ऑर्किड (b) आंवला
(c) इरिथरिना (d) ड्रोसेरा

71. निम्नलिखित में से कौन-सी नदी 'पक्षी पादाकार डेल्टा' बनाती है ?

(a) मिसिसिपी डेल्टा (b) नील डेल्टा
(c) ऑब डेल्टा (d) येनिसि डेल्टा

72. ज्वालामुखीयता विभिन्न प्रकार के आग्नेय अन्तबंधन से संबंधित है। इस संदर्भ में निम्नलिखित कथनों पर विचार करें-
1. परतदार चट्टानों के तल में क्षैतिज अन्तर्वेधन को सिल कहते हैं जबकि लम्बवत अन्तर्वेधन को डाईक कहते हैं।
2. लैकोलिथ एक तस्तरीनुमा अन्तर्वेधन होता है जबकि लोपोलिक गुम्बदाकार अन्तर्वेधन होता है।
3. फैकोलिथ आग्नेय चट्टानों के क्रेस्ट पर स्थित होते हैं।

उपरोक्त कथनों में से कौन-सा/से सही है/हैं ?

(a) केवल 1 (b) 1 और 3
(c) 2 और 3 (d) 1, 2 और 3

73. उष्ण कटिबंधीय चक्रवात चक्रीय घूमता हुआ पवन का तीव्र उपरिमुख संचलन होता है जो सागरीय तल से वृहत ऊंचाई तक उठता है। इनके विकास के लिए निम्नलिखित में से कौन सी दशाएं आवश्यक हैं ?
1. विस्तृत सागरीय क्षेत्र जहां तापमान 26°C से अधिक रहे।
2. साइनोप्टिक कोशिका की उपस्थिति।
3. कोरियालिस बल की निम्न स्थिति।
4. ऊपर उठने वाली हवा को ऊपरी समतापमंडल से हटाने की क्रियाविधि।
5. अंत: उष्ण कटिबंधीय क्षेत्र से समीपता।

नीचे दिए गए कूट का उपयोग कर सही उत्तर चुनें-

(a) 1, 3 और 4 (b) 2, 3 और 4
(c) 1, 2, 3 और 4 (d) 1, 2, 3, 4 और 5

74. स्थानीय पवन के संदर्भ में निम्नलिखित कथनों पर विचार करें-
1. यह एक गर्म, शुष्क एवं धूलभरी पवन है जो सहारा रेगिस्तान में उत्पन्न होती है।
2. यह रेगिस्तान के आंतरिक भागों से भूमध्यसागर के शीत भागों की ओर बहती है।
3. भूमध्य सागर को पार करने के बाद इसका प्रभाव वनस्पति एवं फसलों को मुरझा देने वाली होती है।

उपरोक्त कथन किस स्थानीय पवन को इंगित करता है ?

(a) हरमटन (b) शामल
(c) सिराको (d) शिमून

75. निम्नलिखित कथनों पर विचार करें-
1. ग्रीष्मकाल में पृथ्वी सूर्य के सर्वाधिक नजदीक होती है जिसके परिणामस्वरूप उच्च तापमान रहता है।
2. शीतकाल में पृथ्वी सूर्य के सर्वाधिक दूर होती है।

उपरोक्त कथनों में से कौन-सा/से सही है/हैं ?

(a) केवल 1 (b) केवल 2
(c) 1 और 2 दोनों (d) न ही 1 और न ही 2

76. संविधान अपराधों की दोषसिद्ध के विरुद्ध कुछ निश्चित रक्षोपाय उपलब्ध कराता है। इसमें शामिल है-

1. स्वयं अपने विरुद्ध साक्षी बनने से संरक्षा।
2. दोहरी सजा के विरुद्ध सुरक्षा।
3. किसी व्यक्ति को अपराध के आधार की जानकारी दिए बिना गिरफ्तार नहीं किया जाना चाहिए।
4. किसी दोषी को सजा देने हेतु दांडिक कानूनों को पूर्वव्यापी रूप से लागू नहीं करना चाहिए।

नीचे दिए गए कूट की सहायता से सही उत्तर चुनें-

(a) 1, 3 और 4 (b) 2, 3 और 4
(c) 1, 2 और 3 (d) 1, 2, 3 और 4

77. संविधान में प्रतिष्ठित मूल अधिकार राज्य के लिए बाध्यकारी है। इस उद्देश्य से निम्नलिखित में से कौन राज्य नहीं है ?

(a) सार्वजनिक निगमें।
(b) वैज्ञानिक तथा औद्योगिक अनुसंधान परिषद।
(c) भारत में क्रिकेट के लिए बोर्ड ऑफ कंट्रोल
(d) भारतीय राष्ट्रीय कृषि सहकारी संघ।

78. राष्ट्रीय किशोर स्वास्थ्य कार्यक्रम देश का प्रथम समग्र किशोर स्वास्थ्य कार्यक्रम है।

1. यह 10 से 18 वर्ष के किसी व्यक्ति को किशोर के रूप में परिभाषित करता है।
2. यह पोषण, गैर-संक्रामक रोग, मानसिक स्वास्थ्य, पदार्थों के दुरूपयोग तथा लिंग आधारित हिंसा जैसे क्षेत्रों पर ध्यान देगा।
3. यह कार्यक्रम समुदाय आधारित मध्यस्थता पर काम करेगा।

उपरोक्त कथनों में कौन-सा/से सही है/हैं ?

(a) 1 और 2 (b) 2 और 3
(c) 1 और 3 (d) 1, 2 और 3

79. 'महात्मा गांधी प्रवासी सुरक्षा योजना' के संदर्भ में निम्नलिखित कथनों पर विचार करें-

1. यह ब्लू कॉलर भारतीय कामगारों के लिए पेंशन तथा जीवन सुरक्षा योजना है।
2. यह इमीग्रेशन क्लीयरेंस की जरूरत वाले देशों के कामगारों को शामिल करेगा।
3. सरकार कामगारों के खाते में एक निश्चित राशि का अंशदान करेगी।

उपरोक्त कथनों में कौन-सा/से सही है/हैं ?

(a) 1 और 2 (b) 2 और 3
(c) 1 और 3 (d) 1, 2 और 3

80. 'राष्ट्रीय विधिक सेवा प्राधिकरण' के संदर्भ में निम्नलिखित कथनों पर विचार कीजिए-

1. इसके लिए समाज के कमजोर वर्गों को मुफ्त कानूनी सहायता उपलब्ध करना अनिवार्य है।
2. विधिक सेवा प्राधिकरण कानून-1987 के तहत अनिवार्य सेवा देने हेतु इसने दो स्तरीय संरचना स्थापित की गयी है।
3. यह समानता के अधिकार के साथ-साथ राज्य के नीति निर्देशक तत्त्व को सुनिश्चित करने हेतु स्थापित किया गया है।

उपरोक्त कथनों में कौन-सा/से सही है/हैं ?

(a) 1 और 2 (b) 2 और 3
(c) 1 और 3 (d) 1, 2 और 3

81. देश में बिजली की स्थिति में सुधार के लिए 'मेगा पावर पालिसी, 2009' में हाल के बदलाव के संदर्भ में निम्नलिखित कथनों पर विचार करें-

1. डेवलपर अपनी स्थापित क्षमता का 65% प्रतियोगात्मक बोली द्वारा टाईअप करेगा।
2. 100 MV और इससे अधिक की क्षमता वाले ताप विद्युत परियोजनाओं को तथा 500 MV और इससे अधिक क्षमता वाला जल विद्युत परियोजनाओं को शुल्क मुक्त उपकरण आयात की अनुमति दी गयी है।
3. यह सभी मेगा पावर परियोजनाओं पर लागू होने वाली एक समग्र नीति है।

उपरोक्त कथनों में कौन-सा/से सही है/हैं ?

(a) 1 और 2 (b) 2 और 3
(c) 1 और 3 (d) 1, 2 और 3

82. लोकपाल तथा लोकायुक्त कानून 2013 के संदर्भ में निम्नलिखित कथनों पर विचार करें-

1. लोकपाल को सी.बी.आई. को निर्दिष्ट विषयों पर अधीक्षण का अधिकार है।
2. प्राथमिक जांच और अभियोग की समयसीमा निर्धारित की गयी है।
3. गलत तरीके से जमा की गयी संपत्ति को इस कानून में जब्त करने का प्रावधान है।

उपरोक्त में से कौन-सा/से कथन सही है/हैं ?

(a) 1 और 2 (b) 2 और 3
(c) 1 और 3 (d) 1, 2 और 3

83. किसी पारितंत्र के कार्यप्रणाली के विषय में निम्नलिखित कथनों को पढ़े और सही कथनों को चुनें-

1. खाद्य श्रृंखला में ऊर्जा प्रवाह चक्रीय रूप में होता है।
2. किसी खाद्य श्रृंखला में संख्याओं का पिरामिड हमेशा ऊर्ध्वाधर होती है।

3. ऊर्जा का पिरामिड ऊर्ध्वाधर के साथ-साथ व्युत्क्रमित हो सकती है।
4. सहयोगिता प्रकार के संबंध में दोनों घटक जैविक लाभान्वित होते हैं।

ऊपर दिए गए कथनों में से सही कूट का चयन करें-

(a) 1, 2 और 3
(b) 1 और 4
(c) केवल 4
(d) कोई नहीं

84. 'रियो + 20 सम्मेलन' के विषय में निम्नलिखित में से कौन सही है/हैं ?

1. इसे धारणीय विकास पर संयुक्त राष्ट्र सम्मेलन के रूप में जाना जाता है।
2. यह 2011 में ब्राजील के रियो-डी-जेनेरी में संपन्न हुआ।
3. इस सम्मेलन का विषय हरित अर्थव्यवस्था सहित गरीबी उन्मूलन पर समान बल देने पर था।
4. इस सम्मेलन का निष्कर्ष 'आवर कॉमन फ्यूचर' नामक शीर्षक से गैर बाध्यकारी दस्तावेज के रूप में सामने आया।

उपरोक्त दिए गए कथनों में से कौन-सा/से सही है/हैं ?

(a) 1, 2 और 3 (b) 2 और 4
(c) 1, 3 और 4 (d) 1 और 3

85. निम्नलिखित में से कौन सी संधियां/प्रोटोकाल सही से सुमेलित हैं ?

1. स्कॉटहोम सम्मेलन — स्थायी कार्बनिक प्रदूषक
2. कार्टिजेना प्रोटोकाल — आक्रामक विदेशी प्रजाति
3. रोटरडम सम्मेलन — खतरनाक कचड़ों का अंतरसीमीय संचरण एवं उनका निष्पादन
4. बॉन सम्मेलन — प्रवासी प्रजातियों का संरक्षण

ऊपर दिए गए कथनों में से सही कूट का चयन करें-

(a) 1, 3 और 4 (b) 1, 2 और 3
(c) 1 और 4 (d) 1, 2, 3 और 4

86. ओजोन क्षरण के संदर्भ में निम्नलिखित में से कौन-सा कथन सही है ?

1. ध्रुवीय समतापमंडलीय बादल ओजोन क्षरण को तीव्र करते हैं।
2. हयोगो फ्रेमवर्क ओजोन क्षरण के लिए उत्तरदायी तत्त्वों के उन्मूलन के कार्य को देखता है।
3. ओजोन क्षरण को डॉब्सन इकाई के रूप में मापा जाता है।
4. पराबैंगनी किरणें त्वचा कैंसर, मोतियाबिन्द तथा मानव शरीर में विटामिन डी के उत्पादन में कमी के लिए उत्तरदायी है।

ऊपर दिए गए कथनों में से सही कूट का चयन करें-

(a) 1 और 3 (b) 2 और 4
(c) 1, 3 और 4 (d) 1, 2, 3 और 4

87. निम्नलिखित कथनों में से कौन-सा/से सही है/हैं ?

1. धारणीय विकास की संकल्पना की विधिवत परिभाषा बुटलैंड समिति द्वारा दी गयी।
2. खाद्य जाल में खाद्य श्रृंखलाओं की संख्या में वृद्धि होने पर पारिस्थितिकी तंत्र के स्थायित्व में वृद्धि होती है।
3. भारत की प्रति व्यकित ग्रीन हाउस गैसों का उत्सर्जन वैश्विक प्रति व्यक्ति उत्सर्जन से नीचे है।
4. यूनेस्को के नव और जैवमंडल आरक्षित कार्यक्रम के तहत शामिल भारत के आठ विश्व जैवमंडल आरक्षित क्षेत्र में सिमलीपाल जैवमंडल आरक्षित क्षेत्र भी एक है।

उपरोक्त में से कौन-सा/से कथन सही है/हैं ?

(a) 1, 2 और 3 (b) 3 और 4
(c) 1 और 4 (d) 1, 2, 3 और 4

88. दो पादप समुदायों के मध्य संक्रमणशील क्षेत्र को कहा जाता है-

(a) इकोटोप (b) इकोटोन
(c) सीरे (d) इनमें से कोई नहीं

89. 'मिनिमाटा सम्मेलन' के विषय में क्या सही है/हैं ?

1. इस पर 2013 में हस्ताक्षर किया गया।
2. इसमें पारा वाले थर्मामीटर के उपयोग पर रोक लगाने का लक्ष्य रखा गया है लेकिन इसे पूर्णत: निष्कासित करने का प्रावधान नहीं है।
3. जापान के मिनिमाटा स्थान के नाम पर इसका नामकरण किया गया जहां खाद्य श्रृंखला में पारा के जैव संचय के कारण बड़ी संख्या में लोगों की मृत्यु हुयी।

उपरोक्त में से कौन-सा/से कथन सही है/हैं ?

(a) 2 और 3 (b) 1 और 2
(c) 1 और 3 (d) 1, 2 और 3

90. कार्बन क्रेडिट के विषय में कौन-सा/से सही है/हैं ?

1. एक इकाई कार्बन क्रेडिट, एक टन कार्बन डाई ऑक्साइड के उत्सर्जन में कमी के समतुल्य है।
2. दिल्ली मेट्रो, विश्व की ऐसी पहली मेट्रो बन गयी है जिसमें ग्रीन हाउस गैसों के उत्सर्जन की कटौती के लिए कार्बन क्रेडिट पायी है।

उपरोक्त में से कौन-सा/से कथन सही है/हैं ?

(a) केवल 1 (b) केवल 2
(c) 1 और 2 दोनों (d) न ही 1 और न ही 2

91. एजेंडा-21 के विषय में निम्नलिखित में से कौन सही है/हैं ?

1. यह धारणीय विकास के दृष्टिकोण को बताती है।
2. इसे धारणीय विकास पर संयुक्त राष्ट्र सम्मेलन में स्वीकार किया गया।

3. यह एक गैर बाध्यकारी दस्तावेज है।
4. 'एजेंडा-21' में 21 का अर्थ, इस योजना के तहत क्रियान्वित किए जाने वाले 21 विभिन्न कार्य योजना से है।

उपरोक्त कथनों में से कौन-सा/से सही है/हैं ?

(a) 1 और 3 (b) 1 और 2
(c) 1, 2 और 3 (d) 1, 2, 3 और 4

92. पन्ना राष्ट्रीय उद्यान के संदर्भ में निम्नलिखित कथनों पर विचार करें-

1. शुष्क पतझड़ वन यहां की विशेषता है।
2. यहां के सामान्य वन्यजीवन में शेर पूँछ वाला लघुपुच्छ बंदर, कैप्ड बंदर इत्यादि है।
3. यह एक बाघ अभ्यारण्य के रूप में भी पहचाना जाता है।
4. पांडव जलप्रपात पार्क में अवस्थित है।

उपरोक्त कथनों में से कौन-सा/से सही है/हैं ?

(a) 1, 2 और 3 (b) 2, 3 और 4
(c) 1, 3 और 4 (d) 1, 2, 3 और 4

93. निम्नलिखित में से कौन-सा 'जैव भौगोलिक प्रदेश' भारत के सर्वाधिक क्षेत्र को शामिल करता है ?

(a) गंगा का मैदान
(b) दक्कन पठार
(c) हिमालय
(d) अर्द्ध शुष्क क्षेत्र

94. सूची-I को सूची-II से मिलाए तथा नीचे दिए गए कूट की सहायता से सही उत्तर चुनें-

सूची-I (किताब)	**सूची-II (लेखक)**
A. द लोलैंड	1. अमर भूषण
B. गांधी बिफोर इंडिया	2. अमर्त्य सेन
C. अन अनस्टेन ग्लोरी	3. झूम्पा लेहरी
D. स्केप टू नाउ हियर	4. रामचंद्र गुहा

कूट :

	A	B	C	D
(a)	3	4	2	1
(b)	1	2	4	3
(c)	3	2	4	1
(d)	1	4	2	3

95. 7 सितंबर, 2013 को चुनाव आयोग ने घोषित किया कि उसने भारतीय इतिहास में पहली बार इलेक्ट्रानिक वोटिंग मशीन के साथ VVPAT को संलग्न कर सफल चुनाव कराया है। VVPAT से तात्पर्य है-

(a) वोटर वेरिफियेंबल पेपर ऑडिट ट्रायल
(b) वोटर वेरिफियेबल पोस्ट ऑडिट ट्रायल
(c) वोटर वेरिफियेबल पैन एशियन ट्रायल
(d) वोटर वेरिफिकेशन पोल असेम्बली टेक्निक

96. निम्नलिखित कथनों पर विचार करें-

1. भारत में मुँह के कैंसर के केसों की संख्या विश्व में सर्वाधिक है और ऐसे केसों के 90% मामलों में मुख्य जिम्मेदारी धुम्ररहित तंबाकू का सेवन है।
2. धूम्ररहित तंबाकू के सेवन में 32.9% पुरूष उपभोगकर्ता एवं 18.4% महिला उपभोगकर्ता के साथ भारत की प्रथम रैंकिंग है।

ऊपर दिए गए कथनों में से कौन-सा/से सही है/हैं ?

(a) केवल 1 (b) केवल 2
(c) 1 और 2 दोनों (d) न ही 1 और न ही 2

97. अग्नि-V के परीक्षण के संदर्भ में निम्नलिखित कथनों पर विचार करें-

1. अग्नि-V मिसाइल को इसकी पूर्ण परास 5,000 किमी के लिए सफलतापूर्वक परीक्षण किया गया।
2. इस मिसाइल का परीक्षण रक्षणीय आकृति के साथ किया गया है जो युद्ध की दशा के संरचना के अनुरूप है।
3. 2015 में शामिल होने से पूर्व इस मिसाइल का तीन या अधिक बार केनिस्टर आधारित परीक्षण किया जाएगा।

ऊपर दिए गए कथनों में से सही कूट का चयन करें-

(a) केवल 1 (b) केवल 2
(c) 1, 2 और 3 (d) 2 और 3

98. टुवाडा है ?

(a) हैदराबाद की बायोकॉन द्वारा विकसित SARS की रोकथाम हेतु एक दवा।
(b) अमेरिका के वैज्ञानिकों द्वारा विकसित SARS की रोकथाम हेतु एक दवा।
(c) गिल्ड विज्ञान द्वारा विकसित HIV-AIDS की रोकथाम हेतु एक दवा।
(d) भारतीय वैज्ञानिकों द्वारा विकसित बर्ड फ्लू की रोकथाम हेतु एक दवा।

99. निम्नलिखित जलवायु विशेषताओं पर विचार कीजिए-

1. यह क्षेत्र अलग-अलग आर्द्र एवं शुष्क ऋतु के रूप में पहचाना जाता है।
2. शुष्क ऋतु, आर्द्र ऋतु की तुलना में लंबी होती है।
3. शीतकाल में यहां ध्रुवीय क्षेत्र से चलने वाली व्यापारिक पवन को शीतोष्ण कटिबंधीय प्रतिचक्रवात के रूप में जाना जाता है।

उपरोक्त कथन किस जलवायु प्रकार को बताता है ?

(a) उष्णकटिबंधीय मानसूनी (b) सवाना
(c) उष्णकटिबंधीय सागरीय (d) भूमध्यसागरीय

100. निम्नलिखित में कौन फाइकोप्लैंकटन का उदाहरण नहीं है ?

(a) एल्गी (b) डाइटम
(c) डाइनोफ्लेगेटस (d) क्रैव लार्वा

उत्तरमाला

1. (d)	**2.** (c)	**3.** (c)	**4.** (b)	**5.** (d)	**6.** (b)	**7.** (c)	**8.** (d)	**9.** (c)	**10.** (d)
11. (a)	**12.** (b)	**13.** (c)	**14.** (d)	**15.** (c)	**16.** (a)	**17.** (c)	**18.** (c)	**19.** (d)	**20.** (c)
21. (a)	**22.** (c)	**23.** (c)	**24.** (c)	**25.** (d)	**26.** (b)	**27.** (c)	**28.** (b)	**29.** (b)	**30.** (a)
31. (a)	**32.** (b)	**33.** (d)	**34.** (a)	**35.** (a)	**36.** (d)	**37.** (c)	**38.** (c)	**39.** (a)	**40.** (c)
41. (d)	**42.** (b)	**43.** (d)	**44.** (c)	**45.** (d)	**46.** (c)	**47.** (c)	**48.** (d)	**49.** (b)	**50.** (c)
51. (d)	**52.** (d)	**53.** (c)	**54.** (c)	**55.** (c)	**56.** (c)	**57.** (d)	**58.** (d)	**59.** (c)	**60.** (b)
61. (b)	**62.** (d)	**63.** (a)	**64.** (c)	**65.** (d)	**66.** (b)	**67.** (d)	**68.** (b)	**69.** (c)	**70.** (a)
71. (a)	**72.** (d)	**73.** (a)	**74.** (c)	**75.** (d)	**76.** (d)	**77.** (c)	**78.** (b)	**79.** (a)	**80.** (d)
81. (a)	**82.** (d)	**83.** (d)	**84.** (d)	**85.** (c)	**86.** (a)	**87.** (a)	**88.** (b)	**89.** (c)	**90.** (c)
91. (a)	**92.** (c)	**93.** (b)	**94.** (a)	**95.** (a)	**96.** (a)	**97.** (c)	**98.** (c)	**99.** (b)	**100.** (d)

आदर्श अभ्यास प्रश्न-2

1. निम्नलिखित में से कौन सा/से कथन सत्य है/हैं ?

1. संसद दो या दो से अधिक राज्यों के आग्रह पर उनके लिए अधिनियम बना सकती है। आवश्यकता पड़ने पर इस अधिनियम में राज्य के विधानमंडल द्वारा संशोधन किया जा सकता है।
2. उच्च न्यायालय के न्यायाधीशों के वेतन, भत्ते तथा पेंशन भारत की संचित निधि पर भारित होते हैं।
3. राष्ट्रपति महापत्तनों और विमान क्षेत्रों मे लोक अधिसूचना द्वारा संसद या किसी राज्य विधानमंडल द्वारा बनाई गई विधि को लागू होने से रोक सकता है।

कूटः

(a) 2 और 3 (b) केवल 3
(c) 1 और 2 (d) उपरोक्त सभी

2. राजनीतिक दृष्टिकोण से खाद्य सुरक्षा विधेयक का आकलन किया जा सकता है–

(a) राज्य द्वारा अपने प्रशासनिक उपकरण के जरिए गरीबों के कल्याण के लिए उठाया गया एक कदम।
(b) राज्य द्वारा अपने प्रशासनिक उपकरण के जरिए गरीबों के सशक्तीकरण के लिए उठाया गया एक कदम।
(c) गरीबों के सशक्तीकरण की जरूरतों की पूर्ति के लिए राजस्व का प्राथमिकता आधारित उपयोग।
(d) इसके जरिए लोक निजी भागीदारिता और समाज की स्वास्थ्य आवश्यकताओं की पूर्ति के लिए एक प्रभावी कदम उठाया गया है।

3. भारत के सर्वोच्च न्यायालय के संदर्भ में निम्नलिखित में से कौन-सा/से कथन सत्य है/हैं ?

1. जनप्रतिनिधित्व अधिनियम के तहत सर्वोच्च न्यायालय में अपील की जा सकती है।
2. राष्ट्रपति और उपराष्ट्रपति निर्वाचन अधिनियम 1952 के भाग 3 के अंतर्गत चुनाव याचिकाएँ भी सीधे सर्वोच्च न्यायालय में दायर की जा सकती है।
3. इसके पास केवल राष्ट्रपति द्वारा भेजे गए मामलों में परामर्शदात्री न्यायाधिकार है और यह परामर्श सुप्रीम कोर्ट द्वारा अपनी आरंभिक अधिकारिता में दायर किए गए मुकदमें के निर्णय की तरह निष्पादन योग्य होता है।
4. अनुच्छेद 131 द्वारा बाहर किए गए संविधान पूर्व संधियों और समझौतों से सम्बद्ध विवादों को सर्वोच्च न्यायालय के आरंभिक क्षेत्राधिकार के अंतर्गत एक याचिका के रूप में लाया जा सकता है।

कूटः

(a) 1 और 2 (b) 2 और 3
(c) 1 और 4 (d) केवल 3

4. निम्नलिखित में से कौन-सा विकल्प गलत सुमेलित है ?

	कथन	कारण
(a)	भारतीय संविधान अनुच्छेद 14 में निहित विधि के समक्ष समानता के साथ-साथ विधियों के समान संरक्षण का प्रावधान करता है।	यह राज्य को लोगों की विभिन्न श्रेणियों और वर्गों के बीच युक्तियुक्त विभेद की अनुमति देता है।
(b)	महान्यायवादी राष्ट्रपति के प्रसादपर्यन्त पद धारण करता है।	उसकी नियुक्ति राष्ट्रपति करता है और राष्ट्रपति उसे कभी भी हटा सकता है।
(c)	अंतर्राष्ट्रीय संधियों से सम्बद्ध कानून का विधायन करने के लिए भारतीय संसद को केवल संदर्भित/प्रभावित राज्यों से परामर्श करने की आवश्यकता होती है।	संविधान ने संघीय लक्षण करने और अंतर्राष्ट्रीय शर्तों की पूर्ति को संतुलित करने का प्रयत्न किया है।
(d)	सरकार बनाने के लिए दल/समूह को आमंत्रित करना राष्ट्रपति के विवेकाधिकार के प्रक्षेत्र में आता है।	ऐसा तब होता है जबकि अत्यंत खंडित जनादेश हो और अनेक गठबंधन सरकार बनाने का दावा कर रहे हों।

5. निम्नलिखित कथनों पर विचार कीजिए–

1. राष्ट्रीय अनुसूचित जनजाति आयोग ने जनजातियों की सुरक्षा संबंधी रिपोर्ट 2010-11 राष्ट्रपति को सौंपी है।
2. रिपोर्ट में राज्यों से सम्बद्ध अनुशंसाएँ राज्यों की विधान सभाओं में नहीं रखी जाती हैं।

उपरोक्त में से कौन-सा/से कथन सही है/हैं ?

(a) केवल 1 (b) केवल 2
(c) 1 और 2 दोनों (d) न तो 1 न ही 2

6. निम्नलिखित में से कौन-सा/से सही है/हैं ?

	कथन	कारण
A.	भारत में संशोधन प्रक्रिया एक अपवाद के साथ एकदिशीय है। जिसमें राज्य विधानमंडल, राज्य प्रस्ताव प्रारंभ कर सकता है।	संसद, न कि राज्य विधानमंडल प्रक्रिया आरंभ कर सकता है। इसका अपवाद वह स्थिति है के उच्च सदन के उन्मूलन का
B.	प्रेस की स्वतंत्रता का अधिकार और जानने का अधिकार मौलिक अधिकार है।	ये भाषण और अभिव्यक्ति की स्वतंत्रता के मौलिक अधिकार के एक अंश हैं।

C. भारत में संशोधन प्रक्रिया अमेरिका से आवश्यक होता है।	अमेरिका में संशोधन के लिए 3/4 राज्यों की सहमति लेना सरल है।
D. कुछ मौलिक अधिकार नागरिकों को उपलब्ध हैं जबकि कुछ मौलिक अधिकार नागरिकों और विदेशियों दोनों को उपलब्ध हैं।	अनुच्छेद 15, 16, 19, 29, 30 केवल भारतीय नागरिकों को उपलब्ध हैं न कि विदेशियों को।

कूट:

(a) A और D (b) B और D
(c) केवल C (d) A, C और D

7. भारतीय राजव्यवस्था की गैर-संघीय प्रकृति के लिए निम्नलिखित में से कौन-सा विकल्प उत्तरदायी नहीं है?

(a) भारतीय संघ में कुछ शक्तियाँ निहित हैं जो केंद्र को राज्यों से अधिक शक्तिशाली बनाती हैं जैसे—एकल संविधान, एकल नागरिकता, संघ की अविनाशिता, अखिल भारतीय सेवाएँ, राज्यपाल का पद और उसके विवेकाधिकार, केंद्र में निहित अवशिष्ट शक्तियाँ आदि।

(b) संविधान का व्यावहारिक क्रियान्वयन जिसके तहत राज्य संसाधनों के लिए संघ पर निर्भर है।

(c) योजना आयोग रूपी संस्था के उद्भव द्वारा केंद्र का मजबूत होना।

(d) गठबंधन की राजनीति के उद्भव से राज्यों का केंद्र की ओर आकर्षित होना ताकि वे केंद्रीय राजनीति से जुड़ सकें और इससे केंद्र मजबूत हुआ है।

8. निम्नलिखित में से कौन-से सही हैं?

अवधारणाएँ	**अंतर**
A. शासकीय और व्यक्तिगत गतिविधियों के संदर्भ में राष्ट्रपति व राज्यपाल की उन्मुक्ति	दोनों को उनके शासकीय कार्यों के लिए पद पर रहते हुए या उसके बाद न्यायालय से पूर्ण उन्मुक्ति है लेकिन आपराधिक प्रकृति के व्यक्तिगत क्रियाकलापों के विरुद्ध उन्मुक्ति केवल पदावधि तक मिलती है।
B. 5वीं और छठी अनुसूची क्षेत्रों के अंतर्गत प्रशासन	प्रथम के अंतर्गत कल्याण और उन्नति परामर्श देने के लिए जनजातीय परामर्शदात्री परिषद् गठित की गयी है वहीं ूसरे के अंतर्गत इस उद्देश्य के लिए स्वायत्त जिला परिषदें/ स्वायत्त क्षेत्रीय परिषदें गठित की गयी हैं।
C. परिहार बनाम लघुकरण	परिहार के अंतर्गत दंड की प्रकृति में परिवर्तन नहीं होता है लेकिन लघुकरण में ऐसा किया जाता है अर्थात् मृत्युदंड का लघुकरण करके उसे कठोर कारावास में परिवर्तित किया जा सकता है।
D. सांसद की शपथ बनाम केंद्रीय मंत्री की शपथ	जहाँ पहला कर्त्तव्यों के श्रद्धापूर्वक निर्वहन की शपथ लेता है वहीं दूसरा सूचना को गुप्त रखने की शपथ लेता है।

कूट:

(a) A, B और C (b) A और C
(c) B और C (d) उपरोक्त सभी

9. ईरान के परमाणु कार्यक्रम को नियंत्रित करने के लिए निम्नलिखित में कौन-सा प्रभावी कदम अपनाया जा रहा है?

(a) ईरान पर कठोर प्रतिबंध लगाया जाना।
(b) वार्ता के माध्यम से हल निकालना।
(c) ईरान को व्यापार क्षेत्र में कुछ रियायतें देने की पेशकश करना।
(d) (a) और (c) दोनों

10. संघीय और राज्य विधानमंडल के साधारण विधेयक के संदर्भ में निम्नलिखित में से कौन-से कथन सत्य हैं?

1. संघीय और राज्य विधानमंडल के साधारण विधेयक को विधानमंडल के दोनों सदनों में पुरःस्थापित किया जा सकता है।
2. संघीय और राज्य विधानमंडल के साधारण विधेयक को मंत्री या गैर सरकारी सदस्य द्वारा पुरःस्थापित किया जा सकता है।
3. लोकसभा विधेयक को दूसरी बार पारित करके राज्यसभा पर अभिभावी नहीं हो सकती, जबकि विधान सभा ऐसा कर सकती है।
4. राज्य विधानमंडल में साधारण विधेयक की स्थिति में संयुक्त बैठक का प्रावधान नहीं है।

कूट:

(a) 1, 2 और 3 (b) 2 और 3
(c) 1 और 3 (d) उपरोक्त सभी

11. स्थगन प्रस्ताव के संबंध में निम्नलिखित में से कौन-सा कथन सत्य नहीं है?

(a) अत्यावश्यक लोक महत्त्व के किसी निश्चित विषय पर चर्चा करना।

(b) इस पर कुछ प्रतिबंध हैं जैसे एक ही बैठक में ऐसे एक से अधिक प्रस्ताव नहीं रखे जा सकते हैं, एक ही प्रस्ताव के जरिए एक से अधिक विषयों पर चर्चा नहीं की जा सकती है आदि।

(c) इसे न्यूनतम 50 सदस्यों द्वारा लाया जा सकता है और यह सदन के सामान्य प्रचालन को बाधित करता है।

(d) इसमें न्यायालय में विचाराधीन मामलों पर प्राथमिकता के साथ चर्चा होती है।

12. निम्नलिखित में से कौन-सा कथन सामूहिक उत्तरदायित्व के सिद्धांत के संदर्भ में सही नहीं है ?

(a) यह सरकार की संसदीय स्वरूप का आधार स्तंभ है।

(b) मंत्रियों के बीच से सभी कैबिनेट मंत्री विधानमंडल के प्रति संयुक्त रूप से उत्तरदायी होते हैं।

(c) मंत्रिमंडल का निर्णय सभी मंत्रियों के लिए बाध्यकारी होता है भले ही मंत्रिमंडल की बैठक में उनके मतों में भिन्नता हो।

(d) कोई भी मंत्री जो मंत्रिमंडल के निर्णय से भिन्नता दर्शाता है उसे त्यागपत्र दे देना चाहिए।

13. निम्नलिखित शब्दावलियों को उनसे सम्बद्ध टिप्पणियों के साथ सुमेलित कीजिए–

सूची-I शब्दावली	सूची-II टिप्पणी
A. ध्यानाकर्षण प्रस्ताव	1. सरकार गिर सकती है।
B. अतारांकित प्रश्न	2. 9वीं अनुसूची में आने वाले कानूनों पर भी लागू
C. न्यायिक पुनरावलोकन	3. भारतीय संसद का एक नवाचार
D. धन्यवाद प्रस्ताव	4. लिखित प्रत्युत्तर पर्याप्त होता है।

कूटः

	A	B	C	D
(a)	4	3	1	2
(b)	4	1	3	2
(c)	3	4	2	1
(d)	3	2	4	1

14. निम्नलिखित में से कौन-सा कथन सत्य नहीं है ?

(a) भारत में मंत्रियों के तीन उत्तरदायित्व हैं—विधान मंडल के प्रति सामूहिक उत्तरदायित्व, अपने विभाग के कार्यकरण के लिए व्यक्तिगत उत्तरदायित्व और वैधानिक उत्तरदायित्व।

(b) मुख्य न्यायाधीश को हटाए जाने जैसे स्वत: पूर्ण प्रस्ताव मूल प्रस्ताव कहलाते हैं।

(c) मूल प्रस्ताव तीन प्रकार के होते हैं—सहायक प्रस्ताव, अधिक्रमण और संशोधन।

(d) यदि एक राज्य के पास पर्वतीय क्षेत्र हैं, उससे अंतर्राष्ट्रीय सीमाएँ लगती हैं और भौगोलिक रूप से जटिल क्षेत्र है जहाँ कि सार्वजनिक सेवाओं की आपूर्ति कठिन है तो उसके पास विशेष सहायता हेतु राष्ट्रीय विकास परिषद् से विशेष दर्जा पाने का मजबूत दावा होता है।

15. निम्नलिखित में से कौन सी राष्ट्रपति की न्यायिक शक्तियाँ हैं ?

1. सर्वोच्च न्यायालय और उच्च न्यायालय के मुख्य न्यायाधीश और अन्य न्यायाधीशों की नियुक्ति।
2. विधि और तथ्य के किसी प्रश्न पर सर्वोच्च न्यायालय के परामर्श की अपेक्षा करना।
3. अंतर्राष्ट्रीय संधियाँ राष्ट्रपति के नाम से हस्ताक्षरित होती हैं।
4. मृत्युदंड को क्षमा करना, प्रविलंबन, विराम या परिहार।

कूटः

(a) 1, 2 और 4 (b) 2 और 3

(c) 1 और 3 (d) उपरोक्त सभी

16. राज्य और संघीय क्षेत्र के मध्य भिन्नता के निम्नलिखित में से कौन-से आधार हैं ?

1. संबंध की प्रकृति संघीय है अथवा नहीं।
2. वैसी सूचियाँ, जिन पर संसद कानून बना सकती है।
3. राज्यपाल/प्रशासक संवैधानिक प्रमुख या केंद्र का एजेंट है।
4. प्रशासनिक व्यवस्था की एक एकरूपता है या नहीं।

(a) 1, 2 और 3 (b) 2 और 3

(c) 1 और 3 (d) उपरोक्त सभी

17. निम्नलिखित में से कौन-से कथन सही सुमेलित नहीं हैं ?

	कथन	कारण
(a)	राष्ट्रपति को राज्य विधान मंडल द्वारा पारित और राष्ट्रपति के पुनर्विचार के लिए आरक्षित राज्य विधेयकों पर अत्यांतिक वीटो प्राप्त है न कि निलंबनकारी वीटो।	वह न केवल पहली बार में बल्कि दूसरी बार में भी अपनी सहमति रोक सकता है।
(b)	संविधान में संशोधन किए बिना या दोनों सदनों के परामर्श के बिना राज्य सूची के विषयों को समाविष्ट करने के लिए संसद की विधायी क्षमता को विस्तारित किया जा सकता है।	राज्य सभा राष्ट्र हित में इस प्रभाव से संदर्भित संकल्प पारित कर सकती है।
(c)	पद प्राप्ति के परिप्रेक्ष्य में भारतीय राज्यपाल अपने अमेरिकी समकक्ष की तुलना में कनाडा के राज्यपाल के निकट है।	अमेरिकी राज्यपाल निर्वाचित होता है जबकि कनाडा के राज्यपाल इस मायने में भारतीय राज्यपाल के अधिक सन्निकट होते हैं।
(d)	भारत की संचित निधि से किए जाने वाले व्यय पर मतदान नहीं किया जाता है।	कुछ सुनिश्चित व्यय होते हैं जिसके लिए भारत सरकार उत्तरदायी है और उन पर मतदान नहीं किया जाता है।

18. 73वें संशोधन द्वारा लायी गयी पंचायती राज प्रणाली के संबंध में निम्नलिखित में से कौन-सा कथन सत्य नहीं है ?

(a) ग्राम सभा पंचायत क्षेत्र में ग्राम की नामांकन सूची में पंजीकृत लोगों से मिलकर बनने वाली संस्था है।

(b) तीनों स्तरों पर 1/3 सीटें महिलाओं के लिए आरक्षित हैं और अनुसूचित जातियों/जनजातियों के लिए आरक्षण का प्रावधान किया गया है।

(c) राज्य निर्वाचन आयोग और राज्य वित्त आयोग की स्थापना।

(d) मतदान करने और चुनाव लड़ने के लिए न्यूनतम आयु 18 वर्ष।

19. निम्नलिखित को सुमेलित कीजिए-

सूची-I शब्दावली	**सूची-II** टिप्पणी
A. ब्रिटिश संसद पुरूष को महिला और महिला को पुरूष बनाने के सिवाय कुछ भी कर सकती है।	1. सरकार का मंत्रिमंडलीय रूप और लोकतंत्र का संसदीय रूप।
B. अधिकारातीत स्थिति (अल्ट्रा वायर्स)	2. भारत शासन अधिनियम, 1935
C. मंत्री का वैयक्तिक उत्तरदायित्व और द्वैध शासन की अनुपस्थिति	3. संसदीय संप्रभुता
D. सरकार का वेस्टमिनिस्टर मॉडल	4. क्षेत्राधिकार का अभाव

कूटः

	A	B	C	D
(a)	4	3	1	2
(b)	4	1	2	3
(c)	3	4	2	1
(d)	3	1	2	4

20. निम्नलिखित में से कौन-सा/से कथन गणतंत्र का अर्थ दर्शाता है/दर्शाते हैं ?

1. इसके राज्य का प्रमुख केवल प्रत्यक्षतः निर्वाचित होता है।
2. इसके राज्य का प्रमुख केवल अप्रत्यक्षतः निर्वाचित होता है।
3. इसके राज्य का प्रमुख प्रत्यक्षतः या अप्रत्यक्षतः निर्वाचित होता है।
4. जनता की संप्रभुता होती है और सार्वजनिक पद बिना किसी भेदभाव के सभी के लिए खुले होते हैं।

कूटः

(a) 1 और 4 (b) 2 और 4

(c) केवल 3 (d) 3 और 4

21. न्यायालय द्वारा दिए गए विभिन्न निर्णयों के आलोक में संविधान के मूल ढांचे के अंतर्गत आते हैं

1. संविधान की सर्वोच्चता, शक्ति का पृथक्करण, न्यायिक पुनरावलोकन
2. रिटों का उपचार
3. संविधान संशोधन की संसद की सीमित शक्ति
4. युक्तियुक्तता, व्यक्ति की स्वतंत्रता व प्रतिष्ठा

कूटः

(a) 1 और 4 (b) 1, 2 और 4

(c) 1, 2 और 3 (d) उपरोक्त सभी

22. निम्नलिखित में से कौन-से सही सुमेलित हैं ?

कथन	**कारण**
A. लोकसभा अध्यक्ष बनाम राज्य सभा का सभापति	1. जहाँ पहला यह निर्णय लेता है कि कोई विधेयक धन विधेयक है या नहीं वहीं दूसरा ऐसा नहीं करता है।
B. सरकारी विधेयक बनाम प्राइवेट विधेयक	2. जहाँ प्रथम को केवल मंत्री द्वारा पेश किया जा सकता है वहीं दूसरा प्राइवेट व्यक्ति द्वारा भी पेश किया जा सकता है।
C. संसद में धन विधेयक बनाम राज्य विधानमंडल में धन विधेयक	3. संसद के मामलें में इसे ऊपरी सदन (राज्यसभा) में भेजा जाता है जबकि राज्य विधानमंडल के मामले में ऐसा नहीं होता है।
D. निंदा प्रस्ताव बनाम अविश्वास प्रस्ताव	4. निंदा प्रस्ताव जहां किन्हीं विशिष्ट नीतियों पर सरकार की निंदा करता है वहीं अविश्वास प्रस्ताव इसका परीक्षण करता है कि क्या सरकार को लोकसभा में बहुमत प्राप्त है या नहीं।

(a) A, B और C (b) B और C

(c) A और D (d) उपरोक्त सभी

23. योजना आयोग के कार्यों के संदर्भ में निम्नलिखित में से कौन-सा कथन गलत है ?

(a) देश के संसाधनों का सबसे प्रभावी और संतुलित उपयोग करने के लिए योजना बनाया साथ ही प्राथमिकताओं का निर्धारण करना और योजना को पूरा करने वाले चरणों को परिभाषित करना।

(b) आर्थिक विकास को धीमा करने वाले कारकों को इंगित करना।
(c) प्रत्येक चरण में योजना के सफल क्रियान्वयन के लिए आवश्यक तंत्र की प्रकृति का निर्धारण करना।
(d) योजना के क्रियान्वयन में हुई प्रगति का समय-समय पर मूल्यांकन करना और प्रधानमंत्री कार्यालय के निरीक्षण में कुछ चयनित परियोजनाओं के क्रियान्वयन के साथ-साथ आवश्यक समायोजन की सिफारिश करना।

24. निम्नलिखित में से कौन-सा गलत सुमेलित है ?

	अवधारणा	टिप्पणी
(a)	पार्शल लॉ और आपातकाल का संवैधानिक प्रावधानों पर प्रभाव	जहाँ पहला केवल मौलिक अधिकारों को प्रभावित करता है वहीं दूसरा न केवल मौलिक अधिकारों को बल्कि वैधानिक शक्तियों, केंद्र-राज्य संबंधों, राजस्व का वितरण इत्यादि को भी प्रभावित करता है।
(b)	प्रत्यक्ष बनाम अप्रत्यक्ष लोकतंत्र	जहां प्रथम के तहत लोग जनमत संग्रह, पहल, वापस बुलाने के जरिए प्रत्यक्ष रूप से अपनी शक्ति का प्रयोग करते हैं वहीं दूसरे के तहत लोग अपने प्रतिनिधियों के जरिए शक्ति का प्रयोग करते हैं।
(c)	42वें संशोधन से पूर्व और इसके बाद धन विधेयक के संदर्भ में राष्ट्रपति की शक्ति	42वें संशोधन से पूर्व के समय में वह विधेयक को पहली बार पुनर्विचार के लिए लौटा सकता था लेकिन 42वें संशोधन के बाद के समय में वह ऐसा नहीं कर सकता है और धन विधेयक के मामले में राष्ट्रपति को अपनी सहमति देनी पड़ती है।
(d)	यूएसए और भारतीय राष्ट्रपति की वीटो शक्तियाँ	जहाँ प्रथम को सीमित वीटो प्राप्त है वहीं दूसरे को नहीं है।

25. निम्नलिखित में से कौन-से कथन सही हैं ?

1. वैज्ञानिकों ने काबाईन नामक सबसे कठोर पदार्थ का विकास किया है।
2. कार्बाइन कार्बन-हाइड्रोजन परमाणुओं की एक श्रृंखला होती है।
3. तनाव की स्थिति में कार्बाइन स्थिर रहता है।

कूट :

(a) 1 और 2 (b) 2 और 3
(c) 1 और 3 (d) उपरोक्त सभी

26. निम्नलिखित में से कौन-से राज्य विधानसभा के संदर्भ में सही सुमेलित है ?

	कथन	कारण
A.	भारतीय संविधान सुनिश्चित करता है कि राज्य के विभिन्न निर्वाचन क्षेत्रों के मध्य प्रतिनिधित्व में समानता रहे।	राज्य का क्षेत्रीय निर्वाचन क्षेत्रों में सीमांकन इस प्रकार होता है कि प्रत्येक निर्वाचन क्षेत्र और इसे आवंटित सीटों का अनुपात पूरे राज्य में एक-समान होता है।
B.	राज्य की विधान परिषद का आकार उस राज्य की विधान सभा के आकार पर निर्भर करता है।	विधान परिषद की सदस्य संख्या 40 से कम नहीं होनी चाहिए और इसकी अधिकतम संख्या उस राज्य की विधानसभा की सदस्य संख्या के 1/3 से अधिक नहीं होनी चाहिए।
C.	राज्य विधानसभाओं में अनुसूचित जातियों/ जनजातियों के लिए आरक्षित सीटें राज्यों के आधार पर परिवर्तित होती हैं।	गणना समय-समय पर संसद द्वारा तय की गयी शर्तों पर आधारित होती है।
D.	राज्य की विधान परिषद् स्थायी निकाय होती है और इसे भंग नहीं किया जाता है।	प्रत्येक सदस्य की पदावधि 6 वर्ष होती है और सेवानिवृत्त होने वाले सदस्यों की पदावधि समाप्त होने के पूर्व नए सदस्य निर्वाचित होते हैं।

कूटः

(a) A और B (b) B और C
(c) A और C (d) उपरोक्त सभी

27. निम्नलिखित में से कौन-सा कथन गलत है ?

(a) जहां लोकसभा की सदस्य संख्या 552 है वहीं विधानसभा की अधिकतम संख्या 500 और न्यूनतम 60 है।
(b) सातवें संशोधन ने संसद को साझा उच्च न्यायालयों की स्थापना के लिए प्राधिकृत किया है। वर्तमान में 21 उच्च न्यायालय हैं। इनमें 3 साझा उच्च न्यायालय हैं।
(c) उच्च न्यायालय के मुख्य न्यायाधीश की नियुक्ति राष्ट्रपति द्वारा सर्वोच्च न्यायालय के मुख्य न्यायाधीश और उस राज्य के राज्यपाल से परामर्श करने के बाद की जाती है जबकि उच्च न्यायालय के अन्य न्यायाधीशों की नियुक्ति राष्ट्रपति द्वारा सर्वोच्च न्यायालय के मुख्य न्यायाधीश, उच्च न्यायालय के मुख्य न्यायाधीश और राज्यपाल से परामर्श करने के बाद की जाती है।
(d) राष्ट्रपति उच्च न्यायालय के न्यायाधीशों की संख्या निर्धारित करता है क्योंकि संविधान द्वारा इसकी संख्या निश्चित नहीं की गयी है।

28. किसी अन्य न्यायालय के न्यायाधीश को पद से हटाने के संबंध में निम्नलिखित में से कौन-सा कथन सत्य नहीं है?

(a) राष्ट्रपति द्वारा आदेश जारी करके किसी उच्च न्यायालय के न्यायाधीश को उसके पद से हटाया जा सकता है।

(b) राष्ट्रपति इसे हटाने का आदेश राज्य की विधानसभा द्वारा दिए गए प्रस्ताव के बाद ही जारी कर सकता है जो हटाए जाने के लिए उसी सत्र में उसके समक्ष रखा गया हो।

(c) इस प्रस्ताव को विशेष बहुमत का समर्थन मिलना चाहिए (अर्थात् उस सदन के कुल सदस्यों का बहुमत और उस सदन में उपस्थित और मतदान करने वालों के दो-तिहाई से कम नहीं)। न्यायाधीश जाँच अधिनियम 1968 यह जोड़ता है कि हटाने के प्रस्ताव पर निम्न सदन की स्थिति में 100 सदस्यों द्वारा और उच्च सदन की स्थिति में 50 सदस्यों द्वारा हस्ताक्षर होने चाहिए।

(d) हटाए जाने के दो आधार हैं—साबित कदाचार और अक्षमता। न्यायाधीश जांच अधिनियम 1968 में यह जोड़ा गया है कि यदि हटाए जाने का प्रस्ताव स्वीकृत हो जाता है तो अध्यक्ष आरोपों की जांच के लिए तीन सदस्यीय समिति गठित करेगा।

29. ऑपरेशन गंगनेवा के संबंध में निम्नलिखित में से कौन-सा कथन सही नहीं है?

(a) यह भारत-कनाडा के बीच जलविद्युत ऊर्जा क्षेत्र में विकास का एक माध्यम है।

(b) यह भारत-नेपाल के बीच बाढ़ नियंत्रण से सम्बद्ध एक अभियान है।

(c) यह भारत-रूस के बीच संयुक्त सैन्याभ्यास का एक रूप है।

(d) यह भारत-श्रीलंका के बीच द्विपक्षीय शांति से सम्बद्ध एक अभियान है।

30. जेनवैक के संबंध में निम्नलिखित कथनों पर विचार कीजिए-

1. टाईप-2 टीबी के उपचार के लिए इसे भारत में विकसित किया गया है।
2. इस टीके का विकास राष्ट्रीय विषाणु विज्ञान संस्थान की सहायता से किया गया है।

उपरोक्त में से कौन-सा/से कथन सही है/हैं?

(a) केवल 1 (b) केवल 2
(c) 1 और 2 (d) न तो 1 न ही 2

31. भारतीय संविधान में उल्लिखित संसदीय उन्मुक्ति के संबंध में निम्नलिखित को सुमेलित कीजिए-

सूची-I अवधारणा	सूची-II टिप्पणी
A. संसद में वाक्-स्वातंत्र्य	1. एक विशेषाधिकार जो निष्पक्ष और सही सूचना देने से संबद्ध है और संसदीय कार्यवाहियों को सार्वजनिक करने का उद्देश्य रखता है।
B. संसद के सदन के प्राधिकार के अंतर्गत प्रकाशन की स्वतंत्रता	2. यह संविधान और संसदीय कार्य प्रणाली को विनियमित करने वाले नियमों और सक्रिय आदेशों से संबद्ध प्रावधानों का विषय है।
C. गिरफ्तारी से मुक्ति	3. यह निर्णय कि अनुच्छेद 194 (या अनुच्छेद 105) संविधान के भाग 3 के अनुच्छेदों से सम्बद्ध है।
D. गणपति केशवरम रेड्डी बनाम नाफिसुल हसन	4. आपराधिक आरोपों के मामलों पर या निवारक निरोध अधिनियम के अंतर्गत निरोध के मामलों पर इसे लागू नहीं किया जा सकता है।

कूटः

	A	B	C	D
(a)	4	3	1	2
(b)	4	1	2	3
(c)	2	4	1	3
(d)	2	1	4	3

32. साधारण विधेयक के संदर्भ में निम्नलिखित में से कौन-से कथन राज्यपाल की शक्तियों के लिए सत्य हैं?

1. वह अपनी सहमति दे/रोक सकता है (ऐसे में विधेयक अधिनियम नहीं बनेगा) या पहली बार विधेयक को पुनर्विचार के लिए लौटा सकता है। धन विधेयक के मामले में यह शक्ति नहीं है।
2. राज्यपाल राष्ट्रपति के लिए विधेयक को सुरक्षित रख सकता है। यदि यह विधेयक उच्च न्यायालय की शक्तियों को प्रभावित करने से सम्बद्ध है तो इसे सुरक्षित रखना अनिवार्य है।
3. राज्यपाल दूसरी बार भी विधेयक को पुनर्विचार के लिए लौटा सकता है।
4. राज्यपाल राज्य विधानमंडल के मामले में आत्यांतिक वीटो का उपयोग करता है।

कूटः

(a) 1 और 2 (b) 2, 3 और 4
(c) 1 और 3 (d) उपरोक्त सभी

33. भारत में शहरी निकायों के संबंध में निम्नलिखित में से कौन-सा कथन सही नहीं है?

(a) प्रथम नगर निगम की स्थापना मद्रास में 1687-88 में की गई थी और उसके बाद 1726 में बंबई और कलकत्ता में।

(b) 74वें संशोधन के अनुसार, नगरीय निकायों के 3 प्रकार हैं- संक्रमणशील क्षेत्रों के लिए नगर पंचायत; छोटे नगरीय क्षेत्र के लिए नगरपालिका; बड़े नगरीय क्षेत्र के लिए नगर निगम।

(c) 12वीं अनुसूची में नगरीय नियोजन, भूमि उपयोग और भवन निर्माण के विनियमन, बूचड़खाना और चर्मशोध शालाओं के विनियमन सहित 18 विषय समाहित हैं।
(d) 74वें संशोधन के अनुसार जिला नियोजन समिति गठित की जाती है और इसके सदस्यों का निर्वाचन जिले में नगरपालिकाओं के निर्वाचित सदस्यों द्वारा होता है।

34. विश्व बैंक द्वारा जारी एक रिपोर्ट के अनुसार भारत में कारोबार करना कठिन होता जा रहा है। इस आलोक में निम्नलिखित में से कौन-से कारक इस कथन की पुष्टि करते हैं?

1. समझौतों के कार्यान्वयन में अवरोध
2. विद्युत प्रदाय में अवरोध
3. लालफीताशाही की उपस्थिति
4. कर दावों को लेकर समस्याएँ

कूट:
(a) 1, 2 और 3 (b) 1, 2 और 4
(c) 1, 3 और 4 (d) उपरोक्त सभी

35. सर्वोच्च न्यायालय की निम्नलिखित शक्तियों को सुमेलित कीजिए-

सूची-I अवधारणा	सूची-II टिप्पणी
A. प्रारंभिक क्षेत्राधिकार	1. यदि उच्च न्यायालय निचले न्यायालय द्वारा निमुक्त किए गए अपराधी को दोषी सिद्ध करते हुए उसे मृत्युदंड देता है या उच्च न्यायालय निचले न्यायालय से मामले को मंगाकर अपराधी को विमुक्त कर देता है।
B. अपीलीय क्षेत्राधिकार	2. अमेरिकी न्यायालय के पास अपेक्षाकृत विस्तृत क्षेत्र है जिसमें वह न केवल संघीय मामलों को बल्कि समुद्री गतिविधियों, नौसैनिक बलों आदि से सम्बद्ध मामलों को भी शामिल करता है।
C. विशेष अनुमति	3. अनुच्छेद 143 के अंतर्गत।
D. परामर्शदात्री शक्ति	4. विवेकाधिकार न कि अधिकार।

कूट:

	A	B	C	D
(a)	4	3	1	2
(b)	4	1	2	3
(c)	2	1	4	3
(d)	2	4	1	3

36. भारतीय संघ की प्रकृति के संबंध में निम्नलिखित में से कौन-सा कथन सत्य नहीं है?
(a) बोम्मई मामले में सर्वोच्च न्यायालय ने स्पष्ट किया कि राज्य केंद्र के मात्र अंग/एजेंट/अनुषंगी नहीं है बल्कि इनका स्वतंत्र संवैधानिक अस्तित्व है और संघवाद संविधान का मूल ढाँचा है।
(b) आपात उपबंध को इसमें एक अपवाद की तरह देखा जाता है जो केंद्र को राज्यों की शक्तियों पर नियंत्रण करने की अनुमति देता है।
(d) डॉ. अंबेडकर ने स्पष्ट किया था कि भारतीय संघ एक परिवर्तनशील अवधारणा है जो संघात्मक से एकात्मक और एकात्मक से संघात्मक में परिवर्तित हो सकती है। के.सी. ह्वीयर ने भारतीय संघ को सूई जेनेरीस कहा है।

37. निम्नलिखित में से कौन-से कथन सही हैं?

1. सदन की नियमावली में सदन के नेता का उल्लेख है जो कि प्रधानमंत्री होता है। सदन की नियमावली में विपक्ष के नेता का भी उल्लेख किया गया है।
2. लोकसभा और राज्यसभा में सदन में नेता ने 1977 में साविधिक दर्जा प्राप्त किया।
3. संसदीय अधिनियम में ह्विप पद का उल्लेख किया गया है और प्रत्येक राजनीतिक दल एक ह्विप की नियुक्ति करता है।
4. ब्रिटेन में छाया मंत्रिमंडल की अवधारणा है जिसमें विपक्ष द्वारा वास्तविक मंत्रिमंडल के प्रत्येक मंत्री पद का पुर्ननिर्माण किया जाता है।

कूट:
(a) 1, 2 और 3 (b) 2 और 3
(c) 1 और 3 (d) 2 और 4

38. निम्नलिखित में से कौन-सा कथन गलत है?
(a) लोकपाल ब्रिटिश अवधारणा ऑम्बुड्समैन का भारतीय रूपांतर है।
(b) किसी दल द्वारा राष्ट्रीय दल का दर्जा पाने के लिए उसे लोकसभा चुनावों में 4 राज्यों में वैध मतों के 6% की आवश्यकता होती है और किसी राज्य/राज्यों से 4 लोकसभा सीटें जीतनी होती है।
(c) मिनर्वा मिल मामला में सर्वोच्च न्यायलय ने अनुच्छेद 368 में किए गए परिवर्तन को समाप्त किया और निर्णय दिया कि न्यायिक पुनरावलोकन संविधान के मूल ढांचे का अंग है और इसे पृथक् नहीं किया जा सकता है।
(d) एक राजनीतिक दल को राज्य के राजनीतिक दल का दर्जा प्राप्त करने के लिए उसे राज्य में विधानसभा चुनावों में वैध मतों के 6% की आवश्यकता होती है और राज्य में दो विधानसभा सीटें जीतनी होती हैं।

39. निम्नलिखित को सुमेलित कीजिए-

सूची-I	सूची-II
A. एलिनोर कैटन	1. रसायन शास्त्र का नोबल पुरस्कार, 2013
B. मार्टिन कारप्लस	2. एशियन बिजनेस लीडर्स अवार्ड, 2013
C. अजीम प्रेमजी	3. मान बुकर पुरस्कार, 2013
D. प्रीति राजगोपालन	4. राष्ट्रमंडल युवा पुरस्कार, 2013

कूट:

	A	B	C	D
(a)	3	4	2	1
(b)	3	1	2	4
(c)	1	3	4	2
(d)	1	4	2	3

40. निम्नलिखित में से कौन-सा आयोग/समिति अन्य तीन से भिन्न है ?

आयोग/समिति	टिप्पणी
(a) डी.एस. भूरिया आयोग	इसकी सिफारिशों के परिणाम स्वरूप पंचायत (अनुसूचित क्षेत्रों तक विस्तार) अधिनियम या पसा. 1996 बना, जिसने पंचायत का विस्तार अनुसूचित क्षेत्रों तक किया।
(b) सरकारिया आयोग	राज्यों की मांगों के विपरीत इसने सिफारिश की थी कि अखिल भारतीय सेवाओं को और अधिक मजबूत किया जाए और ऐसी ही अन्य सेवाएँ गठित की जानी चाहिए।
(c) सितलवाड़ समिति	राज्यों को और अधिक स्वायत्तता देने की सिफारिश की, परंतु यह भी स्पष्ट किया कि इसे संविधान की सीमाओं के भीतर ही होना चाहिए।
(d) राजमन्नार समिति	अत्यधिक राज्योन्मुख दृष्टिकोण; इसने अवशिष्ट शक्तियों के उन्मूलन या इन्हें राज्यों को स्थानांतरित करने, अंतर-राज्यीय परिषद गठित करने और अखिल भारतीय सेवाओं के उन्मूलन की सिफारिश की।

41. राष्ट्रपति और उपराष्ट्रपति के बीच अंतर के संदर्भ में निम्नलिखित में से कौन-सा कथन सत्य नहीं है ?

(a) राष्ट्रपति निर्वाचन के मामले से भिन्न, राज्य विधानमंडलों के सदस्य उपराष्ट्रपति निर्वाचन में निर्वाचक मंडल के सदस्य नहीं होते हैं।

(b) राष्ट्रपति निर्वाचन के मामले में चुनाव एकल संक्रमणीय मत प्रणाली के आधार पर आनुपातिक प्रतिनिधित्व प्रणाली द्वारा होता है जबकि उपराष्ट्रपति निर्वाचन के मामले में ऐसा नहीं होता है।

(c) राष्ट्रपति बनने के लिए आवश्यक है कि व्यक्ति लोकसभा का सदस्य बनने के लिए अर्ह हो जबकि उपराष्ट्रपति बनने के लिए आवश्यक है कि व्यक्ति राज्यसभा का सदस्य बनने के लिए अर्ह हो।

(d) उपराष्ट्रपति के विरुद्ध औपचारिक तौर पर महाभियोग नहीं लगाना पड़ता।

42. निम्नलिखित में से कौन-सा विकल्प सही सुमेलित नहीं है ?

अवधारणा	अंतर
(a) राष्ट्रपति द्वारा जारी किए गए अध्यादेख को विधि का 'अस्थायी स्थानापन्न' कहा जा सकता है।	अध्यादेश विधि की तरह प्रभावी होते हैं अत: इन्हें स्थानापन्न कहा जाता है। ये अस्थायी इसलिए होते हैं कि संसदीयसत्र आरंभ होने के तुरंत बाद इन्हें संसद के समक्ष रखा जाता है और सत्र के आरंभ होने की तिथि से 6 सप्ताह के अंदर कानून पारित हो जाना चाहिए और इस दौरान ऐसा न होने पर ये निष्प्रभावी हो जाते हैं।
(b) अध्यादेश न्यायिक पुनरावलोकन के विषय हैं।	सर्वोच्च न्यायालय द्वारा कपूर बनाम भारत संघ मामले मेंनिर्णय देने के बाद 38वें संशोधन द्वारा इसे न्यायिक पुनरावलोकन का विषय बनाया गया।
(c) न केवल धन विधेयक बल्कि संघ के उद्देश्यों के लिए कुछ करों परअधिभार लगाने सेसंबंधित विधेयक, राज्योंको प्रभावित करने वालेकरों से सम्बद्ध विधेयकको केंद्र सरकार कीअनुमति के बिना संसदमें नहीं रखा जा सकता है।	इन्हें प्रस्तुत किए जाने से पूर्व राष्ट्रपति की पूर्वानुमति लेनी आवश्यक होती है।

(d) राष्ट्रपति की कूटनीतिक शक्तियाँ जैसे संधि करना, विदेश नीति की रूपरेखा निर्धारित करना और विदेशी मामलों में भारत का प्रतिनिधित्व करना आत्यांतिक नहीं है।	ये वास्तव में मंत्रिमंडल द्वारा संपन्न किए जाते हैं और लिए गए निर्णय संसद की अभिपुष्टि और स्वीकृति के विषय होते हैं।

43. **निर्देश:** आगामी प्रश्न में दो वक्तव्य हैं। एक को 'कथन (A)' तथा दूसरे को 'कारण (R)' कहा गया है। इन दोनों वक्तव्यों का सावधानीपूर्वक परीक्षण कर इस प्रश्न का उत्तर नीचे दिए हुए कूट की सहायता से चुनिए।

कथन (A): 91वें संशोधन ने केंद्र में मंत्रिपरिषद की संख्या की सीमा निर्धारित की लेकिन राज्य के मंत्रिपरिषद की नहीं।

कारण (R): राज्य में मंत्रालय का गठन मुख्यमंत्री का विशेषाधिकार होता है।

कूट:

(a) कथन और कारण दोनों सही हैं और कारण कथन का सही स्पष्टीकरण है।
(b) कथन और कारण दोनों सही हैं लेकिन कारण कथन का सही स्पष्टीकरण नहीं है।
(c) कथन सही है लेकिन कारण गलत है।
(d) कथन गलत है लेकिन कारण सही है।

44. अविश्वास प्रस्ताव के संबंध में निम्नलिखित में से कौन-सा कथन सत्य नहीं है?

(a) इसका आधार संविधान के अनुच्छेद 75 में उल्लिखित है जिसमें कहा गया है कि मंत्रिपरिषद् सामूहिक रूप से लोकसभा के लिए उत्तरदायी होगी।
(b) इसमें 50 सदस्यों के समर्थन की आवश्यकता होती है और इसे अंगीकार करने के लिए तर्क दिए जाने चाहिए।
(c) निंदा प्रस्ताव जिसे किसी मंत्री या मंत्रियों के समूह या संपूर्ण मंत्रिपरिषद के विरुद्ध लाया जाता है, से भिन्न अविश्वास प्रस्ताव पूरी मंत्रिपरिषद के विरुद्ध लाया जाता है।
(d) लोकसभा में पारित होने की स्थिति में संपूर्ण मंत्रिपरिषद् को त्यागपत्र देना होगा, अत: अप्रत्यक्ष लोकतंत्र में यह सरकार की जनता के प्रति राजनैतिक जवाबदेही का एक उपकरण है।

45. वित्त विधेयक के संदर्भ में निम्नलिखित में से कौन-सा कथन सत्य नहीं है?

(a) वित्त विधेयक दो प्रकार के होते हैं। प्रथम प्रकार के वित्त विधेयक में न केवल अनुच्छेद 110 से सम्बद्ध कुछ या सभी विषय होते हैं बल्कि सामान्य विधायन के कुछ मामले भी होते हैं।
(b) वित्त विधेयक-II अर्थात् दूसरे प्रकार के वित्त विधेयक में अनुच्छेद 110 से सम्बद्ध विषय नहीं होते हैं जबकि इसमें भारत की संचित निधि से होने वाले व्यय सम्मिलित होते हैं।
(c) वित्त विधेयक-I लोकसभा में प्रस्तुत किया जा सकता है और इस पर संयुक्त बैठक बुलायी जा सकती है जबकि वित्त विधेयक-II संसद के किसी भी सदन में रखा जा सकता है और संयुक्त बैठक बुलायी जा सकती है।
(d) वित्त विधेयक-I और वित्त विधेयक-II दोनों को प्रस्तुत करने के लिए राष्ट्रपति की संस्तुति आवश्यक होती है।

46. **निर्देश:** आगामी प्रश्न में दो वक्तव्य हैं। एक को 'कथन (A)' तथा दूसरे को 'कारण (R)' कहा गया है। इन दोनों वक्तव्यों का सावधानीपूर्वक परीक्षण कर इस प्रश्न का उत्तर नीचे दिए हुए कूट की सहायता से चुनिए।

कथन (A): राष्ट्रपति संसद सदस्य नहीं होता है परंतु वह संसद का अभिन्न अंग होता है।

कारण (R): किसी व्यक्ति को राष्ट्रपति बनने के लिए उसके पास संसद सदस्य बनने की अर्हता होनी चाहिए।

कूट:

(a) कथन और कारण दोनों सही हैं और कारण कथन का सही स्पष्टीकरण है।
(b) कथन और कारण दोनों सही हैं लेकिन कारण कथन का सही स्पष्टीकरण नहीं है।
(c) कथन सही है लेकिन कारण गलत है।
(d) कथन गलत है लेकिन कारण सही है।

47. निम्नलिखित में से कौन-सा गलत सुमेलित है?

स्रोत	**ली गई शब्दावलियां**
(a) भारत सरकार अधिनियम, 1935	राज्यपाल, न्यायपालिका, लोक सेवा आयोग इत्यादि।
(b) ब्रिटिश संविधान	संसदीय सरकार, विधि का शासन, विधायी प्रक्रिया, एकल नागरिकता, मंत्रिमंडलीय व्यवस्था इत्यादि।
(c) आयरिश संविधान	निदेशक सिद्धांत, राज्यसभा में सदस्यों का नामांकन और राष्ट्रपति चुनाव की विधि।
(d) कनाडाई संविधान	समवर्ती सूची, व्यापार की स्वतंत्रता और संसद के दोनों सदनों की संयुक्त बैठक।

48. केंद्रीय सूचना आयोग के संबंध में निम्नलिखि में से कौन-सा कथन सत्य नहीं है?

(a) सभी प्राधिकारियों को केंद्रीय सूचना आयोग द्वारा प्रेषित आवंटन से संबद्ध सूचना प्रदान किया जाना अपेक्षित है जिस आयोग भारतीय नागरिक द्वारा लिखित रूप से आवेदन के रूप में प्राप्त करता है।

(b) इसमें मुख्य सूचना आयुक्त और अधिकतम 10 सदस्य होते हैं।
(c) केंद्रीय सूचना आयोग एक अर्द्ध-न्यायिक निकाय है।
(d) इसके पास अपीलीय व्यवस्था होती है और कुछ प्राधिकारी इसके कार्य क्षेत्र से बाहर हैं।

49. भारत के कैग की भूमिका के संदर्भ में निम्नलिखित में से कौन-सा कथन सत्य नहीं है?

(a) भारत का कैग ब्रिटेन के कैग से इस आधार पर भिन्न है कि व्यवहार में भारत का कैग नियंत्रक की तरह कार्य नहीं करता है और इसकी भूमिका परीक्षक तक सीमित होती है। ब्रिटेन का कैग नियंत्रक और महालेखा परीक्षक दोनों का कार्य करता है।
(b) भारत का कैग सभी सम्बद्ध रिकार्ड मंगाकर गुप्त सेवा व्यय का अंकेक्षण नहीं करता है बल्कि वह व्यय करने वाले प्रबंधन से पूछताछ करने और प्रमाण पत्र स्वीकारने तक सीमित होता है।
(c) भारत का कैग संसद का एजेंट होता है, संसद की ओर से अंकेक्षण करता है और वह केवल संसद के प्रति उत्तरदायी होता है।
(d) भारत के कैग की भूमिका वैधानिक और विनियामक अंकेक्षण तक सीमित है और यह औचित्य अंकेक्षण नहीं करता है।

50. संघ लोक सेवा आयोग के अध्यक्ष या सदस्य को राष्ट्रपति द्वारा नीचे दिए गए कारणों के आधार पर हटाया जा सकता है। इनमें से किसके लिए सर्वोच्च न्यायालय द्वारा अनिवार्य जाँच की आवश्यकता होती है और जाँच के बाद जिसका परामर्श राष्ट्रपति के लिए बाध्यकारी हो जाता है?

(a) यदि वह दिवालिया घोषित हो जाता है।
(b) यदि वह अपनी पदावधि के दौरान अपने पद के कर्त्तव्यों के बाहर किसी अन्य वैतनिक रोजगार में लगा हो।
(c) यदि राष्ट्रपति उसे मानसिक या शारीरिक अक्षमता के कारण पद पर बने रहने के अयोग्य पाता है।
(d) कदाचार के लिए।

51. निम्नलिखित को भारतीय निर्वाचन आयोग की शक्तियों और कार्यों के संदर्भ में सुमेलित कीजिए

सूची-I कार्य	सूची-II टिप्पणी
A. पूरे देश में निर्वाचन क्षेत्रों के प्रादेशिक क्षेत्र का निर्धारण।	1. राष्ट्रपति को परामर्श देना कि क्या चुनाव कराए जा सकते हैं।
B. राष्ट्रपति शासन में विस्तार का निर्णय।	2. संसद का परिसीमन आयोग अधिनियम।
C. राजनीतिक दलों की मान्यता से सम्बद्ध विवादों का निपटारा और उन्हें चुनाव चिन्ह आवंटित करना।	3. मतदान निष्पादन का आधार।
D. राष्ट्रीय/राज्य दलों का दर्जा देना।	4. न्यायालय की भांति कार्य करना।

कूटः

	A	B	C	D
(a)	2	1	4	3
(b)	2	3	4	1
(c)	3	4	1	2
(d)	3	1	4	2

52. इस समिति का मूल 1921 की स्थायी वित्तीय समिति के रूप में देखा जा सकता है। स्वतंत्रता के पश्चात ऐसी प्रथम समिति का गठन 1950 में किया गया। इसकी सदस्य संख्या 30 है (1956 में 25 से बढ़ाकर) और सभी सदस्य लोक सभा से होते हैं जो प्रतिवर्ष एकल संक्रमणीय मत प्रणाली के आधार पर आनुपातिक प्रतिनिधित्व के जरिए निर्वाचित किए जाते हैं। यह समिति है-

(a) प्राक्कलन समिति
(b) लोक लेखा समिति
(c) लोक उद्यम समिति
(d) विभागीय स्थायी समिति

53. विगत दिनों भारत-फिनलैंड ने एथेनॉल उत्पादन बढ़ाने से सम्बद्ध समझौता किया। इस आलोक में निम्नलिखित में से कौन-सा कथन सत्य है?

(a) यह समझौता विश्व में स्वच्छ ऊर्जा तकनीक को बढ़ावा देने के क्षेत्र में अपनी तरह का पहला प्रयास है।
(b) इसमें भारत की ओर से गेल की भूमिका रहेगी।
(c) इस समझौते के जरिए भारत एथेनॉल निर्यात में महत्त्वपूर्ण भूमिका निभा सकेगा।
(d) केवल (a) और (d)

54. विभिन्न अनुदानों के संबंध में निम्नलिखित को सुमेलित कीजिए-

सूची-I अनुदान	सूची-II टिप्पणी
A. अनुपूरक अनुदान	1. बजट में विचार नहीं की गयी नयी सेवा के लिए निधि की मांग करना।
B. अतिरिक्त अनुदान	2. कार्यपालिका को लगता है कि किसी सेवा के लिए वर्तमान वित्तीय वर्ष में विनियोग की गयी राशि अपर्याप्त है।
C. अधिक अनुदान	3. निधियों का पुनर्विनियोग प्रबंधित किया जाता है, अतः अतिरिक्त व्यय संलग्न नहीं किया जाता है।
D. सांकेतिक अनुदान	4. पूर्व वर्ष में किसी सेवा में व्यय की गयी राशि विनियोजित राशि से अधिक हो जाती है।

कूट:

	A	B	C	D
(a)	2	1	4	3
(b)	2	3	4	1
(c)	4	1	2	3
(d)	4	2	1	3

55. निम्नलिखित में से कौन-सा कथन सत्य नहीं है ?

(a) लोकसभा का अध्यक्ष उपाध्यक्ष को और उपाध्यक्ष अध्यक्ष को त्यागपत्र देता है। लोकसभा का विघटन होने पर अध्यक्ष अपना पद रिक्त नहीं करता है। वह तब तक पद पर बना रहता है जब तक कि नई निर्वाचित लोकसभा की बैठक नहीं होती है।

(b) संसद के दो सत्रों के बीच अधिकतम अंतराल 6 माह से अधिक नहीं हो सकता है।

(c) राज्य सभा का उप सभापति राज्य सभा के सभापति को संबोधित करते हुए त्यागपत्र देता है क्योंकि वह उसका अधीनस्थ होता है।

(d) यदि राज्य सभा का उप सभापति सदन का संचालन कर रहा होता है तो राज्यसभा के सभापति के समान वह पहली बार मतदान नहीं कर सकता है। केवल मत बराबर होने की दशा में वह मतदान कर सकता है।

56. निम्नलिखित में से कौन-से कथन सही है ?

1. देश में चीनी के अतिरिक्त उत्पादन की संभावना को देखते हुए इसका निर्यात बढ़ाने का निर्णय लिया गया है।
2. चीनी निर्यात सौदा पंजीकरण के लिए प्रति आवेदन की अधिकतम मात्रा बढ़ाकर दोगुनी कर दी गयी है।
3. भारत में चालू वर्ष में चीनी का उत्पादन घरेलू मांग से अधिक रहा है।
4. भारत दुनिया में चीनी का सबसे बड़ा उत्पादक देश है और उपभोग के मामले में दूसरे स्थान पर है।

कूट:

(a) 1, 2 और 3 (b) 2 और 4
(c) 1, 3 और 4 (d) 2 और 3

57. निम्नलिखित में से कौन-सा कथन प्रधानमंत्री को 'समान के बीच प्रथम' या 'मंत्रिमंडल रूपी चाप का प्रमुख प्रस्तर' के रूप में उल्लेखित नहीं करता है ?

(a) वह राष्ट्रपति को परामर्श देता है कि मंत्री कौन होने चाहिए। राष्ट्रपति केवल इन्हीं में से मंत्री पद पर नियुक्ति कर सकता है।

(b) वह मंत्रियों के मध्य विभागों का आवंटन और अदला-बदली करता है, मंत्रियों को निर्देश देता है, उनका नियंत्रण करता है और उनके मध्य समन्वय करता है। वह मंत्रियों से इस्तीफा मांग सकता है या मंत्री से मतभेद की स्थिति में राष्ट्रपति से मंत्री को बर्खास्त करने को कह सकता है।

(c) उसके त्यागपत्र देने से मंत्रिपरिषद स्वत: विघटित हो जाती है।

(d) किसी सदन का सदस्य न होने की स्थिति में भी किसी व्यक्ति को प्रधानमंत्री के रूप में नियुक्त किया जा सकता है।

58. केंद्र सरकार ने तेलंगाना राज्य के गठन को मंजूरी दी है। इस संबंध में कौन-से कथन सही हैं ?

1. राज्य के गठन के तौर-तरीकों को तय करने के लिए एक मंत्री समूह का गठन किया गया है।
2. तेलंगाना राज्य में हैदराबाद नहीं रहेगा।
3. दो नए राज्य तेंलगाना और सीमांध्र होंगे।
5. तेलंगाना राज्य में कुल 15 जिले होंगे।

कूट:

(a) 1 और 3 (b) 2, 3 और 4
(c) 1, 3 और 4 (d) 1, 2 और 4

59. निम्नलिखित में से कौन-से सही सुमेलित हैं ?

	कार्य		टिप्पणी
A.	उपराष्ट्रपति के राज्यसभा का पदेन सभापति होने की शक्ति अमेरिकी उप-राष्ट्रपति के समरूप है।	1.	अमेरिकी उपराष्ट्रपति सीनेट का सभापति होता है।
B.	राष्ट्रपति की मृत्यु, त्याग या हटाए जाने की स्थिति में रिक्तता होने पर 6 माह के अंदर चुनाव हो जाना चाहिए।	2.	उपराष्ट्रपति या अन्य प्राधिकृत व्यक्ति ऐसी स्थिति में अधिकतम 6 माह तक पद धारण कर सकता है।
C.	पॉकेट वीटो के संदर्भ में भारतीय राष्ट्रपति अमेरिकी राष्ट्रपति की तुलना में अधिक मजबूत स्थिति में होता है।	3.	यूएसए में अमेरिकी राष्ट्रपति की किसी विधेयक को पुनर्विचार के लिए लौटाने की समय सीमा 10 दिन है जबकि भारतीय राष्ट्रपति के लिए ऐसी कोई सीमा नहीं है जिसके भीतर वह विधेयक पर अपना निर्णय दे, अत: वह अनिश्चित काल तक विधेयक को अपने पास रख सकता है।
D.	धन विधेयक के मामलें में भारतीय राष्ट्रपति के पास निलंबनकारी वीटो की शक्ति नहीं है।	4.	वह विधेयक पर सहमति दे सकता है या फिर विधेयक को अस्वीकृत कर सकता है लेकिन पुनर्विचार के लिए नहीं भेज सकता है।

कूटः

(a) A, B, C और D (b) B और C
(c) A, B और C (d) A और B

60. राष्ट्रीय अनुसूचित जाति आयोग के संबंध में इनमें से कौन-से कथन सत्य नहीं हैं ?

(a) राष्ट्रीय अनुसूचित जाति आयोग वर्ष 2004 में 2003 के 89वें संशोधन अधिनियम के बाद अस्तित्व में आया जिसने राष्ट्रीय अनुसूचित जाति आयोग और राष्ट्रीय अनुसूचित जनजाति आयोग नामक दो आयोगों का सृजन किया।
(b) मूल संविधान के अनुच्छेद 338 में अनुसूचित जाति और अनुसूचित जनजातियों के लिए एक विशेष अधिकारी की नियुक्ति का प्रावधान किया गया है जो इनकी सुरक्षा संबंधी सभी विषयों की जाँच करेगा।
(c) राष्ट्रीय अनुसूचित जाति आयोग, राष्ट्रीय अनुसूचित जनजाति आयोग और राष्ट्रीय अल्पसंख्यक आयोग संवैधानिक निकाय हैं जबकि राष्ट्रीय पिछड़ा वर्ग आयोग, राष्ट्रीय बाल अधिकार सुरक्षा आयोग और राष्ट्रीय मानवाधिकार आयोग सांविधिक निकाय है।
(d) राष्ट्रीय अनुसूचित जाति आयोग के पास दीवानी न्यायालय की शक्तियाँ हैं।

61. लोकसभा अध्यक्ष की शक्तियां और कार्यों के संदर्भ में निम्नलिखित को सुमेलित कीजिए-

सूची-I **कार्य**	**सूची-II** **टिप्पणी**
A. अंतर संसदीय संघ का अंतर संसदीय समूह।	1. वह स्वयं सभापति होता है।
B. कार्य मंत्रणा समिति, नियम समिति, सामान्य उद्देश्य समिति।	2. वह पदेन सभापति होता है।
C. 10वीं अनुसूची के तहत दल-बदल का मुद्दा।	3. वह अंतिम निर्णायक होता है।
D. यह निर्णयन करना की क्या कोई विधेयक धन विधेयक है, क्या गुप्त बैठक की अनुमति दी जाए, नियमों का स्पष्टीकरण, गणपूर्ति न होने की स्थिति में बैठक स्थगित/निलंबित करना।	4. निर्णय लेने के लिए न्यायालय की तरह कार्य करता है।

कूटः

	A	B	C	D
(a)	2	1	4	3
(b)	2	3	4	1
(c)	4	2	1	3
(d)	4	1	2	3

62. राष्ट्रमंडल देशों के शासनाध्यक्षों के शिखर सम्मेलन के संबंध में निम्नलिखित में से कौन-से कथन सही हैं ?

1. यह सम्मेलन कोलम्बो में हुआ।
2. सम्मेलन में भारत का प्रतिनिधित्व विदेश मंत्री सलमान खुर्शीद ने किया।
3. सम्मेलन में श्रीलंका में विद्यमान मानवाधिकार स्थिति की प्रशंसा की गयी।
4. सम्मेलन में संयुक्त राष्ट्र सहस्राब्दि विकास लक्ष्यों को प्राप्त करने की प्रतिबद्धता जतायी गयी।

कूटः

(a) 1 और 4
(b) 1, 2 और 4
(c) केवल 4
(d) 2, 3 और 4

63. 'समुद्र रत्नाकर' के संबंध में निम्नलिखित कथनों पर विचार कीजिए-

1. भारत में गहरे समुद्र में सर्वेक्षण और गहरे पानी में मौजूद खनिज के उत्खनन के लिए इस पोत का उपयोग किया जाएगा।
2. भारतीय भू-वैज्ञानिक सर्वेक्षण इसके क्रियान्वयन में महत्त्वपूर्ण भूमिका निभा रहा है।
3. इस पोत को चेन्नई बंदरगाह पर तैनात किया जाएगा।

उपरोक्त में से कौन-से कथन सही हैं ?

(a) 1 और 2 (b) 2 और 3
(c) 1 और 3 (d) उपरोक्त सभी

64. निर्देशः आगामी प्रश्न में दो वक्तव्य हैं। एक को 'कथन (A)' तथा दूसरे को 'कारण (R)' कहा गया है। इन दोनों वक्तव्यों का सावधानीपूर्वक परीक्षण कर इस प्रश्न का उत्तर नीचे दिए हुए कूट की सहायता से चुनिए।

कथन (A): भारतीय संविधान कठोरता और लचीलेपन के विवेकपूर्ण मिश्रण का प्रारूप प्रस्तुत करता है।

कारण (R): न ही यह अमेरिकी संविधान की तरह है जहाँ संविधान में संशोधन के लिए विशेष प्रक्रिया की आवश्यकता होती है और न ही ब्रिटिश संविधान की तरह जहाँ किसी भी सामान्य विधि की भाँति संविधान में संशोधन होता है।

कूटः

(a) कथन और कारण दोनों सही हैं और कारण कथन का सही स्पष्टीकरण है।
(b) कथन और कारण दोनों सही हैं लेकिन कारण कथन का सही स्पष्टीकरण नहीं है।
(c) कथन सही है लेकिन कारण गलत है।
(d) कथन गलत है लेकिन कारण सही है।

65. भारतीय निर्वाचन आयोग की निष्पक्षता और स्वतंत्रता के संदर्भ में निम्नलिखित में से कौन-सा/से कथन तथ्यात्मक रूप से सही है/हैं ?

1. मुख्य निर्वाचन आयुक्त और अन्य सदस्यों की पदावधि को लेकर सुरक्षात्मक उपबंध है और इन्हें उन्हीं आधारों पर और उसी प्रक्रिया द्वारा हटाया जा सकता है जिसके द्वारा सर्वोच्च न्यायालय के न्यायाधीशों को हटाया जाता है।
2. मुख्य निर्वाचन आयुक्त की नियुक्ति के बाद उसकी सेवा शर्तों में गैर-लाभकारी परिवर्तन नहीं किए जा सकते।
3. सेवानिवृत्त होने वाले निर्वाचन आयुक्त सरकार द्वारा अन्य कोई नियुक्ति नहीं ले सकते हैं।
4. संविधान निर्वाचन आयोग के सदस्यों की योग्यता का निर्धारण करता है।

कूटः

(a) 1, 2 और 3 (b) केवल 2
(c) 1, 3 और 4 (d) उपरोक्त सभी

66. संविधान में उल्लिखित भाषायी अल्पसंख्यकों की सुरक्षा के संदर्भ में निम्नलिखित में से कौन-सा कथन सत्य नहीं है ?

(a) संघ या राज्य में प्रयोग की जाने वाली किसी भी भाषा में संघ या राज्य के किसी सरकारी कार्यालय में शिकायत करने का अधिकार।
(b) प्रत्येक राज्य द्वारा भाषायी अल्पसंख्यकों के बच्चों की शिक्षा के प्राथमिक स्तर पर मातृभाषा में शिक्षित करने के लिए पर्याप्त सुविधाएं प्रदान करना।
(c) राष्ट्रपति भाषायी अल्पसंख्यकों के संवैधानिक रक्षोपायों से सम्बद्ध सभी मामलों की जाँच के लिए एक विशेष पदाधिकारी की नियुक्ति कर सकता है जो उसे रिपोर्ट करेगा।
(d) संविधान केंद्र पर हिंदी भाषा के प्रोत्साहन प्रसार और विकास के लिए कोई कर्तव्य आरोपित नहीं करता है।

67. निम्नलिखित में से कौन-सा एक संवैधानिक अधिकार है जिसे पीड़ित व्यक्ति अनुच्छेद 32 के तहत लागू करवाने के लिए सीधे सर्वोच्च न्यायालय नहीं जा सकता। वह सामान्य मुकदमे की भांति या अनुच्छेद 226 के उच्च न्यायालय के रिट क्षेत्राधिकार के तहत उच्च न्यायालय जा सकता है ?

1. विधि के प्राधिकार के सिवाय कोई कर न तो लगाया जाएगा न ही संग्रहित किया जाएगा। (भाग XII का अनुच्छेद 265)।
2. विधि के प्राधिकार द्वारा सुरक्षित किसी व्यक्ति की संपत्ति से उसे वंचित नहीं किया जाएगा (भाग XII का अनुच्छेद 300 क)।
3. भारतीय क्षेत्र में व्यापार, वाणिज्य और लेन-देन स्वतंत्र रूप से होगा (भाग XIII का अनुच्छेद 301)।
4. लोकसभा और राज्य विधानसभा के चुनाव वयस्क मताधिकार के आधार पर होंगे (भाग XV का अनुच्छेद 326)।

कूटः

(a) 1 और 2 (b) 1 और 3
(c) 1, 2 और 3 (d) 1, 2, 3 और 4

68. एशियाई विकास बैंक ने भारत के सकल घरेलू उत्पाद अनुमान को घटाकर 4.7% कर दिया है। इसके पीछे बैंक ने निम्नलिखित में से कौन-से कारण दर्शाए हैं ?

1. उद्योग, निवेश और निर्यात मांग में कमजोरी
2. ढांचागत सुधारों में देरी
3. डॉलर के मुकाबले रूपये की कीमत में गिरावट
4. पूंजी का बाहर की ओर प्रवाह

कूटः

(a) 1 और 2 (b) 1, 3 और 4
(c) 2, 3 और 4 (d) उपरोक्त सभी

69. मौलिक अधिकारों की आलोचना के संबंध में निम्नलिखित को सुमेलित कीजिए-

सूची-I **आलोचना**	**सूची-II** **प्रभाव**
A. अनेक अपवादों, प्रतिबंधों योग्यताओं, व्याख्याओं के फलस्वरूप प्रदान किए गए अधिकारों पर सीमित प्रभाव।	1. न्यायालयों द्वारा निर्णयन की व्याख्या करने और सुसंगत निर्णय देने में कठिनाई होना।
B. सतत् दर्शन पर आधारित नहीं।	2. इसके भावी आकलन पर आधारित राज्य का अधिकार जो वैयक्तिक अधिकार पर हावी होता है।
C. निवारक विरोध	3. भारत रोजगार प्राप्त करने का अधिकार, सामाजिक सुरक्षा का अधिकार जैसे कुछ महत्त्वपूर्ण अधिकार नहीं देता है जैसा कि कई अन्य देश देते हैं।
D. सामाजिक और आर्थिक अधिकारों की कीमत पर राजनीतिक अधिकारों के पक्ष में असंतुलन	4. संविधान एक और अधिकार देता है तो दूसरी ओर इसे वापस लेता है।

कूटः

	A	B	C	D
(a)	4	3	1	2
(b)	4	1	2	3
(c)	3	4	1	2
(d)	3	1	4	2

70. केंद्रीय सतर्कता आयोग के संबंध में निम्नलिखित में से कौन-से कथन सत्य हैं ?

1. केन्द्रीय सतर्कता आयोग एक जांच एजेंसी नहीं है बल्कि यह केंद्रीय अन्वेषण ब्यूरो या विभागीय मुख्य सर्तकता अधिकारियों के जरिए कार्य करता है।
2. यह भारत सरकार में सतर्कता गतिविधियों के लिए निगरानी एजेंसी और सरकारी संगठनों के विभिन्न प्राधिकारियों को नियोजन, कार्यकरण, पुनरावलोकन और उनके सतर्कता कार्य की पुनर्सरंचना से सम्बद्ध विषयों पर परामर्शदाता के रूप में कार्य करता है।
3. इसकी स्थापना श्री के. संथानम की अध्यक्षता में गठित भ्रष्टाचार निरोधक समिति की सिफारिश के आधार पर की गयी थी और 1964 में एक सांविधिक प्राधिकरण के रूप में गठित किया गया था।
4. केंद्रीय सतर्कता आयुक्त या किसी सतर्कता आयुक्त को केवल राष्ट्रपति के आदेश से साबित कदाचार या अक्षमता के आधार पर तब हटाया जा सकता है जब राष्ट्रपति द्वारा सर्वोच्च न्यायालय को संदर्भित करने पर न्यायालय ने जांचोंपरांत रिपोर्ट दिया हो कि केंद्रीय सतर्कता आयुक्त या अन्य सतर्कता आयुक्त हो हटाया जाना चाहिए।

कूटः

(a) 1, 2 और 4 (b) 1, 2 और 3
(c) 2, 3 और 4 (d) 1, 3 और 4

71. निर्देशः आगामी प्रश्न में दो वक्तव्य हैं। एक को 'कथन (A)' तथा दूसरे को 'कारण (R)' कहा गया है। इन दोनों वक्तव्यों का सावधानीपूर्वक परीक्षण कर इस प्रश्न का उत्तर नीचे दिए हुए कूट की सहायता से चुनिए।

कथन (A): एक शोधपत्र के अनुसार वैज्ञानिकों ने गर्भवती महिलाओं को प्लास्टिक बर्तन में खाना गर्म करके नहीं खाने की सलाह दी है।

कारण (R): कुछ प्लास्टिक बर्तनों में बिसफेनॉल । नामक घातक रसायन की उपस्थिति रहती है।

कूटः

(a) कथन और कारण दोनों सही हैं और कारण कथन का सही स्पष्टीकरण है।
(b) कथन और कारण दोनों सही हैं लेकिन कारण कथन का सही स्पष्टीकरण नहीं है।
(c) कथन सही है लेकिन कारण गलत है।
(d) कथन गलत है लेकिन कारण सही है।

72. निम्नलिखित में से कौन-से गलत सुमेलित हैं ?

संविधान में यथा उल्लिखित	वास्तविक अर्थ
1. राज्य के मंत्री राज्यपाल के प्रसादपर्यन्त अपने पद पर बने रहेंगे।	व्यक्तिगत रूप से मंत्री मुख्यमंत्री के प्रसादपर्यन्त अपने पद पर बने रहेंगे न कि राज्यपाल के।
2. राज्यपाल को उसके कार्य में सहायता और परामर्श देने के लिए मुख्यमंत्री के नेतृत्व में एक मंत्रिपरिषद होगी केवल उन मामलों को छोड़कर जबकि राज्यपाल अपने विवेकाधिकार से कार्य करना अपेक्षित समझता है।	संविधान राज्यपाल के दो प्रकार के कार्य निर्धारित करता है एक वह जब राज्यपाल मंत्रिपरिषद की सलाह मानने के लिए बाध्य होता है और दूसरा वह जब राज्यपाल सलाह मानने के लिए बाध्य नहीं और अपने विवेकाधिकार में कार्य कर सकता है।
3. मंत्रिपरिषद् सामूहिक रूप से विधान सभा के प्रति उत्तरदायी होगी और राज्य के मंत्री राज्यपाल के पर्सदपर्यन्त अपने पद पर बने रहेंगे।	यदि राज्यपाल को लगता है कि राज्य सरकार ने विधान सभा में अपना बहुमत खो दिया है तो वह सरकार को बर्खास्त कर सकता है।
4. मुख्यमंत्री की नियुक्ति राज्यपाल करेगा।	राज्यपाल जीती गई सीटों पर विचार किए बिना किसी भी दल/गठबंधन को सरकार बनाने के लिए आमंत्रित कर सकता है।

कूटः

(a) 1, 2 और 3 (b) 2 और 3
(c) 1 और 3 (d) 3 और 4

73. मौलिक अधिकार के संबंध में निम्नलिखित में से कौन-सा कथन गलत है ?

(a) भारतीय संविधान द्वारा छः मौलिक अधिकार दिए गए हैं और इनमें से कुछ केवल नागरिकों को प्राप्त है।
(b) धर्म, मूलवंश, जाति, लिंग या जन्म स्थान के आधार पर सकारात्मक विभेदीकरण है।
(c) अनुच्छेद 14 द्वारा प्रदत्त विधि का समान संरक्षण विभेदीकृत उपचार करने के लिए युक्तियुक्त आधार का मार्ग प्रशस्त करता है।
(d) अनुच्छेद 20 भूतलक्षी प्रभावी विधि, स्वयं पर दोषारोपण, दोहरे जोखिम और निवारक निरोध के विरुद्ध सुरक्षा प्रदान करता है।

74. राज्य के नीति निदेशक सिद्धांतों के संदर्भ में निम्नलिखित में से कौन-से कथन सत्य हैं ?

1. निदेशक सिद्धांत संविधान के भाग IV में उल्लिखित है और ये आयरलैंड के संविधान में उल्लिखित निदेशक सिद्धांतों तथा गांधीवादी सिद्धांतों से भी प्रेरित है।
2. ये भाग III द्वारा प्रदत्त राजनैतिक अधिकारों की तुलना में आर्थिक औरसामाजिक अधिकार देते हैं।
3. निदेशक सिद्धांतों में परिवर्तन के लिए संविधान संशोधन की आवश्यकता होती है जिस संसद के दोनों सदनों द्वारा सामान्य बहुमत से पारित करना होता है।

4. 1971 में 25वें संशोधन द्वारा अनुच्छेद 31-C जोड़ा गया जिसमें कहा गया कि यदि निदेशक सिद्धांतों को मौलिक अधिकारों पर प्रभावी बनाने वाले कानून बनते हैं तब वे इस आधार पर अमान्य नहीं होंगे कि इससे मौलिक अधिकारों का हनन होता है।

कूटः

(a) 1 और 2 (b) 1, 2 और 4
(c) 3 और 4 (d) 1, 3 और 4

75. निर्देशः आगामी प्रश्न में दो वक्तव्य हैं। एक को 'कथन (A)' तथा दूसरे को 'कारण (R)' कहा गया है। इन दोनों वक्तव्यों का सावधानीपूर्वक परीक्षण कर इस प्रश्न का उत्तर नीचे दिए हुए कूट की सहायता से चुनिए-

कथन (A) भारत में निर्यात क्षेत्र में जोखिम प्रबंधन प्रणाली की शुरूआत की गयी है।

कारण (R) व्यापार में सुगमता बढ़ाना, हथियारों और देश को नुकसान पहुँचाने वाली अन्य गैर-कानूनी वस्तुओं की तस्करी पर रोक लगाना इस प्रणाली का एक उद्देश्य है।

कूटः

(a) कथन और कारण दोनों सही हैं और कारण कथन का सही स्पष्टीकरण है।
(b) कथन और कारण दोनों सही हैं लेकिन कारण कथन का सही स्पष्टीकरण नहीं है।
(c) कथन सही है लेकिन कारण गलत है।
(d) कथन गलत है लेकिन कारण सही है।

76. निम्नलिखित में से कौन-से कथन सही हैं?

1. सर्वोच्च न्यायालय ने 1974 में कहा कि संविधान में 'पंथनिरपेक्ष राज्य' शब्द स्पष्ट रूप से उल्लिखित नहीं था लेकिन निस्संदेह संविधान निर्माता ऐसे राज्य की स्थापना करना चाहते थे और इसके अनुसार संविधान में अनुच्छेद 25 से 28 समाहित किए गए हैं।
2. प्रस्तावना यह स्थापित करता है कि लोकतांत्रिक राजव्यवस्था लोकप्रिय संप्रभुता के सिद्धांत पर आधारित होती है जो दर्शाती है कि सर्वोच्च शक्ति जनता में निहित है।
3. जनमत संग्रह, पहल और वापस बुलाना प्रत्यक्ष लोकतंत्र के आधारभूत उपकरण है।
4. भारतीय संविधान प्रतिनिध्यात्मक संसदीय लोकतंत्र की व्यवस्था करना है जिसके तहत कार्यपालिका अपनी सभी नीतियों और क्रियाकलापों के लिए विधानमंडल के प्रति उत्तरदायी होती है।
5. न्यायपालिका की स्वतंत्रता, विधि का शासन, सार्वभौमिक वयस्क मताधिकार, किन्हीं आधारों पर भेदभाव की अनुपस्थिति राजव्यवस्था के लोकतांत्रिक चरित्र की अभिव्यक्ति है।

कूटः

(a) 1, 2, 3 और 4 (b) 2, 3, 4 और 5
(c) 3 और 4 (d) 1, 2, 3, 4 और 5

77. निम्नलिखित में से कौन-सा कथन सही है?

(a) राष्ट्रीय आपात, जिसे संवैधानिक आपात भी कहा जाता है, वह युद्ध, बाह्य आक्रमण या सशस्त्र विद्रोह के कारण घोषित किया गया आपात होता है। इसके अंतर्गत अनुच्छेद 359 द्वारा अनुच्छेद 19 के अंतर्गत आने वाले सभी मौलिक अधिकार निलंबित हो जाते हैं।
(b) राष्ट्रपति शासन, जिसे 'राज्य आपात' भी कहा जाता है, वह राज्यों में संवैधानिक तंत्र की विफलता के कारण होता है। संविधान में इस प्रकार के आपात के लिए 'आपातकाल की घोषणा' वाक्य का प्रयोग किया गया है।
(c) वित्तीय अस्थिरता की स्थिति या भारत की साख पर संकट की स्थिति में वित्तीय आपात लगता है। डॉलर की तुलना में रूपये के मान में रिकॉर्ड गिरावट और भारतीय अर्थव्यवस्था के बुरे हालात के कारण सरकार ने देश में इसे आरोपित किए जाने की योजना बनायी थी।
(d) यदि संसद के दोनों सदनों द्वारा आपात की घोषणा स्वीकृत होती है तब आपात काल 6 माह तक जारी रह सकता है और संसद की स्वीकृति से प्रत्येक 6 माह बाद अनिश्चित काल तक विस्तारित किया जा सकता है।

78. दल-बदल विरोधी कानून के संदर्भ में निम्नलिखित में से कौन-सा/से कथन सत्य है/हैं?

1. इसके अंतर्गत, चुनाव के बाद यदि कोई स्वतंत्र सदस्य किसी राजनीतिक दल में सम्मिलित होता है तब वह अयोग्य हो जाता है।
2. इसके अंतर्गत, यदि किसी सदन का नामांकित सदस्य सदन में अपना पद लेने की तिथि से 6 माह बाद किसी राजनीतिक दल में सम्मिलित होता है तब वह अयोग्य हो जाता है।
3. इसके अंतर्गत, अयोग्यता नहीं होती है यदि अपने राजनीतिक दल के किसी अन्य दल में विलय होने के परिणामस्वरूप सदस्य अपने दल से पृथक हो जाए।
4. सदन के पीठासीन अधिकारी को यह शक्ति है कि वह दल-बदल के आधार पर अयोग्यता सुनिश्चित करे लेकिन दुर्भावना आदि के आधार पर उसके निर्णय का न्यायिक पुनरावलोकन किया जा सकता है। सदन के पीठासीन अधिकारी को शक्ति है कि वह 10वीं अनुसूची के प्रावधानों को लागू करने के लिए नियम बनाए, लेकिन सदन इन्हें स्वीकृत कर सकता है, रूपांतरित कर सकता है या अस्वीकृत कर सकता है।

कूटः

(a) 1, 2, 3 और 4
(b) 2, 3 और 4
(c) केवल 3
(d) केवल 4

79. निम्नलिखित में कौन-सा कथन असत्य है ?

(a) संविधान संशोधन विधेयक के मामले में संयुक्त बैठक का कोई प्रावधान नहीं है।

(b) राष्ट्रपति संविधान संशोधन विधेयक को अनुमति देने के लिए बाध्य है।

(c) संविधान संशोधन विधेयक को प्रस्तुत करने के लिए राष्ट्रपति की पूर्व अनुमति की आवश्यकता होती है।

(d) संविधान संशोधन का प्रस्ताव संसद के दोनों सदनों में से किसी में भी प्रारंभ किया जा सकता है।

80. राष्ट्रीय आपात (अनुच्छेद 352) के अनुमोदन तथा अवधि के संदर्भ में निम्नलिखित में से कौन-से कथन सत्य हैं ?

1. राष्ट्रीय आपात की उद्घोषणा संसद के अनुमोदन के बिना सिर्फ एक महीने तक लागू रह सकते हैं।
2. संसद के दोनों सदनों द्वारा अनुमोदित होने पर आपात की उद्घोषणा 6 महीने तक लागू रहती है।
3. आपात की उद्घोषणा या उसके काल विस्तार की उद्घोषणा का अनुमोदन करने के लिए जरूरी है कि संबंधित संकल्प संसद के दोनों सदनों के विशेष बहुमत द्वारा पारित किया जाए।
4. राष्ट्रपति जब चाहे, आपात की उद्घोषणा को वापस ले सकता है और इसे वापस लेने के लिए किसी प्रकार के संसदीय अनुमोदन की आवश्यकता नहीं है।

कूट:

(a) 1 और 2
(b) 1, 2 और 3
(c) 2, 3 और 4
(d) उपरोक्त सभी

81. नीचे दिए गए कथनों में कौन-कौन से कथन भारत के उपराष्ट्रपति के संबंध में सत्य हैं ?

1. उपराष्ट्रपति के निर्वाचन में संसद के दोनों सदनों के सभी सदस्य जबकि राष्ट्रपति के निर्वाचन में सिर्फ निर्वाचित सदस्य भाग लेते हैं।
2. उपराष्ट्रपति को हटाए जाने से संबंधित संकल्प को राज्यसभा द्वारा विशेष बहुमत से पारित किया जाना आवश्यक होता है।
3. राज्यसभा द्वारा संकल्प पारित किए जाने के बाद लोकसभा द्वारा साधारण बहुमत से उस प्रस्ताव का समर्थन किया जाना आवश्यक होता है।
4. भारत का उपराष्ट्रपति ही राज्यसभा का पदेन सभापति होता है और इस तरह वह राज्यसभा का वरिष्ठतम सदस्य होता है।

कूट:

(a) 1 और 2 (b) 1 और 3
(c) 1, 2 और 3 (d) उपरोक्त सभी

82. धन विधेयक के संदर्भ में निम्नलिखित कथनों पर विचार कीजिए-

1. किसी विधेयक के धन विधेयक होने या न होने के मामले में लोकसभा अध्यक्ष का निर्णय अंतिम होता है और इसे सर्वोच्च न्यायालय को छोड़कर किसी अन्य न्यायालय में चुनौती नहीं दी जा सकती।
2. धन विधेयक राष्ट्रपति की सिफारिश से ही तथा सिर्फ लोकसभा में ही प्रस्तुत किया जा सकता है।
3. धन विधेयक कोई मंत्री ही प्रस्तुत कर सकता है।
4. धन विधेयक के मामले में राष्ट्रपति को यह अधिकार नहीं है कि वह उसे संसद को पुनर्विचार के लिए लौटा सके।

उपरोक्त में कौन-से कथन सत्य हैं ?

(a) 1 और 2
(b) 2, 3 और 4
(c) 1, 2 और 4
(d) 1, 2 और 3

83. निम्नलिखित स्थितियों पर विचार कीजिए-

1. यदि एक सदन द्वारा पारित विधेयक को दूसरे सदन ने अस्वीकार कर दिया हो।
2. यदि विधेयक में किए जाने वाले संशोधनों के संबंध में दोनों सदन अंतिम रूप से असहमत हो गए हों।
3. यदि दूसरे सदन ने विधेयक प्राप्त होने की तारीख से 6 सप्ताह पूरे होने तक विधेयक को पारित न किया हो।

उपरोक्त में से किन स्थितियों में संसद की संयुक्त बैठक बुलाई जा सकती है ?

(a) 1 और 2 (b) केवल 2
(c) 2 और 3 (d) उपरोक्त सभी

84. सूची-I को सूची-II से सुमेलित कीजिए-

सूची-I	सूची-II
A. स्थगन	1. सदन का समाप्त हो जाना।
B. सत्रावसान	2. राष्ट्रपति द्वारा घोषित किया जाना।
C. लेम डक सत्र	3. बैठक का अस्थायी तौर पर निलंबित होना।
D. विघटन	4. पुरानी लोकसभा का अंतिम सत्र

कूट:

	A	B	C	D
(a)	1	3	4	2
(b)	3	2	4	1
(c)	2	3	4	1
(d)	3	2	1	4

85. निम्नलिखित में कौन-कौन से प्रस्ताव सिर्फ लोकसभा में ही प्रस्तुत किये जा सकते हैं ?

1. अविश्वास प्रस्ताव 2. निंदा प्रस्ताव
3. विशेषाधिकार प्रस्ताव 4. स्थगन प्रस्ताव

कूटः

(a) 1 और 2 (b) 1, 2 और 4
(c) 1, 2 और 3 (d) उपरोक्त सभी

86. विगत दिनों केंद्रीय वित्त मंत्रालय ने ग्रामीण विकास और अन्य मंत्रालयों द्वारा चलायी जा रही सामाजिक सुरक्षा की योजनाओं के बजटीय आवंटन में कटौती करने की सलाह दी। लेकिन कुछ मंत्रालयों ने इसका विरोध किया। इस विरोध के आलोक में निम्नलिखित में से कौन-से तर्क दिए गए हैं ?

1. सरकार को आम आदमी हितैषी होने की छवि में कमी आएगी।
2. सब्सिडी देने पर दुष्प्रभाव पड़ेगा।
3. चल रही योजनाओं के पूरा होने में रूकावट आएगी।

कूटः

(a) केवल 1 (b) 1 और 3
(c) 1, 2 और 3 (d) 2 और 3

87. निम्नलिखित में से किस समिति में लोकसभा और राज्यसभा दोनों के सदस्य होते हैं ?

1. लोक लेखा समिति
2. लोक उपक्रम समिति
3. प्राक्कलन समिति
4. अनुसूचित जातियों व जनजातियों के कल्याण संबंधी समिति

कूटः

(a) 1, 2 और 4 (b) 1 और 3
(c) 1 और 2 (d) उपरोक्त सभी

88. निम्नलिखित में से किस मामले में लोकसभा और राज्यसभा की शक्तियाँ समान नहीं हैं ?

(a) संविधान संशोधन विधेयक को आरंभ करना तथा पारित करना।
(b) साधारण विधेयकों को आरंभ करना।
(c) राष्ट्रपति का चुनाव करना तथा उसके विरुद्ध महाभियोग लगाना।
(d) राष्ट्रपति आपातकाल को समाप्त करने का संकल्प पारित करना।

89. राष्ट्रीय उपभोक्ता विवाद समाधान आयोग के बारे में कौन-से कथन सही हैं ?

1. इस आयोग का अध्यक्ष एक ऐसा व्यक्ति होता है जो सर्वोच्च न्यायालय का न्यायाधीश है/रह चुका है।
2. आरंभिक अधिकारिता के अंतर्गत यह उन मामलों की सुनवाई करता है, जिनमें बेची गई वस्तु या दी गई सेवा का मूल्य 1 करोड़ रूपये से अधिक होता है।
3. अपीलीय अधिकारिता के अंतर्गत यह राज्य उपभोक्ता आयोग के निर्णयों के विरुद्ध अपीलें सुनता है।
4. इस आयोग के निर्णयों के विरुद्ध सिर्फ सर्वोच्च न्यायालय में ही अपील दायर की जा सकती है।

कूटः

(a) 1 और 3 (b) 2 और 3
(c) 2, 3 और 4 (d) उपरोक्त सभी

90. भारतीय संविधान के अनुच्छेद 16 के अंतर्गत लोक-नियोजन के विषय में अवसर की समानता प्रदान की गई है। इस संबंध में निम्नलिखित में कौन-से कथन सत्य हैं ?

1. अनुच्छेद 16 का विस्तार सिर्फ उन पदों तक है जो राज्य के अधीन हैं। गैर-सरकारी संस्थाओं या निजी क्षेत्र की कंपनियों द्वारा दिए जाने वाले पदों के संबंध में यह अधिकार लागू नहीं होता।
2. नियोजन के अंतर्गत प्रारंभिक नियुक्ति के साथ-साथ प्रोन्नति तथा सेवा से जुड़े अन्य पक्ष भी शामिल है।
3. अनुच्छेद 16 में विभेद का प्रतिषेध करने वाले आधारों में धर्म, मूलवंश, जाति, लिंग, जन्म स्थान के अलावा उद्‌भव तथा निवास स्थान भी शामिल किए गए हैं।

कूटः

(a) केवल 1 (b) 1 और 3
(c) 1 और 2 (d) उपरोक्त सभी

91. निम्नलिखित में से कौन-से कथन सही नहीं है ?

1. सर्वोच्च न्यायालय ने केंद्र/राज्य सरकारों को अपने सभी विभागों, कंपनियों और संस्थाओं में शारीरिक रूप से अक्षम लोगों को नौकरियों में 3% आरक्षण देने का निर्देश अक्टूबर, 2013 में दिया है।
2. सर्वोच्च न्यायालय के अनुसार नौकरियों में 50% से अधिक आरक्षण न देने का सिद्धांत शारीरिक रूप से अक्षम लोगों पर लागू होता है।
3. सर्वोच्च न्यायालय के निर्देशानुसार यह आरक्षण 6 वर्ष के भीतर देना चाहिए।
4. सर्वोच्च न्यायालय का आरक्षण संबंधी यह निर्णय नौकरियों और शिक्षा दोनों पर प्रभावी होगा।

कूटः

(a) 1 और 4 (b) 2, 3 और 4
(c) 1, 3 और 4 (d) 1, 2 और 3

92. हाल के समय में पश्चिमी घाट के 60000 वर्ग किमी. के क्षेत्र को पर्यावरणीय रूप से संवेदनशील घोषित किया गया। इस संबंध मे निम्नलिखित कथनों पर विचार कीजिए-

1. इन क्षेत्रों में भारत के छह राज्य शामिल हैं।
2. इन क्षेत्रों में खनन, उत्खनन, ताप विद्युत संयंत्र पर प्रतिबंध लगेगा
3. इन क्षेत्रों की घोषणा भू-दृश्य, वन्य जीवन तथा ऐतिहासिक मूल्यो को ध्यान मे रखकर की गयी है।
4. इन क्षेत्रों में किन्हीं परियोजनाओं का आरंभ ग्राम सभाओं की पूर्व अनुमति से किया जाएगा।

उपरोक्त में से कौन-सेकथन सही हैं?

(a) 1, 2 और 3 (b) 1, 2 और 4
(c) 2, 3 और 4 (d) उपरोक्त सभी

93. सूची-I को सूची-II से सुमेलित कीजिए-

सूची-I (अनुच्छेद)	सूची-II (उपबंध)
A. अनुच्छेद 330	1. लोकसभा में आंग्ल भारतीय समुदाय का प्रतिनिधित्व।
B. अनुच्छेद 331	2. राज्य की विधानसभाओं में आंग्ल-भारतीय समुदाय का प्रतिनिधित्व।
C. अनुच्छेद 332	3. लोकसभा में अनुसूचित जातियों और अनुसूचित जनजातियों के लिए स्थानों का आरक्षण।
D. अनुच्छेद 333	4. राज्यों की विधानसभाओं में अनुसूचित जातियों और अनुसूचित जनजातियों के लिए स्थानों का आरक्षण।

कूटः

	A	B	C	D
(a)	1	2	3	4
(b)	3	1	4	2
(c)	3	1	2	4
(d)	1	3	4	2

94. लोकसभा अध्यक्ष के संबंध में कौन-सा कथन सत्य नहीं है?

(a) लोकसभा अध्यक्ष लोकसभा का सदस्य होता है।
(b) लोकसभा अध्यक्ष को अपना पद संभालने के लिए न तो कोई शपथ लेनी पड़ती है और न ही कोई प्रतिज्ञा करनी पड़ती है।
(c) लोकसभा अपने तत्कालीन समस्त सदस्यों के बहुमत से संकल्प पारित करके उन्हें पद से हटा सकता है।
(c) यदि कभी लोकसभा के अध्यक्ष और उपाध्यक्ष का पद रिक्त हो तो लोकसभा का वरिष्ठतम सदस्य इस पद का निर्वाह करता है।

95. विनियोग विधेयक के संबंध में कौन-से कथन सत्य हैं?

1. संचित निधि में से कोई भी राशि विनियोग विधेयक के माध्यम के अलावा किसी अन्य तरीके से नहीं निकाली जा सकती है।
2. इस विधेयक में उन व्ययों का उल्लेख नहीं होता है जो संचित निधि पर भारित हैं।
3. विनियोग विधेयक धन विधेयक होता है, इसलिए उस पर धन विधेयक के सभी नियम लागू होते हैं।

कूटः

(a) 1 और 2 (b) 2 और 3
(c) 1 और 3 (d) 1, 2 और 3

96. कभी-कभी किसी सेवा या मद की अनिश्चित प्रकृति के कारण कोई ऐसी आकस्मिक जरूरत उपस्थित हो जाती है जिसे बजट के निर्धारित ढांचे में प्रस्तुत करना संभव नहीं होता। सरकार की ऐसी आकस्मिक जरूरतों के लिए संसद अनुदान स्वीकृत करती है, जिसे प्रचलित भाषा में लोकसभा द्वारा सरकार को दिया गया 'ब्लैंक चेक' भी कहते हैं। यह अनुदान है-

(a) अनुपूरक अनुदान (b) अपवादानुदान
(c) अधिक अनुदान (d) प्रत्ययानुदान

97. गत नवंबर में हिंद महासागरीय तटीय क्षेत्रीय संगठन (हिमतक्षेस) की 13वीं बैठक ऑस्ट्रेलिया में संपन्न हुयी। इस बैठक में निम्नलिखित में से किन मुद्दों पर चर्चा हुयी?

1. हिंद महासागरीय क्षेत्र के देशों की स्थिरता, सुरक्षा और संपन्नता के लिए साझा हित पर बल।
2. समुद्र निगरानी, जलवायु पूर्वानुमान क्षमता को मजबूत करना।
3. हिंद महासागरीय क्षेत्र में अकादमिक और शोध संस्थानों के मध्य बेहतर संपर्क स्थापित करना।
4. क्षेत्रीय व्यापार और निवेश में प्रोत्साहन के लिए निजी क्षेत्रों की भूमिका को प्राथमिकता देना।

कूटः

(a) 2, 3 और 4 (b) 1, 3 और 4
(c) 1, 2 और 4 (d) उपरोक्त सभी

98. अनुच्छेद 3 के अंतर्गत राज्यों की सीमाओं या नामों आदि में परिवर्तन करने के संदर्भ में कौन-से कथन सत्य हैं?

1. संबंधित विधेयक संसद में तभी पेश किया जा सकता है जब राष्ट्रपति उसके लिए सिफारिश करे।
2. विधेयक द्वारा यदि किसी राज्य के क्षेत्र, नाम या सीमा में परिवर्तन होने वाला है तो राष्ट्रपति को वह विधेयक उस राज्य के विधानमंडल को विचार हेतु भेजना होगा।
3. यदि राज्य का विधानमंडल निर्धारित समय-सीमा के भीतर अपने विचारों या राय के साथ विधेयक वापस नहीं भेजता है तो राष्ट्रपति विधेयक को संसद में प्रस्तुत कर सकता है।
4. यदि राज्य का विधानमंडल अपने विचार राष्ट्रपति को भेज देता है तो भी संसद उन विचारों को मानने के लिए बाध्य नहीं है।

कूटः

(a) 1, 2 और 3 (b) 1, 2 और 4
(c) 2, 3 और 4 (d) उपरोक्त सभी

99. केंद्र सरकार की आर्थिक मामलों की मंत्रिमंडलीय समिति ने राष्ट्रीय उच्चतर शिक्षा अभियान का आरंभ किया है। इस अभियान के संदर्भ में निम्नलिखित कथनों पर विचार कीजिए-

1. इस अभियान का उद्देश्य विश्वविद्यालयों के साथ-साथ महाविद्यालयों की व्यापक स्वायत्तता प्रदान करना है।
2. पूर्वोत्तर राज्यों और जम्मू कश्मीर में केंद्र राज्य सरकारों की वित्तीय मदद का अनुपात 90:10 रहेगा।
3. नए शैक्षणिक संस्थानों के निर्माण वर्तमान संस्थानों के विस्तार और शिक्षा का स्तर सुधारने पर बल दिया गया है।
4. विद्यार्थियों को अनुसंधान और गुणवत्ता युक्त शिक्षा प्रदान करने पर बल दिया जाएगा।

उपरोक्त में से कौन-से कथन सही हैं?

(a) 1, 2 और 3 (b) 2, 3 और 4
(c) 1, 3 और 4 (d) उपरोक्त सभी

100. निम्नलिखित में कौन-सा सुमेलित नहीं है?

	(समिति)		(अध्यक्ष)
(a)	संघ संविधान समिति	—	पं. जवाहरलाल नेहरू
(b)	मूल अधिकार एवं अल्पसंख्यक समिति	—	डॉ. भीमराव अंबेडकर
(c)	प्रांतीय संविधान समिति	—	सरदार वल्लभभाई पटेल
(d)	कार्य संचालन समिति	—	के. एम. मुंशी

उत्तर माला

1. (b)	**2.** (a)	**3.** (a)	**4.** (c)	**5.** (a)	**6.** (d)	**7.** (d)	**8.** (d)	**9.** (d)	**10.** (d)
11. (d)	**12.** (b)	**13.** (c)	**14.** (a)	**15.** (a)	**16.** (d)	**17.** (d)	**18.** (d)	**19.** (c)	**20.** (d)
21. (d)	**22.** (c)	**23.** (d)	**24.** (c)	**25.** (c)	**26.** (a)	**27.** (b)	**28.** (b)	**29.** (c)	**30.** (b)
31. (d)	**32.** (a)	**33.** (d)	**34.** (d)	**35.** (c)	**36.** (d)	**37.** (d)	**38.** (a)	**39.** (b)	**40.** (a)
41. (b)	**42.** (b)	**43.** (d)	**44.** (b)	**45.** (c)	**46.** (c)	**47.** (d)	**48.** (a)	**49.** (d)	**50.** (d)
51. (a)	**52.** (a)	**53.** (a)	**54.** (a)	**55.** (c)	**56.** (a)	**57.** (d)	**58.** (a)	**59.** (c)	**60.** (c)
61. (a)	**62.** (b)	**63.** (d)	**64.** (a)	**65.** (b)	**66.** (d)	**67.** (d)	**68.** (d)	**69.** (b)	**70.** (a)
71. (a)	**72.** (d)	**73.** (d)	**74.** (b)	**75.** (b)	**76.** (d)	**77.** (d)	**78.** (a)	**79.** (c)	**80.** (d)
81. (b)	**82.** (b)	**83.** (a)	**84.** (b)	**85.** (a)	**86.** (b)	**87.** (a)	**88.** (d)	**89.** (d)	**90.** (d)
91. (b)	**92.** (d)	**93.** (b)	**94.** (d)	**95.** (c)	**96.** (d)	**97.** (d)	**98.** (d)	**99.** (d)	**100.** (b)